William Shakespeare, August Wilhelm von Schlegel, Ludwig Tieck

Shakespeares dramatische Werke

Zehnter Band

William Shakespeare, August Wilhelm von Schlegel, Ludwig Tieck

Shakespeares dramatische Werke
Zehnter Band

ISBN/EAN: 9783743301016

Hergestellt in Europa, USA, Kanada, Australien, Japan

Cover: Foto ©Thomas Meinert / pixelio.de

Manufactured and distributed by brebook publishing software
(www.brebook.com)

William Shakespeare, August Wilhelm von Schlegel, Ludwig Tieck

Shakespeares dramatische Werke

Shakespeare's
dramatische Werke

nach der Uebersetzung

von

August Wilhelm Schlegel und Ludwig Tieck,

sorgfältig revidirt und theilweise neu bearbeitet, mit Einleitungen
und Noten versehen, unter Redaction

von

H. Ulrici

herausgegeben durch die

Deutsche Shakespeare-Gesellschaft.

Zehnter Band.

———————⟡———————

Berlin,

Verlag von Georg Reimer.

1870.

Antonius und Cleopatra.

Ueberſetzt von

L. Tieck.

Bearbeitet, eingeleitet und erläutert von

A. Schmidt.

Antonius und Cleopatra erschien zuerst in der Folio von 1623. Doch findet sich unter dem 20. Mai 1608 eine Eintragung in das Register der Buchhändler-Innung: „ein Buch, betitelt Antonius und Cleopatra". Wahrscheinlich ist damit unsre Tragödie gemeint, so daß wir also 1607 oder 1608 als das Jahr ihrer Abfassung betrachten dürfen. Auf eben dieselbe Zeit weisen auch alle inneren Gründe hin. Jede Zeile des Stücks kennzeichnet es als der Periode angehörig, in welcher Coriolan, Troilus und Cressida, und Timon entstanden, lauter Dramen, in denen das psychologische Interesse das dramatische auffallend überwiegt, der Sinn für Kraft und Erhabenheit des Ausdrucks sich mächtiger geltend macht als der für Schönheit, und der Vers oft mit äußerster Freiheit, fast könnte man sagen mit Geringschätzung, behandelt wird.*) Coleridge hatte sicherlich Recht, wenn er behauptete, daß des Dichters Genialität sich nirgends großartiger kundgebe als in unserm Stück; aber seiner Meinung, daß es bestimmt sei, auf der Bühne selbst Lear und Othello in Schatten zu stellen, widerstreitet alle Erfahrung. Der Mangel an Quartausgaben spricht für seine Unpopularität in Sh.'s Zeit, und dasselbe Schicksal hat es wol auch heute noch. Selbst seine Vorzüge, sein kerniger und gedrungener Styl, und seine äußerst seine Charakter-Zeichnung, dürften seiner Wirkung auf der Bühne mehr hinderlich als förderlich sein.

---

*) Das Verhältniß der weiblichen Vers-Ausgänge, welches wol auch schon sonst berücksichtigt, aber erst von Hertzberg zu einem entscheidenden Kriterion erhoben worden ist, bringt auch Antonius und Cleopatra in der Bd. 8, S. 268 aufgeführten Scala ziemlich an die richtige Stelle. Es beträgt nemlich 25—26 Procent. Es versteht sich indessen von selbst, daß nur so lange als der Dichter in dem hyperkatalectischen Vers eine Licenz sieht, die gegen das strenge Gesetz der Metrik streitet, der Kritiker an seinem öfteren oder seltneren Gebrauch eine Handhabe hat. Wenn jenem aber erst weibliche Verse für vollkommen gleichberechtigt gelten — und das läßt sich wol bei der Beschaffenheit der englischen Sprache bei 20 Proc. annehmen — dürfte das Verhältniß, wie es sich zwischen verschiedenen Stücken stellt, zur Sache des Zufalls werden.

Shakespeare's Quelle war hier, wie in den übrigen römischen Dramen,
Plutarch, dessen Erzählung (in der Biographie des Antonius Kap. 25 fg.),
so weit sie vom Dichter benutzt ist, wir im Folgenden wiedergeben:

„Die Art und Weise, wie Antonius in die Schlingen der Cleopatra
fiel, war folgende. Als er sich zum parthischen Kriege anschickte, sandte er
zu ihr und forderte sie nach Cilicien zur Verantwortung vor über die Unter=
stützung, welche sie dem Cassius gewährt. Sein Botschafter Dellius, wie er
ihre Schönheit sah und ihre Gewandtheit im Reden, wie in allen Dingen,
kennen lernte, merkte gleich, daß eine solche Frau von Antonius nichts zu
fürchten habe, vielmehr Macht über ihn gewinnen würde; darum begegnete
er ihr mit höchster Achtung und rieth ihr, wohl geschmückt nach Cilicien zu
gehen und den Antonius nicht zu fürchten, welcher der liebenswürdigste und
menschenfreundlichste aller Feldherren sei. Theils im Vertrauen auf Dellius,
theils in der Erinnerung an ihre früheren Begegnungen mit Cäsar und
Cnejus, dem Sohne des Pompejus, hoffte sie denn auch um so leichter den
Antonius zu unterjochen. Denn jenen gegenüber war sie noch jung und
unerfahren gewesen, zu diesem aber sollte sie in der vollsten Entfaltung ihrer
Schönheit und ihrer geistigen Fähigkeiten gehen. Darum rüstete sie sich
zwar mit reichlichen Geschenken, Gold und Schmuck, wie es sich für ihre
königliche Stellung schickte, aber die größte Hoffnung setzte sie auf sich selbst
und den Liebeszauber ihrer Person. So fuhr sie den Fluß Cydnus in einem
Boote mit vergoldetem Hintertheil hinauf; die purpurnen Segel waren
aufgespannt; silberne Ruder bewegten sich im Tacte zu der Harmonie von
Flöten, Syringen und Cithern. Sie selbst lag unter einem goldgestickten
Baldachin, malerisch geschmückt wie Aphrodite; Knaben, den Amoretten auf
Bildern ähnlich, standen auf beiden Seiten und fächelten ihr Kühlung zu.
Ihre schönsten Dienerinnen, in den Gewändern von Nereïden und Grazien,
befanden sich am Steuer und Tauwerk. Wunderbare Wohlgerüche erfüllten
die Ufer. Die Menschen gaben ihr zu beiden Seiten des Flusses das Geleit;
andre kamen ihr aus der Stadt entgegen, das Schauspiel zu sehen. Die
Menge ergoß sich vom Markt hinaus, und Antonius selbst blieb schließlich
allein auf dem Richterstuhl zurück. Und unter allen Leuten hörte man das
Wort, Aphrodite komme im Festzuge zu Dionysus, zum Heile Asiens. Er
schickte zu ihr und ließ sie zur Tafel laden, aber sie wollte lieber, daß er zu
ihr käme; und da er ihr gleich Anfangs sich freundlich zeigen wollte, so gab
er nach und kam. Er fand bei ihr eine unbeschreibliche Pracht, besonders
erstaunte er über die Menge der Lichter. Als er dann am folgenden Tage
ihre Gastfreundschaft erwiederte, suchte er seine Ehre darin, ihren Glanz zu
überbieten; da er aber den Kürzeren zog, scherzte er selbst zuerst über seine
eigne Armseligkeit und Unkultur. An seinen Späßen erkannte Cleopatra

sehr leicht den rohen Soldaten und machte sich das rückhaltlos und dreist zu
Nutze. Denn ihre Schönheit, wie man sagt, war nicht eben ungemein; aber
ihr Verkehr hatte etwas unwiderstehlich Fesselndes, und ihre Gestalt im
Verein mit ihrer Beredtsamkeit und der Anmuth ihres Wesens fand ihren
Weg zum Herzen. Schon im Ton ihrer Stimme lag ein Liebreiz, und indem
sie ihre Zunge wie ein vielbesaitetes Instrument zu jeder beliebigen Sprache
brauchte, hatte sie nur bei wenigen Barbaren einen Dolmetscher nöthig; den
meisten wußte sie ohne solchen Antwort zu ertheilen, wie den Aethiopen,
Troglodyten, Hebräern, Arabern, Syrern, Medern und Parthern. Durch
solche Eigenschaften und Gaben nahm sie den Antonius dergestalt für sich
ein, daß er ihr nach Alexandrien folgte, während seine Gattin Fulvia in
seinem Interesse in Rom mit Cäsar Krieg führte, und ein parthisches Heer
in Mesopotamien stand. Dort in Alexandrien vergeudete er unter den Be=
lustigungen und Scherzen eines müßigen Knaben das kostbarste Gut, die
Zeit. Von der in seinem Kreise herrschenden Verschwendung hat der Arzt
Philotas aus Amphissa, welcher damals in Alexandrien die Arzneikunde
studirte, meinem Großvater Lamprias erzählt. Er habe einmal Zutritt zu
der königlichen Küche erhalten und dort nebst vielem andern acht Wild=
schweine am Bratspieß gesehn; und als er über die Menge der Gäste seine
Verwunderung ausgesprochen, habe der Koch gelacht und gesagt, der Tisch=
gäste seien nicht eben viel, sondern nur etwa ein Dutzend; es müsse aber
jedes Gericht im vorzüglichsten Zustande auf die Tafel kommen und darum
in verschiedenen Exemplaren bereitet werden, um dasjenige auszuwählen,
welches in dem Augenblicke, wo es gefordert werde, den höchsten Wohl=
geschmack habe.

Cleopatra aber wußte den Antonius, ob er sich mit ernsten oder heitern
Dingen beschäftigte, mit immer neuen Verführungskünsten vollständig zu be=
stricken und ließ ihn weder bei Nacht noch bei Tage los. Sie würfelte, trank
und jagte mit ihm, sah zu, wenn er sich in den Waffen übte, und strich mit
ihm, als Magd verkleidet, des Nachts umher, wenn er an die Fenster und
Thüren armer Leute klopfte und die im Hause neckte. Dabei trug er immer
derbe Reden, nicht selten auch Schläge davon. Die meisten merkten wohl,
mit wem sie es zu thun hatten, doch sank er darum nicht in der Achtung der
Alexandriner, welche zu sagen pflegten, daß er gegen die Römer die tragische,
gegen sie selber aber die komische Maske anlege. Von den damals getrie=
benen Scherzen möge folgender als Beispiel dienen. Antonius angelte einst
in Gegenwart der Cleopatra, und da er nichts fing, befahl er den Fischern,
unter dem Wasser heimlich heranzuschwimmen und Fische an seinen Angel=
haken zu hängen. Die Aegypterin that als merkte sie nichts, stellte sich er=
staunt über seine Geschicklichkeit und lud zum folgenden Tage ihre Freunde

ein, dem Angeln des Antonius zuzuschauen. Wie nun Antonius die Angel ausgeworfen hatte, mußte einer ihrer Diener unter dem Wasser heran=schwimmen und einen gesalzenen Seefisch am Haken befestigen. Und als Antonius diesen heraufzog und ein allgemeines Gelächter entstand, sagte sie zu ihm: Die Angelschnur, o Imperator, überlaß uns, den Königen von Pharos und Kanopus; deine Jagd sind Städte, Könige und Länder.

Während Antonius mit solchen Nichtigkeiten beschäftigt war, erhielt er zwei Nachrichten, die eine aus Rom, daß sein Bruder Lucius und seine Ge=mahlin Fulvia von Cäsar völlig besiegt und auf der Flucht aus Italien seien; die andre, daß Labienus an der Spitze eines parthischen Heeres Asien bis Lydien und Jonien unterwerfe. Kaum dadurch aus seinem trunkenen Schlafe erweckt und ernüchtert, beschloß er gegen die Parther zu ziehn; aber nach Phönicien gelangt, erhielt er klägliche Briefe von Fulvia und wandte sich nun mit zweihundert Schiffen nach Italien. Bald erfuhr er, daß Fulvia, händelsüchtig wie sie war, den Krieg veranlaßt hatte, um ihn von Cleopatra zu trennen. Auf dem Wege zu ihm erkrankte Fulvia und starb in Sicyon; ein Ereigniß, welches die Aussöhnung mit Cäsar sehr erleichterte. Denn als er nach Italien kam, und Cäsar ihm sichtlich keine Schuld beimaß, son=dern nur über Fulvia Klage führte, brachten die Freunde auf beiden Seiten eine vollständige Ausgleichung zu Stande, nach welcher das Reich unter beide getheilt und der ionische Meerbusen zur Grenze bestimmt wurde, während Lepidus im Besitze von Libyen blieb. Der Zufall bot ihnen eine noch stärkere Bürgschaft für ihr Verhältniß dar. Octavia, eine ältere Schwester Cäsars, die er zärtlich liebte, eine Frau von den vorzüglichsten Eigenschaften, war durch den Tod ihres Gatten Cajus Marcellus unlängst Wittwe geworden. Es schien aber auch Antonius nach dem Abscheiden der Fulvia Wittwer zu sein, da er zwar sein Verhältniß zu Cleopatra nicht leugnete, jedoch von der Ehe mit ihr nichts wissen wollte, sondern in diesem Punkte noch mit der Vernunft gegen die Liebe kämpfte. Beider Vermählung brachten alle in Vorschlag, in der Hoffnung, daß Octavia, die nicht nur Schönheit, sondern auch Würde und Geist besaß, die Liebe des Antonius gewinnen und zum allgemeinen Heil ein Band zwischen ihm und Cäsar knüpfen würde. Da der Vorschlag nun beiden gefiel, begaben sie sich nach Rom und vollzogen dort die Eheschließung. Zwar gestattete das Gesetz keine neue Vermählung in den ersten zehn Monaten nach dem Tode des Mannes, indessen ein Senatsbeschluß dispensirte die Octavia.

Damals befand sich Sertus Pompejus im Besitze Siciliens, von wo aus er Italien verwüstete und mit Kaperschiffen unter dem Befehl des See=räubers Menas und des Menecrates das Meer unsicher machte. Mit Antonius schien er auf freundschaftlichem Fuß zu stehn, denn er hatte seiner

Mutter, die zugleich mit der Fulvia vertrieben war, gaſtliche Aufnahme gewährt. Nun beſchloß man auch mit ihm einen Vergleich zu ſtiften. Sie kamen auf dem Vorgebirge Miſenum und auf der Mole zuſammen, wo dem Pompejus zur Seite ſeine Flotte lag, und zur Seite des Antonius und Cäſar ihr Landheer aufgeſtellt war. Nachdem man ſich geeinigt, daß Pompejus Sardinien und Sicilien beſitzen und dafür das Meer von Seeräubern reinigen und ein beſtimmtes Quantum Getreide nach Rom ſchicken ſollte, luden ſie ſich gegenſeitig zur Tafel ein. Das Loos entſchied, daß zuerſt Pompejus ſie bewirthen ſollte. Als Antonius dieſen fragte, wo ſie ſpeiſen würden, erwiederte er: „Hier!" und zeigte dabei auf ſein ſechsrudriges Admiralſchiff; „dies iſt das Vaterhaus, welches dem Pompejus geblieben". Die Worte ſollten ein Vorwurf für Antonius ſein, der das Haus des Vaters Pompejus im Beſitz hatte. Er legte darauf das Schiff feſt vor Anker, verband es durch einen brückenartigen Steg mit dem Vorgebirge und nahm ſie mit Herzlichkeit auf. Als die Unterhaltung am lebhafteſten, und die Scherze auf Cleopatra und Antonius im beſten Gange waren, trat der Pirat Menas dicht an Pompejus heran, daß die andern ihn nicht hörten, und ſagte: „Willſt du, daß ich die Anker des Schiffes kappe und dich zum Herrn nicht nur Siciliens und Sardiniens, ſondern des ganzen römiſchen Reichs mache?" Pompejus hörte es an und ſagte nach kurzem Bedenken: „Du hätteſt das thun ſollen, o Menas, ohne mir davon vorher zu ſagen; nun wollen wir es laſſen wie es iſt, denn eidbrüchig zu werden iſt nicht meine Sache". Nachdem Pompejus dann ſeinerſeits auch von den andern beiden bewirthet worden war, ſegelte er nach Sicilien ab.

Antonius aber ſchickte nach der Ausſöhnung den Ventidius nach Aſien voraus, um die Parther am weiteren Vordringen zu hindern; er ſelbſt aber ließ ſich dem Cäſar zu Liebe zum Prieſter des älteren Cäſar ernennen, und auch ſonſt handelten ſie bei den wichtigſten Staatsangelegenheiten gemeinſchaftlich und als Freunde. Aber es bereitete dem Antonius Verdruß, daß er bei Spielen als Cäſars Gegner immer den Kürzeren zog. Er hatte einen Wahrſager aus Aegypten bei ſich, einen von denen, welche bei Geburten das Horoſkop ſtellten; dieſer, ſei es der Cleopatra zu Liebe, ſei es aus Ueberzeugung, ſagte dem Antonius freimüthig, ſein Glück, ſonſt das glänzendſte und größte, werde von dem des Cäſar verdunkelt, und rieth ihm, ſich von dem jungen Manne ſo fern zu halten als möglich. „Denn dein Genius (Dämon), ſagte er, fürchtet ſich vor dem des Cäſar, und ſo ſtolz und hoch er auch für ſich allein iſt, wird er in der Nähe von jenem niedriger und unedler". Und wirklich ſchien Alles die Rede des Aegypters zu beſtätigen. Denn es heißt, wenn ſie im Spiele looſten oder würfelten, worum es ſich auch handeln mochte, immer war Antonius im Nachtheil. Oft ließen ſie

Hähne und Wachteln mit einander kämpfen, aber immer siegten die des
Cäsar. Darüber war Antonius im Stillen schon ärgerlich und hörte um so
mehr auf den Aegypter; darum entfernte er sich aus Italien und nahm die
Octavia, die ihm inzwischen ein Töchterchen geboren, bis Griechenland mit.
Während er in Athen den Winter zubrachte, erhielt er die erste Nachricht von
den Erfolgen des Ventidius, der die Parther geschlagen und Labienus, wie
auch des Herodes Feldherrn Pharnapates getödtet hatte. Zur Feier dieser
Ereignisse gab er den Griechen ein Festmahl und übernahm das Amt eines
Gymnasiarchen, bei welcher Gelegenheit er die Insignien seiner Imperator=
Würde zu Hause ließ und selbst mit den jungen Leuten Athleten=Kämpfe
anstellte.

Inzwischen schlug Ventidius den Pacorus, den Sohn des Königs,
welcher wiederum mit einem großen parthischen Heere nach Syrien vordrang,
in Kyrrhestike, wo Pacorus selbst fiel. Diese preißwürdige That gab den
Römern volle Sühne für das Unglück des Crassus und beschränkte die Par=
ther wieder auf Medien und Mesopotamien. Doch verzichtete Ventidius,
aus Furcht vor dem Neide des Antonius, auf ihre weitere Verfolgung und
begnügte sich, die Abgefallenen der Reihe nach zu unterwerfen. Er ist der
einzige, welcher bisher über die Parther triumphirt hat, und seine Geschichte
bestätigt die Wahrheit dessen, was man von Antonius und Cäsar sagte, sie
hätten in ihren Kriegen mehr Glück gehabt, wo andre, als wo sie selbst den
Befehl geführt. So hatte Sossius, ein Feldherr des Antonius, in Syrien
Großes geleistet, und Canidius, der von ihm in Armenien zurückgelassen
war, besiegte nicht nur diese, sondern auch die Könige der Iberer und
Albaner und drang bis zum Kaukasus vor. Dadurch stieg bei den Barbaren
der Name und Ruhm des Antonius nicht wenig.

Er selbst aber, durch Verleumdungen gegen Cäsar aufgestachelt, segelte
wiederum mit dreihundert Schiffen nach Italien; da ihn jedoch die Brundu=
siner nicht aufnahmen, fuhr er nach Tarent herum. Hier schickte er die
Octavia auf ihre Bitten zu ihrem Bruder ab. Sie begegnete Cäsar unter=
wegs, und unterstützt von seinen Freunden Agrippa und Mäcenas, drang
sie inständig in ihn, daß er sie aus dem glücklichsten Weibe nicht zum un=
glückseligsten machen möchte. Denn nun blickte die ganze Welt auf sie als
die Gemahlin des einen, und Schwester des andern Imperators; wenn
aber das Böse siegte und ein Krieg entstünde, dann, sagte sie, ist es zwar
ungewiß, wem von euch beiden zu siegen oder zu unterliegen verhängt ist,
aber meine Lage ist in beiden Fällen eine elende. Dadurch gerührt kam
Cäsar mit friedlichen Absichten nach Tarent, und den Anwesenden ward das
schönste Schauspiel, indem ein Landheer und eine Flotte ruhig neben ein=
ander lagen, und die Imperatoren und ihre Freunde sich mit Freundschafts=

bezeigungen begegneten. Nachdem sie dann herzlichen Abschied von ein=
ander genommen, machte sich Cäsar nach Sicilien auf, welches er dem Pom=
pejus entreißen wollte, und Antonius ging nach Asien zurück, die Octavia
nebst ihren Kindern bei Cäsar zurücklassend.

Aber sein böses Verhängniß, die Liebe zur Cleopatra, welche lange
durch bessere Gedanken eingeschläfert und gebannt schien, erwachte und
flammte wieder auf, als er in die Nähe von Syrien kam. Und endlich stieß
er — wie Plato es nennt, das störrische und zügellose Roß der Seele — Alles
was gut und heilsam war, mit den Füßen von sich und schickte den Capito
Fontejus ab, Cleopatra nach Syrien zu bringen. Als sie angekommen,
schenkte er ihr nichts Geringeres als Phönicien, Cölesyrien, Cypern, und
einen großen Theil von Cilicien; auch von Judäa den Landstrich, welcher
Balsam hervorbringt, und von dem Arabien der Nabatäer Alles was nach
dem äußern Meere liegt. Diese Geschenke besonders riefen in Rom eine
große Erbitterung hervor. Er erhöhte noch die üble Stimmung, als er die
Zwillingskinder der Cleopatra als die seinigen anerkannte, und den Knaben
Alexander, das Mädchen Cleopatra nannte, jenen mit dem Beinamen Helios,
diese Selene. Darauf schickte er Cleopatra nach Aegypten zurück und trat
einen Feldzug gegen die Parther an, von dem er aber ohne Eroberung und
Ruhm so bald als möglich wieder zurückkehrte, um an der phönicischen Küste
wieder mit Cleopatra zusammenzutreffen.

Darum beschloß Octavia in Rom, zu Antonius zu reisen und ihn aus
den Schlingen der Cleopatra zu retten. Cäsar hinderte sie nicht, wie man
sagte, weniger aus Liebe zu ihr, als weil er erwartete, durch ihre kränkende
Behandlung einen Anlaß zum Kriege zu erhalten. Als sie aber nach Athen
gekommen, erhielt sie einen Brief von Antonius, der ihr seine Absicht an=
zeigte, einen Zug ins innere Asien zu unternehmen, und ihr befahl in Athen
auf ihn zu warten. So sehr dies Octavia kränkte, schrieb sie doch von neuem
an ihn und fragte an, wohin sie schicken sollte, was sie für ihn mitbrächte.
Sie führte nemlich Kleidungsstücke für seine Soldaten mit, Lastthiere, Geld,
und Geschenke für seine Freunde und Officiere, außerdem 2000 Mann aus=
erlesene und vorzüglich gerüstete Truppen. Als Cleopatra hievon hörte,
bot sie alle ihre Künste auf, bei Antonius den Sieg davonzutragen. Sie
stellte sich in Antonius verliebt und brachte ihren Körper durch schmale Kost
herunter; in ihrem Blick spiegelte sich bei seiner Annäherung Fassungslosig=
keit, bei seiner Entfernung wehmüthige Niedergeschlagenheit. Sie wußte
es so anzustellen, daß man sie oft weinend fand, dann wischte sie aber rasch
die Thränen ab, als wünschte sie, daß Antonius nichts davon erführe. Dies
geschah, als er gerade im Begriff stand, aus Syrien nach Medien auf=
zubrechen. Die Personen aber, welche für sie thätig waren, machten dem

Antonius Vorwürfe über seine Härte und Gefühllosigkeit, und daß er ein Weib zu Grunde richte, das sich ihm einzig und allein ergeben. Denn Octavia sei aus politischen Gründen und ihres Bruders wegen mit ihm verbunden, und genieße ja auch den Titel seiner Gemahlin; Cleopatra hingegen, eine Königin über so viele Menschen, heiße die Geliebte des Antonius und trage auch diesen Namen ohne Murren, so lange es ihr nur gestattet sei, ihn zu sehen und bei ihm zu leben. Nehme man ihr dies, so werde sie es nicht überleben. Durch solche Vorstellungen machten sie den Mann schließlich so gerührt und weich, daß er aus Furcht für das Leben der Cleopatra nach Alexandrien zurückkehrte und den Krieg aufschob.

Als Octavia dergestalt nach Rom zurückkam, befahl Cäsar ihr, für sich zu wohnen. Aber sie erklärte, sie werde das Haus ihres Mannes nicht verlassen, und bat ihn, wenn er nicht aus andern Gründen zum Kriege gegen Antonius entschlossen sei, sich um i h r e Angelegenheiten nicht zu kümmern; denn es sei nicht schön, wenn von den größten Imperatoren der eine aus Liebe zu einem Weibe, der andre wegen der Eifersucht eines Weibes die Römer in einen Bürgerkrieg stürzte. Doch gerade die Vortrefflichkeit der Octavia schadete dem Antonius in der öffentlichen Meinung, denn er wurde dadurch verhaßt, daß er eine solche Frau verletzte. Und dieser Haß wurde noch gesteigert durch die Ländervertheilung, welche er an seine Kinder in Alexandrien anstellte, und welche schauspielerartig, übermüthig und römerfeindlich erschien. Nachdem er das Gymnasium mit einer Volksmenge erfüllt und auf eine silberne Tribüne zwei goldene Thronsessel, den einen für sich, den andern für Cleopatra, und andre niedrigere für seine Söhne hatte stellen lassen, ernannte er zuerst Cleopatra zur Königin von Aegypten, Cypern, Libyen und Cölesyrien, und Cäsarion, den angeblichen Sohn des ältern Cäsar, welcher Cleopatra schwanger zurückgelassen hatte, zu ihrem Mitregenten; darnach erklärte er seine und Cleopatra's Söhne zu Königen der Könige, und verlieh an Alexander Armenien, Medien und Parthien, wenn es unterworfen sein würde, an Ptolemäus Phönicien, Syrien und Cilicien; dabei führte er Alexander in medischem Gewande vor und mit einem Turban auf dem Haupt, den Ptolemäus aber in Halbstiefeln, Mantel und diademgekröntem Hut. Das letztere war der Anzug der Nachfolger Alexanders des Großen, das erstere der der Meder und Armenier. Nach der Begrüßung ihrer Aeltern umringte den einen eine armenische, den andern eine macedonische Leibwache. Cleopatra trug bei dieser Gelegenheit und auch sonst, wenn sie sich dem Volke zeigte, das heilige Gewand der Isis, und gab als neue Isis Audienzen.

Indem Cäsar dies im Senat vortrug und oft auch vor dem Volke darüber Klage führte, reizte er die Menge gegen Antonius auf. Auch Antonius schickte und beschwerte sich seinerseits über Cäsar. Die Hauptpunkte waren, daß er dem Pompejus Sicilien entrissen, ohne ihm einen Theil der Insel abzugeben; daß er von ihm Schiffe zum Kriege geliehen und nicht zurück= geliefert; daß er drittens ihren Kollegen Lepidus seiner Herrschaft entsetzt, und Truppen, Land und Einkünste desselben für sich genommen; vor allem, daß er fast ganz Italien unter seine eignen Soldaten vertheilt und nichts für die des Antonius übrig gelassen. Auf diese Anklagen erwiederte Cäsar, den Lepidus habe er wegen seines Uebermuthes abgesetzt; was er im Kriege er= worben, wolle er mit Antonius theilen, wenn dieser es mit Armenien eben so halte; auf Italien aber hätten seine Soldaten kein Recht, da sie ja Medien und Parthien hätten, das sie in rühmlichem Kampf unter ihrem Imperator dem römischen Reiche zuerworben.

Als Antonius dies erfuhr, verweilte er noch in Armenien. Er schickte nun sofort den Canidius mit sechzehn Legionen zur Küste hinab, holte selbst die Cleopatra ab und kam mit ihr nach Ephesus. Hier sammelte sich seine ganze Flotte, 800 mit Einschluß der Transportschiffe, darunter 200, welche Cleopatra gestellt. Sie gab auch zu dem Kriege 20,000 Talente her und Unterhalt für die ganze Armee. Auf den Rath des Domitius (Aenobarbus) und einiger andern ließ Antonius die Cleopatra nach Aegypten segeln und dort den Ausgang des Kriegs erwarten. Sie aber fürchtete, es könnte wieder durch Octavia eine Versöhnung zu Stande kommen, und gewann den Canidius durch eine große Geldsumme, dem Antonius vorzustellen, daß es weder gerecht sei, eine Frau, die so viel beigesteuert, von dem Kriege zu entfernen, noch zweckmäßig, die Aegypter zu entmuthigen, welche einen großen Theil der Seemacht bildeten; überdies könne er auch nicht einsehen, wem unter den verbündeten Königen Cleopatra an Klugheit nachstehe, sie, die schon lange Zeit für sich ein großes Reich regiert, und dann so lange mit Antonius verkehrt und große Angelegenheiten behandeln gelernt habe. Diese Gründe trugen den Sieg davon, da einmal Alles an Cäsar kommen sollte.

Als dieser hinlänglich gerüstet war, ließ er Krieg gegen die Cleopatra und Entsetzung des Antonius beschließen, weil er seine Herrschaft einem Weibe abgetreten. Cäsar fügte noch hinzu, Antonius habe durch Zauber= tränke die Herrschaft über sich selbst verloren, und der Krieg gelte dem Pothinus, dem Eunuchen Mardion, Cleopatra's Haarkräuslerin Iras und der Charmion, in deren Händen das ganze Regiment sei. Es gingen dem Kriege viele Vorzeichen voraus: Pisaura, eine Kolonie des Antonius, ver= sank; die Bildsäulen des Antonius in Alba trieben Schweiß hervor; in Paträ wurde der Herculestempel durch einen Blitz in Brand gesteckt; in Athen durch Stürme der Dionysus aus der Gigantomachie herausgeschleu=

dert. Am Admiralschiff der Cleopatra, welches den Namen Antonias führte, hatten Schwalben unter dem Hintertheil gebrütet; es kamen aber andre Schwalben herzu, trieben jene hinaus und tödteten die Jungen.

Antonius war dermaßen ein bloßes Zubehör des Weibes geworden, daß er der Cleopatra wegen mit der Flotte entscheiden wollte, obgleich er durch sein Landheer überlegen war, und obgleich aus Mangel an Seemannschaft seine Schiffskapitäne aus dem schon so mitgenommenen Griechenland Reisende, Eseltreiber, Schnitter und ganz junge Leute gepreßt hatten, und selbst so noch die meisten Schiffe unvollständig bemannt waren. Während er beim Vorgebirge Actium vor Anker lag, setzte Cäsar über das ionische Meer und bemächtigte sich des Platzes Toryne (Rührlöffel) in Epirus. Darüber gerieth man in der Umgebung des Antonius in Bestürzung, aber Cleopatra sagte scherzend: Was schadet es, wenn Cäsar am Rührlöffel sitzt? In jener Zeit ging, nachdem schon viele dem Antonius untreu geworden, auch Domitius (Aenobarbus) zum Cäsar über, und Antonius zeigte ihm dabei, gegen die Ansicht der Cleopatra, seine wohlwollende Gesinnung. Domitius hatte sich, schon fieberkrank, auf einem kleinen Boote zu Cäsar begeben, und so sehr dies auch Antonius nahe ging, schickte er ihm doch sein ganzes Gepäck nebst seinen Freunden und Dienern nach. Domitius starb übrigens gleich darauf, als wenn er nur übergegangen wäre, damit seine Treulosigkeit und Verrätherei an den Tag käme.

Als der Beschluß gefaßt war eine Seeschlacht zu liefern, verbrannte Antonius alle übrigen Schiffe bis auf sechzig von den ägyptischen, dann bemannte er die besten und größten vom Drei- bis zum Zehnruderer mit 20,000 Schwerbewaffneten und 2000 Bogenschützen. Damals soll ein Landsoldat, ein Centurio, der für Antonius in vielen Schlachten gekämpft und sich aufgerieben hatte, während Antonius vorüberging, laut geklagt und gesagt haben: O Imperator, warum traust du nicht diesen Wunden oder dem Schwerte, und setzest deine Hoffnungen auf elendes Holz? Mögen die Aegypter und Phönicier auf dem Meere kämpfen, uns aber gieb die Erde, auf der wir gewohnt sind zu stehn, und zu sterben oder zu siegen. Antonius antwortete nichts darauf, sondern forderte den Mann nur mit Hand und Miene auf guten Muths zu sein, und ging vorüber; er hatte aber selbst nur schwache Hoffnung. Auch zwang er die Steuerleute, welche die Segel zurücklassen wollten, dieselben mitzunehmen, unter dem Vorgeben, man müsse den fliehenden Feinden das Entkommen unmöglich machen.

Diesen und die nächsten Tage kam es wegen eines Sturmes nicht zur Schlacht; als der Wind sich aber gelegt, schritt man zum Kampfe. Antonius und Publicola befehligten den rechten Flügel, Cölius den linken; im Centrum standen Marcus Octavius und Marcus Insteius. Cäsar wies den linken Flügel dem Agrippa an und behielt für sich den rechten. Die beiden Land= heere standen unter Canidius und Taurus ruhig am Ufer. Die Schlacht blieb lange unentschieden, bis plötzlich vor Aller Augen die sechzig Schiffe der Cleopatra die Segel aufzogen und mitten zwischen den Kämpfenden hin= durch die Flucht ergriffen. Ihr Durchbrechen erregte Verwirrung; die Feinde aber sahen es mit Verwunderung, wie sie den Wind benutzend nach dem Peloponnes hin ihren Curs richteten. Jetzt zeigte es Antonius recht deutlich, wie er sich nicht von den Gedanken eines Feldherrn, oder auch nur eines Mannes, ja überhaupt nicht von eignen Gedanken leiten ließ. Viel= mehr wie Jemand scherzend gesagt hat, die Seele des Liebenden lebe in einem fremden Leibe, wurde er von dem Weibe fortgezogen, als wenn er mit ihr zusammengewachsen wäre und ihren Bewegungen folgen müßte. Denn kaum hatte er ihr Schiff absegeln sehn, als er Alles vergaß, die für ihn Kämpfenden und Sterbenden verrieth, und nur von dem Syrer Alexander und Skellius begleitet, auf einem Fünfruderer derjenigen nacheilte, die ihn schon zu Grunde gerichtet hatte und noch ferner zu Grunde richten sollte.

Als Cleopatra das Signal von dem Schiffe sah, ließ sie halten; so kam er heran und wurde aufgenommen, ohne sie jedoch zu sehn oder von ihr ge= sehen zu werden, vielmehr ging er allein auf das Vordertheil und saß dort still für sich, den Kopf auf beide Hände gestützt. So trieb er es drei Tage lang, sei es aus Zorn oder aus Scham vor Cleopatra, bis sie nach Tänaron gelangten. Hier brachten zuerst die Freundinnen Cleopatra's beide dahin, daß sie mit einander sprachen, und dann auch, daß sie zusammen aßen und schliefen. Auch sammelten sich schon mehrere Lastschiffe um sie und einzelne Freunde, welche meldeten, daß die Flotte verloren sei, das Landheer aber sich noch halte. Antonius schickte nun Boten an Canidius mit dem Befehl, das Heer eiligst durch Macedonien nach Asien zu führen. Er selbst wollte von Tänarum nach Libyen übersetzen, und übergab ein mit vielem Geld und reichem Gold= und Silbergeräth beladenes Frachtschiff seinen Freunden zur Vertheilung. Sie weigerten sich anfangs unter Thränen, gaben aber schließlich seinem wohlwollenden und freundlichen Zureden nach; worauf er sie mit Empfehlungsschreiben an seinen korinthischen Procurator Theophilus ent= ließ.

Des Antonius Landheer bei Actium blieb noch sieben Tage unter den Waffen stehn, in der Erwartung, seinen Feldherrn wieder in seiner Mitte erscheinen zu sehn; endlich aber, da auch Canidius bei Nacht entfloh, ergaben sich die von ihren Führern verrathenen Truppen dem Sieger. Antonius schickte von Parätonium die Cleopatra nach Aegypten voraus und irrte eine Zeitlang, nur von Aristocrates und Lucilius begleitet, in Libyen umher;

als aber auch der Anführer seiner libyschen Truppen sich untreu erwies, wurde er von seinen Freunden mit Mühe am Selbstmorde verhindert, und begab sich nach Aegypten, wo er sich bei Pharus eine Wohnung im Meer baute und nach dem Muster des Menschenfeindes Timon lebte. Hier erfuhr er den Verlust seines Landheeres bei Actium und den Abfall der ihm tribut= pflichtigen Könige, unter ihnen des Herodes von Judäa. Diese Nachrichten versetzten ihn nicht in Unruhe; vielmehr als ob es ihm nun wohl geworden, weil er mit dem Reste der Hoffnung auch jede Sorge fahren ließ, begab er sich aus seinem Timoneum, wie er es nannte, zu Cleopatra in den könig= lichen Palast und stellte wieder Schmausereien und Trinkgelage an, so daß Alexandrien Tage lang von Festlichkeiten und ergötzlichen Aufzügen wieder= hallte. Ja sie bildeten einen Verein der „Todesgenossen", welche mit ihnen zu sterben und bis dahin das Leben zu genießen gelobten. Cleopatra ver= schaffte sich verschiedene Gifte und prüfte ihre Schmerzlosigkeit an zum Tode verurtheilten Verbrechern. Damit war sie täglich beschäftigt. Endlich ent= deckte sie, daß der Biß der Schlange Aspis ohne Zuckungen und Schmer= zenslaute eine schlafähnliche Betäubung herbeiführe, wobei ein sanfter Schweiß das Gesicht bedeckte, und die Sinne allmählich stumpf wurden, so daß die Sterbenden wie tief Schlafende Unwillen bezeigten, wenn man sie wachrief oder rüttelte.

Zugleich schickten sie Gesandte an Cäsar nach Asien, Cleopatra, um die Herrschaft über Aegypten für ihre Kinder zu erbitten, Antonius mit dem Gesuch, in Athen, wo nicht in Aegypten, als Privatmann leben zu dürfen. Aus Mangel an Freunden, und weil sie keinem sonst trauten, wurde der Lehrer ihrer Kinder, Euphronius, mit dieser Sendung betraut. Denn der Laodicäer Alexas, welcher unter allen Griechen den größten Einfluß auf Antonius gehabt und besonders als Werkzeug der Cleopatra mitgewirkt hatte, sein Verhältniß zu Octavia zu untergraben, war zum König Herodes geschickt worden, um ihn vom Abfall zurückzuhalten, wurde aber dort selbst dem Antonius untreu und wagte es sogar, dem Cäsar unter die Augen zu treten; doch dieser ließ ihn nach seiner Vaterstadt bringen und dort hin= richten.

Cäsar wollte von den Anträgen des Antonius nichts wissen, der Cleo= patra aber gab er den Bescheid, es solle ihr nichts Billiges versagt werden, wenn sie den Antonius tödtete oder aus dem Lande triebe. Zugleich sandte er einen seiner Freigelassenen, Namens Thyrsus, mit, einen Menschen von Verstand, der als Abgesandter des jugendlichen Imperators zu der stolzen und eitlen Frau sehr gewinnend zu sprechen wußte. Da dieser länger als andre bei ihr verweilte und das ehrendste Entgegenkommen fand, erregte er den Verdacht des Antonius, welcher ihn festnehmen und peitschen ließ

und dann mit einem Brief an Cäsar abschickte des Inhalts, daß er ihn, der
durch sein Unglück sehr reizbar geworden, durch seine Verhöhnung und Miß=
achtung aufgebracht habe. Wenn du aber, fügte er hinzu, dich damit nicht
zufrieden giebst, so hast du meinen Freigelassenen Hipparchus; den hänge
auf und peitsche ihn, damit wir quitt werden. Seitdem bewies ihm Cleo=
patra die höchste Aufmerksamkeit, um jeder Anklage und jedem Verdacht
zuvorzukommen.

Der Krieg erlitt einen Aufschub, da Cäsar wiederholt durch die römischen
Angelegenheiten abgerufen wurde; nach Beendigung des Winters aber rückte
er selbst durch Syrien, und seine Feldherrn durch Libyen gegen Aegypten
vor. Cleopatra ließ nun in ein von ihr an den Tempel der Isis angebautes,
sehr schönes und hohes Grabmal das Werthvollste von allen königlichen
Schätzen zusammenbringen, zugleich auch Fackeln und Werg, weshalb Cäsar,
während er gegen Alexandrien vordrang, sie beständig mit Hoffnungen
speiste, damit sie nicht, zur Verzweiflung gebracht, den Reichthum vernich=
tete. Als er sich aber an dem Hippodrom gelagert hatte, machte Antonius
einen Ausfall und focht so glücklich, daß er Cäsars Reiterei in die Flucht
schlug und bis zum Lager verfolgte. Stolz auf den Sieg begab er sich in
den Palast, umarmte Cleopatra in der Rüstung und stellte ihr denjenigen
von den Soldaten vor, der am muthigsten gekämpft hatte. Cleopatra
schenkte demselben einen goldnen Panzer und Helm; kaum aber hatte er
beides empfangen, als er in der Nacht zum Cäsar überging.

Noch einmal schickte Antonius zu Cäsar und forderte ihn zum Zwei=
kampf. Da jener antwortete, es gebe für Antonius viele Wege zum Tode*),
so beschloß er den schönsten Tod zu wählen, den in der Schlacht, und zu=
gleich zu Wasser und zu Lande einen Angriff zu machen. Er befahl daher,
wie man sagt, seinen Sklaven, ihm bei Tische wacker einzuschenken und
gütlich zu thun, denn es sei ungewiß, ob sie dies morgen wieder thun oder
andern Herren aufwarten würden, während er selbst als ein todtes Gebein
und ein Nichts daliege. Als er aber seine Freunde hierüber weinen sah,
sagte er, er werde sie nicht zu der Schlacht hinausführen, in welcher er mehr
für sich selbst einen ruhmvollen Tod als Rettung und Sieg suche. In dieser
Nacht, heißt es, etwa um Mitternacht, während die Furcht und Erwartung
der kommenden Dinge eine traurige Stille über die Stadt verbreitete, hörte
man plötzlich harmonische Töne von allerlei Instrumenten und den Lärm
einer Menschenmenge, welche unter Jauchzen und Satyr=Tänzen wie ein

---

*) North übersetzte hier: Caesar answered that he had many other ways to die than
so, wo he sowohl auf Cäsar als auf Antonius gehen kann. Shakespeare bezog es auf Cäsar,
wahrscheinlich weil er auf die richtige und sehr viel prägnantere Beziehung nicht aufmerksam
wurde.

tobender Bacchantenschwarm auszog; die Richtung sei mitten durch die
Stadt nach dem äußern Thore gegangen, welches den Feinden zugekehrt
war; dort sei das Getöse am heftigsten geworden und dann verstummt.
Dies Zeichen wurde darauf gedeutet, daß der Gott, dem Antonius sich stets
am ähnlichsten und verwandtesten gedacht, ihn verlasse.

Bei Tagesanbruch stellte er selbst das Landheer auf den Anhöhen vor
der Stadt auf und sah zu, wie die Schiffe ausliefen und sich den feindlichen
näherten. In der Erwartung, eine That von ihnen zu sehn, hielt er sich
ruhig. Aber als sie in die Nähe kamen, grüßten sie mit den Rudern die
Leute Cäsars, und da diese den Gruß erwiederten, gingen sie über, die
beiden Flotten vereinigten sich zu einer und segelten mit feindlich zugekehrten
Vordertheilen auf die Stadt zu. Kaum hatte er dies gesehn, so desertirte
ihm auch die Reiterei; mit dem Fußvolk wurde er geschlagen und kehrte in
die Stadt zurück, laut rufend, er sei von Cleopatra an diejenigen verrathen,
mit denen er ihretwegen Krieg führte. Diese aber, seinen Zorn und seine
Verzweiflung fürchtend, floh in ihr Grabmal, ließ das stark verwahrte
Fallgatter herab und schickte zu Antonius Leute mit der Botschaft, daß sie
sich das Leben genommen. Er glaubte es, und indem er zu sich sagte:
„Was zögerst du noch, Antonius? Den einzigen und letzten Vorwand das
Leben zu lieben, hat dir das Schicksal genommen", ging er auf sein Zimmer,
schnallte seinen Panzer ab und sagte: „O Cleopatra, es schmerzt mich nicht,
daß ich dich verloren, denn ich werde sogleich an denselben Ort gelangen,
wohl aber daß ich, ein solcher Imperator, darauf ertappt worden bin,
einem Weibe an Muth nachzustehn". Er hatte einen treuen Sklaven Namens
Eros. Diesem hatte er schon vor langer Zeit das Versprechen abgefordert,
ihn im Nothfalle zu tödten, und jetzt erinnerte er ihn daran. Doch Eros
zog das Schwert und erhob es, als ob er ihn durchbohren wollte, dann
aber wandte er das Gesicht ab und tödtete sich selbst. Als er zu seinen
Füßen niederstürzte, sagte Antonius: Wohlgethan, o Eros, da du mich
lehrst zu thun, was geschehen muß; und damit stieß er sich in den Unterleib
und ließ sich dann auf den Sessel nieder. Die Wunde führte jedoch nicht
sofort den Tod herbei. Die Strömung des Blutes hörte auf, da er sich
niedergesetzt, er erholte sich wieder, und bat nun die Anwesenden, ihm den
Rest zu geben. Doch diese flohen aus dem Zimmer, während er schrie und
um sich schlug, bis von Cleopatra der Schreiber Diomedes mit dem Befehle
kam, ihn zu ihr in das Grabmal zu bringen. Als er so erfuhr, daß sie noch
lebte, befahl er den Dienern freudig, ihn aufzuheben, und ließ sich auf
ihren Armen an die Thür des Gebäudes tragen. Cleopatra ließ die Thür
nicht öffnen, sondern zeigte sich an einer oberen Oeffnung und ließ Stricke
und Taue herab. An diesen befestigte man den Antonius, und so zog sie

mit zwei Frauen, die sie allein mit sich ins Grabmal genommen, ihn hinauf. Ein kläglicheres Schauspiel, so versichern solche, welche es angesehen, habe es nie gegeben. Mit Blut besudelt und mit dem Tode ringend wurde er hinaufgezogen, während er, in der Luft hängend, die Hände nach ihr ausstreckte. Und für die Frauen war es keine leichte Arbeit, denn nur mit Mühe und indem sie sich mit dem Gesicht tief herabbeugte, konnte Cleopatra den Strick fest anfassen und aufnehmen, während die Untenstehenden ihr zuriefen und ihre Noth theilten. Nachdem sie ihn so in Empfang genommen und niedergelegt, zerriß sie ihre Kleider, schlug sich die Brust und zerfleischte sie mit den Händen, besudelte sich das Antlitz mit Blut, und rief ihn dabei an als ihren Herrn, ihren Mann und Imperator; und es fehlte wenig, daß sie im Jammer um ihn ihr eignes Elend vergaß. Antonius aber hieß sie aufhören mit Wehklagen und bat um Wein, ob aus Durst, ob weil er hoffte, so rascher zu sterben. Nachdem er getrunken, empfahl er ihr, wenn es ohne Schande anginge, auf ihre eigne Rettung bedacht zu sein, und unter Cäsars Freunden besonders dem Proculejus Vertrauen zu schenken; um ihn selber aber sollte sie wegen des letzten Glückswechsels nicht wehklagen, sondern ihn selig preisen um des Guten willen, das ihm zu Theil geworden, da er die größte irdische Herrlichkeit und Macht besessen und nun nicht unehrenhaft, ein Römer von Römern, überwunden sei.

Kaum war er verschieden, so erschien Proculejus von Seiten Cäsars. Denn als Antonius sich die Wunde versetzt hatte und zu Cleopatra getragen wurde, nahm Dercetäus, einer von der Leibwache, sein Schwert und eilte heimlich damit zu Cäsar, um zuerst den Tod des Antonius zu melden und das blutige Schwert zu zeigen. Als Cäsar dies hörte, zog er sich in das Innere seines Zeltes zurück und beweinte den Mann, der sein Schwager, sein Mitherrscher und Genosse in so vielen Kämpfen und Unternehmungen gewesen. Dann nahm er die Briefe, welche er mit ihm gewechselt, rief seine Freunde herbei und las sie ihnen vor, um zu beweisen, daß er selbst stets wohlwollend und billigdenkend geschrieben, jener aber immer aussahrend und übermüthig geantwortet habe. Darauf schickte er Proculejus mit dem Auftrage ab, Cleopatra wo möglich lebend in seine Gewalt zu bringen, denn er war wegen der Schätze in Besorgniß und hielt es für eine Verherrlichung seines Triumphes, sie aufzuführen. Sie weigerte sich jedoch, mit Proculejus in unmittelbare Berührung zu kommen, und ihre Unterredung geschah nur zu beiden Seiten der fest verschlossenen unteren Thür. Sie verlangte darin für ihre Söhne das Königreich; er aber hieß sie getrost sein und in Allem auf Cäsar vertrauen. Proculejus nahm dabei die Oertlichkeit in Augenschein und stattete dem Cäsar darüber Bericht ab. Nunmehr wurde Gallus zu einer zweiten Unterredung mit ihr abgeschickt. Dieser ging an

die Thür und zog das Gespräch absichtlich in die Länge; während dessen stieg
Proculejus mittelst einer Leiter durch die Oeffnung hinein, wo die Frauen
den Antonius aufgezogen hatten. Darauf ging er mit zwei Dienern zu der
Thür hinab, an welcher Cleopatra mit Gallus sprach. Da schrie eine von
den miteingeschlossenen Frauen: Unglückliche Cleopatra, du bist gefangen!
Sie wandte sich um, erblickte den Proculejus und zog rasch einen Dolch aus
ihrem Gürtel, um sich zu durchbohren, aber er lief schnell hinzu, hielt sie mit
beiden Händen fest und sagte: Du thust Unrecht, Cleopatra, an dir selbst
und an Cäsar, daß du ihm eine schöne Gelegenheit raubst, seinen Edelmuth
zu zeigen, und den mildesten der Feldherren in den Ruf der Unzuverlässigkeit
und Unversöhnlichkeit bringst. Zugleich nahm er ihr das Schwert ab und
untersuchte ihr Gewand, ob sie ein Gift darin verborgen habe. Darauf
schickte Cäsar den Freigelassenen Epaphroditus mit dem Auftrage, sie streng
zu bewachen, sonst ihr aber Alles zu Gefallen zu thun.

In Folge so großer Seelen- und Körperschmerzen — denn ihre Brust
war von den vielen Schlägen entzündet und eiterte — wurde sie von Fieber-
anfällen ergriffen, was sie gern als einen Vorwand benutzte, sich der Nahrung zu enthalten und so ohne Hinderniß ihrem Leben ein Ende zu machen.
Cäsar aber wurde argwöhnisch und ließ ihr Drohungen in Betreff ihrer
Kinder zugehen, in Folge deren sie ihren Körper der ärztlichen Behandlung
überließ. Nach einigen Tagen kam auch Cäsar selbst zu einer gütlichen
Unterredung mit ihr. Er fand sie auf einem Strohlager liegend, im bloßen
Unterkleide; bei seinem Eintritt sprang sie auf und fiel ihm zu Füßen, mit
verwildertem Haupt und Antlitz, mit bebender Stimme und erloschenen
Augen. Auf der Brust waren noch viele Spuren ihrer Mißhandlung sichtbar, und überhaupt schien es um ihren Leib nicht besser als um ihre Seele
zu stehen. Doch die alte Anmuth und Keckheit der Jugend war noch nicht
völlig erloschen, sondern leuchtete selbst aus ihrem jetzigen Zustande hin und
wieder hervor und zeigte sich in den Bewegungen ihres Antlitzes. Cäsar
ersuchte sie sich zu setzen und nahm neben ihr Platz, worauf sie sich zu rechtfertigen unternahm und das Geschehene auf äußern Zwang und Furcht vor
Antonius schob; da aber Cäsar sie in jedem Punkt widerlegte, änderte sie
den Ton und suchte sein Mitleid zu erregen, daß es den Anschein hatte, als
hinge sie aufs äußerste am Leben. Zum Schluß gab sie ihm ein Verzeichniß
von ihren Schätzen. Als aber Seleucus, einer der Aufseher, sie beschul-
digte, Einiges zu verhehlen, sprang sie auf, ergriff ihn bei den Haaren und
versetzte ihm viele Schläge ins Gesicht. Und wie Cäsar lächelte und dazwischen trat, sagte sie: Ist es nicht schrecklich, Cäsar, wenn du mich gewür-
digt hast, mich in meinem Elend zu besuchen und mit mir zu sprechen, daß
meine Sklaven mich anklagen, weil ich einigen Frauenschmuck bei Seite ge-

bracht, nicht für mich, die Unselige, sondern um der Octavia und deiner
Livia eine Kleinigkeit zu schenken und durch sie dein Mitleid zu gewinnen?
Cäsar freute sich über diese Worte, in dem Glauben, daß sie um jeden Preis
ihr Leben retten wollte. Er sagte beßhalb, er überlasse ihr die Sachen und
werde sie auch sonst über alle Erwartung behandeln, und damit ging er fort,
meinend sie getäuscht zu haben, während vielmehr er der Getäuschte war.

Unter Cäsars Freunden befand sich Cornelius Dolabella, ein vornehmer junger Mann. Dieser empfand für Cleopatra Wohlwollen und ließ
ihr heimlich die Meldung zugehn, Cäsar habe vor, seinen Rückweg zu Lande
durch Syrien zu nehmen und sie mit ihren Kindern am dritten Tage ab-
zuschicken. Als sie das gehört, bat sie zuerst Cäsar um die Erlaubniß, dem
Antonius eine Todtenspende auf seinem Grabe darzubringen, und als sie sie
erhalten, begab sie sich zu seinem Grabe, warf sich auf den Sarg und rief:
O theurer Antonius, ich bestattete dich kürzlich noch mit freien Händen, diese
Spende aber bringe ich dir als Gefangene, die man bewacht, daß sie nicht
durch Schläge und Wehklagen den sklavischen Leib entstelle, der zum Triumph
über dich aufbewahrt wird. Erwarte keine Ehren und Spenden weiter;
nein, dies sind die letzten, da Cleopatra fortgeführt wird. Im Leben hat
uns nichts getrennt; im Tode sollen wir die Heimat tauschen; du, ein Römer,
ruhst hier, und ich Unselige in Italien, nur so viel von deinem Vaterlande
zum Antheil erhaltend. Wenn es aber dort eine Kraft und Macht der Götter
giebt (denn die hier haben uns verrathen) so verlaß dein Weib nicht, so
lange sie lebt, und dulde es nicht, daß man in meiner Person über dich
triumphirt, sondern verbirg und begrabe mich hier mit dir, denn von all
meinen tausendfältigen Leiden ist keins mir so groß und schrecklich als diese
kurze Zeit, die ich getrennt von dir gelebt habe.

Nachdem sie so geklagt und den Sarg bekränzt und geküßt hatte, ließ
sie sich ein Bad bereiten. Nach dem Bade ruhte sie aus und nahm ein
leckeres Frühmahl ein. Darauf kam Jemand vom Lande mit einer Kiste.
Als die Wächter ihn fragten, was er trüge, öffnete er sie, nahm die Feigen-
blätter oben ab und zeigte ihnen das Gefäß voll Feigen. Sie bewunderten
ihre Schönheit und Größe, und er forderte sie lächelnd auf, davon zu kosten,
worauf sie ihm ohne Argwohn erlaubten, sie hineinzutragen. Nach der
Mahlzeit schickte Cleopatra ein versiegeltes Schreiben an Cäsar, hieß alle
bis auf jene beiden Frauen sich entfernen und schloß die Thür ab. Cäsar
fand in dem Brief eine inständige Bitte, sie neben Antonius zu begraben,
und ahnte sofort was geschehen sei. Zuerst wollte er selbst hineilen, dann
schickte er schleunigst Leute ab. Doch es war zu rasch gegangen. Als die
Wächter die Thür erbrachen, fanden sie sie todt, auf einem goldnen Ruhebette liegend, und königlich geschmückt. Von den beiden Frauen starb Iras

2*

eben zu ihren Füßen; Charmion, schon schwankend und taumelnd, setzte ihr das Diadem auf dem Haupte zurecht. Und als einer im Zorn rief: Du machst es schön, Charmion! erwiederte sie: Wohl schön, und wie es der Enkelin so vieler Könige geziemt. Weiter sprach sie nichts, sondern sank dort neben dem Ruhebette nieder.

Cäsar war zwar über den Tod der Cleopatra verdrossen, aber er bewunderte ihren edlen Sinn und ließ ihre Leiche neben der des Antonius glänzend und königlich beisetzen. Auch die beiden Frauen erhielten ein ehrenvolles Begräbniß.

Antonius und Cleopatra.

Personen:

Marcus Antonius,
Octavius Cäsar,
M. Aemilius Lepidus, } Triumvirn.
Sextus Pompejus.

Domitius Enobarbus,
Ventidius,
Eros,
Scarus, } Freunde des Antonius.
Dercetas,
Demetrius,
Philo,

Mäcenas,
Agrippa,
Dolabella,
Proculejus, } Freunde des Cäsar.
Thyreus,
Gallus,

Menas,
Menecrates, } Freunde des Pompejus.
Varrius,

Taurus, Oberbefehlshaber unter Cäsar.
Canidius, Oberbefehlshaber unter Antonius.
Silius, ein Officier in der Armee des Ventidius.
Euphronius, ein Gesandter des Antonius an Cäsar.

Alexas,
Mardian,
Seleucus, } im Dienste der Cleopatra.
Diomedes,

Ein Wahrsager.
Ein Bauer.

Cleopatra, Königin von Aegypten.
Octavia, Cäsars Schwester, Gemahlin des Antonius.

Charmion,
Iras, } im Dienste der Cleopatra.

Hauptleute, Soldaten, Boten und Gefolge.

Erster Aufzug.

—

Erste Scene.

Alexandria. Ein Zimmer in Cleopatra's Palast.

(Demetrius und Philo treten auf.)

Philo.

Nein, dieser Liebeswahnsinn unsres Feldherrn
Steigt übers Maaß. Die tapfern, edlen Augen,
Die über Kriegsreih'n und Geschwader glühten
Wie die des eh'rnen Mars, sie heften sich
Und wenden ihrer Blicke Dienst und Andacht
Auf eine braune Stirn: sein Heldenherz,
Das sonst im Kampfgewühl die Panzerschnallen
Auf seiner Brust gesprengt, verräth sich selbst,
Und ist zum Fächer worden, und zum Blas'balg,
Einer Zigeun'rin Lüste abzukühlen.
Seht da, sie kommen!

(Trompetenstoß. Antonius und Cleopatra mit ihrem Gefolge und
Verschnittenen, die ihr Luft zufächeln, treten auf.)

Bemerkt ihn recht; so seht Ihr dann in ihm
Des Weltalls dritte Säule umgewandelt
Zum Narren einer Buhl'rin; seht und schaut! —

Cleopatra.

Ist's wirklich Liebe, sag' mir denn, wie viel?

Antonius.

Wo Liebe rechnet, ist sie bettelarm.

Cleopatra.

Ich will den Grenzstein setzen deiner Liebe!

Antonius.

So schaff' erst neuen Himmel, neue Erde.

(Ein Bote tritt auf.)

Bote.

Zeitung aus Rom, Herr!

Antonius.

       O Verdruß! Mach's kurz.

Cleopatra.

Nein, höre sie, Antonius.
Vielleicht ist Fulvia böse. Und wer weiß,
Ob der kaum bärt'ge Cäsar nicht an dich
Sein Machtgebot gesandt: „Thu dieß, und das!
„Dieß Reich erobre! Jenes mache frei!
„Thu's gleich, sonst wehe dir!“

Antonius.

             Wie nun! Geliebte!

Cleopatra.

Vielleicht, — nein, sicherlich ist deines Bleibens
Ein Ende hier, und Cäsar schickt dir deine
Entlassung: — hör' es drum, Antonius.
Zeigt Fulvia's Order — Cäsars, meint' ich — beider!
Wo sind die Boten? Bei Aegyptens Krone!
Antonius, du erröthest: dies dein Blut
Bringt Cäsarn Huldigung, wo nicht den Zoll der Scham,
Weil Fulvia's Keifen gellt. Ruft mir die Boten!

Antonius.

Rom schmelze in die Tiber, und es stürze
Des Reiches Wölbung! Hier ist meine Welt.
Throne sind Staub; vom Koth der Erde lebt
So Mensch als Thier; das Leben adeln heißt
So thun (er umarmt sie): wenn solch ein einsgewordnes Paar
Und solche Zwei es können, — doch es wisse

Die Welt (und Strafe treffe, wer es leugnet!)
Daß wir ohn' Gleichen sind.

Cleopatra.

Maßlose Falschheit!
Was wählt' er Fulvia, wenn er sie nicht liebte?
Die Thörin schein' ich, die ich doch nicht bin;
Antonius bleibt er selbst.

Antonius.

Doch du regierst ihn.
Der Liebe süßen Stunden laß zu Liebe
Die Zeit durch herb Gespräch uns nicht verkümmern!
Es dehne freudenlos kein Augenblick
In unserm Leben sich. Was bringt der Abend?

Cleopatra.

Hör' die Gesandten.

Antonius.

Holde Zänkerin!
Der Alles wohlsteht, Schelten, Lachen, Weinen!
Wie jede Regung wirkt und ringt, bis sie
An dir zur Schönheit und Bewundrung wird!
Kein Bote als von dir! Und ganz allein
Durchwandern wir zu Nacht die Stadt und schaun
Des Volkes Art uns an. Komm', meine Kön'gin,
Noch gestern wünschtest du's. — Sprecht nicht zu uns.

(Antonius und Cleopatra mit Gefolge ab.)

Demetrius.

Wie! schätzt Antonius Cäsarn so gering?

Philo.

Zu Zeiten, wenn er nicht Antonius ist,
Fehlts ihm zu sehr an jener Größe, die
Ihm immer eignen sollte.

Demetrius.

Mich betrübt's,
Daß lügnerischer Pöbel Recht behält,
Der so von ihm in Rom erzählt. Doch hoff' ich
Morgen auf ein verständ'ger Thun. — Lebt wohl! —

(Beide ab.)

Zweite Scene.

Daselbst. Ein andres Zimmer.

(Es treten auf Charmion, Iras, Alexas und ein Wahrsager.)

Charmion.

Gnädiger Herr Alexas, trautester Alexas, ausbündigster Alexas,
du allerhöchster Alexas, wo ist der Wahrsager, den du der Königin
so gerühmt? O kennte ich doch diesen Ehemann, der, wie du sagst,
seine Hörner für Kränze ansieht —

Alexas.

Wahrsager! —

Wahrsager.

Was wollt Ihr? —

Charmion.

Ist dieß der Mann? Seid Ihrs, der Alles weiß?

Wahrsager.

In der Natur unendlichem Geheimbuch
Les' ich ein wenig.

Alexas.

Zeig' ihm deine Hand.

(Enobarbus tritt auf.)

Enobarbus.

Bringt das Bankett sogleich, und Wein genug,
Auf's Wohl Cleopatra's zu trinken.

Charmion.

Freund, schenk' mir gutes Glück.

Wahrsager.

Ich mach' es nicht, ich seh' es nur voraus.

Charmion.

So sieh mir eins voraus.

Wahrsager.

Du wirst noch schöner blühen einst als jetzt.

Charmion.

Er meint an Fleische.

Iras.

Nein, wenn du alt geworden bist, wirst du dich schminken.

Charmion.

Nur keine Runzeln! —

Alexas.

Stört den Propheten nicht! Gebt Achtung!

Charmion.

Mum! —

Wahrsager.

Ihr werdet mehr verliebt sein als geliebt.

Charmion.

Nein, lieber mag mir Wein die Leber wärmen.

Alexas.

So hört ihn doch!

Charmion.

Nun ein recht schönes Glück: laß mich an einem Vormittage drei Könige heirathen, und sie alle begraben: laß mich im funfzigsten Jahr ein Kind bekommen, dem Herodes, der Judenkönig, huldigt: sieh zu, daß du mich mit dem Octavius Cäsar verheirathest, nur meiner Gebieterin gleich stellst.

Wahrsager.

Ihr überlebt die Herrin, der Ihr dient. —

Charmion.

O trefflich! Langes Leben ist mir lieber, als Feigen.

Wahrsager.

Ihr habt bisher ein beß'res Glück erfahren,
Als Euch bevorsteht.

Charmion.

So werden meine Kinder wohl ohne Namen bleiben: — sage doch, wie viel Buben und Mädchen muß ich bekommen? —

Wahrsager.

Wenn jeder deiner Wünsche wär' ein Schooß,
Und fruchtbar jeder Wunsch, — 'ne Million.

Charmion.

Geh, Narr, ich vergebe dir, weil du ein Hexenmeister bist.

Alexas.

Ihr meint, nur Eure Bettücher wüßten um Eure Wünsche?

Charmion.
Nun sag' auch Iras' Zukunft!

Alexas.
Wir wollen Alle unser Schicksal wissen.

Enobarbus.
Mein und der meisten Schicksal für heut Abend wird sein — betrunken zu Bett.

Iras.
Hier ist eine Hand, die weissagt Keuschheit, wenn nichts anders.

Charmion.
Grade wie die Ueberschwemmung des Nils Hunger weissagt.

Iras.
Geh, du wilde Gesellin, du verstehst nichts vom Wahrsagen.

Charmion.
Nein, wenn eine feuchte Hand nicht ein Wahrzeichen von Bereitwilligkeit ist, so kann ich mir nicht das Ohr kratzen. — Bitte dich, sag ihr nur ein Alltags=Schicksal.

Wahrsager.
Euer Schicksal ist sich gleich.

Iras.
Doch wie? Doch wie? Sag' mir's umständlicher.

Wahrsager.
Ich bin zu Ende.

Iras.
Soll ich nicht um einen Zoll breit bess'res Schicksal haben als sie? —

Charmion.
Nun, wenn dir das Schicksal just einen Zoll mehr gönnt, als mir, wo sollt' er hinkommen?

Iras.
Nicht an meines Mannes Nase.

Charmion.
O Himmel, bess're unsre bösen Gedanken! Alexas, komm; dein Schicksal, dein Schicksal. O laß ihn ein Weib heirathen, das nicht gehn kann, liebste Isis, ich flehe dich! Und laß sie ihm sterben, und gieb ihm eine schlimmere, und auf die schlimmere eine noch schlimmere,

bis die schlimmste von Allen ihm lachend zu Grabe folgt, dem funfzig=
fältigen Hahnrei! Gute Isis, erhöre dieß Gebet, wenn du mir auch
etwas Wichtigers abschlägst; gute Isis, ich bitte dich! —

Iras.

Amen. Liebe Göttin, höre dieses Gebet deines Volkes! Denn
wie es herzbrechend ist einen hübschen Mann mit einer lockern Frau
zu sehn, so ist's eine tödtliche Betrübniß, wenn ein häßlicher Schelm
unbehornt einhergeht: darum, liebe Isis, sieh auf den Anstand, und
send' ihm sein verdientes Schicksal!

Charmion.

Amen!

Alexas.

Nun seht mir! Wenn's in ihrer Hand stände, mich zum Hahnrei
zu machen, sie würden zu Huren, um es zu thun.

Enobarbus.

Still da, Antonius kommt.

Charmion.

Nicht er, die Fürstin.

(Cleopatra kommt.)

Cleopatra.

Saht Ihr den Herrn?

Enobarbus.

Nein, Herrin.

Cleopatra.

War er nicht hier?

Charmion.

Nein, gnäd'ge Frau.

Cleopatra.

Er war gestimmt zum Frohsinn, da, auf einmal
Ergriff ihn ein Gedank' an Rom . . . . Enobarbus! —

Enobarbus.

Fürstin? —

Cleopatra.

Such ihn und bring ihn her.   Wo ist Alexas?

Alexas.

Hier, Fürstin, zu Befehl.   Da kommt der Herr.

(Antonius kommt mit einem Boten und Gefolge.)

Cleopatra.

Wir wollen ihn nicht ansehn.　Geht mit uns.

(Cleopatra, Enobarbus, Alexas, Iras, Charmion, Wahrsager und Gefolge
ab.)

Bote.

Fulvia, dein Weib, erschien zuerst im Feld.

Antonius.

So? gegen meinen Bruder Lucius?

Bote.

Ja,
Doch bald zu Ende war der Krieg.　Es einte
Der Drang der Zeiten beide wider Cäsar,
Deß beßres Glück im Felde aus Italien
Sie nach der ersten Schlacht vertrieb.

Antonius.

Nun gut; —
Was Schlimm'res? —

Bote.

Der Zeitung Art steckt auch den Boten an.

Antonius.

Wenn er sie Narr'n und Feigen meldet; weiter!
Mir ist Gescheh'nes abgethan.　Vernimm,
Wer mir die Wahrheit sagt, und spräch' er Tod,
Ich hör' ihn an, als schmeichelt' er.

Bote.

Labienus
(O harte Post!) hat mit dem Partherheer,
Vom Euphrat aus, sich Asien erobert:
Sein triumphirend Banner weht von Syrien
Bis Lydien und Jonien; indeß ...

Antonius.

Antonius, willst du sagen . .

Bote.

O mein Feldherr!

Antonius.

Sprich dreist, verfein're nicht des Volkes Zunge,

Nenne Cleopatra, wie Rom sie nennt,
Schmäl' in der Fulvia Styl, schilt meine Fehler
Mit allem Freimuth, wie nur Haß und Wahrheit
Sie zeichnen mag. Nur Unkraut tragen wir,
Wenn uns kein Wind durchschüttelt; und uns schelten,
Heißt rein uns jäten. Lebe wohl für jetzt.

Bote.

Nach Eurem hohen Willen. (Ab.)

Antonius.

Was meldet man von Sicyon? Sag an.

Erster Diener.

Der Bot' aus Sicyon! War nicht Einer da?

Zweiter Diener.

Er harrt auf Euren Ruf.

Antonius.

    Laßt ihn erscheinen. —

(Diener gehn.)

— Diese ägypt'sche Fessel muß ich brechen,
Oder in Wahnwitz untergehn. Wer bist du? —

Zweiter Bote.

Fulvia, dein Weib, ist todt.

Antonius.

    Wo starb sie?

Zweiter Bote.

        Herr,
In Sicyon:
Der Krankheit Dauer, und was Wicht'ges sonst
Dir frommt zu wissen, sagt dies Blatt. —

Antonius.

       Entfernt Euch. —

(Bote ab.)

Da schied ein hoher Geist! Das war mein Wunsch: —
Was wir verachtend oft hinweggeschleudert,
Das wünschen wir zurück: die heut'ge Lust,
Im Zeitenwechsel sinkend, wandelt sich
In's Gegentheil: gut ist sie nun, weil todt:

Nun reich' ich gern die Hand, die ihr getrebt.
Flieh'n muß ich diese Zauberkönigin:
Zehntausend Uebel, schlimm're als ich weiß,
Brütet mein Müßiggang. He! — Enobarbus! —

(Enobarbus kommt.)

Enobarbus.

Was wünscht Ihr, Herr? —

Antonius.

Ich muß in Eil' von hier.

Enobarbus.

Nun, dann bringen wir alle unsre Weiber um: wir sehn ja,
wie schon eine Unfreundlichkeit ihnen an's Leben geht; wenn sie unsre
Abreise überstehen müssen, so ist Tod die Losung.

Antonius.

Ich muß hinweg!

Enobarbus.

Ist ein zwingender Anlaß da, so laßt die Weiber sterben.
Schade wär's, sie um nichts zu Grunde zu richten: aber ist von ihnen
und einer wichtigen Sache die Rede, so muß man sie für nichts rechnen.
Cleopatra, wenn sie nur das Mindeste hievon wittert, stirbt augen=
blicklich: ich habe sie zwanzigmal um weit armseligern Grund sterben
sehn. Ich denke, es steckt eine Kraft im Tode, die wie eine Liebes=
umarmung auf sie wirkt, so ist sie mit dem Sterben bei der Hand.

Antonius.

Sie ist listiger, als man's denken kann! —

Enobarbus.

Ach nein, Herr, nein; ihre Leidenschaften bestehn aus nichts,
als aus den feinsten Theilen der reinen Liebe. Diese Stürme und
Fluthen können wir nicht Seufzer und Thränen nennen: das sind
größere Orcane und Ungewitter, als wovon Kalender Meldung thun.
List kann das nicht sein: wenn es ist, so macht sie ein Regenwetter so
gut als Jupiter.

Antonius.

Hätt' ich sie nie gesehen! —

Enobarbus.

O Herr, dann hättet Ihr ein wundervolles Meisterwerk ungesehn gelassen: Euch diese Freude versagen, würde Eure Reise um allen Credit gebracht haben.

Antonius.

Fulvia ist todt.

Enobarbus.

Herr?

Antonius.

Fulvia ist todt.

Fulvia?

Antonius.

Todt!

Enobarbus.

Nun, Herr, so bringt den Göttern ein Dankopfer. Wenn es ihrer allerhöchsten Regierung gefällt, einem Mann seine Frau zu nehmen, so gedenke er an die Schneider hier auf Erden, und beruhige sich damit, daß, wenn alte Kleider aufgetragen wurden, diese dazu gesetzt sind, neue zu machen. Gäbe es nicht mehr Weiber, als Fulvia, so wäre es allerdings ein Elend, und die Geschichte stände schlimm. Dieser Gram ist mit Trost gekrönt: aus Euerm alten Weiberhemd läßt sich ein neuer Unterrock machen: und in der That, die Thränen müssen in einer Zwiebel leben, die uns diesen Kummer flößen.

Antonius.

Die Unruh'n, die sie mir im Staat erregt,
Erlauben mir nicht mehr, entfernt zu sein.

Enobarbus.

Und die Unruhe, die Ihr hier erregt habt, erlaubt nicht, daß Ihr geht: besonders die der Cleopatra, die allein von Eurem Hiersein lebt.

Antonius.

Genug der leichten Reden! Unsern Schluß
Thu' kund den Führern. Ich eröffne dann
Der Königin den Anlaß dieser Eil,
Daß wir in Güte scheiden. Nicht allein
Der Fulvia Tod und andre ernste Mahnung
Ruft uns nachdrücklich; andre Briefe auch,
Von vielen wohlbemühten röm'schen Freunden,

Verlangen uns daheim. Sextus Pompejus
Hat Cäsarn Trotz geboten, und beherrscht
Das weite Meer: das wankelmüth'ge Volk,
(Deß Liebe niemals dem Verdienten wird,
Bis sein Verdienst vorüber) überträgt,
Was je Pompejus nur, der Große, that,
Auf seinen Sohn, der hoch in Macht und Namen,
Und höher noch in Will' und That ersteht,
Als Held des Tags. Sein Ansehn, wächst es ferner,
Bedroht den Bau der Welt. — Viel brütet jetzt,
Das gleich dem Roßhaar nur erst Leben hat,
Noch nicht der Schlange Gift. — Geh, und verkünde
Des Heers Hauptleuten, unser Wille fordre
Schleunigen Aufbruch Aller.

Enobarbus.
Ich besorg' es.

(Beide ab.)

Dritte Scene.

(Es treten auf Cleopatra, Charmion, Iras und Alexas.)

Cleopatra.

Wo ist er?

Charmion.
Ich sah ihn nicht seitdem.

Cleopatra.

Sieh, wo er ist, wer mit ihm, was er thut,
(Ich schicke dich nicht ab): find'st du ihn traurig,
Sag' ihm, ich tanze; ist er lustig, meld' ihm,
Ich wurde plötzlich krank. Schnell bring' mir Antwort.

(Alexas ab.)

Charmion.

Fürstin, mir scheint, wenn Ihr ihn wirklich liebt,
Ihr wählt die rechte Art nicht, ihn zur Liebe
Zu zwingen.

Cleopatra.

Was ſoll' ich ſtatt deſſen thun?

Charmion.

Gebt immer nach, fahrt nie ihm durch den Sinn.

Cleopatra.

Thörichter Rath! Der Weg, ihn zu verlieren!

Charmion.

Verſucht ihn nicht zu ſehr; ich bitt', erwägt
Wir haſſen bald, was oft uns Furcht erregt.

(Antonius kommt.)

Doch ſeht, er kommt.

Cleopatra.

Ich bin verſtimmt und krank.

Antonius.

Es quält mich, meinen Vorſatz ihr zu ſagen.

Cleopatra.

Hilf, liebe Charmion, mir hinweg; ich ſinke; —
So kann's nicht dauern, keine Menſchenkraft
Kann das ertragen.

Antonius.

Theure Königin . . . . .

Cleopatra.

Ich bitt' dich, ſteh mir nicht ſo nah!

Antonius.

Was giebt's?

Cleopatra.

Ich ſeh' in dieſem Auge gute Zeitung!
Was ſagt die Ehefrau? Geh' immerhin!
Hätte ſie dirs doch nie erlaubt, zu kommen!
Sie ſoll nicht ſagen, daß ich hier dich halte;
Was kann ich über dich? Der Ihre biſt du!

Antonius.

Die Götter wiſſen . . . . .

Cleopatra.

Nie ward eine Fürſtin
So ſchrecklich je getäuſcht. Und doch, von Anfang
Sah ich die Falſchheit keimen.

3*

Antonius.
>   Cleopatra . . .

Cleopatra.
Wie könnt' ich glauben, du seist mein und treu, —
Macht auch dein Schwur der Götter Thron erbeben —
Du, der der Fulvia falsch gewesen? Tollheit,
Auf Mundgelübde lauschen, die sich selbst
Beim Schwören brechen!

Antonius.
>   Theure Königin —

Cleopatra.
Ich bitte dich, beschön'ge nicht dein Gehn;
Sag' Lebewohl und geh'. Einst bliebst du gern, —
Da warst du reich an Worten — nichts von Gehn!
Mein Aug' und Mund war deine Ewigkeit,
Die Braue Götterlust, mein ärmstes Theil
Ein himmlisches Gebild; — sie sind es noch,
Sonst wurdest du, in dieser Welt der größte
Soldat, zum größten Lügner.

Antonius.
>   Aber, Fürstin —

Cleopatra.
Hätt' ich nur deine Sehnen, daß du sähst,
Aegypten hegt ein Herz.

Antonius.
>   O höre mich!
Der Zeiten strenge Noth heischt unsern Dienst
Für eine Weile: doch mein ganzes Herz
Bleibt hier in deiner Pflicht. Italien
Blitzt rings vom Bürgerstahl; Sextus Pompejus
Bedroht mit seinem Heer den Hafen Roms:
Die Gleichheit zweier heim'schen Mächte zeugt
Verwirr'nden Zwiespalt. Der Verhaßte, wenn
Erstarkt, wird zum Geliebten; der verbannte
Pompejus, reich durch seines Vaters Ruhm,
Schleicht in die Herzen Aller, die im Staat

Jetzt nicht gedeihn, und deren Menge schreckt: —
Im Wechsel sieht die ruhekranke Welt
Ihr letztes Heil. Doch was mir näher liegt,
Und Euch zumeist mein Gehn entschuld'gen muß,
Ist Fulvia's Tod.

Cleopatra.

Wenn mich das Alter auch nicht schützt vor Thorheit,
Doch wohl vor Kindischsein. Kann Fulvia sterben?

Antonius.

Todt ist sie, meine Königin.
Sieh hier, und wenn es dir bequem ist, lies
Die Händel, die sie schuf: zuletzt das Beste,
Sieh, wann und wo sie starb.

Cleopatra.

   O falsche Liebe!
Wo sind die heil'gen Schaalen, die das Naß
Der Trauer füllen sollte? Dein Erscheinen
Bei Fulvia's Tod zeigt deinen Schmerz um meinen.

Antonius.

Hadre nicht mehr! Bereite dich zu hören,
Was ich für Plän' entwarf: sie stehn und fallen,
Wie du mir rathen wirst. Ja, bei dem Feuer,
Das Nilus Schlamm belebt, als dein Soldat,
Dein Diener scheid' ich, bringe Krieg und Frieden,
Wie dirs gefällt.

Cleopatra.

   Komm, Charmion, schnür' mich auf.
Nein, laß nur, mir wird wechselnd schlimm und wohl,
Ganz wie Antonius liebt.

Antonius.

   Still, goldne Fürstin!
Gieb wahres Zeugniß seiner Liebe, die
Die Ehrenprobe hält.

Cleopatra.

   Das lehrt mich Fulvia!
O bitte, kehr' dich ab und wein' um sie,

Dann sag' mir Lebewohl, nur sprich: die Thränen
Sind für Aegypten: spiel' uns eine Scene
Ausbünd'ger Heuchelei, und laß sie aussehn
Wie ächte Ehre! — —

Antonius.
Hör' auf, mich zu reizen!

Cleopatra.
Das geht schon leidlich: doch du kannst es besser.

Antonius.
Bei meinem Schwert . . . . .

Cleopatra.
Und Schild: — er spielt schon besser,
Doch ist's noch nicht sein Bestes. Sieh nur, Charmion,
Wie trefflich diesem röm'schen Hercules
Die zorn'ge Haltung steht!

Antonius.
Ich will mich Euch
Empfehlen, Fürstin.

Cleopatra.
Art'ger Fürst, ein Wort!
Wir müssen scheiden, Herr, doch das ist's nicht;
Wir liebten einst uns, Herr, doch das ist's nicht, —
Das wißt Ihr ja. Ich wollte etwas sagen, —
Ein wahrer Marc Anton ist mein Gedächtniß,
Und ich vergesse Alles!

Antonius.
Wär' nicht Thorheit
Die Dien'rin deines Throns, so hielt ich dich
Für Thorheit selbst.

Cleopatra.
O schwere Müh' des Lebens,
Dem Herzen nahe solche Thorheit tragen,
Wie diese ich! Doch, theurer Freund, vergieb mir,
Denn meine Reize sind mein Tod, wenn sie
Dein Auge nicht mehr anziehn. Ehre ruft dich, —
Drum bleibe taub für meine arme Thorheit,
Und alle Götter sei'n mit dir! Der Sieg

Möge dein Schwert bekränzen, leichtes Glück
Vor deinen Füßen liegen!

Antonius.

Laß uns gehn.
Es flieht zugleich und weilet unsre Trennung:
Denn du, hier weilend, gehst doch fort mit mir,
Und ich, forteilend, bin doch stets bei dir.
Hinweg. (Alle ab.)

Vierte Scene.

Rom. Ein Zimmer in Cäsars Hause.

(Es treten auf Octavius Cäsar, Lepidus und Gefolge.)

Cäsar.

Ihr seht nun, Lepidus, und wißt hinfort,
Daß es nicht Cäsars Art ist, unserm großen
Genossen feind zu sein. Aus Alexandrien
Hör' ich: er fischt, er trinkt, verthut die Kerzen
Der Nacht in Schwelgerei, nicht mehr ein Mann,
Nicht wen'ger weibisch als Cleopatra.
Kaum gab er Audienz, that kaum als hab' er
Genossen in dem Reich. Ihr seht in ihm
Den Inbegriff von allen Fehlern, denen
Die ganze Menschheit fröhnt.

Lepidus.

Kein Fehler, dächt' ich,
Ist groß genug, sein Gutes ganz zu schwärzen;
Die Mängel sind an ihm wie Himmelsflecken,
Die heller glühn in nächt'gem Dunkel; erblich
Mehr als erworben, unwillkürlich mehr
Als freie Wahl.

Cäsar.

Ihr seid zu mild. Es mag nicht übel sein,
Sich auf des Ptolemäus Bett zu tummeln,

Ein Königreich zu geben für 'nen Spaß,
Mit einem Sklaven um die Runde zechen,
Bei Tag' in Gassen taumeln, und der Faust
Zu stehn von schweiß'gen Schuften; — ihm mag's ziemen —
(Und der muß wahrlich seltnen Stoffes sein,
Den solches nicht entadeln kann) doch muß
Anton sich nicht entschuldigen, wenn wir
So schwer an seinem Leichtsinn tragen. Füllt' er
Mit üpp'gen Lüsten seine Leere aus,
Vertrockner Mark und Ekel ziehn ihn drum
Zur Rechenschaft: — doch s o l ch e Zeit vergeuden,
Die ihn vom Scherz wegtrommelt, — laut ihn mahnt,
Was sein' und unsre Pflicht: d a s muß man schelten,
Wie man den Knaben schmählt, der wohlerfahren,
Einsicht der Lust des Augenblickes opfert,
Dem bessern Urtheil trotzend.

                    (Ein Bote tritt auf.)

                    Lepidus.
                    Neue Botschaft! —

                    Bote.
Erfüllt ist dein Gebot; zu jeder Stunde,
Erhabner Cäsar, sollst du Nachricht hören,
Wie's auswärts steht. Pompejus herrscht zur See,
Und wie es scheint, gewann er sich die Herzen,
Die Cäsarn nur gefürchtet. Zu den Häfen
Strömen die Mißvergnügten; schwer gekränkt
Nennt ihn die Menge.

                    Cäsar.
                    Konnt' ich mir's doch denken! —
Vom ersten Anbeginn lehrt die Geschichte,
Daß, wer hoch steht, ersehnt ward, bis er stand;
Wer strandet, — nie zuvor der Liebe werth, —
Theuer erscheint, wenn man ihn mißt: der Hanse,
Gleich losen Wasserpflanzen auf dem Strom,
Treibt hin und her, der Wechselflut gehorsam,
Und fault so in Bewegung.

Bote.

Höre ferner:

Menecrates und Menas, mächtige Piraten,
Herrschen im Meer, und pflügen und verwunden's
Mit Kielen aller Art: manch frecher Einbruch
Verheert Italien: Schrecken bleicht das Volk
Der Küste, meutrisch wird die rasche Jugend;
Kein Segel taucht nur auf, es wird gekapert,
Wie man's erblickt: Pompejus Name schadet
Mehr als sein Heer im offnen Krieg.

Cäsar.

Antonius,

Laß deine üpp'gen Becher! Als geschlagen
Du zogst von Mutina, wo dir die Consuln
Hirtius und Pansa erst erlegen, folgte
Der Hunger deinen Fersen: den bestand'st du,
(Obgleich so zart gewöhnt) mit mehr Geduld,
Als Wilde selbst vermöchten; ja, du trankst
Den Harn der Rosse, und die gelbe Lache,
Die Vieh zum Ekel zwänge: nicht verschmähte
Dein Gaum die herbste Beer' auf rauhster Hecke:
Ja, wie der Hirsch, wenn Schnee die Weide deckt,
Nagt'st du der Bäume Rinden: auf den Alpen
(Erzählt man), aßest du so ekles Fleisch,
Daß mancher starb, es nur zu sehn: und Alles
(Weh deiner Ehre, daß ich's nun erzähle)
Trugst du wie ein Soldat, daß dir die Wange
Nicht einmal dünner wurde.

Lepidus.

Schad' um ihn! —

Cäsar.

Mög' ihn sein Schimpf
Nach Rom bald treiben! Zeit ist's, daß wir beide
Im Feld uns blicken ließen. Laßt dazu
Uns gleich den Rath versammeln, denn Pompejus
Gedeiht durch unser Nichtsthun.

Lepidus.

Morgen, Cäsar,
Wert' ich vermögend sein, dir zu berichten,
Was ich zu Meer und Lande leisten kann,
Der Zeit die Stirn zu bieten.

Cäsar.

Bis dahin
Sei dieß auch meine Sorge. Lebe wohl. —

Lepidus.

Lebt wohl denn, Cäsar. Meldet man Euch mehr,
Was sich im Ausland regt, ersuch' ich Euch,
Mir's mitzutheilen.

Cäsar.

Zweifelt nicht daran,
Ich kenn's als meine Pflicht.   (Beide ab.)

Fünfte Scene.

Alexandria. Ein Zimmer im Palast.

(Es treten auf Cleopatra, Charmion, Iras und Mardian.)

Cleopatra.

Charmion . . .

Charmion.
Eur' Hoheit?

Cleopatra.
Ach!
Gieb mir Mandragora zu trinken.

Charmion.
Wie?

Cleopatra.
Daß ich die große Kluft der Zeit verschlafe,
Wo mein Antonius fort ist!

Charmion.
Allzuviel

Denkt Ihr an ihn.

Cleopatra.
Du sprichst Verrath.

Charmion.
O nein!

Cleopatra.
Du Hämling, Mardian!

Mardian.
Was gefällt Eur Hoheit?

Cleopatra.
Nicht jetzt dich singen hören: Nichts gefällt mir
An einem Hämling. Du bist gut daran,
Daß dir was fehlt und so dein freier Sinn
Nicht fort mag aus Aegypten. Hast du Triebe?

Mardian.
Ja, gnäd'ge Fürstin.

Cleopatra.
In der That?

Mardian.
Nicht in der That: Ihr wißt, ich kann nichts thun,
Was in der That nicht ehrsam wird gethan.
Doch fühl' ich wilde Trieb', und denke mir,
Was Venus that mit Mars.

Cleopatra.
O liebe Charmion,
Wo mag er jetzt wohl sein? Steht oder sitzt er?
Ist er zu Fuße oder hoch zu Roß?
O glücklich Pferd, Antonius Last zu tragen!
Sei stolz, mein Pferd! Weißt du wohl, wen du trägst?
Den zweiten Atlas dieser Welt, das Schwert
Und Schild der Zeit! — Jetzt spricht er, oder murmelt:
Wo weilst du, meine Schlang' am alten Nil?
Denn also nennt er mich. Jetzt weid' ich mich

An allzusüßem Gift! Du mein gedenken,
Braun wie ich bin von Phöbus Liebesblicken,
Und von der Zeit gerunzelt? Als du hier
Auf Erden wandeltest, breitstirn'ger Cäsar,
War ich ein Bissen für den Herrn der Welt!
Pompejus stand, das Auge festgewurzelt
Auf meiner Stirn: da ankert' er den Blick,
Im Anschau'n seines Lebens zu vergehn.

(Alexas kommt.)

Alexas.

Herrin Aegyptens, Heil!

Cleopatra.

Wie ganz unähnlich bist du Marc Anton!
Doch sahst du ihn: die köstliche Tinktur
Vergoldet dich mit ihrem Glanz.
Wie geht es meinem tapfern Marc Anton?

Alexas.

Sein Letztes, Fürstin, war:
Er küßte, — vieler Doppelküsse letzter, —
Die Perle hier: sein Wort ruht mir im Herzen.

Cleopatra.

Dort muß mein Ohr sich's pflücken.

Alexas.

Freund, sagt' er,
Sprich also: dieses Kleinod einer Muschel
Schickt an die Fürstin ihr getreuer Römer;
Doch Beff'res folgt der Kleinigkeit: ich will
Mit Königreichen ausbau'n ihren Thron;
Der ganze Osten soll sie Herrin nennen.
Sprach's, nickt' und schwang sich würdevoll aufs Roß,
Das thierisch laut in meine Antwort wiehernd,
Mich stumm erscheinen ließ.

Cleopatra.

War er froh oder traurig?

Alexas.

Der Jahrszeit ähnlich in der mäß'gen Mitte
Von Heiß und Kalt, war er nicht froh, nicht traurig.

Cleopatra.

O wohl getheilte Stimmung! Achte wohl,
O Charmion, achte wohl: so ist der Mann!
Nicht traurig, denn er wollte denen leuchten,
Die ihren Blick von ihm leihn; und nicht froh:
Das schien zu sagen, sein Erinnern weile
Mit seinen Freuden hier; nein, zwischen beiden!
O schöne Mischung! Ob du froh, ob traurig,
Das Aeußerste von Beiden steht dir so,
Wie keinem Manne sonst. — Trafst du die Boten?

Alexas.

Ja, Fürstin, zwanzig auf demselben Wege;
Warum so oft?

Cleopatra.

   Wer an dem Tag geboren,
Wo ich vergaß an Marc Anton zu senden,
Der sterb' als Bettler. — Bring' mir Schreibzeug, Charmion! —
Willkommen mir, Alexas. — Sag' mir, Charmion,
Liebt' ich je Cäsarn so?

Charmion.

   Der edle Cäsar!

Cleopatra.

Erstick' an einem zweiten solchen Ton!
Sag': edler Marc Anton!

Charmion.

   Der tapfre Cäsar! —

Cleopatra.

Bei Isis, deine Zähne sollen bluten,
Wenn du mir meinen Mann der Männer wieder
Verkleinerst gegen Cäsar.

Charmion.

   Mit Vergunst,
Ich sing' in Euerm Ton.

Cleopatra.

   Aus Restlingsjahren,
Wo kaum mein Urtheil flügge! Kaltes Herz,
Das noch wie damals spricht! Doch eile nun,
Schaff' mir Papier und Tinte.
Ich send' ihm jeden Tag besondern Gruß,
Und müßt' ich auch Aegypten drum entvölkern.

            (Alle ab.)

Zweiter Aufzug.

— —

Erste Scene.

Messina. Ein Zimmer in Pompejus' Hause.

(Es treten auf Pompejus, Menecrates und Menas.)

Pompejus.
Sind sie gerecht, die Götter, schützen sie
Die Thaten der Gerechten.

Menecrates.
   Denkt, Pompejus:
Was sie verzögern, nicht verweigern sie's.

Pompejus.
Indeß wir flehn vor ihrem Throne, welkt
Die Gab', um die wir fleh'n.

Menecrates.
    Wir Blinden bitten
Oft unser eignes Leid, das weise Mächte
Zu unserm Wohl versagt: so sind wir reicher
Durch des Gebets Verlust.

Pompejus.
   Ich muß gedeihn!
Mich liebt das Volk, mein ist das ganze Meer,

Mein Glück ist Neumond, mein prophetisch Hoffen
Sieht schon die volle Scheibe. Marc Anton
Hält Tafel in Aegypten, wird nicht draußen
Zu Felde ziehn: Cäsar macht Geld, wo Herzen
Er einbüßt: beiden schmeichelt Lepidus,
Läßt sich von Beiden schmeicheln, und liebt Keinen,
Und Keiner hält ihn werth.

Menecrates.

Cäsar und Lepidus
Stehn schon im Feld, mit großer Macht gerüstet.

Pompejus.

Wer sagt Euch das? 's ist falsch.

Menecrates.

Das sagte Silvius.

Pompejus.

Er träumt. Ich weiß, sie sind in Rom und harren
Antons; — doch jeder Liebeszauber lasse dir,
Cleopatra, die welke Lipp' erblühn!
Der Schönheit helfe Blendwerk, Wollust beiden!
Gelage laß des Wüstlings Lager sein,
Sein Hirn im Nebel! Epicur'sche Köche
Laß' ihm mit Brüh'n stets rüst'ge Eßlust schaffen,
Ihn Ehr' und Pflicht verschlafen und verschlemmen
In Lethes Stumpfsinn! Varrius, was giebt's?

(Varrius tritt auf.)

Varrius.

Was ich zu melden hab', ist zuverlässig:
Antonius wird mit jeder Stund' in Rom
Erwartet; seit Aegypten er verließ,
War Zeit für weitern Weg.

Pompejus.

Gering'res hört' ich
Mit will'germ Ohr. Menas, ich dachte nicht,
Daß dieser Schwelger um so winz'gen Krieg
Den Helm aufsetzte. Als Soldat ist er
Zweimal die andern zwei. Doch um so höher

Denkt von uns selber drum, daß unsre Fahrten
Den nimmer Lustgesättigten vom Schooß
Der Wittw' Aegyptens rissen.

Menas.

Schwerlich stellen
Sich Cäsar und Anton auf guten Fuß.
Schlimm that an Cäsar sein verstorb'nes Weib;
Sein Bruder führte Krieg mit ihm, obwohl
Vielleicht nicht auf Antonius' Antrieb.

Pompejus.

Menas,
Wer weiß? Der klein're Haß weicht wol dem größern.
Wenn wir nicht ständen gegen alle drei,
Geriethen sie ohn' Zweifel an einander;
Denn Anlaß haben Alle längst genug,
Das Schwert zu ziehn: doch wie die Furcht vor uns
Den Riß verkittet und dem kleinen Zwist
Zur Binde wird, das wissen wir noch nicht. —
Sei's, wie's die Götter fügen! Unser Leben
Steht auf dem Spiel, wenn wir nicht muthig streben.
Komm, Menas. (Alle ab.)

Zweite Scene.

Rom. Im Hause des Lepidus.

(Es treten auf Enobarbus und Lepidus.)

Lepidus.

Verdienstlich wär's und würde wohl dir ziemen,
Freund Enobarbus, bät'st du deinen Herrn,
Daß er versöhnlich spricht.

Enobarbus.

Ich werd' ihn bitten,
Zu reden, wie Er selbst. Reizt Cäsar ihn,

So schau' Antonius über Cäsars Haupt
Und spreche laut wie Mars! Beim Jupiter,
Hätt' ich Antonius' Bart am Kinn, ich ließ'
Ihn heut' nicht scheeren.

Lepidus.
Nicht die Zeit ist's, um
Persönliches zu grollen.

Enobarbus.
Jede Zeit
Paßt wohl für das, was sie zu Tage bringt.

Lepidus.
Doch muß das Kleine sich dem Größern fügen!

Enobarbus.
Nicht, kommt das Kleine erst.

Lepidus.
Ihr sprecht im Eifer;
Doch rührt nicht in der Asche. Seht, hier kommt
Der edle Marc Anton.

(Antonius und Ventidius treten auf.)

Enobarbus.
Und dort kommt Cäsar.

(Cäsar, Mäcenas und Agrippa treten auf.)

Antonius.
Im Fall wir einig werden, dann nach Parthien;
Hörst du, Ventidius? —

Cäsar.
Frage den Agrippa,
Mäcen; ich weiß es nicht.

Lepidus.
Erhabne Freunde,
Was uns vereinte, war so groß; nun laßt nicht
Geringen Zwist uns trennen. Was zu tadeln,
Hört es mit Nachsicht an: verhandeln wir
Den nicht'gen Zwiespalt laut, so bringen wir
Nicht Heilung, sondern Tod. Drum, edle Freunde,
(Und um so mehr, je ernstlicher ich bitte),

Berührt mit mild'stem Wort die herbsten Punkte,
Verschlimmert nichts durch Schmählen!

Antonius.

Wohl gesprochen;
Und ständen wir zum Kampf vor unsern Heeren,
Ich machte so. (Grüßt Cäsar mit einer Handbewegung.)

Cäsar.

Willkomm' in Rom!

Antonius.

Habt Dank.

Cäsar.

Setzt Euch.

Antonius.

Setzt Euch, Herr.

Cäsar.

Nun! so . . .   (Er setzt sich.)

Antonius.

Ich hör', Ihr deutet schlimm, was nicht schlimm ist,
Und wenn auch, Euch nichts angeht.

Cäsar.

Traun, zum Lachen
Wär's, wenn um Nichts ich oder um Geringes
Mich für beleidigt hielte, und nun gar
Von Euch! noch mehr zum Lachen, hätt' ich je
Euch mit Geringschätzung genannt, wenn mich's
Nicht anging, Euern Namen auszusprechen.

Antonius.

Was war es Euch, mein Leben in Aegypten?

Cäsar.

Nicht mehr vielleicht als in Aegypten Euch
Mein Aufenthalt in Rom; doch wenn Ihr Pläne
Dort gegen meine Stellung schmiedetet,
Ward's meine Sache.

Antonius.

Was meint Ihr mit Schmieden?

4*

Cäsar.

Geliebt's Euch, faßt Ihr meine Meinung wohl
Aus dem, was mir geschah. Eu'r Weib und Bruder
Bekriegten mich, und ihrer Fehde Grund
Wart Ihr allein: Ihr wart das Feldgeschrei.

Antonius.

Ihr seid auf falscher Fährte. Nie berief sich
Mein Bruder je auf mich. Ich forschte nach,
Und hab' aus sich'rer Kunde die Gewißheit
Von Euern Freunden selbst: bekämpft' er nicht
Mein eignes Ansehn, wie das Eurige?
Führt' er den Krieg nicht meinem Sinn entgegen,
Der Euch verbündet war? All' meine Briefe
Beweisen's klar: drum, wollt Ihr Händel flicken
(Denn nicht aus ganzem Tuch könnt Ihr sie schneiden,
So muß es dieß nicht sein.

Cäsar.

                    Ihr lobt Euch selbst,
Wenn Ihr mein Urtheil anklagt; doch Ihr flicktet
Entschuldigung zurecht.

Antonius.

                    O nein, o nein,
Es kann Euch nicht entgehn, ich weiß gewiß,
So unabweislich ist's, daß ich als Euer
Genosse in der Sache, gegen die
Er focht, den Krieg nur ungern sehen konnte,
Der meinem Frieden drohte. Was mein Weib
Betrifft, wünscht' ich Euch eins vom selben Schlag.
Eu'r ist der Erde Drittheil; das regiert Ihr
Mit einem Kappzaum, doch nicht solch ein Weib.

Enobarbus.

Hätten wir doch alle solche Weiber, daß die Männer mit ihren
Weibern in den Krieg gehn könnten! —

Antonius.

Unzähmbar, machte ihre Händelsucht
Aus Leidenschaft, der es an schlauer Staatskunst

Nicht fehlte — mit Bedauern geb' ich's zu —
Euch nur zu große Noth; doch müßt Ihr sagen,
Ich konnte nicht dafür.

Cäsar.

        Ich schrieb an Euch,
Als Ihr in Alexandrien jubeltet.
Ihr stecktet meine Briefe ein und ließt
Mit Hohn den Boten stehn, statt ihn zu hören.

Antonius.

Er kam mir auf den Hals, eh' ich ihn vorließ;
Zudem hatt' ich drei Könige zu Tisch
Gehabt, und war nicht wie am Morgen mehr.
Doch sagt' ich ihm Tags drauf so viel von mir
Als einer Bitte gleichkam um Verzeihung.
Der Mensch entzwei' uns nimmer! Wenn wir streiten,
So laßt ihn aus dem Spiel.

Cäsar.

        Ihr habt gebrochen,
Was Ihr beschwort: deß soll mich Eure Zunge
Nie zeihen können.

Lepidus.

Cäsar, mäßigt Euch!

Antonius.

Nein, laßt ihn reden, Lepidus. —
Die Ehr' ist rein und heilig, die er angreift,
Im Wahn, ich sei ihr treulos. Weiter, Cäsar,
Was habe ich beschworen?

Cäsar.

Mir Hülf' und Heer zu leihn, wenn ich's verlangte;
Und Beides schlugt Ihr ab.

Antonius.

        Versäumt' es nur;
Und zwar, als ein vergiftet Dasein mir
Mein Selbstbewußtsein raubte. So viel möglich,
Zeig' ich den Reuigen: doch mein Gradsinn soll
Nicht meine Größe schmälern; meine Macht

Nicht ohne diese wirken.   Wahr ist's, Fulvia
Befriegt' Euch, aus Aegypten mich zu locken;
Wofür ich jetzt, unwissentlich die Ursach,
Soweit Verzeihung bitt', als ich mit Würde
Nachgeben kann.

Lepidus.
Ihr spracht ein edles Wort.

Mäcenas.
Gefiel's Euch doch, die Klagen beiderseits
Beruh'n zu lassen! Ihr vergäßt sie ganz,
Gedächtet Ihr, wie gegenwärt'ge Noth
Euch an Versöhnung mahnt.

Lepidus.
Ein würd'ges Wort! —

Enobarbus.
Oder wenn Ihr Euch Einer des Andern Freundschaft für den
Augenblick borgt, könnt Ihr sie, wenn vom Pompejus nicht mehr die
Rede ist, wieder zurückgeben: Ihr werdet Zeit genug zum Zanken
haben, wenn Ihr sonst nichts anders zu thun habt.

Antonius.
Du bist nur ein Soldat, drum sprich nicht mehr.

Enobarbus.
Ich hätte bald vergessen, daß Wahrheit schweigen muß.

Antonius.
Bedenke, wo du bist, und sprich nicht mehr.

Enobarbus.
Schon recht: Euer wohlbedächtiger Fisch.

Cäsar.
Ich tadle nicht den Inhalt seiner Rede,
Nur ihre Weise: denn unmöglich scheints,
Daß Freundschaft bleibe, wenn die Sinnesart
Im Thun so abweicht.   Doch, wüßt' ich den Reif,
Der uns verfestigte, von Pol zu Pol
Sucht' ich ihn auf.

Agrippa.
Wollt Ihr vergönnen, Cäsar ....

Cäsar.

Agrippa, sprich.

Agrippa.

Du hast 'ne Schwester von der Mutter Seite,
Die herrliche Octavia. Der große Marc Anton
Ist jetzt ein Wittwer.

Cäsar.

Sprich nicht so, Agrippa:
Hätt' es Cleopatra gehört, du hättest
Den Vorwurf wohl verdient der Uebereilung.

Antonius.

Nein, Cäsar, ich bin unvermählt. Laß mich
Agrippa weiter hören.

Agrippa.

Euch in beständ'ger Freundschaft zu erhalten,
Euch brüderlich zu einen, Eure Herzen
Unlösbar fest zu knüpfen, nehm' Anton
Octavia zur Gemahlin, deren Schönheit
Wohl fordern kann den besten Mann der Welt,
Und deren Güt' und Anmuth sie erhebt,
Mehr als es Worte könnten. Durch dieß Bündniß
Wird kleine Eifersucht, die groß nun scheint,
Und große Furcht, die jetzt Gefahren droht,
In Nichts verschwinden: Wahrheit wird dann Mährchen,
Wie halbe Mähr' jetzt Wahrheit: — beide liebend,
Verstärkt sie Eure Wechsellieb', und zieht
Der Völker Liebe nach. — Verzeiht die Rede,
Denn sie ward längst geprüft, nicht schnell ersonnen,
Pflichtmäßig reif bedacht.

Antonius.

Will Cäsar reden?

Cäsar.

Nicht eh' er hört, wie Marc Anton berührt ist
Von jenem Wort.

Antonius.

Wo ist Agrippa's Macht,

Wenn ich nun spräch': „Agrippa, also sei's",
Es zu verwirklichen?

Cäsar.

In Cäsars Macht,
Und seinem Recht an seine Schwester.

Antonius.

Nichts
Bring' Hind'rung, selbst im Traum nicht, diesem Plan,
Der sich so schön gestaltet! Deine Hand!
Fördre das Segenswerk! Und von Stund' an
Regier' in Lieb' ein Geist von Brüdern uns
Und unser großes Werk!

Cäsar.

Hier meine Hand!
Dir widm' ich eine Schwester, wie kein Bruder
Sie zärtlicher geliebt. Sie leb', ein Band
Der Eintracht unsern Reichen, unsern Herzen!
Und nun auf immer treu!

Lepidus.

So sei es, Amen!

Antonius.

Ich dachte nicht, Pompejus zu bekämpfen,
Denn große Freundlichkeit erwies er mir
Vor kurzem erst: Dank darf er von mir fordern,
Daß mich der Ruf nicht unerkenntlich nenne: —
Das abgethan, entbiet' ich ihn zum Kampf.

Lepidus.

Es eilt; wir müssen ungesäumt Pompejus
Aufsuchen, oder er sucht uns.

Antonius.

Wo steht er?

Cäsar.

Am Vorgebirg Misenum.

Antonius.

Seine Landmacht,
Wie stark?

Cäsar.

Groß und im Wachsen; doch das Meer
Beherrscht er unumschränkt.

Antonius.

                    So sagt der Ruf. —
O wären wir schon an ihm! Hin in Eil. —
Doch ehe wir uns waffnen, bringt zu Ende,
Was eben ward gelobt.

Cäsar.

                    Mit höchster Freude:
So lad' ich Euch zum Anblick meiner Schwester,
Und führ' Euch gleich zu ihr.

Antonius.

                    Gönnt, Lepidus,
Uns Eure Gegenwart.

Lepidus.

                    Edler Antonius,
Selbst Krankheit hielte mich nicht ab.
(Trompetenstoß. Cäsar, Antonius und Lepidus ab.)

Mäcenas.

Willkommen von Aegypten, Herr.

Enobarbus.

Hälfte von Cäsars Herzen, würdiger Mäcenas! Mein ehren=
werther Freund Agrippa! —

Agrippa.

Wack'rer Enobarbus!

Mäcenas.

Wir haben Ursach, froh zu sein, daß Alles sich so gut entwirrt
hat. Ihr habt Euch in Aegypten wacker gehalten.

Enobarbus.

Ja, Herr, wir schliefen, daß dem Tage die Augen übergingen,
und tranken, bis der Nacht ein Licht aufging.

Mäcenas.

Acht Wildschweine ganz gebraten zum Frühstück, und nur für
zwölf Personen, ist das wahr?

Enobarbus.

Das war nur wie eine Fliege auf einen Adler; wir erlebten weit ungeheuerlichere Schmausgeschichten, die es wohl lohnte sich zu merken.

Mäcenas.

Sie ist eine ganz bezaubernde Dame, wenn sie ihrem Ruf entspricht.

Enobarbus.

Gleich das erste Mal, wo sie mit Marc Anton zusammentraf, hatte sie sein Herz in der Tasche; es war auf dem Flusse Cydnus.

Agrippa.

Dort machte sie sich in der That gut, wenn mein Berichterstatter nicht stark gefabelt hat.

Enobarbus.

Ich will's erzählen.
Das Schiff, mit dem sie kam, ein Strahlenthron,
Flammt' auf dem Wasser; lautres Gold sein Spiegel;
Die Segel purpurn, duftig, daß der Wind
Sehnsüchtig sie umbuhlte: Silberruder,
Im Takt, zum Ton der Flöten, machten schneller
Das Wasser folgen, gleich als wär's verliebt
In ihren Schlag. Die Kön'gin selbst — es reicht
Kein Wort heran — sie lag in ihrem Zelt
Von Goldbrokat, das Venusbild verdunkelnd,
Wo die Natur wir überboten sehn
Von Phantasie. Auf jeder Seite standen,
Gleich Amoretten, lächelnd, blühn'de Knaben,
Mit bunten Fächern, — wie es schien, in Glut
Die zarten Wangen tauchend, die sie kühlten,
Und eignes Thun vereitelnd.

Agrippa.
Sel'ger Mann!

Enobarbus.

Ihre Gefährtinnen als Nereiden,
Meerweibern gleich, an ihren Blicken hangend,
Leih'n neuen Schmuck ihr durch der Ehrfurcht Zoll.

Ein Meerweib sitzt am Steu'r; das seidne Tau
Erschwillt vom Druck der blumenweichen Hand,
Die frisch ihr Amt verrichtet. Von der Barke
Trifft räthselhafter Wohlgeruch die Sinne
Der nahen Ufer. Sie zu sehn, ergießt
Die Stadt ihr Volk; auf seinem Thron allein
Sitzt auf dem Markt Anton und pfeift der Luft,
Die keine Leere läßt, sonst ging' auch sie,
Cleopatra zu schau'n, ob auch ein Riß
In der Natur entstand.

Agrippa.
      Ein wunderbares Weib.

Enobarbus.
Als sie gelandet, bat Antonius sie
Zur Abendmahlzeit; sie erwiederte,
Ihr sei willkommner, ihn als Gast zu sehn,
Und lud ihn. Unser höflicher Anton,
Der keiner Frau noch jemals Nein gesagt,
Zehnmal recht schmuck barbiert, geht zu dem Fest,
Und dort muß nun sein Herz die Zeche zahlen,
Wo nur sein Auge zehrte.

Agrippa.
      Zauberin! —
Sie ließ des großen Cäsars Schwert zu Bett gehn,
Er pflügte sie, sie ärntete.

Enobarbus.
      Ich sah sie
Einst wen'ge Schritte durch die Straße hüpfen,
Und als sie athemlos, sprach sie in Pausen
So, daß zur Anmuth sie den Fehl erhob,
Und ohne Athem Macht enathmete.

Mäcenas.
Nun muß Antonius sie durchaus verlassen.

Enobarbus.
Niemals! Das wird er nicht! Nicht kann sie Alter
Hinwelken, täglich Sehn an ihr nicht stumpfen

Die immerneue Reizung; andre Weiber
Sätt'gen die Lust gewährend: sie macht hungrig,
Je reichlicher sie schenkt; denn das Gemeinste
Wird so geadelt, daß die heil'gen Priester
Sie segnen, wenn sie buhlt.

Mäcenas.

Wenn Schönheit, Sitt' und Weisheit fesseln können
Das Herz Antons, dann ist Octavia ihm
Ein segensreiches Loos.

Agrippa.

Kommt, laßt uns gehn.
Ihr, werther Enobarbus, seid mein Gast,
So lang' Ihr hier verweilt.

Enobarbus.

Ich dank' Euch bestens.

(Alle ab.)

Dritte Scene.

Daselbst. In Cäsars Hause.

(Es treten auf Cäsar, Antonius, Octavia zwischen ihnen; Gefolge.)

Antonius.

Die Welt wird und mein großes Amt zuweilen
Von deiner Brust mich trennen.

Octavia.

All' die Zeit
Beugt vor den Göttern betend sich mein Knie
Zu deinem Heil.

Antonius.

Gut' Nacht, Herr. O Octavia,
Lies meine Fehler nicht im Ruf der Welt;
Ich hielt nicht stets das Maaß, doch für die Zukunft
Geht Alles nach der Schnur. Gut' Nacht, Geliebte! —

Octavia.

Gut' Nacht, Herr.

Cäsar.

Gute Nacht.

(Cäsar und Octavia ab.)

(Ein Wahrsager tritt auf.)

Antonius.

Nun, Freund? Du sehnst dich heim wohl nach Aegypten?

Wahrsager.

Ging' ich doch nie von dort, noch jemals Ihr
Dahin! —

Antonius.

Den Grund, wenn's einen giebt? —

Wahrsager.

Ich seh' ihn
Im Geist; doch nicht mit Worten fass' ich's. Dennoch
Eilt nach Aegypten, Herr!

Antonius.

Weissage mir,
Weß Glück steigt höher? Cäsars oder meins?

Wahrsager.

Cäsars;
Drum, o Antonius, weile nicht bei ihm.
Dein Geist, der dich beschützt, dein Dämon, ist
Hochherzig, muthig, edel, unerreichbar,
Dem Cäsar fern: doch nah ihm wird dein Engel
Zur Furcht, wie überwältigt. Darum bleibe
Raum zwischen dir und ihm.

Antonius.

Sag' das nicht wieder.

Wahrsager.

Niemand als dir: nie wieder als zu dir.
Versuche du mit ihm, welch Spiel du willst.
Gewiß verlierst du; sein natürlich Glück
Schlägt dich, wie schlecht er steht; dein Glanz wird trübe,
Strahlt er daneben: noch einmal, dein Geist

Wird bange, dich zu lenken, wenn er nah;
Doch ihm entfernt, erhebt er sich.

Antonius.
                    Hinweg!
Sag' dem Ventidius, sprechen woll' ich ihn:

                    (Wahrsager ab.)

Er soll nach Parthien. — Zufall oder Kunst,
Er sagte wahr. Ihm dienen selbst die Würfel!
Sein Glück lähmt meine beß're Kunst im Spiel;
Beim Loosen zieht er allemal den Treffer;
Es schlagen seine Hähne, seine Wachteln
Die meinen, wie's auch steht, und wetter' ich
Auch Alles gegen Nichts. Fort nach Aegypten!
Und schloß ich diese Heirath mir zum Frieden,

                    (Ventidius kommt.)

Im Ost wohnt meine Lust. O komm, Ventidius,
Du mußt nach Parthien; fertig ist dein Auftrag,
Komm mit und hol' ihn.

                    (Gehen ab.)

Vierte Scene.

Daselbst. Eine Straße.

(Es treten auf Lepidus, Mäcenas und Agrippa.)

Lepidus.
Bemüht Euch ferner nicht; ich bitt' Euch, treibt
Zur Eile Eure Herrn!

Agrippa.
                    Sobald Anton
Octavien sich empfohlen, folgen wir.

Lepidus.
Bis ich Euch wiederseh' in Kriegertracht,
Die Beide zieren wird, lebt wohl.

Mäcenas.

Wir sind,
Kenn' ich die Gegend recht, am Vorgebirg
Noch eh'r als Ihr.

Lepidus.

Weil Eure Straße kürzer —
Mein Vorsatz führt mich einen weiten Umweg,
Ihr kommt zwei Tage früher.

Mäcenas.

Viel Erfolg!

Lepidus.

Lebt wohl!   (Alle ab.)

Fünfte Scene.

Alexandrien. Zimmer im Palast.

(Cleopatra, Charmion, Iras und Alexas treten auf.)

Cleopatra.

Macht mir Musik; Musik, schwermüth'ge Nahrung
Für uns verliebtes Volk! —

Diener.

He! Die Musik!
(Mardian kommt.)

Cleopatra.

Laßt es nur sein. Wir woll'n zum Kugelspiel:
Komm, Charmion.

Charmion.

Mich schmerzt der Arm; spielt doch mit Mardian.

Cleopatra.

Ein Weib spielt mit dem Hämling wohl so gut
Als mit 'nem Weibe. Wollt Ihr mit mir spielen?

Mardian.

Fürstin, so gut ich kann.

Cleopatra.

Wo guter Will' ist, käm' er auch zu kurz,
Muß man dem Spieler nachsehn. Doch ich will nicht. —

Gebt mir die Angel, kommt zum Flusse; dort,
Während Musik von fern erklingt, berück' ich
Den goldbeschoßten Fisch, mit krummen Haken
Die schleim'gen Kiefern fassend, und bei jedem,
Den ich heraufzieh' denk' ich mir Anton,
Und sag': aha! gefangen! —

Charmion.

Lustig war
Mit ihm das Wette=Angeln, als Eu'r Taucher
Den Salzfisch hängt' an seine Schnur, den er
So eifrig aufzog.

Cleopatra.

Damals — o die Zeiten!
Lacht' ich ihn aus der Ruh; die Nacht darauf
Lacht' ich ihn in die Ruh; den nächsten Morgen
Noch vor neun Uhr trank ich ihn auf sein Lager,
That meinen Mantel ihm und Schleier um,
Und ich derweil trug sein Philippisch Schwert. —
O von Italien! —

(Ein Bote kommt.)

Fruchtbare Zeitung schütte mir in's Ohr,
Das lange brach gelegen.

Bote.

Gnäd'ge Fürstin —

Cleopatra.

Antonius todt? Wenn du das sagst, wirst du
Zum Mörder deiner Herrin; doch gesund
Und frei, — wenn so — da hast du Gold, und da
Zum Kuß die blau'sten Adern einer Hand,
Die Könige geküßt, und zitternd küßten.

Bote.

Zuerst denn, er ist wohl.

Cleopatra.

Nimm Gold! noch mehr!
Doch höre, Bursch, wir pflegen so zu sagen,
Es sei den Todten wohl: meinst du es so,

Schmelz' ich das Gold, das ich dir gab, und gieß' es
In deinen bösen Schlund.

Bote.

O hört mich, Fürstin!

Cleopatra.

Nun wohl, ich will —
Doch sagt dein Blick nichts Gutes. Wenn Anton
Frei und gesund, — wozu die finstre Miene
Zu solcher frohen Post? Ist ihm nicht wohl,
Sollt'st du als Furie nahn, bekränzt mit Schlangen,
Und nicht in Mannsgestalt.

Bote.

Wollt Ihr mich hören?

Cleopatra.

Ich möchte gleich dich schlagen, eh' du sprichst:
Doch wenn du meld'st, Anton sei wohl, er lebe,
Mit Cäsar Freund, und nicht in seiner Haft,
Gold soll es regnen, und auf dich ein Hagel
Von Perlen fallen.

Bote.

Er ist wohl.

Cleopatra.

O herrlich!

Bote.

Und Cäsars Freund.

Cleopatra.

Du bist ein wack'rer Mann!

Bote.

Cäsar und er sind größ're Freund' als je.

Cleopatra.

Begehr' ein Glück von mir!

Bote.

Fürstin, und doch . . .

Cleopatra.

Ich hasse dieß „und doch:" es macht zu Nichts
Den guten Vordersatz: Pfui dem „und doch:"

„Und doch" ist wie ein Scherge, hinter dem
Ein arger Uebelthäter kommt. Hör', Freund,
Schütte dein ganz Packet mit einmal aus,
Gutes wie Schlimmes. — Er ist Freund mit Cäsar,
Gesund und frisch, sagst du, und sagst, in Freiheit?

Bote.
In Freiheit, Fürstin? Nein, so sag' ich nicht:
Ihn hält Octavia.

Cleopatra.
Wofür? wozu?

Bote.
Für ihr Vergnügen.

Cleopatra.
Charmion, ich erbleiche.

Bote.
Fürstin, er ist Octavien vermählt.

Cleopatra.
Die giftigste von allen Seuchen dir!　　　(Schlägt ihn.)

Bote.
O faßt Euch, Königin!

Cleopatra.
Was sagst du? Fort,
Verruchter! Deine Augen tret' ich unter
Die Füße, reiße dir die Haare aus;
Drahtpeitschen sollst du fühlen und dich dann
In salz'ger Lauge winden!

Bote.
Gnäd'ge Fürstin,
Ich meldete die Heirath, schloß sie nicht!

Cleopatra.
Sag', 's ist nicht so: ich schenke dir ein Land,
Mache dich hochbeglückt; der Schlag vorher
Sei Buße, daß du mich in Wuth gebracht,
Und was nur dein bescheidner Sinn sich wünscht,
Gewähr' ich obendrein.

Bote.
Er ist vermählt.

Cleopatra.

Schurke, du haft zu lang gelebt . . . . .

(Zieht einen Dolch.)

Bote.

Dann lauf' ich —

Was wollt Ihr, Fürstin, 's ist nicht mein Vergehn!

(Ab.)

Charmion.

O Fürstin, faßt Euch! Seid nicht außer Euch! —
Der Mann ist schuldlos!

Cleopatra.

Wie manch' Unschuld'gen trifft der Donnerkeil!
Der Nil ersäuf' Aegypten! Werdet Schlangen,
Ihr sanftesten Geschöpfe! — Ruft den Sclaven;
Bin ich auch toll, ich beiß' ihn nicht. — Ruft ihn.

Charmion.

Er fürchtet sich vor dir.

Cleopatra.

Ich thu' ihm nichts.
Ihr Hände seid entadelt, denn Ihr schlugt
Statt meiner den Geringern; nur ich selbst
Gab Ursach mir dazu. Tritt näher, Freund.

(Bote kommt zurück.)

Obwohl es redlich ist, war's nimmer gut,
Die schlimme Nachricht bringen: Freudenbotschaft
Verkünd' ein Heer von Zungen, doch die schlimme
Mag selbst sich melden, wenn man sie empfindet.

Bote.

Ich that nach meiner Pflicht.

Cleopatra.

Ist er vermählt?
Ich kann nicht mehr dich hassen, als ich's thue,
Sagst du noch einmal Ja.

Bote.

Er ist vermählt.

Cleopatra.

Fluch über dich! So bleibst du stets dabei? —

5 *

Bote.

Sollt' ich denn lügen?

Cleopatra.

O daß du es thät'st!
Und wär' mein halb Aegypten überschwemmt,
Ein Pfuhl für schupp'ge Nattern! Geh, entfleuch,
Hätt'st du ein Antlitz wie Narciß, für mich
Schienst du ein Ungeheuer! — Er vermählt? —

Bote.

Ich bitt' Euch um Vergebung . . . .

Cleopatra.

Er vermählt?

Bote.

Zürnt nicht, daß ich Euch nicht erzürnen will;
Mich dafür strafen, was Ihr selbst verlangt,
Scheint höchst unrecht. — Er ist Octaviens Gatte.

Cleopatra.

O daß sein Frevel dich zum Schurken macht,
Der du nicht bist! Wie! weißt du's sicher? Fort!
Die Waare, die du mir von Rom gebracht,
Ist mir zu theuer; bleibe sie dir liegen,
Und möge dich verderben.   (Bote ab.)

Charmion.

Faßt Euch, Hoheit.

Cleopatra.

Antonius zu erheben, schalt ich Cäsarn, ...

Charmion.

Oft, gnäd'ge Fürstin.

Cleopatra.

Dafür lohnt er nun! —
Führt mich von hier!
Mir schwindelt. Iras, Charmion! — Einerlei!
Geh zu dem Boten, mein Alexas, heiß ihn
Octavia's Züge schildern, ihre Jahre,
Ihr ganz Gemüth: er soll dir nicht vergessen
Die Farbe ihres Haars: gieb schnell mir Nachricht.

                                        (Alexas ab.)

Er fahr' auf immer hin! O nein doch! Charmion,
Ob auch Gorgonengleich von Einer Seite,
Die andre ist ein Mars. Sag' dem Alexas,
Er melde mir, wie groß sie ist. Hab' Mitleid,
Doch sag' nichts, Charmion. — Führt mich in mein Zimmer.

(Alle ab.)

Sechste Scene.

In der Nähe von Misenum.

(Es treten auf von der einen Seite Pompejus und Menas, mit Trommeln und Trompeten; von der andern Cäsar, Antonius, Lepidus, Enobarbus und Mäcenas mit Truppen.)

Pompejus.

Ihr habt nun meine Geißeln, ich die Euern,
So laßt uns reden vor der Schlacht.

Cäsar.

Sehr löblich,
Daß erst verhandelt werde; darum sandt' ich
Voraus, was wir dir schriftlich zugestanden.
Hast du dies wohl erwogen, zeig' uns an,
Ob's in der Scheide hält dein zürnend Schwert,
Und nach Sicilien heim die Jugend führt,
Die sonst hier fallen muß.

Pompejus.

Hört mich, Ihr drei
Allein'ge Senatoren dieser Welt,
Der Götter Hauptverwalter Ihr. Ich weiß nicht,
Weßhalb mein Vater Rächer sollt' entbehren,
Dem Sohn und Freunde leben, da doch Cäsar,
Deß Geist dem guten Brutus bei Philippi
Erschien, dort Euer Mühen sah für ihn.
Was trieb den bleichen Cassius zur Verschwörung?
Was den verehrten biedern Römer Brutus,

Und alle sonst, der schönen Freiheit Werber,
Das Capitol mit Blut zu tränken? Dies:
Ein Mensch war ihnen nur ein Mensch.   Und dazu
Der Flotte Rüstung auch, ob deren Last
Das Meer ingrimmig schäumt, mit ihr den Undank
Zu geißeln, den das schnöde Rom gehäuft
Auf meinen edlen Vater.

Cäsar.

Laßt Euch Zeit.

Antonius.

Du schreck'st mit deiner Flott' uns nicht, Pompejus:
Wir sprechen uns zur See; zu Lande weißt du,
Wie viel wir reicher sind.

Pompejus.

O ja, zu Lande
Bist reicher du durch meines Vaters Haus;
Doch weil der Kukuk für sich selbst nicht baut,
Bleib' drin, so lang' du kannst.

Lepidus.

Gefällt's Euch, sagt
(Denn dieß führt uns vom Ziel), wie Euch der Vorschlag
Bedünkt, den wir gethan.

Cäsar.

Das ist der Punkt.

Antonius.

Nicht sei dazu gebeten, sondern wäge,
Was du dadurch gewinnst.

Cäsar.

Und was geschehn kann,
Noch größres Glück zu finden.

Pompejus.

Ihr botet mir
Sicilien und Sardinien, und ich soll
Das Meer befrei'n von Räubern; soll nach Rom
Vorrath von Waizen senden: thu' ich das,

Zieh'n wir mit unzerhacktem Schwert nach Haus
Und glattem Schild.

Cäsar, Antonius und Lepidus.
Das boten wir.

Pompejus.
So wißt,
Ich kam vor Euch hieher mit dem Entschluß
Dieß anzunehmen; doch hat Marc Anton
Ein wenig mich verstimmt. — Verscherz' ich schon
Das Lob, wenn ich's erzähle, dennoch wißt:
Als Cäsar Krieg mit Eurem Bruder führte,
Fand Eure Mutter in Sicilien damals
Den gastlichsten Empfang.

Antonius.
Ich weiß, Pompejus;
Und kann zeither auf reichen, freien Dank,
Den ich Euch schuldig.

Pompejus.
Gebt mir Eure Hand.
Ich hätte nicht gedacht, Euch hier zu treffen.

Antonius.
Weich sind im Ost die Betten, und ich dank' Euch,
Daß Ihr mich herrieft, eh's mein Vorsatz war;
Denn ich gewann dabei.

Cäsar.
Seit ich Euch sah,
Seid Ihr verändert.

Pompejus.
Mag das Mißgeschick
Auf meinem Antlitz seine Rechnung schreiben;
Doch nimmer soll's in meinen Busen dringen,
Mein Herz zu unterjochen.

Lepidus.
Seid willkommen!

Pompejus.
Das hoff' ich, Lepidus. So sind wir einig. —

Ich wünschte nun geschrieben den Vertrag
Und unterzeichnet.

Cäsar.

Das geschehe gleich.

Pompejus.

Wir wollen uns bewirthen, eh' wir scheiden,
Und loosen, wer beginnt. —

Antonius.

Laßt mich beginnen!

Pompejus.

Nein, loosen wir, Antonius: ob der Erste,
Ob Letzte, Eurer Kochkunst aus Aegypten
Gebührt der Preis. Ich hörte, Julius Cäsar
Ward dort vom Schmausen fett.

Antonius.

Ihr hörtet Vieles!

Pompejus.

Ich mein' es gut.

Antonius.

Und setzt die Worte gut.

Pompejus.

Nun wohl, ich hört' es;
Und hört' auch das: Apollodorus trug . . . .

Enobarbus.

O still davon! Er that's.

Pompejus.

Was? —

Enobarbus.

Nun, er trug
Zum Cäsar eine Kön'gin in Matratzen.

Pompejus.

Nun kenn' ich dich: wie geht dir's, Kriegsmann?

Enobarbus.

Gut;
Und wie mir scheint, auch ferner gut: ich sehe,
Vier Schmäuse sind im Werk.

Pompejus.

Reich' mir die Hand;
Ich hab' dich nie gehaßt: ich sah dich fechten,
Und war auf deine Haltung neidisch.

Enobarbus.

Herr,
Ich liebte just Euch nicht, doch lobt' ich Euch,
Da Ihr wohl zehnmal so viel Lob verdientet,
Als ich Euch zugestand.

Pompejus.

Dein offnes Wesen
Erhalte dir, es steht dir wohl. —
Ich lad' an Bord Euch alle meines Schiffs;
Wollt' Ihr vorangehn?

Alle.

Zeigt den Weg uns.

Pompejus.

Kommt.

(Pompejus, Cäsar, Antonius, Lepidus, Soldaten und Gefolge ab.)

Menas (bei Seite).

Dein Vater, Pompejus, wäre nimmer diesen Vergleich ein=
gegangen. — Ihr und ich haben uns schon gesehn, Herr.

Enobarbus.

Zur See, denk' ich.

Menas.

Ganz recht, Herr.

Enobarbus.

Ihr habt Euch gut zur See gehalten.

Menas.

Und Ihr zu Lande.

Enobarbus.

Ich werde jeden loben, der mich lobt, obgleich nicht zu leugnen
ist, was ich zu Lande gethan.

Menas.

Noch was ich zu Wasser gethan.

Enobarbus.

Nun etwas könnt Ihr schon für Eure Sicherheit leugnen; Ihr
seid ein großer Dieb zur See gewesen.

Menas.

Und Ihr zu Lande.

Enobarbus.

Solchen Landdienst leugne ich ab. Aber gebt mir die Hand,
Menas; hätten unsre Augen jetzt Vollmacht, so würden sie hier zwei
sich küssende Diebe ertappen.

Menas.

Aller Menschen Gesichter sind ohne Falsch, wie auch ihre Hände
beschaffen sind.

Enobarbus.

Aber noch kein hübsches Weib hatte je ein Gesicht ohne Falsch.

Menas.

Das ist kein Tadel, sie stehlen Herzen. —

Enobarbus.

Wir kamen, mit Euch zu fechten.

Menas.

Mir für mein Theil thuts leid, daß daraus ein Trinkgelag ward.
Pompejus lacht heut sein Glück weg!

Enobarbus.

Wenn das ist, so kann ers gewiß nicht wieder zurück weinen.

Menas.

Ihr habt Recht, Herr; wir dachten nicht, Marcus Antonius
hier zu treffen. Sagt doch, ist er mit Cleopatra vermählt? —

Enobarbus.

Cäsars Schwester heißt Octavia.

Menas.

Ja wohl, sie war des Cajus Marcellus Weib.

Enobarbus.

Und ist nun des Marcus Antonius Weib.

Menas.

Was Ihr sagt!

Enobarbus.

's ist wahr!

Menas.

Dann sind Cäsar und er für immer an einander geknüpft!

Enobarbus.

Wenn es meines Amtes wäre, von dieser Eintracht zu weissagen, ich prophezeite nicht so.

Menas.

Ich denke, die Rücksichten der Politik thaten mehr bei dieser Heirath, als die Liebe der Vermählten.

Enobarbus.

Das denk' ich auch. Aber Ihr sollt sehn, das Band, das ihre Freundschaft zu verknüpfen scheint, erwürgt ihre Verbrüd'rung. Octavia ist von frommem, kaltem und stillem Wesen.

Menas.

Wer wünschte sein Weib nicht so? —

Enobarbus.

Der nicht, der selbst nicht so ist: und das ist Marc Anton. Er wird wieder zu seinem Fleischtopf Aegyptens zurückkehren; dann werden Octavia's Seufzer Cäsars Feuer anfachen, und wie ich vorhin sagte: was die Stärke ihrer Freundschaft ausmacht, wird die unmittelbare Veranlassung ihrer Entzweiung werden. Antonius wird seiner Liebe leben, wo sie ist; hier hat er nur seinen Vortheil geheirathet. —

Menas.

So wird's wohl kommen. Sagt, Herr, wollt Ihr an Bord? Ich habe eine Gesundheit für Euch.

Enobarbus.

Die nehm' ich an, Herr; wir haben unsre Kehlen in Aegypten nicht umsonst gehabt.

Menas.

Wir wollen gehn. (Beide ab.)

Siebente Scene.

An Bord von Pompejus' Galeere.

(Musik. Es treten auf zwei oder drei Diener, die ein Bankett anrichten.)

Erster Diener.

Gleich werden sie hier sein, Kamrad; etliche Stämme darunter sind schon halb entwurzelt; beim geringsten Windstoß liegen sie mit den Kronen am Boden.

Zweiter Diener.

Lepidus ist schon hochroth.

Erster Diener.

Er hat ihnen die Neigen austrinken müssen.

Zweiter Diener.

Wie nur Einer dem Andern den wunden Fleck berührt, ruft er: haltet ein! und macht, daß Jeder sich seinen Friedensworten und er sich dem Becher ergiebt.

Erster Diener.

Desto größerer Krieg erhebt sich zwischen ihm und seinen fünf Sinnen.

Zweiter Diener.

Das kommt dabei heraus, in großer Herren Gesellschaft Kamrad zu sein; eben so gern hätte ich ein Schilfrohr, das mir nichts nutzen kann, als eine Hellebarde, die ich nicht regieren könnte.

Erster Diener.

In eine große Sphäre berufen sein, und dann darin gar nicht bemerkt werden, ist wie Löcher, wo Augen sein sollten; was das Gesicht jämmerlich entstellt.

(Ein Zinke wird geblasen. Es treten auf Cäsar, Antonius, Pompejus, Lepidus, Agrippa, Mäcenas, Enobarbus, Menas und andere Hauptleute.)

Antonius (zu Cäsar).

So ist der Brauch: sie messen dort den Strom
Nach Pyramidenstufen; daran sehn sie,
Nach Höhe, Tief' und Mittelstand, ob Theurung,
Ob Fülle folgt. Je mehr der Nil gewachsen,
Je mehr verspricht er; fällt er dann, so streut
Der Sämann auf den Schlamm und Moor sein Korn,
Und erntet bald nachher.

Lepidus.

Ihr habt seltsame Schlangen dort! —

Antonius.

Ja, Lepidus. —

Lepidus.

Ja ja, so 'ne ägyptische Schlange wird aus so 'nem Schlamm von der Sonne ausgebrütet; auch so 'n Krokodil.

Antonius.

So ist's.

Pompejus.

Setzt Euch. — Mehr Wein! Auf Lepidus' Gesundheit!

Lepidus.

Mir ist nicht so wohl, als ich sein sollte, aber ich bin dabei.

Enobarbus.

So lange bis Ihr einschlaft; bis dahin bleibt Ihr gewiß nebenbei.

Lepidus.

Ja, das muß wahr sein, diese ptolemäischen Pyramiden, sagt man, sind allerliebste Dinger; in allem Ernst, das sagt man.

Menas (bei Seite).

Ein Wort, Pompejus.

Pompejus.

Sag' in's Ohr, was ist's?

Menas (bei Seite).

Steh' auf von deinem Sitz, ich bitt' dich, Feldherr,
Und hör' mich auf ein Wort.

Pompejus.

Warr' noch ein Weilchen.

Dies Glas für Lepidus!

Lepidus.

Was für 'ne Art Ding ist so 'n Krokodil?

Antonius.

Es hat eine Gestalt, Herr, wie es selbst, nur ist so breit als seine Breite beträgt; just so hoch, als es hoch ist, und bewegt sich mit seinen eignen Gliedern: es lebt von seiner Nahrung, und haben seine Elemente sich aufgelöst, so geht seine Seele auf die Wanderschaft.

Lepidus.

Was hat es für eine Farbe?

Antonius.

Auch seine eigene Farbe.

Lepidus.

Ein curioser Wurm! —

Antonius.

Allerdings. Und seine Thränen sind naß.

Cäsar.

Wird ihm diese Beschreibung genügen? —

Antonius.

Nach allen Gesundheiten, die Pompejus ihm bringt; sonst ist
er ein wahrer Gourmand.

Pompejus (bei Seite zu Menas).

Geh mir und laß dich hängen! Mit mir reden?
Geh, thu', wie ich dich hieß. Wo bleibt mein Becher? —

Menas.

Hab' ich dir Treu' bewiesen, hör' mich an,
Und komm' beiseit.

Pompejus.

          Du bist nicht klug. Was willst du?

Menas.

Stets hab' ich mein Geschick an deins gebunden . . . .

Pompejus.

Du hast mir immer brav gedient; was weiter?
— Munter, Ihr edlen Herrn!

Antonius.

                    Nehmt Euch in Acht
Vor diesem Triebsand, Lepidus; Ihr sinkt! —

Menas.

Willst du Herr sein der ganzen Welt?

Pompejus.

                    Was sagst du?

Menas.

Noch einmal: Willst du Herr der ganzen Welt sein?

Pompejus.

Wie sollte das geschehn?

Menas.

          Sei willig nur;
Und schein' ich noch so arm, ich bin der Mann,
Der dir die ganze Welt giebt.

Pompejus.

          Bist du trunken?

Menas.

Ich hielt vom Becher mich zurück, Pompejus.
Du bist, wenn du's nur wagst, der ird'sche Zeus,
Und was das Meer umgränzt, der Himmel einfaßt,
Ist dein, wenn du nur willst.

Pompejus.

So sag mir, wie? —

Menas.

Die drei Genossen dort und Weltentheiler
Faßt unser Schiff; ich kappe jetzt das Tau,
Wir stoßen ab, ich greif' an ihre Kehle,
Und dein ist Alles.

Pompejus.

Ah! hätt'st du's gethan,
Und nicht gesagt! In mir ist's Büberei,
Von dir getreuer Dienst. Vergiß es nie,
Mein Vortheil nicht geht meiner Ehre vor,
Die Ehre ihm. Bereu' es, daß dein Mund
Dein Thun verrieth. That'st du es ohne mich,
So hätt' ich's hinterher als gut erfunden;
Verdammen muß ich's jetzt. Steh' ab und trink!

Menas (bei Seite).

Dafür
Folg' ich nie wieder deinem morschen Glück!
Wer sucht, und greift nicht zu, wenn's ihm sich bietet,
Findet's nie wieder.

Pompejus.

Lepidus soll leben!

Antonius.

Tragt ihn ans Land; ich thu' für ihn Bescheid.

Enobarbus.

Menas, dein Wohl!

Menas.

Willkommen, Enobarbus! —

Pompejus.

Füllt bis zum Rand den Becher! —

Enobarbus.

Der Kerl hat Kräfte, Menas!

Menas.

Wie?

Enobarbus.

Da trägt er
Den dritten Theil der Welt: Mann, siehst du's nicht?

Menas.

Dieß Drittheil also trunken! Wär's die ganze,
So drehte sie sich um.

Enobarbus.

Dreh' mit, und trinke drum.

Menas.

So komm!

Pompejus.

Dieß ist noch kein ägyptisch Fest!

Antonius.

Es reift dazu heran. Ein frisches Faß!
Dieß bring' ich Cäsar!

Cäsar.

Ich verbät' es lieber;
's ist schwere Arbeit mein Gehirn zu waschen;
Und es wird schmutz'ger.

Antonius.

Sei ein Kind der Zeit.

Cäsar.

Ihr Herr sein, ist mein Wahlspruch; lieber fast' ich
Vier Tage ganz, als einen so viel trinken.

Enobarbus.

O wack'rer Imperator!
Soll'n wir ägypt'schen Bacchustanz beginnen,
Zur Weihe des Gelages?

Pompejus.

Recht, mein Krieger! —

Antonius.

Kommt, schließen wir den Reih'n,

Bis der sieghafte Wein in süß Vergessen
Den Sinn uns taucht.

Enobarbus.

Faßt bei den Händen Euch;
Bestürmt das Ohr mit lärmender Musik,
Bis ich Euch stelle: dann singt der Knab' ein Lied,
Und Jeder fällt mit ein im Chor, so laut,
Als seine starke Brust nur schmettern kann. —

(Musik. Enobarbus stellt sie, und sie schließen den Reihen.)

Lied.

Komm, o Bacchus, Traubengott,
Rund von Bauch, von Aeuglein roth,
Grillen laß' im Faß zergehn,
Rebenlaub im Haar uns wehn,
Und um uns die Welt sich drehn,
Und um uns die Welt sich drehn!

Cäsar.

Was wollt Ihr mehr? Gut' Nacht, Pompejus. Bruder,
Gehn wir, ich bitt' Euch; unser ernstes Amt
Zürnt diesem Leichtsinn. Werthe Herrn, brecht auf,
Ihr seht, die Wangen glühn. Selbst Enobarbus
Ist schwächer als der Wein; auch meine Zunge
Spaltet die Worte; fast zu Fratzen macht
Die Wildheit uns. Was red' ich noch? Gut' Nacht!
Antonius, Eure Hand.

Pompejus.

Ich prüf' Euch noch zu Lande.

Antonius.

Das sollt Ihr. Eure Hand!

Pompejus.

Mein Vaterhaus
Habt Ihr, Anton, — thut nichts — wir sind ja Freunde.
Kommt jetzt in's Boot.

Enobarbus.

Nehmt Euch in Acht, und fallt nicht.
(Pompejus, Cäsar, Antonius und Gefolge ab.)

Menas, ich will nicht mit.

Menas.

      Komm zur Cajüte.

He, unsre Trommeln, Flöten, Cymbeln, he!

Hör' es, Neptun, welch lauten Abschied wir

Den großen Burschen bringen. Blast, zum Henker!

      (Trompeten und Trommeln.)

Enobarbus.

Heioh! die Mütze fliegt!

Menas.

      Heioh! kommt, edler Feldherr.

                  (Gehen ab.)

Dritter Aufzug.

Erste Scene.

Eine Ebene in Syrien.

(Ventidius tritt auf, wie nach einem Siege; mit ihm Silius und andre römische Hauptleute und Soldaten; vor ihnen wird der Leichnam des Pacorus getragen.)

Ventidius.

So, Parthien, brach ich deinen Speer; es wählte
Gewognes Glück mich, Marcus Crassus Rächer
Zu werden. Tragt den todten Königssohn
Dem Heer voran. Orodes, dein Pacorus
Zahlt dies für Crassus.

Silius.

         Würdiger Ventidius!
Weil noch dein Schwert vom Partherblute raucht,
Folge den flücht'gen Parthern schnell durch Medien,
Mesopotamien und in alle Schluchten,
Wohin die Flucht sie trieb. Dann hebt dein Feldherr
Antonius auf den Siegeswagen dich,
Und kränzt dein Haupt mit Lorbeern.

Ventidius.

Silius, Silius! —

Ich that genug. Ein Untergebner, merk' es,
Kann auch zu Großes thun. Denn wisse, Silius: —
Besser nichts thun, als zu viel Ruhm erwerben
Durch tapfre That, wenn unsre Obern fern.
Cäsar und Marc Anton gewannen stets
Durch Diener mehr als durch sich selber. Sossius,
Sein Hauptmann (der vor mir in Syrien stand),
Verlor, weil ihn zu schnell der Ruf erhob,
Den er erlangt im Umsehn, seine Gunst.
Wer mehr im Krieg thut, als sein Feldherr kann,
Wird seines Feldherrn Feldherr; und der Ehrgeiz,
Des Kriegers Tugend, wählt Verlust wohl lieber,
Als Sieg, der ihn verdunkelt.
Ich könnte mehr thun zu Antonius' Vortheil,
Doch wär's ihm zum Verdruß, und sein Verdruß
Bringt meinem Werk den Tod.

Silius.

Du hast, Ventidius,
Was, fehlt es ihm, den Krieger und sein Schwert
Kaum unterscheiden läßt. — Schreibst du dem Marc Anton?

Ventidius.

Ich meld' in Demuth, was in seinem Namen,
Dem mag'schen Feldgeschrei, uns dort gelang:
Wie sein Panier, sein wohlbezahltes Heer,
Die nie besiegte parth'sche Reiterei
Mit Schmach vom Feld gejagt.

Silius.

Wo ist er jetzt?

Ventidius.

Er wollte nach Athen: und dort so schnell
Als wir vermögen unter unsrer Last,
Erscheinen wir vor ihm. Nun vorwärts, Leute! weiter!

(Ab.)

Zweite Scene.

Rom. Ein Vorzimmer in Cäsars Hause.

(Agrippa und Enobarbus begegnen einander.)

Agrippa.

Wie? haben sich die Schwäger schon getrennt?

Enobarbus.

Sie schlossen mit Pompejus ab; er schied,
Die Andern unterzeichnen. Octavia weint,
Von Rom zu gehn; Cäsar ist traurig; Lepidus,
(Wie Menas sagt), hat seit Pompejus' Schmaus
Die Bleichsucht.

Agrippa.

's ist ein edler Lepidus.

Enobarbus.

Ein allerliebster! Wie er Cäsar liebt!

Agrippa.

Und wie er Marc Antonius vergöttert!

Enobarbus.

Cäsar? Das ist der Jupiter der Menschheit!

Agrippa.

Und Marc Anton? Der Gott des Jupiter! —

Enobarbus.

Spracht Ihr vom Cäsar? O der nie Erreichte! —

Agrippa.

Und Marc Anton? Der Phönix aus Arabien!

Enobarbus.

Cäsarn zu loben sprecht: Cäsar! Nichts mehr! —

Agrippa.

Ja, Beiden spendet er erhabnes Lob.

Enobarbus.

Doch Cäsarn mehr. Zwar liebt er auch Anton;
Nicht Herz, Wort, Ziffer, Schreiber, Bard' und Dichter,
Denkt, spricht, zählt, schreibt, singt, reimt, was er empfindet
Für Marc Anton: doch was den Cäsar angeht,
Kniet nieder, kniet und staunt.

Agrippa.

Er liebt sie Beide.

Enobarbus.

Sie sind ihm Flügeldecken, er ihr Käfer. —
                              (Trompetenstoß.) So:
Das heißt zu Pferd. Lebt wohl, edler Agrippa! —

Agrippa.

Viel Glück, mein wackrer Krieger, und lebt wohl! —
(Es treten auf Cäsar, Antonius, Lepidus und Octavia.)

Antonius.

Nicht weiter, Herr! —

Cäsar.

Ihr nehmt ein großes Stück mir meiner selbst;
Ehrt mich in ihm. Schwester, sei solch ein Weib,
Wie dich mein Herz gedacht, mein höchstes Pfand
Die Bürgschaft leisten möchte. Mein Anton,
Laß' nicht das Tugendbild, das zwischen uns
Gestellt ist als ein Kitt für unsre Liebe,
Sie fest zu fügen, als ein Mauerbrecher
Den Bau zertrümmern. Besser ständen sonst
Wir ohne diese Mittlerin, wenn beide
Sie nicht am Herzen hegen.

Antonius.

Kränkt mich nicht
Durch Mißtrau'n.

Cäsar.

Nun genug.

Antonius.

Nie geb' ich Euch,
So sehr Ihr prüfen mögt, den kleinsten Anlaß
Zu solcher Furcht. So schützen Euch die Götter,
Und lenken Eurem Wunsch die Herzen Roms! —
Wir scheiden hier! —

Cäsar.

Leb wohl, geliebte Schwester, lebe wohl!
Die Elemente sei'n dir hold und mögen
Dein Herz zur Freude stimmen! Lebe wohl!

Octavia.

Mein edler Bruder! —

Antonius.

In ihren Augen ist's April, der Frühling
Der Liebe: dies die Schauer, die ihn künden.
Blick' heiter!

Octavia.

O sieh nach meines Gatten Haus, und —

Cäsar.

Was,

Octavia?

Octavia.

Ich sag' es dir in's Ohr.

Antonius.

Die Zunge will dem Herzen nicht gehorchen,
Das Herz vermag der Zunge nichts zu sagen,
Wie sich auf höchster Flut die Schwanenfeder
Nach keiner Seite neigt.

Enobarbus.

Wird Cäsar weinen?

Agrippa.

Seht nur seine Blässe!

Enobarbus.

Die wäre schlimm genug, wär' er ein Pferd;
So mehr für einen Mann.

Agrippa.

Ei, Enobarbus,

Bei Julius Cäsars Leiche weinte einst
Antonius, daß er brüllte; er vergoß
Auch über Brutus Thränen bei Philippi.

Enobarbus.

Den Schnupfen hatt' er wirklich in dem Jahr.
Was er mit Lust zerstört, beklagt' er drauf.
Glaubt's, bis ich selber weine.

Cäsar.

Theure Schwester,

Du bleibst mir nah. Das Leben währt nicht länger
Als der Gedank' an dich.

Antonius.

Genug, genug!
Laßt mich mit Euch in Kraft der Liebe ringen,
Seht, so noch halt' ich Euch: so laß ich los,
Und gebe Euch den Göttern.

Cäsar.

Geht! Seid glücklich! —

Lepidus.

Die ganze Schaar der Stern' umleuchte dir
Den heitern Pfad! —

Cäsar.

Leb wohl! leb wohl!

(Umarmt Octavia.)

Antonius.

Leb wohl!

(Trompetenstoß. Alle ab.)

Dritte Scene.

Alexandria. Ein Zimmer im Palast.

(Es treten auf Cleopatra, Charmion, Iras und Alexas.)

Cleopatra.

Wo ist der Mensch?

Alexas.

Er fürchtet sich, zu kommen.

Cleopatra.

O geht, o geht! Tritt näher, Freund.

(Bote tritt auf.)

Alexas.

Monarchin,
Herodes von Judäa scheut dein Auge,
Wenn du nicht lächelst.

Cleopatra.

Des Herodes Haupt
Verlang' ich: aber wie? wer kann mirs schaffen,
Seit Marc Anton nicht hier ist? — Komm, nur näher!

Bote.

Huldreiche Majestät . . . . .

Cleopatra.

          Hast du Octavien

Selber gesehn?

Bote.

    Ja, Herrin.

Cleopatra.

    Wo?

Bote.

        In Rom.

Ich sah ihr in's Gesicht; sah sie geführt
Von ihrem Bruder und von Marc Anton.

Cleopatra.

Ist sie so groß als ich?

Bote.

      Nein, gnäd'ge Fürstin.

Cleopatra.

Und ihre Stimme? gellend oder leise?

Bote.

Ich hörte sie; sie hat 'ne leise Stimme.

Cleopatra.

Das ist nicht gut. Lang' kann er sie nicht lieben.

Charmion.

Sie lieben? Nun bei Isis, ganz unmöglich!

Cleopatra.

Unmöglich! zwerghaft, und die Stimme klanglos!
Ist Majestät in ihrem Gang? Besinn' dich,
Ob du je Majestät gesehn!

Bote.

    Sie kriecht;

Ihr Gehen und ihr Stehen sind fast Eins;
Sie zeigt sich mehr ein Körper als ein Leben,
Mehr Bildniß als beseelt.

Cleopatra.

    Ist das gewiß?

Bote.

Wenn ich nicht blind bin.

Charmion.

Drei im Lande kaum

Beobachten so gut.

Cleopatra.

Er zeigt Verstand,

Das seh' ich wohl. Es ist doch nichts an ihr: —

Der Mensch hat gutes Urtheil.

Charmion.

Ausgezeichnet! —

Cleopatra.

Wie alt mag sie wohl sein?

Bote.

Sie war

Schon Wittwe, Fürstin.

Cleopatra.

Wittwe? Charmion, hörst du? —

Bote.

Auf Dreißig schätz' ich sie.

Cleopatra.

Schwebt dir ihr Antlitz vor? Lang oder rund?

Bote.

Rund, bis zum Fehler.

Cleopatra.

Meistentheils verräth

Das Dummheit. Welcher Farbe ist ihr Haar?

Bote.

Braun, Fürstin, und so niedrig ihre Stirn,

Wie sie sich's wünschen kann.

Cleopatra.

Da hast du Gold. —

Du mußt den Ausbruch von vorhin vergessen: —

Ich geb' Aufträge dir zurück; du scheinst mir

Sehr brauchbar in Geschäften. Mach' dich fertig;

Die Briefe sind bereit.   (Bote ab.)

Charmion.

Ein arr'ger Mann! —

Cleopatra.

Das ist er auch; und ich bereue sehr,
Daß ich mich so an ihm vergriff. Nun, darnach
Kann das Geschöpf nicht viel bedeuten.

Charmion.

                              Gar nichts.

Cleopatra.

Er hat wo Majestät gesehn, und kennt's.

Charmion.

Ob er sie sah! Nun, Isis mög' ihm helfen,
So lang' in Euerm Dienst! —

Cleopatra.

Ich muß ihn Eins noch fragen, gute Charmion:
Doch einerlei. Bring' ihn nur zu mir, wo
Ich schreiben will. Noch wird wol Alles gut.

Charmion.

Fürstin, verlaßt Euch d'rauf.   (Gehn ab.)

Vierte Scene.

Athen. Zimmer in Antonius' Hause.

(Antonius und Octavia treten auf.)

Antonius.

Nein, nein, Octavia; 's ist nicht das allein;
Das wär' verzeihlich: das und tausend andres
Von gleicher Art. Doch neuen Krieg begann er
Wider Pompejus; las sein Testament
Dem Volke vor;
Sprach leicht von mir, und mußt' er mein durchaus
Rühmlich erwähnen, that er's doch nur kalt
Und matt, und legt' an mich das engste Maß.

Den nächsten Anlaß nahm er nicht, und mußt' er,
Geschah es nur zur Form.

Octavia.

                    Theurer Gemahl,
O glaubt nicht Alles; müßt Ihr aber glauben,
So übt Geduld. Ein unglückfel'ger Weib,
Wenn es zum Bruch kommt, stand nie zwischen zwei'n,
Für beide betend;
Die guten Götter werden meiner spotten,
Fleh' ich: O segnet meinen Herrn und Gatten!
Und widerruf' es mit gleich lautem Flehn:
O segnet meinen Bruder! Wie's auch laute,
Gebet wird durch Gebet zerstört; kein Ausweg
Liegt zwischen diesem Aeußersten.

Antonius.

                    O Theure,
Die beste Liebe sei, wo man am besten
Sie zu bewahren sucht. Mit meiner Ehre geh'
Ich selbst verloren. Lieber nicht der deine,
Als dein, ein kahler Stamm. Doch wie du batest,
Sei zwischen uns die Mittlerin. Indessen
Rüst' ich zu einem Krieg, der deinem Bruder
Ein Schandfleck sein soll. Eile, wie du kannst;
Dir wird nun, was du wünschtest.

Octavia.

                    Dank, mein Gatte!
Der Weltregierer mache mich, die Schwache,
Euch zur Versöhnerin! — Krieg zwischen Euch,
Das wär', als spaltete die Welt, und Leichen
Füllten die weite Kluft! —

Antonius.

Und wird dir's klar, wo das den Anfang nimmt,
Lenk' dorthin deinen Tadel: — Unsre Schuld
Kann nicht so gleich sein, daß sich deine Liebe
Gleichmäßig theilte. Nun betreib' die Reise,
Wähl dein Gefolge selbst, und wie viel Aufwand
Dir irgend nur beliebt.   (Gehn ab.)

Fünfte Scene.

Ein anderes Zimmer daselbst.

(Enobarbus und Eros, einander begegnend.)

Enobarbus.

Was giebt es, Freund Eros?

Eros.

Herr, man hört seltsame Neuigkeiten.

Enobarbus.

Was denn?

Eros.

Cäsar und Lepidus haben Pompejus mit Krieg überzogen.

Enobarbus.

Das ist etwas Altes. Wie war der Ausgang?

Eros.

Cäsar, nachdem er ihn im Krieg wider Pompejus gebraucht,
verweigert ihm jetzt alle Mitgenossenschaft; läßt ihm keinen Theil an
dem Ruhm des Feldzugs; und damit nicht zufrieden, beschuldigt er
ihn, vormals dem Pompejus Briefe geschrieben zu haben; auf seine
eigne Anklage setzt er ihn fest, und so sitzt nun der arme Dritte, bis
Tod sein Gefängniß öffnet.

Enobarbus.

So hast du nur, o Welt, zwei Kiefern noch!
Wirf alles Futter, das du hast, dazwischen,
Sie werden sich zermalmen. Wo ist Marc Anton?

Eros.

Spaziert im Garten — so! stößt jeden Halm
Im Wege fort, ruft: Dummkopf Lepidus!
Und seinem Dienstmann, der Pompejus todtschlug,
Soll's an den Hals gehn.

Enobarbus.

       Unsre Flotte wird

Armirt.

Eros.

Es gilt dem Cäsar. Halt, Domitius!

Anton verlangt nach Euch.   Die Neuigkeit
Hätt' ich verschieben können.

Enobarbus.

's wird nichts sein.
Doch meinethalben, bringt mich zu Anton.

Eros.

So kommt!   (Beide ab.)

Sechste Scene.

Rom.   Zimmer in Cäsars Hause.

(Es treten auf Cäsar, Agrippa und Mäcenas.)

Cäsar.

Dies that er, und noch Andres, Rom zum Hohn,
In Alexandrien — hier steht's: — er ließ
Auf offnem Markt, auf silberstrahl'nder Bühne,
Mit der Cleopatra auf goldnen Thronen
Sich nieder; ihm zu Füßen saß Cäsarion,
Den meines Vaters Sprößling sie benennen,
Und all die Bastardbrut, die ihre Lust
Seitdem gezeugt.   So gab er die Bestallung
Ihr von Aegypten, machte sie zugleich
Zur unumschränkten Kön'gin Nieder=Syriens,
Cyperns und Lydiens.

Mäcenas.

Vor allem Volk?

Cäsar.

Ja, auf dem öffentlichen Uebungsplatz.
Zu Kön'gen über Kön'ge setzt' er seine Söhne;
Groß=Medien, Parthien und Armenien
Gab' er dem Alexander; Ptolemäus
Syrien, Cilicien und Phönicien.   Sie
Trug an dem Tag der Göttin Isis Kleid,
In dem sie oft zuvor, wie man erzählt,
Gehör ertheilt.

Mäcenas.

Die Nachricht laßt in Rom
Verbreiten.

Agrippa.

Längst durch seinen Uebermuth
Verstimmt, wird es ihm seine Gunst entziehn.

Cäsar.

Das Volk erfuhr's, und hat von ihm nun gleichfalls
Die Klag' erhalten.

Agrippa.

Wen beschuldigt er?

Cäsar.

Cäsarn: Zuerst, daß, als Sicilien wir
Pompejus nahmen, wir nicht abgetheilt
Für ihn die Hälfte: daß er Schiffe mir
Gelieh'n, und nicht zurück erhielt; dann zürnt er,
Daß Lepidus aus dem Triumvirat
Entsetzt ward, und wir auf sein ganz Vermögen
Beschlag gelegt.

Agrippa.

Darauf müßt Ihr erwiedern.

Cäsar.

Das ist geschehn, ich sandte schon den Boten.
Lepidus, schrieb ich, sei zu grausam worden;
Gemißbraucht hab' er seine hohe Macht,
Und diesen Fall verdient. Was ich erobert,
Das woll' ich theilen; doch verlang' ein Gleiches
Für sein Armenien und seine andern
Eroberungen.

Mäcenas.

Nimmer räumt er's ein.

Cäsar.

So wird das Andre ihm nicht eingeräumt.

(Octavia tritt auf mit ihrem Gefolge.)

Octavia.

Heil Cäsarn, meinem Herrn! Heil, theurer Cäsar!

Cäsar.

Daß ich dich je Verstoßne mußte nennen! —

Octavia.

Du nanntest nicht mich so, noch hast du Grund.

Cäsar.

Warum denn stahlst du dich hierher? Du kommst nicht
Wie Cäsars Schwester! Des Antonius Weib
Mußt' uns ein Heer anmelden, und das Wiehern
Der Rosse ihre Ankunft uns verkünden,
Lang' eh' sie selbst erschien: die Bäum' am Wege
Besetzt mit Menschen sein, Erwartung schmachten
In sehnlichem Verlangen: ja, der Staub
Mußte zum Dach des Himmels sich erheben,
Erregt vom Volksgewühl! allein du kommst
Gleich einer Bäu'rin her nach Rom, die Huld'gung
Bereitelnd unsrer Gunst, die, nicht gezeigt,
Oft unempfunden bleibt. Wir hätten dich
Zu Meer und Land begrüßt, von Ort zu Ort
Mit höherm Prunk dich feiernd.

Octavia.

Theurer Bruder,
Nicht kam ich so, weil man mich zwang; ich that's
Aus freier Wahl. Antonius, mein Gemahl,
Von deiner Rüstung hörend, gab mir Nachricht
Der bösen Zeitung; und sogleich begehrt' ich
Urlaub zur Heimkehr.

Cäsar.

Den er gern gewährt,
Weil zwischen ihm und seiner Lust du stand'st!

Octavia.

O sprecht nicht so!

Cäsar.

Ich hab' ihn wohl im Auge,
Mir bringt der Wind von seinem Thun die Kunde.
Wo denkst du jetzt ihn?

Octavia.

In Athen, mein Bruder! —

Cäsar.

Nein, schwer gekränkte Schwester. Zu sich hat ihn
Cleopatra gewinkt. Er gab sein Reich
An eine Metze, und nun werben sie
Der Erde Kön'ge für den Krieg. Ihm folgen
Bochus, König von Libyen; Archelaus
Von Cappadocien; Philadelphus, König
Von Paphlagonien; Thraciens Fürst Atallas;
Fürst Malchus von Arabien; der von Pontus;
Herodes von Judäa, Mithridat
Von Comagene: — Polemon und Amintas,
Der Lycaonier und der Meder Fürsten,
Und noch viel andre Scepter.

Octavia.

Ach, ich Aermste,
In deren Herz sich zwei Geliebte theilen,
Die bitt're Feindschaft trennt! —

Cäsar.

Sei hier willkommen.
Durch deine Briefe ließ ich mich beschwicht'gen,
Bis wir es sah'n, wie man dich hinterging,
Und Unbekümmertheit gefährlich ward.
Getrost! Dich schrecke nicht die Zeit, wenn sie
Mit Unabwendbarem dein Glück bewölkt;
Und die Bestimmung schreite unbeklagt
Zu ihrem Ziel. Sei mir gegrüßt in Rom;
Nichts ist mir theurer. Ueber alles Denken
Bist du beleidigt; und die hohen Götter
Erwählen uns und alle, die dich lieben,
Dir Recht zu schaffen. Fasse froh'sten Muth;
Und tausendmal willkommen!

Agrippa.

Seid willkommen.

Mäcenas.

Willkommen, theure Herrin. Euch
Liebt und bedauert jedes Herz in Rom.

Nur Marc Anton, der ehebrecherische,
Maßlos in seinen Greueln, stößt Euch fort
Und giebt sein Regiment an eine Trulle,
Die Lärm macht wider uns.

Octavia.

       Herr, ist es so?

Cäsar.

Nur zu gewiß. Willkommen, Schwester; bitt' dich,
Bleib' standhaft und geduldig. — Liebste Schwester! —

                   (Alle ab.)

Siebente Scene.

Antonius' Lager bei dem Vorgebirge Actium.

(Cleopatra und Enobarbus treten auf.)

Cleopatra.

Ich werde dir's gedenken, zweifle nicht!

Enobarbus.

Warum? warum denn? —

Cleopatra.

Du widersprachst, daß ich zum Kriege folgte,
Und sagt'st, es sei nicht gut.

Enobarbus.

       Ist es denn gut?

Cleopatra.

Uns ward er angesagt, und wären wir
Mit Fug nicht hier?

Enobarbus (bei Seite).

       Ei nun, ich könnt' erwiedern,
Wenn wir mit Stut' und Hengst zusammen auszieh'n,
Dann sei der Hengst zu viel; die Stute trüge
Den Reiter und sein Roß.

Cleopatra.

       Was sag'st du da?

Enobarbus.

Eu'r Beisein muß durchaus Anton verwirren,
Und ihm an Herz und Hirn und Zeit entwenden,
Was dann höchst unentbehrlich. Zeiht man doch
Ihn schon des Leichtsinns und erzählt in Rom,
Photinus, ein Eunuch und Eure Zofen
Regierten diesen Krieg.

Cleopatra.

Rom sink' in Staub!
Die Zunge dorre, die uns schmäht! Ich hab'
Ein Amt im Krieg; als meines Reiches Haupt
Bin ich für einen Mann. Sprich nicht dagegen,
Ich bleibe nicht zurück.

Enobarbus.

Ich sage nichts;
Hier kommt der Imperator.

(Antonius und Canidius treten auf.)

Antonius.

Wie seltsam ist's, Canidius,
Wie konnt' er von Tarent doch und Brundusium
So schnell durchschneiden das Jon'sche Meer,
Und Toryn nehmen? Hörtest du's, Geliebte?

Cleopatra.

Geschwindigkeit wird nie so sehr bewundert,
Als von Saumseligen.

Antonius.

Ein guter Vorwurf,
Wie er dem besten Manne wohl geziemt,
Nachlässigkeit zu rügen. — Wir, Canidius,
Begegnen ihm zur See.

Cleopatra.

Zur See! Wie sonst? —

Canidius.

Warum das, Herr?

Antonius.

Er fordert uns dazu heraus.

Enobarbus.

Ihr habt ihn auch zum Einzelkampf gefordert.

7 *

Canidius.

Und bei Pharsalia diese Schlacht zu liefern,
Wo Cäsar mit Pompejus ficht: Doch beides,
Weil's ihm nicht vortheilhaft, weist er zurück:
So solltet Ihr.

Enobarbus.

          Die Flott' ist schlecht bemannt:
Eu'r Schiffsvolk Maulthiertreiber, Schnitter, Leute
In flücht'ger Eil' geworben; Cäsars Mannschaft
Dieselbe, die Pompejus oft bekämpft;
Leicht seine Segler, Eure schwer. Kein Schimpf
Erwächst für Euch, wenn Ihr zur See ihn meidet;
Zu Lande seid Ihr stark.

Antonius.

       Zur See! Zur See! —

Enobarbus.

O edler Herr, damit verschleudert Ihr
Die Meisterschaft, die Ihr im Landkrieg habt;
Verwirrt das Heer, von dem die größte Zahl
Erprobte Truppen sind; laßt ungenützt
Die eigne wohlberühmte Kunst; verlaßt
Den Weg, der Sicherheit verheißt, und gebt Euch
Dem bloßen Glück und Zufall in die Hand,
Statt fester Zuversicht.

Antonius.

Zur See! Ich will's.

Cleopatra.

Ich habe sechzig Segel, Cäsar hat nicht bess're.

Antonius.

Der Schiffsmacht Ueberzahl verbrennen wir,
Und mit dem wohlbemannten Rest, am Vorland
Von Actium, schlag' ich Cäsarn. Fehlt es uns,
Dann sei's zu Lande noch versucht. —

          (Ein Bote tritt auf.)

          Was bringst du?

Bote.

Es ist gewiß, Herr: er ist auskundschaftet;
Cäsar hat Toryn eingenommen.

Antonius.

Kann er persönlich dort sein? 's ist unmöglich.
Schon viel, wenn nur sein Heer es ist. Canidius,
Du hüte unsre neunzehn Legionen
Nebst Reiterei am Land: wir gehn an Bord.

(Ein Soldat tritt auf.)

Komm, meine Thetis. — Nun, mein würd'ger Kriegsmann?

Soldat.

O Imperator! Schlaget nicht zur See,
Baut nicht auf morsche Planken! Zweifelt Ihr
An diesem Schwert und diesen meinen Wunden?
Nein, überlaßt das Tauchen den Aegyptern;
Wir sind gewohnt, auf festem Grund zu siegen,
Dem Feinde Fuß an Fuß.

Antonius.

       Schon gut! hinweg! —

(Cleopatra, Antonius und Enobarbus ab.)

Soldat.

Beim Hercules! Mir däucht, ich habe Recht.

Canidius.

Das hast du, Freund. Doch ruht sein ganzer Krieg nicht
Auf seiner Kraft. Der Führer wird geführt,
Und wir sind Weiberknechte.

Soldat.

       Legionen
Und Reiter wahren ihre Haut zu Lande?

Canidius.

Marcus Octavius, und Marcus Justejus,
Publicola und Cälius sind zur See;
Wir wahren unsre Haut zu Land. Unglaublich
Ist diese Eile Cäsars.

Soldat.

       Seine Macht

Zog in so kleinen Truppen aus, daß er
Die Späher täuschte.

Canidius.

Wißt Ihr, wer sie führt?

Soldat.

Man nannte Taurus.

Canidius.

Der ist mir bekannt.

(Ein Bote kommt.)

Bote.

Der Imperator läßt Canidius rufen.

Canidius.

Mit Neuigkeiten ist die Zeit in Wehn;
Kein Augenblick, der deren nicht gebiert.　　　　(Alle ab.)

Achte Scene.

Eine Ebene bei Actium.

(Cäsar, Taurus, Hauptleute und Gefolge treten auf.)

Cäsar.

Taurus! —

Taurus.

Herr?

Cäsar.

Schlag' nicht zu Lande; halt' dich unversehrt,
Weich' aus dem Kampf, bis sich's zur See entschied;
Nicht über diese Vorschrift geh' hinaus.
Auf diesem Wurf steht unser Glück.　　　　(Gehn ab.)

(Antonius und Enobarbus treten auf.)

Antonius.

Stellt unsre Schaaren hinterm Hügel auf,
Im Angesicht von Cäsars Heer. Von dort
Läßt sich die Zahl der Segel übersehn,
Und dem gemäß verfahren.　　　　(Gehn ab.)

(Von der einen Seite Canidius, mit seinen Landtruppen über die Bühne
ziehend; von der andern Taurus, Cäsars Unterfeldherr. Nachdem sie
vorbei marschirt sind, hört man das Getöse einer Seeschlacht.)

(Feldgeschrei. Enobarbus kommt zurück.)

Enobarbus.

Schmach, Schmach! O Schmach! Ich kann's nicht länger sehn!
Die Antoniad', Aegyptens Admiralschiff,
Mit allen sechsz'gen flieht und kehrt das Ruder:
Mir thun die Augen weh, es anzusehn!

(Scarus tritt auf.)

Scarus.

Götter und Göttinnen! Der ganze Rath
Des Himmels!

Enobarbus.

    Was bewegt dich so?

Scarus.

Der fett'ste Bissen dieser Welt verscherzt
Durch baaren Unverstand! Provinzen, Reiche
Verliebelt und verküßt!

Enobarbus.

    Wie schaut das Treffen?

Scarus.

Auf unsrer Seite wie gebeulte Pest,
Wo Tod gewiß. Die Schindmähr' aus Aegypten, —
— Der Aussatz treffe sie! In Kampfes Mitte,
Als Vortheil wie ein Zwillingspaar erschien,
An Aussehn gleich, wol gar der ält're unser —
Die Brems' im Nacken, wie 'ne Kuh im Juni,
Hißt sie die Segel auf und flieht.

Enobarbus.

        Ich sah's;
Mein Aug' erkrankte, wie's geschah; nicht konnt' es
Ertragen mehr zu schau'n.

Scarus.

        Sie kaum gewandt,
Als ihres Zaubers edles Wrack, Antonius,

Die Schwingen spreitend wie ein brünst'ger Entrich,
Die Schlacht verläßt auf ihrer Höh', und fliegt
Ihr nach: — nie hab' ich solchen Schimpf erlebt;
Erfahrung, Mannheit, Ehre hat noch nie
Sich selber so geschändet! —

Enobarbus.

Weh uns! weh! —

(Canidius tritt auf.)

Canidius.

Zur See ging unserm Glück der Athem aus,
Und kläglich sinkt es hin. Wär' unser Feldherr
Er selbst gewesen, Alles stände gut.
Das Beispiel hat er uns zur Flucht gegeben —
O Schmach! — durch seine eigne.

Enobarbus (bei Seite).

Ist's so weit?

Dann wirklich gute Nacht!

Canidius.

Sie floh'n nach dem Peleponnesus hin.

Scarus.

Der läßt sich bald erreichen; dort erwart' ich
Was weiter folgt.

Canidius.

Ich überlief're Cäsarn

Die Reiter und Legionen; von sechs Kön'gen
Lernt' ich, wie man die Waffen streckt.

Enobarbus.

Noch will ich

Dem wunden Glück Antonius' folgen, hält
Vernunft schon mit dem Gegenwind die Richtung.

(Gehn ab.)

Neunte Scene.

Alexandrien. Ein Zimmer im Palast.

(Antonius tritt auf, von einigen Dienern begleitet.)

Antonius.

Horch! Mir verbeut der Boten, ihn zu treten,
Er schämt sich, mich zu tragen! Freunde, kommt:
Die Welt um mich ist Nacht, und ich verlor
Auf ewig meinen Weg. Ich hab' ein Schiff,
Mit Gold beladen; nehmt es, theilt es, flieht,
Und macht mit Cäsar Frieden.

Alle.

　　　　　Fliehn? O nimmer!

Antonius.

Ich selber floh, und lehrte Memmen fliehn,
Und ihren Rücken zeigen. Freunde, geht:
Zu einer Laufbahn hab' ich mich entschlossen,
Die Euer nicht bedarf: drum geht,
Mein Schatz liegt dort im Hafen, nehmt ihn. — O,
Ich folgte dem, was ich zu schau'n erröthe;
In Zwietracht sind die Haar' auf meinem Haupt:
Das weiße schilt das braune unbesonnen,
Dies jenes feig und thörig. Geht, ich will
Euch Brief' an Freunde geben, die den Weg
Euch ebnen sollen. Bitt' Euch, blickt nicht trübe,
Sprecht nicht von Ungernthun. Ergreift den Anlaß,
Den meine Noth laut mahnend beut: verlassen
Sei, was sich selbst verläßt! Flugs denn zum Strand!
Ihr sollt es Alles haben, Schiff und Schatz.
Laßt mich, ich bitt', ein wenig: ich bitt' Euch jetzt,
O thut's! denn mein Befehl ist nun zu Ende,
Drum bitt' ich Euch. — Ich folg' Euch augenblicks.

(Er setzt sich nieder. Cleopatra, geführt von Charmion und Iras,
und Eros treten auf.)

Eros.

O güt'ge Frau, zu ihm! O tröstet ihn! —

Iras.

Thut es, geliebte Fürstin!

Charmion.

Ja, thut es: was auch sonst?

Cleopatra.

Laß mich niedersitzen. O Juno!

Antonius.

Nein, nein, nein, nein! —

Eros.

Seht Ihr hier, o Herr?

Antonius.

O pfui, pfui, pfui! —

Charmion.

Gnädige Frau! —

Iras.

O Fürstin, güt'ge Kaiserin! —

Eros.

Herr, Herr! —

Antonius.

Ja, Herr, o ja! — Er, zu Philippi, führte
Sein Schwert recht wie ein Tänzer, während ich
Den hagern, finstern Cassius schlug! Ich machte,
Ich, dem verrückten Brutus den Garaus;
Er ließ den Oberst machen, wußte nichts
Von Krieg und Schlachtordnung. Und nun! Gleichviel.

Cleopatra.

O, steht zurück! —

Eros.

Die Königin, Herr, die Königin!

Iras.

Geht zu ihm, Fürstin, sprecht zu ihm! —
Er ist sich selbst entfremdet vor Beschämung! —

Cleopatra.

Nun wohl denn, — führt mich, — o!

Eros.

Erhab'ner Herr, steht auf: die Kön'gin kommt:
Ihr sinkt das Haupt, und nah ist ihr der Tod,
Wenn Euer Trost nicht Rettung bringt.

Antonius.

An meinem Namen hab' ich mich vergangen;
O höchst unwürd'ger Abfall!

Eros.

       Herr, die Fürstin.

Antonius.

O wohin hast du mich geführt, Aegypterin?
Sieh, meine Schmach entzieh' ich deinem Auge,
Und suche wieder, was ich hinten ließ
Als der Unehre Raub.

Cleopatra.

      Verzeiht die Furcht,
Herr, meinen Segeln. Wenig ahnt' ich, daß
Ihr folgen würdet.

Antonius.

      Weib, du wußtest wohl,
Daß an dein Steuer meine Herzensfibern
Gebunden waren und dir nach mich rissen!
Du kanntest deine Obmacht über mich,
Und daß dein Wink mich vom Geheiß der Götter
Wegherrschen kann!

Cleopatra.

Verzeihung!

Antonius.

      Nun muß ich
Dem jungen Mann demüth'gen Vorschlag senden,
Mich drehn und winden in gemeiner List,
Ich, der die halbe Welt zum Spielball hatte,
Und Glück und Unglück machte. Ja du wußtest,
Wie sehr du meine Sieg'rin warst, und daß
Mein Schwert, geschwächt durch meine Lieb', ihr blind
Gehorchen würde.

Cleopatra.

O vergieb, vergieb!

Antonius.

Nein, keine Thräne! Eine einz'ge wiegt
Gewinn auf und Verlust. Komm, küsse mich!
Dies, dies ist mein Ersatz. Den Lehrer sandt' ich;
Ist er zurück? Ich bin so schwer wie Blei;
He! bringt mir Wein und Speise! Härtern Schlägen,
Fortuna, bring' ich trotz'gern Hohn entgegen.

(Alle ab.)

Zehnte Scene.

Cäsars Lager in Aegypten.

(Es treten auf Cäsar, Dolabella, Thyreus und Andere.)

Cäsar.

Der Bote des Antonius möge kommen; —
Kennst du ihn?

Dolabella.

'S ist der Lehrer seiner Kinder:
Wohl muß er arg gerupft sein, daß er Euch
Von seiner Schwinge diese Feder schickt,
Er, der vor wenig Monden Kön'ge konnt'
Als Boten schicken.

(Euphronius tritt auf.)

Cäsar.

Komm heran und sprich.

Euphronius.

So wie ich bin, komm' ich vom Marc Anton:
Ich war noch jüngst so klein für seine Zwecke,
Wie auf dem Myrtenblatt der Morgenthau
Dem Meer verglichen.

Cäsar.

Sei's! Sag deinen Auftrag.

Euphronius.

Er grüßt dich, seines Schicksals Herrn, und bittet
Daß du ihn in Aegypten leben läßt.
Wo nicht, so ist sein minderes Gesuch:
Gönn' ihm zu athmen zwischen Erd' und Himmel
Als Bürger in Athen. So viel von ihm.
Dann: Cleopatra huldigt deiner Macht,
Beugt sich vor deiner Größ', und fleht von dir
Der Ptolemäer Reif für ihre Erben,
Als deine Gnadengabe.

Cäsar.

Was Anton
Betrifft, für ihn hab' ich kein Ohr. Der Kön'gin
Soll nicht Gehör noch Zugeständniß fehlen,
Wenn dem Entehrten sie ihr Land versagt
Oder das Leben nimmt. Vollbringt sie dies,
So wird Erhörung ihr. So viel für beide.

Euphronius.

Das Glück geleite dich!

Cäsar.

Führt ihn durch's Heer!

(Euphronius ab.)

(Zu Thyreus.) Nun eil' und zeige deine Rednerkunst;
Gewinn' Cleopatra ihm ab: versprich
In unserm Namen, was sie heischt, und biete
Ihr mehr aus deinem Kopf. Stark sind die Weiber
Im höchsten Glück nicht: Mangel lockt zum Meineid
Selbst der Vestalin Tugend; deine List versuche;
Den Preis der Müh' bestimme selber dir,
Uns sei Gesetz dein Wort.

Thyreus.

Cäsar, ich gehe.

Cäsar.

Betrachte, wie Anton den Riß erträgt,
Und was sein ganz Benehmen dir verkündet
In jeder äußern Regung.

Thyreus.

Zählt auf mich. (Alle ab.)

Elfte Scene.

Alexandrien.   Ein Zimmer im Palast.

(Es treten auf Cleopatra, Enobarbus, Charmion und Iras.)

Cleopatra.
Was bleibt uns jetzt noch übrig?

Enobarbus.
               Denken, — sterben.

Cleopatra.
Hat dieß Antonius, — haben wir's verschuldet?

Enobarbus.
Anton allein, er machte sein Gelüst
Zum Herrscher der Vernunft.   Entfloht auch Ihr
Vorm großen Angesicht des Kriegs, deß Reihen
Den Graus sich brachten, weßhalb folgt' er Euch?
Da durfte seiner Neigung Kitzel nicht
Dem Feldherrn Streiche spielen, zu der Stunde,
Da halb die Welt der andern Hälfte trotzte,
Und Alles nur für ihn.   Ein Schimpf, so groß
Als sein Verlust, der Flücht'gen nachzujagen,
Daß seine Flotte gaffte!

Cleopatra.
           Bitt' dich, schweig! —
(Antonius tritt auf mit Euphronius.)

Antonius.
Dieß seine Antwort?

Euphronius.
Ja, Herr.

Antonius.
              Also soll
Die Kön'gin Gunst erfahren, wenn sie uns
Verrathen will?

Euphronius.
So ist es.

Antonius.

Mag sie's wissen.
Schick' dieß ergrau'nde Haupt dem Knaben Cäsar,
Dann füllt er dein Begehren bis zum Rand
Mit Fürstenthümern an.

Cleopatra.

Herr, Euer Haupt?

Antonius.

Geh wieder hin. Sag' ihm, der Jugend Rose
Schmück' ihn, drum sollte eigne That an ihm
Die Welt gewahren. Schätze, Flotten, Heere
Könnt' auch ein Feigling haben, dessen Diener
Auf eines Knaben Wort so leicht wohl siegten,
Als unter Cäsar: drum entbiet' ich ihn,
Den Schmuck des Vortheils abzuthun und sich
Schwert gegen Schwert zu stellen dem Gefallnen,
Wir Beide nur. Ich will es schreiben: — Komm.

(Antonius und Euphronius ab.)

Enobarbus.

Sehr glaublich, daß der heeresmächt'ge Cäsar
Sein Glück entthront, um einem Gladiator
Zum Schaukampf sich zu stellen! Der Verstand
Der Menschen ist ein Theil von ihrem Glück,
Und äuß're Dinge zieh'n das inn're Wesen
Sich nach, daß Eines wie das Andre krankt. —
Daß er sich's träumen läßt,
(Der das Verhältniß kennt) die Fülle Cäsars
Soll seiner Leerheit Rede stehn!
Auch den Verstand hat Cäsar ihm besiegt.

(Ein Diener kommt.)

Diener.

Botschaft vom Cäsar! —

Cleopatra.

Wie? So ohne Form?
Seht, meine Frau'n,
Die Nase rümpft oft vor verblühten Rosen,
Wer vor der Knospe kniete. Laßt ihn ein.

Enobarbus (bei Seite).

Ich komm' in Streit mit meiner Redlichkeit.
Die Pflicht, die fest an Thoren hält, macht Treue
Zur Thorheit selbst: doch wer ausdauern kann,
Standhaft zu folgen dem Gefallenen,
Besieger den, der seinen Herrn besiegt,
Und erntet einen Platz in der Geschichte.

(Thyreus tritt auf.)

Cleopatra.

Was sendet Cäsar?

Thyreus.

Hört mich allein.

Cleopatra.

    Hier steh'n nur Freunde: Redet!

Thyreus.

Dann sind's vermuthlich Freunde Marc Antons?

Enobarbus.

Anton bedarf so viel' als Cäsar hat,
Oder auch unser nicht. Will's Cäsar so,
Wird jubelnd unser Herr als Freund ihn grüßen;
Und wir sind deß, dem er gehört, des Cäsar.

Thyreus.

Wohlan: —
Vernimm dann, Hochgerühmte, Cäsar wünscht,
Daß du mit deinem Loos zugleich erwägen
Mögst, daß er Cäsar ist.

Cleopatra.

    Fahr' fort: recht fürstlich!

Thyreus.

Er weiß, du hast dich dem Anton verbündet,
Aus Neigung minder als gezwungen . . .

Cleopatra (bei Seite).

        O!

Thyreus.

Den Makel deiner Ehre drum beklagt er,
Als unfreiwill'ge Schmach, die du erduldet
Und nicht verdient. — .

Cleopatra.

Er ist ein Gott, und sieht
Die Wahrheit. Nicht verschenkt ward meine Ehre,
Nein, nur erobert.

Enobarbus (bei Seite).

Das genau zu wissen,
Frag' ich Anton. Du Armer wardst so leck,
Wir müssen dich versinken lassen, denn
Dein Liebstes wird dir treulos! —   (Ab.)

Thyreus.

Meld' ich Cäsarn,
Was Ihr von ihm begehrt? Er sehnt sich, Bitten
Zu hören, um zu geben; wünscht von Herzen,
Daß Ihr sein Glück als einen Stab gebraucht,
Euch drauf zu stützen; doch sein Herz wird glühn,
Erfährt er, daß Ihr Marc Anton verließt,
Und wollt Euch bergen unter seinem Schirm,
Des Herrn der ganzen Welt.

Cleopatra.

Wie ist Eu'r Name?

Thyreus.

Mein Nam' ist Thyreus.

Cleopatra.

Freundlicher Gesandter,
Sagt dies dem großen Cäsar: Huld'gend küss'
Ich seine Siegerhand; sagt, meine Krone
Leg' ich zu seinen Füßen, und mich selbst;
Sagt ihm, mir sei sein allgewalt'ger Spruch
Aegyptens Weltgericht.

Thyreus.

So denkt Ihr edel.
Wenn Klugheit mit dem Glück den Kampf beginnt,
Und jene wagt nur alles, was sie kann,
Ist ihr der Sieg gewiß. Laßt huldreich mich
Auf Eurer Hand der Ehrfurcht Pflicht besiegeln!

Cleopatra.

Der Vater Eures Cäsar

Ließ oft, wenn er auf Sturz von Kön'gen sann,
Auf dieser schlechten Hand die Lippen ruh'n,
Als regner's Küsse.

(Antonius und Enobarbus kommen zurück.)

Antonius.

Ha! Zärtlichkeiten! bei dem Donn'rer Zeus,
Wer bist du, Mensch?

Thyreus.

Ein Diener dem Gebot
Des Mannes aller Männer, dem's gebührt,
Sein Wort erfüllt zu sehn.

Enobarbus (bei Seite).

Man wird dich peitschen.

Antonius.

Du da, hieher! Ha, Geier! Tod und Teufel!
Mein Ansehn schmilzt. Sonst, wenn ich Hera! rief,
Wie Buben zur Rappuse, stürzten Kön'ge
Und riefen: „Was beliebt?" Kannst du nicht hören?
Noch bin ich Marc Anton. Fort mit dem Hans, und peitscht ihn!

Enobarbus (bei Seite).

Mit Löwenjungen läßt sich besser spielen
Als mit dem alten, wenn er stirbt.

Antonius.

Beim Element!
Peitscht ihn! Und wären's zwanzig Hauptvasallen
Des Cäsar, fänd' ich je so frech sie mit
Der Hand von der da — weiß wer, wie sie heißt?
Es war Cleopatra — Fort, Bursche, peitscht ihn,
Bis wie ein Bub' er das Gesicht verzieht
Und laut um Gnade winselt. Fort mit ihm!

Thyreus.

Antonius . . . .

Antonius.

Schleppt ihn weg; ist er gepeitscht,
Bringt ihn zurück. Der Narr des Cäsar soll
Uns ein Gewerb an ihn bestellen.

(Gefolge mit dem Thyreus ab.)

Ihr war't halb welk, eh ich Euch kannte: Ha! —
Ließ ich mein Kissen ungedrückt in Rom,
Entsagt' ich der Erzeugung ächten Stamms
Vom Kleinod aller Frau'n, um Schimpf zu leiden
Von einer, welche mit Schmarotzern äugelt?

Cleopatra.

Mein theurer Herr —

Antonius.

      Du warst von je ein Irrwisch.
Doch wenn wir in der Sünde uns verhärtet,
O Jammer! dann verblenden unsre Augen
Mit eignem Schmutz die Götter; trüben uns
Das klare Urtheil, daß wir unsern Fehl
Anbeten; lachen über uns, wenn wir
Zum Abgrund hin stolziren!

Cleopatra.

      Kam's so weit?

Antonius.

Ich fand Euch, einen kaltgewordnen Bissen
Auf Cäsars Teller, ja ein Ueberbleibsel
Cnejus Pompejus; andrer heißer Stunden
Gedenk' ich nicht, die Eure Lust sich auflas,
Und nicht der Leumund nennt; denn ganz gewiß,
Wenn Ihr auch ahnen mögt, was Keuschheit sei,
Ihr habt sie nie gekannt! —

Cleopatra.

      Was soll mir das?

Antonius.

Solch einem Burschen, der ein Trinkgeld nimmt
Und sagt: Gott lohn's Euch! meine Spielgenossin
Zu lassen, Eure Hand, das Königssiegel
Und Pfand erhabner Herzen! Ständ' ich doch
Auf Basan-Hügel, die gehörnte Heerde
Zu überbrüllen! Viehisch hätt' ich Grund
Zu toben; zierlich meine Worte setzen,

8*

Hieß' mit dem Strick am Hals dem Henker danken,
Daß er's so gut macht.   Ist er ausgepeitscht?

(Diener kommen mit Thyreus zurück.)

Diener.

Gehörig, Herr.

Antonius.

Schrie er und fleht' um Gnade? —

Diener.

Er bat um Schonung.

Antonius.

Wenn noch dein Vater lebt, mag er's bedauern,
Daß du nicht seine Tochter wardst.   Laß dir's
Dein Nachzieh'n in Cäsars Triumph vergällen,
Daß du die Peitsche drum bekommen.   Künftig
Mach' eine weiße Damenhand dich fiebern,
Ihr Anblick schüttle dich.   Zurück zum Cäsar!
Erzähl' ihm, wie dir's ging, und sag' ihm ja,
Er macht, daß ich ihm zürne, denn er scheint
Voll Hochmuth, läßt mich fühlen, was ich bin,
Weiß nicht mehr, was ich war.   Er macht mich zornig,
Und das ist bald geschehn in dieser Zeit,
Wo gute Sterne, die mich sonst geleitet,
Aus ihrer Bahn gewichen und ihr Licht
Zum Höllengrund gesandt.   Mißfällt mein Thun
Und Reden ihm, sag' ihm, er habe da
Hipparchus, meinen freigelass'nen Sclaven;
Den mag nach Lust er peitschen, hängen, foltern,
Mir wett zu werden; stell' ihm das nur vor.
Und fort mit deinen Striemen! fort!   (Thyreus ab.)

Cleopatra.

Seid Ihr zu Ende?

Antonius.

Ach! unser ird'scher Mond

Ist nun verfinstert, und das deutet nur
Den Fall des Marc Anton!

Cleopatra.

Ich muß schon warten.

Antonius.

Cäsarn zu schmeicheln, konnt'st du mit dem Sklaven
Liebäugeln, der den Gurt ihm schnallt?

Cleopatra.

Das glaubst du?

Antonius.

Kalt gegen mich?

Cleopatra.

Ah Theurer, ward ich das,
So zeuge Zeus aus meinem Herzen Hagel,
Voll Gifts aus seinem Quell, und send' auf mich
Die erste Schloße: und wie sie zergeht,
Schmelze mein Leben hin; Cäsarion tödte
Die nächst', und das Gedächtniß meines Schooßes,
Und nach und nach mein ganz Aegypter-Volk,
Lieg' ohne Grab im Thau'n des Körnersturms,
Bis daß des Nilstroms Mücken sie und Fliegen
Als Raub bestatteten!

Antonius.

Ich bin befriedigt. —
Zu Alexandrien ist Cäsars Lager;
Dort will ich ihm begegnen. Unser Landheer
Hielt rühmlich Stand; auch die zerstreuten Schiffe
Sind träuend neu vereint und halten See.
Wo warst du nur, mein Herz? . . . Hörst du, Geliebte?
Wenn ich vom Schlachtfeld nochmals wiederkehre,
Den Mund zu küssen, komm' ich ganz in Blut;
Mich und mein Schwert soll einst die Chronik rühmen.
's ist noch nicht aus! —

Cleopatra.

Das ist mein wackrer Held! —

Antonius.

Ich will verdoppeln Herz und Muth und Sehnen,
Und wüthig fechten. Sonst, als meine Zeit
Noch leicht und hell, erkauft' ein Mann sein Leben
Durch einen Scherz; nun setz' ich ein die Zähne,
Zur Höll' entsendend, was mich aufhält. Kommt,

Noch einmal eine wilde Nacht: ruft mir
Die traur'gen Führer alle; füllt die Schalen,
Die Mitternacht noch einmal wegzuspotten! —

Cleopatra.

's ist mein Geburtstag,
Ich wollt' ihn still begehn, doch da mein Herr
Antonius wieder ward, bin ich Cleopatra.

Antonius.

Noch wird wol Alles gut.

Cleopatra.

Ruft alle tapfern Obersten zum Feldherrn.

Antonius.

Thut das, ich sprech' sie an. Heut' Nacht soll Wein
Aus ihren Narben glüh'n. Kommt, Königin,
Noch gährt der Saft! Und kämpf' ich morgen, soll
Der Tod in mich verliebt sein; denn wetteifern
Will ich mit seiner völkermäh'nden Sichel.

(Antonius mit Cleopatra und Gefolge ab.)
Enobarbus.

Den Blitz nun übertrotzt er. Tollkühn sein,
Heißt aus der Furcht geschreckt sein: so gelaunt,
Hackt auf den Weih die Taub'; und immer seh' ich,
Wie unser Feldherr an Gehirn verliert,
Wächst ihm das Herz. Zehrt Muth das Urtheil auf,
Frißt er das Schwert, mit dem er kämpft. Ich sinne,
Auf welche Art ich ihn verlassen mag.   (Ab.)

—◦◦◦✕◦◦◦—

Vierter Aufzug.

Erste Scene.

Cäsars Lager bei Alexandrien.

(Cäsar, einen Brief lesend, Agrippa, Mäcenas und Andre
treten auf.)

Cäsar.

Er nennt mich Knabe; schilt, als hätt' er Macht,
Mich von hier wegzuschlagen; meinen Boten
Peitscht' er mit Ruthen; bot mir Zweikampf an:
Antonius gegen Cäsar. Alter Raufbold,
Es giebt zum Tod noch andre Weg'; indeß
Verlach' ich seine Ford'rung.

Mäcenas.
                    Denkt, o Cäsar,
Wenn ein so Großer ras't, so geht die Hetze,
Bis daß er stürzt. Laßt ihn nicht Athem schöpfen,
Nutzt seinen Wahnsinn: nimmer hat die Wuth
Sich gut vertheidigt.

Cäsar.
                    Thut den Führern kund,
Daß morgen wir die letzte vieler Schlachten

Zu fechten denken. In den Reih'n der Unsern
Sind, die noch kürzlich dienten Marc Anton,
Genug, ihn einzufangen. Dieß besorgt,
Und gebt dem Heer ein Mahl. Wir haben Vorrath,
Und sie verdienten's wohl. Armer Antonius!

(Gehn ab.)

Zweite Scene.

Alexandrien. Ein Zimmer im Palast.

(Es treten auf Antonius, Cleopatra, Enobarbus, Charmion,
Iras, Alexas und Andere.)

Antonius.
Er schlug den Zweikampf aus, Demitius?

Enobarbus.
Ja.

Antonius.
Und warum that ers?

Enobarbus.
Er meinte, weil er zehnmal glücklicher,
Sei er Zehn gegen Einen.

Antonius.
Morgen schlag' ich
Zu Meer und Land; dann leb' ich, oder bade
Die Ehr' in solchem Blut, die sterbende,
Das sie verjüngen soll. Wirst du brav einhau'n?

Enobarbus.
Ich fecht' und rufe: Alles oder nichts!

Antonius.
Brav, Freund! Ruft meine Diener! Laßt die Nacht
Uns froh verschmausen.

(Diener treten auf.)
Gieb mir deine Hand,
Du warst ehrlich und treu: und so auch du,

Und du, und du, und du: Ihr dientet brav,
Und Kön'ge waren Eure Kameraden.

Cleopatra.

Was soll das?

Enobarbus (bei Seite).

Eine Grille, die der Gram
Der Seele aushcckt.

Antonius.

Ja, auch du bist treu.
Ich wollt', ich könnte mich in viele theilen,
Und Ihr wär't sämmtlich umgeschmelzt zu Einem
Antonius, daß ich Euch dienen könnte
So gut wie Ihr gethan.

Diener.

Verhüt' es Gott!

Antonius.

Gut denn, Kam'raden, heut' bedient mich noch,
Füllt fleißig meine Becher; ehrt mich so,
Als wäre noch mein Weltreich Eu'r Kam'rad,
Und folgsam meinem Ruf.

Cleopatra.

Was will er nur?

Enobarbus.

Sie weinen machen.

Antonius.

Wartet heut' mir auf.
Kann sein, es ist das Eure letzte Pflicht!
Wer weiß, ob Ihr mich wiederseht, und thut Ihrs,
Ob nicht als blut'gen Schatten; ob nicht morgen
Ihr einem Andern folgt. Ich seh' Euch an,
Als nähm' ich Abschied. Meine wackern Freunde,
Ich künd' Euch nicht, nein, Eurem guten Dienst
Bin ich verlobt und halt' aus bis zum Tode.
Dient mir zwei Stunden noch, mehr bitt' ich nicht,
Und lohnen's Euch die Götter! —

Enobarbus.

Herr, was denkt Ihr,

Daß Ihr sie so entmuthigt? Seht, sie weinen,
Ich Esel rieche Zwiebeln auch: ei schämt Euch,
Und macht uns nicht zu Weibern!

                    Antonius.

                    Ha, ha, ha! —
So will ich doch verhext sein, meint' ich das!
Heil sprieße diesem Thränenthau. Ihr nehmt
Es allzu traurig, meine Herzensfreunde;
Ich wollt' Euch Trost zusprechen, will mit Euch
Der Nacht ein Licht anstecken: wißt Ihr, Kinder,
Ich hoff' auf morgen Glück, und will Euch führen,
Wo ich ein siegreich Leben ehr' erwarte,
Als Tod und Ehre. Kommt zum Mahle, kommt,
Und alle Sorg' ertränkt.   (Alle ab.)

Dritte Scene.

Daselbst vor dem Palast.

(Zwei Soldaten auf ihrem Posten treten auf.)

                Erster Soldat.

Bruder, schlaf wohl! auf morgen ist der Tag.

                Zweiter Soldat.

Dann wird's entschieden, so oder so: leb' wohl! —
Vernahmst du nichts Seltsames auf der Straße?

                Erster Soldat.

Nichts. Was geschah?

                Zweiter Soldat.

                Vielleicht ist's nur ein Mährchen: —
Nochmals gut' Nacht!

                Erster Soldat.

                Gut' Nacht, Kamrad!
(Zwei andere Soldaten kommen.)

Zweiter Soldat.

Soldaten,

Seid ja recht wach!

Dritter Soldat.

Ihr auch: gut' Nacht, gut' Nacht!

(Die beiden ersten Soldaten stellen sich auf ihren Posten.)

Vierter Soldat.

Hier steh'n wir: wenn's nur morgen
Der Flotte glückt, so hoff' ich ganz gewiß,
Die Landmacht hält sich brav.

Dritter Soldat.

Ein wack'res Heer,

Voll Zuversicht. (Hoboen unter der Bühne.)

Vierter Soldat.

Still! welch ein Klingen?

Erster Soldat.

Horch!

Zweiter Soldat.

Hört!

Erster Soldat.

In der Luft Musik?

Dritter Soldat.

Im Schooß der Erde! —

Vierter Soldat.

Das ist ein gutes Zeichen, meint Ihr nicht?

Dritter Soldat.

Nein!

Vierter Soldat.

Stille, sag' ich. Was bedeutet das? —

Zweiter Soldat.

Gott Herkules, den Marc Anton geliebt,
Und der ihn jetzt verläßt.

Erster Soldat.

Kommt, laßt uns sehn,

Ob's auch die Andern hörten. (Gehn zu den andern Posten.)

Zweiter Soldat.

Heda! Leute!

Alle Soldaten.

Was ist das? Hört Ihr's wohl?

Erster Soldat.

　　　　　　　Ja, ist's nicht seltsam?

Dritter Soldat.

Hört Ihr, Kamraden? Hört Ihr's jetzt?

Erster Soldat.

Folgt diesem Klang bis zu des Postens Grenze,
Seht, wie das abläuft.

Alle Soldaten.

　　　　　Ja, 's ist wunderbar! —

　　　　　　　　　　　　(Gehn ab.)

Vierte Scene.

Daselbst. Ein Zimmer im Palast.

(Antonius und Cleopatra, Charmion, und anderes Gefolge
treten auf.)

Antonius.

Eros! Die Rüstung, Eros!

Cleopatra.

　　　　　Schlaf ein wenig!

Antonius.

Nein, Täubchen! Eros, komm; die Rüstung, Eros! —
　　　　　(Eros kommt mit der Rüstung.)
Komm, lieber Freund, leg' mir dein Eisen an.
Wenn uns Fortuna heut' verläßt, so ist's,
Weil wir ihr trotzen.

Cleopatra.

　　　　　Sieh, ich helfe auch.

Wozu ist dieß?

Antonius.

　　　　　Ah, laß doch! laß! du bist
Der Wappner meines Herzens. Falsch; so, so. —

Cleopatra.

Ei traun, ich helfe doch, — so muß es sein.

Antonius.

Gut, gut;
Wir werden siegen. Siehst du, mein Kamrad? —
Nun geh', und rüst' dich auch.

Eros.

Sogleich, mein Feldherr. —

Cleopatra.

Ist dieß nicht gut geschnallt?

Antonius.

O herrlich! herrlich! —
Wer dieß aufschnallt, bis es uns selbst gefällt
Es abzuthun zur Ruh', wird's stürmen hören.
Wie linkisch, Eros! Bessern Knappendienst
Thut meine Kön'gin hier als du. Mach' fort!
O Traute, könnt'st du heut mich sehn, und känntest
Das königliche Handwerk! Sagen sollt'st du,
Ich mache gute Arbeit.

(Ein gerüsteter Soldat tritt auf.)

Guten Morgen!
Dir sieht man's an, du weißt von Krieg zu sagen.
Zur Arbeit, die uns lieb, steh'n früh wir auf,
Und gehn mit Freuden dran.

Erster Hauptmann.

Schon tausend, Herr,
So früh' es ist, stehn in dem Kleid von Eisen,
Und warten dein am Thor.

(Feldgeschrei, Kriegsmusik, Trompeten.)
(Hauptleute und Soldaten treten auf.)

Zweiter Hauptmann.

Der Tag ist schön. Guten Morgen, General!

Alle.

Guten Morgen, General!

Antonius.

Ein lustig Stück!

Der heut'ge Morgen, gleich dem Geist des Jünglings,
Der etwas werden möchte, regt sich früh.
So, so; kommt, gebt mir das; hieher: — so recht. —
Fahr' wohl denn, Frau; wie es mir auch ergeht,
Nimm eines Kriegers Kuß. Es wär' zu tadeln,
Und schämen müßt' ich mich, kleinbürgerlich
Mich zu empfehlen. Wie ein Mensch aus Stahl
Verlaß' ich dich. Wer fechten will, der halte
Sich dicht an mich; ich führ' ihn hin. Lebt wohl.

                    (Antonius, Eros, Hauptleute und Soldaten ab.)

Charmion.
Wollt Ihr in Eu'r Gemach gehn?

Cleopatra.
                    Führe mich. —
Er zieht hin wie ein Held. O könnte zwischen beiden
Der große Krieg durch Zweikampf sich entscheiden!
Dann würd' Anton — doch jetzt, — kommt, laßt uns gehn.

                                        (Alle ab.)

Fünfte Scene.

Antonius' Lager bei Alexandria.

(Trompeten. Antonius und Eros treten auf; ein Soldat begegnet
ihnen.)

Soldat.
Gebt heut', ihr Götter, dem Antonius Glück!

Antonius.
Hätt'st du und deine Narben mich bestimmt,
Damals zu Land zu schlagen! . . .

Soldat.
                    That'st du so,
Die abgefall'nen Kön'ge, und der Krieger,
Der diesen Morgen dich verließ, sie folgten
Noch deinen Fersen.

Antonius.

Wer ging heut' Morgen?

Soldat.

Wer?

Dir stets der Nächste. Ruf' den Enobarbus,
Er hört nicht, oder spricht aus Cäsars Lager:
Nicht dir gehör' ich an.

Antonius.

Was sagst du?

Soldat.

Herr,

Er ist beim Cäsar.

Eros.

Sein Gepäck und Geld
Nahm er nicht mit sich.

Antonius.

Ist er fort?

Soldat.

Gewiß.

Antonius.

Geh, Eros, schick' ihm Alles nach; behalte
Ja nichts zurück; schreib' ihm — ich unterzeichn' es —
Ein Lebewohl mit freundschaftlichem Gruß;
Und sag', ich wünscht', er fände nie mehr Grund
Den Herrn zu wechseln. O mein Schicksal hat
Auch Redliche verführt! Geh! — — Enobarbus!

(Gehn ab.)

Sechste Scene.

Cäsars Lager bei Alexandrien.

(Trompetenstoß. Es treten auf Cäsar, Agrippa, Enobarbus und
Andere.)

Cäsar.

Rück' aus, Agrippa, und beginn' die Schlacht.
Ich will, daß man Antonius lebend fange.
So thu' es kund.

Agrippa.

Cäsar, wie du befiehlst.   (Ab.)

Cäsar.

Die Zeit des allgemeinen Friedens naht,
Und sieg' ich heut, dann sproßt von selbst der Oelzweig
Der dreigetheilten Welt.

(Ein Bote tritt auf.)

Bote.

Antonius' Heer

Rückt an zur Schlacht. —

Cäsar.

Geh' hin, und heiß Agrippa
Die Ueberläufer vorn in's Treffen stellen,
Daß auf sich selbst Antonius seine Wuth
Zu richten scheine.   (Cäsar und Gefolge ab.)

Enobarbus.

Alexas wurde treulos: in Judäa,
Wohin Antonius ihn geschickt, verführt' er
Herodes, sich zum Cäsar hinzuneigen,
Abtrünnig seinem Herrn. Für diese Müh'
Hat Cäsar ihn gehängt. Canidius und die Andern,
Die übergingen, haben ihren Sold,
Nicht ehrendes Vertrau'n. Schlecht handelt' ich,
Und klage deß so bitterlich mich an,
Nie werd' ich wieder froh.

(Einer von Cäsars Soldaten tritt auf.)

Soldat.

Herr, Marc Anton

Hat Eure Hab' Euch nachgeschickt, und seine
Geschenke obendrein. Der Bote kam
Zu meinem Posten; jetzt bei Eurem Zelt
Packt er die Mäuler ab.

Enobarbus.

Ich schenk' es dir. —

Soldat.

Spotet nicht, Enobarbus;

Ich rede wahr. Schafft nur in Sicherheit
Den Boten fort; ich muß auf meinen Posten,
Sonst hätt' ich's selbst gethan. Eu'r Imperator
Bleibt doch ein Zeus! — (Geht ab.)

Enobarbus.

Ich bin der größte Bösewicht auf Erden
Und fühl' es selbst am tiefsten. O Anton,
Du Schacht der Huld, wie hätt'st du meiner Treue
Gelohnt, wenn du die Niederträchtigkeit
Mit Golde krönst! Wie ist mein Herz beengt!
Bricht's nicht von dem Gedanken, soll ein Andres
Es rascher noch als der Gedanke treffen;
Doch der Gedanke wird es thun, ich fühl's.
Ich fechten gegen dich? Nein, einen Graben
Such' ich und sterbe drin; der schmutzigste
Ziemt meinem letzten Lebensact am besten. (Ab.)

Siebente Scene.

Schlachtfeld zwischen den Lagern.

(Schlachtgeschrei. Trommeln und Trompeten. Agrippa und Andere
treten auf.)

Agrippa.

Zurück! Wir haben uns zu weit gewagt,
Selbst Cäsar hat zu thun; der Widerstand
Ist stärker, als wir dachten. (Gehn ab.)

(Schlachtgeschrei. Es treten auf Antonius und Scarus, verwundet.)

Scarus.

O tapfrer Imperator! Das hieß fechten!
Schlugen wir so zuerst, wir jagten sie
Mit blut'gen Köpfen heim.

Antonius.
Du blutest sehr.

Scarus.

Hier dieser Hieb glich anfangs einem T,
Nun ward daraus ein H.

Antonius.

Sie zieh'n zurück!

Scarus

Wir jagen sie bis in die Kellerlöcher:
Ich habe Platz noch für sechs Schmarren mehr.

(Eros tritt auf.)

Eros.

Sie sind geschlagen, Herr, und unser Vortheil
Ist gleich dem schönsten Sieg.

Scarus.

Kerbt ihre Rücken,
Und greift sie an den Fersen auf, wie Hasen;
Im Laufen klopfen ist ein Spaß.

Antonius.

Dir lohn' ich
Erst für dein frisch Ermuntern, zehnfach dann
Für deinen Muth. Nun komm.

Scarus.

Ich hinke nach.

(Alle ab.)

Achte Scene.

Unter den Mauern von Alexandria.

(Schlachtgeschrei. Antonius im Anmarsch; mit ihm Scarus und
Fußvolk.)

Antonius.

Wir schlugen ihn in's Lager. Einer laufe,
Der Kön'gin meld' er unsre Gäste. Morgen,
Vor Tageslicht, vergießen wir das Blut,
Das heut' uns noch entkam. Ich dank' Euch Allen;
Denn rüst'ge Hände habt Ihr, fechtet nicht

Nach seiner Stellung jeder, nein als wär's
Wie mein', auch Eure Sache; wahre Hectors.
Zieht in die Stadt, herzt Eure Freund' und Weiber,
Erzählt, indessen sie mit Freudenthränen
Eu'r Blut abwaschen, Eure Ehrenwunden
Gesund Euch küssen. (Zu Scarus.) Gieb mir deine Hand!
    (Cleopatra tritt auf mit Gefolge.)
Der großen Fee laß mich dein Lob verkünden,
Ihr Dank besel'ge dich. Du Licht der Welt,
Umschling' den ehrnen Hals mir, springe, wie
Du bist, mir durch den Panzer an das Herz;
Siegprang' auf seinem Klopfen!

Cleopatra.

          Fürst der Fürsten!
Der Tugend Inbegriff! Und kommst du lächelnd,
Dem Netz der Welt entronnen?

Antonius.

        Meine Nachtigall,
Wir jagten sie zu Bett. Ei, Mädchen, ob
Auch Grau sich etwas mengt in's jüngre Braun,
Mein Hirn nährt noch die Sehnen, Preis auf Preis
Der Jugend abzuringen. Sieh den Mann hier!
Laß seinen Lippen deine Gnadenhand;
Ja küsse sie, mein Held; der hat gefochten,
Als ob ein Gott, der Menschheit feind, in dieser
Gestalt sie würgte.

Cleopatra.

      Eine goldne Rüstung
Schenk' ich dir, Freund; einst war sie eines Königs.

Antonius.

Er hat's verdient: wär' sie auch voll Karfunkeln,
Wie Phöbus heil'ger Wagen. — Deine Hand!
Durch Alexandria in freud'gem Marsch!
Tragt die zerhackten Schild' als stolzen Schmuck.
Hätt' unser großer Burghof Raum genug
Für dieses Heer, wir zechten dort zu Nacht,

9*

Und tränken auf des nächsten Tages Glück
Und königliche Tod'sgefahr. Trommeten,
Betäubt mit erznem Schall das Ohr der Stadt,
Mischt euch mit unsrer Trommeln Wirbelschlag,
Daß Erd' und Himmelsschall zusammen dröhnen,
Und unsre Ankunft feiern.   (Gehn ab.)

Neunte Scene.

Cäsar's Lager.

(Schildwachen auf ihren Posten. Enobarbus tritt auf.)

Erster Soldat.

Sind wir nicht abgelöst in einer Stunde,
So müssen wir zurück zur Wacht. Der Mond
Scheint hell, und wie es heißt, stellt sich das Heer
Früh um die zweite Stunde.

Zweiter Soldat.

            Gestern war
Ein schlimmer Tag für uns! —

Enobarbus.

               Nacht, sei mein Zeuge!

Dritter Soldat.

Wer ist der Mann?

Zweiter Soldat.

        Sei still und horch' auf ihn.

Enobarbus.

Bezeuge mir's, o segenreicher Mond,
Wenn einst die Nachwelt treuvergeß'ner Männer
Mit Haß gedenkt, — der arme Enobarbus
Bereut vor deinem Antlitz.

Erster Soldat.

          Enobarbus!

Zweiter Soldat.

Still da! horcht weiter! —

Enobarbus.

Du höchste Herrscherin wahrhafter Schwermuth,
Den gift'gen Thau der Nacht geuß über mich,
Damit das Leben, meinem Willen feind,
Nicht länger auf mir laste! Wirf mein Herz
Wider den harten Marmor meiner Schuld!
Gedörrt von Gram zerfall' es dann in Staub,
Mit ihm der böse Sinn! O Marc Antonius,
Du, edler als mein Abfall schändlich ist,
Vergieb du mir in deinem eignen Selbst,
Doch laß die Welt mich zeichnen in die Reih'n
Der falschen Diener und der Ueberläufer! —
O Marc Anton! O Marc Anton! —   (Er stirbt.)

Zweiter Soldat.

                              Kommt, redet
Ihn an.

Erster Soldat.

     Nein, horcht, denn was er sagt,
Kann Cäsarn angehn.

Zweiter Soldat.

     Du hast Recht. Doch schläft er.

Erster Soldat.

Liegt wohl in Ohnmacht; denn so schlimm Gebet
Geschah noch nie um Schlaf.

Zweiter Soldat.

     Gehn wir zu ihm.

Dritter Soldat.

Erwacht, erwacht, Herr. Redet!

Zweiter Soldat.

               Hört Ihr, Herr?

Erster Soldat.

Die Hand des Tods ergriff ihn. Hört! die Trommel
Weckt feierlich die Schläfer; kommt und tragt ihn
Zur Wach': er ist von Ansehn. Unsre Stunde
Ist abgelaufen.

Dritter Soldat.

     Nun so kommt; vielleicht
Erholt er sich.   (Gehn ab und tragen den Körper fort.)

Zehnte Scene.

Zwischen den zwei Lagern.

(Es treten auf Antonius und Scarus mit Truppen.)

Antonius.

Heut' rüsten sie sich auf den Kampf zur See,
Zu Land gefall'n wir ihnen nicht.

Scarus.

               Zu beiden, Herr.

Antonius.

Ich wollt', sie kämen uns in Feu'r und Luft;
Mir wär's schon recht. Doch höre: unser Fußvolk
Hält auf den Höhen an der Stadt mit uns;
Die Flotte hat Befehl, und hat den Hafen
Verlassen; dort am besten können wir
In ihrer Wehr sie sehn und ganzen Haltung.   (Gehn ab.)

(Cäsar kommt mit seinen Truppen.)

Cäsar.

Greift er nicht an (und kaum vermuth' ich es),
So bleibt zu Lande ruhig: seine Hauptmacht
Entsandt' er auf die Schiffe. Nun zur Niedrung,
Und haltet Euch auf's Beste.   (Gehn ab.)

(Antonius und Scarus kommen zurück.)

Antonius.

Noch immer nicht im Kampf? Dort bei der Fichte
Kann ich's ganz übersehn: gleich meld' ich dir,
Wie es sich anläßt.   (Ab.)

Scarus.

          Schwalben nisteten
In den ägypt'schen Segeln. Unsre Augurn
Verstummen, woll'n nichts wissen, blicken finster,
Und scheu'n zu reden, was sie sahn. Antonius
Ist muthig und verzagt, und fieberhaft
Giebt ihm sein launisch Glück bald Furcht, bald Hoffnung
Deß, was er hat und nicht hat.

(Schlachtgetöse in der Ferne, wie von einem Seetreffen. Antonius
                          kommt zurück.)

Antonius.

                              Alles hin!
Die schändliche Aegypterin verrieth mich;
Dem Feind ergab sich meine Flotte: dort,
Die Mützen schwenkend, zechen sie zusammen,
Wie langgetrennte Freunde! Allerwelts-Buhldirne!
Du hast dem Knaben mich verkauft! Mein Herz
Führt Krieg mit dir allein. — Heiß Alle fliehn!
Denn wenn ich mich gerächt an meinem Zauber,
Bin ich zu Ende: Geh! heiß Alle fliehn! —   (Scarus ab.)
O Sonne! Nimmer seh ich deinen Aufgang!
Ich und Fortuna scheiden hier: — hier schütteln
Die Hand wir uns! Kam es dahin? Die Herzen,
Die hündisch mir gefolgt, die jeden Wunsch
Von mir erlangten,
Die schmelzen hin und thauen ihre Huld
Auf den erblüh'nden Cäsar;
Und abgeschält nun steht die Fichte da,
Die Alle überragt! Ich bin verkauft!
O falsch ägyptisch Herz! o arger Zauber!
Du winktest mich zum Krieg und rief'st mich heim,
Dein Busen war mir Lebens-Ziel und Krone,
Und du, ein echt Zigeunerweib, betrogst mich
Beim falschen Spiel um meinen ganzen Einsatz!
He, Eros! Eros!
                   (Cleopatra kommt.)
               Blendwerk! Heb' dich von mir!

Cleopatra.

Was füllt den Freund mit Wuth auf die Geliebte?

Antonius.

Entfleuch, sonst zahl' ich dir verdienten Lohn,
Und schände Cäsar's Siegszug. Nehm' er dich;
Hoch aufgestellt den jauchzenden Plebejern,
Folg' seinem Wagen als das größte Brandmal

Des Frau'ngeschlechts! — Als Ungeheuer steh'
Zur Schau für Lumpenvolk und Lassen; laß
Mit langen Nägeln dein Gesicht die sanfte
Octavia zeichnen! (Cleopatra ab.) — Gut, daß du gegangen.
Wenn's gut ist, daß du lebst: doch besser war's,
Du fielest meiner Wuth: der Einen Tod
Erhielt am Leben Viele. — Eros, ha!
Des Nessus Hemd umschließt mich! Lehre mich,
Alcides, großer Ahnherr, deine Wuth;
Laß mich an's Horn des Mond's den Lichas schleudern,
Mit deinen Händen, denen keine Keule
Zu schwer, mich selber treffen, der's verdient
Wie keiner sonst. Die Hexe sterbe! Sie
Hat an den Römerknaben mich verkauft;
Mich fällt Verrath. Drum stirbt sie. Eros, ho!   (Ab.)

Elfte Scene.

Alexandrien.   Zimmer im Palast.

(Cleopatra, Charmion, Iras und Mardian treten auf.)

Cleopatra.

Helft mir! o er ras't mehr, als Telamon
Um seinen Schild; der Eber von Thessalien
Hat niemals so geschäumt.

Charmion.

                    Zum Monument!
Da schließt Euch ein, meldet ihm Euern Tod.
Mehr schmerzt das Scheiden nicht von Seel' und Leib,
Als Größe, die uns abfällt.

Cleopatra.

                    Hin zum Grabmal!
Mardian, geh, sag' ihm, ich erstach mich selbst;
Sag' ihm, mein letztes Wort war Marc Anton;

Und recht wehmüthig sprich's: ich bitt' dich. Geh,
Marbian, und melde mir, wie er es nimmt.
Zum Monument!   (Alle ab.)

Zwölfte Scene.

Daselbst. Ein anderes Zimmer.

(Antonius und Eros treten auf.)

Antonius.

Eros, siehst du mich noch?

Eros.

Ja, edler Herr.

Antonius.

Oft sehn wir eine Wolke, drachenhaft,
Oft Dunstgestalten gleich dem Leu, dem Bär,
Der hochgethürmten Burg, dem Felsenhang,
Gezackter Klipp' und blauem Vorgebirg,
Mit Bäumen drauf, die nicken auf die Welt,
Mit Luft die Augen täuschend: solche Zeichen sahst du,
Sie sind das Schaugepräng des dunkeln Abends.

Eros.

Ja, gnäd'ger Herr.

Antonius.

Was jetzt ein Pferd noch war, im nächsten Nu
Verschwemmt's der Wolkenzug, unkenntlich wird's,
Wie Wasser ist im Wasser, —

Eros.

Ja, so ist's.

Antonius.

Mein guter Freund, solch einem Bilde gleicht
Dein Feldherr jetzt. Hier bin ich Marc Anton,
Doch diese Form, Freund, kann ich nicht bewahren.
Ich führt' Aegyptens Sache, — und die Kön'gin —
Ich hielt ihr Herz für mein, denn meins war ihr, —

O als es mein war, schlang's um Millionen
Ein Band, das jetzt zerrissen! — Eros, sie
Hat meine Karten falsch gemischt für Cäsar,
Dem Trumpf des Feindes meinen Ruhm verrathen.
Nein, meine nicht. Uns blieb ja unser Selbst,
Um mit uns selbst zu enden.

(Mardian tritt auf.)

Die Verruchte!

Sie raubte mir mein Schwert.

Mardian.

Nein, Marc Anton,

Die Kön'gin liebte dich, ihr Schicksal ging
Ganz in dem deinen auf.

Antonius.

Schweig, frecher Hämling!

Verrathen hat sie mich, und sie soll sterben.

Mardian.

Den Tod kann jeder Mensch nur Einmal zahlen;
Sie hat die Schuld getilgt. Was du gewollt,
Ist schon vollbracht. Ihr letztes Wort im Leben
War Marc Antonius, edler Marc Anton! —
Ein Stöhnen dann, herzbrechend, schnitt den Namen
Mitten entzwei; so blieb er zwischen Lippen
Und Herz getheilt; sie schied, dein Name so
In ihr begraben.

Antonius.

Also todt?

Mardian.

Ja, todt.

Antonius.

Eros, entwaffne mich,
Des langen Tages Arbeit ist gethan,
Ich geh zur Ruh. Daß du in Frieden ziehst,
Zahlt reichlich deinen Gang. (Mardian ab.) Herab damit! —
Nicht Ajax' siebenfält'ger Schild bewahrte

Vor diesem Sturm mein Herz.   O brecht, ihr Seiten!
Herz, dießmal stärker sei als deine Hülle,
Spreng' dein zerbrechlich Haus!   Schnell, Eros, schnell!
Kein Krieger mehr!   Lebt wohl, zerhau'ne Waffen,
Ihr dientet ehrenvoll. (Eros ab.) Jetzt bist du fern,
Doch hol' ich bald dich ein, Cleopatra,
Und weine um Verzeihung.   Es muß sein.
Aufschub ist Folter; da dein Licht erlosch,
Ruh aus, schweife nicht länger.   Jetzt verdirbt
Alles Bemühn das Werk: Kraft selber wird verstrickt
Durch Kraft . . . . .   Drum siegle zu, und damit aus!
Eros! — ich komme, Kön'gin! Eros! — Wart' auf mich!
Zu Blumenbetten ziehn wir Hand in Hand,
Mit munterm Schritt, daß alle Seelen aufschaun,
Sich nicht um Dido und Aeneas kümmern,
Um uns allein sich schaaren.   Eros, Eros!

(Eros kommt zurück.)

Eros.

Was ruft mein Herr?

Antonius.

Seit sie vorangegangen,
Leb' ich in einer Schande, die den Göttern
Ein Greuel ist.   Ich, der mit seinem Schwert
Die Welt getheilt, und auf Neptunus' Rücken
Schiffsstädte thürmte, muß mich schuldig sprechen,
Daß eines Weibes Muth mir fehlt, der Adel,
Womit sie sterbend unserm Cäsar sagt:
„Ich bin die Sieg'rin meiner selbst".   Du schwurst,
Wenn's dahin käme, Eros — und nun ist's
Dahin gekommen, — wenn ich hinter mir
Die unentrinnbare Verfolgung sähe
Von Schand' und Grauen: dann, auf mein Gebeiß,
Wolltst du mich tödten.   Thu's! die Zeit ist da!
Nicht triffst du mich, den Cäsar schlägst du nieder.
Ruf' Farb' auf deine Wangen.

Eros.

Götter! Nein!
Sollt' ich das thun, was alle Parther=Speere,
Ob feindlich, nicht vermocht, ihr Ziel verfehlent?

Antonius.

Eros, möcht'st du am Fenster stehn in Rom,
Und deinen Herrn sehn mit gebundnen Armen,
Zur Erde beugend den gelehr'gen Nacken,
Sein Antlitz unterjocht der Seelenschmach,
Indeß der Wagen Cäsar's vor ihm zieht
Und den Elenden brandmarkt?

Eros.

Nimmermehr.

Antonius.

So komm, mit einer Wunde heilst du mich.
Zieh dieß dein wackres Schwert, das du geführt
So nützlich für dein Land.

Eros.

O Herr, verzeiht mir!

Antonius.

Als ich dich frei ließ, schwurst du's damals nicht
Zu thun, wenn ich's verlangte? Thu's mit Eins,
Sonst wird dein früh'rer treuer Dienst durchaus
Gedankenloser Zufall. Zieh, und schnell!

Eros.

So wende denn von mir das edle Antlitz,
Dem sich in Huld'gung eine Welt geneigt.

Antonius.

Wohlan!   (Wendet sich ab.)

Eros.

Ich zog das Schwert.

Antonius.

Vollende dann mit Eins,
Weßhalb du's zücktest.

Eros.

Mein geliebter Herr,

Mein Imperator! Eh' den blut'gen Streich
Ich thue, laßt mich Lebewohl Euch sagen.

Antonius.

Du that'st es, Freund. Leb' wohl.

Eros.

Lebt wohl, mein Feldherr. Stoß' ich jetzt?

Antonius.

                                    Ja, Eros.

Eros.

Nun, so dann: so entrinn' ich denn der Qual,
Antonius' Tod zu sehn.   (Fällt in sein Schwert.)

Antonius.

O dreimal edler du als ich!
Du lehrtest mich, mein tapfrer Eros, was
Ich sollt' und du nicht konntest. Meine Kön'gin
Und er gewannen ew'gen Ruhm mir ab
Durch ihren Vorgang; doch in meinem Tod
Will ich ein Bräut'gam sein und zu ihm eilen,
Als ging's zur Liebsten. Auf denn! Eros, sieh!
Dein Meister stirbt dein Schüler: das zu thun
                                    (Fällt in sein Schwert.)
Lernt' ich von dir ... Was? — Nicht todt? Nicht todt?
                                    Wache!
O endet rasch mit mir! —

            (Dercetas kommt mit Wache.)

Erste Wache.

                    Was für ein Lärm?

Antonius.

Ich hab' es schlecht gemacht; vollendet, Freunde,
Was ich begonnen.

Zweite Wache.

                Gefallen ist der Stern!
Zu Ende ist die Zeit!

Alle.

Weh Allen! Weh! —

Antonius.

O, wer mich lieb hat, tödte mich!

Erste Wache.

                Nicht ich.

Zweite Wache.

Ich auch nicht.

Dritte Wache.

Keiner hier!   (Wachen gehn ab.)

Dercetas.

Dein Tod und Schicksal scheucht die Freunde weg. —
Cäsarn dieß Schwert mit dieser Post nur zeigen,
Verschafft mir Würden.

        (Diomedes tritt auf.)

Diomedes.

Wo ist Anton?

Dercetas.

       Hier, Diomed.

Diomedes.

           Lebt er?

Willst du nicht Antwort geben?   (Dercetas geht.)

Antonius.

Diomed, bist du's? o zieh dein Schwert und gieb mir
Den Todesstreich!

Diomedes.

        Erhabenster Gebieter,
Cleopatra, meine Fürstin, sandte mich.

Antonius.

Wann schickte sie?

Diomedes.

       Jetzt eben, Herr.

Antonius.

              Wo ist sie?

Diomedes.

In ihrem Grabmal. Ein prophetisch Ahnen
Weissagt' ihr, was geschehn. Denn als sie sah,
Ihr glaubtet, was sich nie bewähren soll,

Sie halt' es mit dem Cäsar, und Eu'r Grimm
Sei nicht zu sänft'gen, gab sie sich für todt;
Dann, fürchtend, wie Ihr's tragen möchtet, hieß sie
Mich Euch die Wahrheit künden: doch ich kam
Zu spät, besorg' ich.

Antonius.

Zu spät, mein Diomed. Ruf mir die Wache! —

Diomedes.

Heda! Des Feldherrn Wache! Wache, he!
Kommt, Eu'r Gebieter ruft.

(Einige von der Wache kommen zurück.)

Antonius.

Tragt mich zur Kön'gin, meine guten Freunde;
Dieß ist der letzte Dienst, den ich verlange.

Erste Wache.

Weh über uns! Daß Ihr bei Euern Treuen
Nicht bis zum Schluß geblieben!

Alle.

Tag des Jammers!

Antonius.

Nein, Kinder, gönnt nicht den Triumph dem Schicksal,
Daß es Euch trauern machte; heißt willkommen,
Was uns als Strafe naht, so strafet Ihr's,
Indem Ihr's leicht ertragt. Nun hebt mich auf!
Ich führt' Euch oft, nun tragt mich, liebe Freunde,
Und nehmt für Alles Dank! —

(Sie tragen den Antonius weg.)

Dreizehnte Scene.

Daselbst. Ein Monument.

(Cleopatra, Charmion und Iras erscheinen oben auf dem Monument.)

Cleopatra.

O Charmion, nimmer geh' ich mehr von hier.

Charmion.

O Kön'gin, laßt Euch trösten!

Cleopatra.

         Nein, ich will nicht;
Furchtbares, Unerhörtes ist willkommen,
Doch Trost verschmäh'n wir: unsres Schmerzes Maß,
Der Ursach gleich gewogen, sei so groß,
Als was ihn uns erregt.

        (Diomedes tritt auf.)

         Sprich, ist er todt?

Diomedes.

Sein Tod schwebt über ihm, doch lebt er noch.
Schaut nur nach jener Seite Eures Grabmals,
Dort bringt ihn schon die Wache.

    (Antonius wird von der Wache hereingetragen.)

Cleopatra.

         O du Sonne,
Verbrenne deine Sphäre! Dunkel stehe
Der vielgestalte Weltkreis! O Antonius,
Anton, Anton! O Charmion hilf, hilf, Iras,
Helft, Freunde, unten! Zieht herauf ihn!

Antonius.

              Still!
Nicht Cäsar's Kraft besiegte Marc Anton,
Nein, Marc Anton erlag sich selber nur!

Cleopatra.

So mußt' es sein; Antonius konnt' allein
Anton bewältigen: doch weh' dem Tag!

Antonius.

Ich sterb', ich sterbe, Fürstin; nur ein Weilchen
Laß' ich den Tod noch warten, bis ich von
Viel tausend Küssen dir den armen letzten
Auf deine Lippen drückte.

Cleopatra.

         Ich wag' es nicht, —
O theurer Herr, vergieb! — Ich wag' es nicht,

Daß man mich nicht ergreift. Dem Herrscherprunk
Des glückerhob'nen Cäsar dien' ich nimmer
Zum Busenschmuck. Bleibt Messern, Giften, Schlangen
Nur Schärfe, Kraft und Stachel, bin ich sicher.
Eu'r Weib Octavia mit den keuschen Augen
Und heimlichen Gedanken soll mich nicht
Mit Tugendblicken messen. Komm, Antonius,
Helft, meine Frau'n; wir ziehn dich hier herauf;
Faßt Alle an.

Antonius.
O schnell, sonst bin ich hin.

Cleopatra.
O seltsam Spiel! wie schwer du wiegst, Geliebter!
All' unsre Stärke ging in Schwermuth unter,
Das mehrt die Last. Hätt' ich der Juno Macht,
Merkur, der kraftbeschwingte, höbe dich,
Und setzte dich an Jovis' Seite. Komm nur!
Wünschen war immer Thorheit: komm, komm, komm:
Willkommen, willkommen! Stirb nun, wo du lebtest,
Leb' auf im Kuß! Vermöchten das die Lippen,
Wegküssen sollt'st du sie! —

Alle.
O jammervoll!

Antonius.
Ich sterb', ich sterbe, Fürstin. —
Reicht mir ein wenig Wein, daß ich noch rede! —

Cleopatra.
Nein, laß mich reden, laß mich schelten, bis
Das falsche Weib Fortuna, aufgebracht
Durch mich, ihr Rad zerbricht.

Antonius.
Ein Wort, Geliebte:
Suchst du bei Cäsarn Sicherheit, denk' auch
Der Ehre. Oh!

Cleopatra.
Die gehn nicht mit einander.

Antonius.

Hör' mich, Liebe:
Von Cäsar's Volk trau nur dem Proculejus.

Cleopatra.

Ich trau' auf meinen Muth und meine Hand,
Keinem von Cäsar's Volk.

Antonius.

Bei meinem Tod den jammervollen Wechsel
Beklagt, betrauert nicht; labt Euern Sinn
Mit dem Gedächtniß meines frühern Glücks,
Wie ich gelebt, der größte Fürst der Welt,
Der edelste, und jetzt nicht schimpflich sterbe,
Nicht vor dem Landsmann feige meinen Helm
Abthat; — ein Römer, mannhaft überwunden
Von einem Römer. Meine Seele flieht,
Ich kann nicht mehr.   (Er stirbt.)

Cleopatra.

O Edelster, du stirbst?
So sorgst du nicht um mich? Aushalten soll ich
In dieser schaalen Welt, die ohne dich
Nichts ist als Schmutz und Staub? Seht, meine Frau'n,
Der Erde Krone schmilzt! O mein Gebieter!
Der Kranz des Krieges ist verwelkt, das Banner
Der Schlachten hingestürzt; nun gelten Kinder
So viel als Männer; nun ist Alles gleich;
Nichts Achtungswerthes bietet mehr sich dar
Unter dem späh'nden Mond.   (Sie fällt in Ohnmacht.)

Charmion.

O Fassung, Fürstin!

Iras.

Sie stirbt auch, unsre Königin!

Charmion.

O Fürstin, Fürstin, Fürstin! —

Iras.

Aegyptens Krone, unsre Herrscherin!

Charmion.

Still, Iras, still!

Cleopatra.

Ein bloßes Weib, nicht mehr, vom armen Herzen
Regiert, der Magd gleich, welche Kühe melkt
Und Scharwerk thut. Den Göttern würf' ich gern,
Den Schadenstiftern, nun mein Scepter hin,
Denn diese Welt war ihre werth, bis sie
Das Kleinod draus entwandt. Alles ist nichtig;
Geduld geziemt den Tröpfen, Ungeduld
Den tollen Hunden: Sünde wär's, des Todes
Geheimes Haus gewaltsam zu erbrechen,
Eh' er sich an uns wagt? Wie geht's Euch, Mädchen?
Seid guter Dinge! Charmion, was ist dir?
Ihr Guten, ach! ja seht nur, gute Frauen,
Aus, aus ist unsre Leuchte! Frischen Muth!
Wir wollen ihn begraben, und dann thun,
Was groß und edel ist, nach Römerart.
Stolz sei der Tod, uns zu empfangen! Kommt,
Dieß Haus des Riesengeistes ist nun kalt!
Ach Mädchen, Mädchen, kommt! In dieser Noth
Blieb uns kein Freund, als Muth und schneller Tod.

(Geht ab. Antonius' Leiche wird oben weggetragen.)

Fünfter Aufzug.

Erste Scene.

Cäsar's Lager vor Alexandrien.

(Es treten auf Cäsar, Agrippa, Dolabella, Mäcenas, Gallus, Proculejus und Andre.)

Cäsar.

Geh, Dolabella, heiß ihn sich ergeben:
Da es so ganz umsonst, sag' ihm, sein Zögern
Sei nur ein müßig Spiel.

Dolabella.

Ich gehe, Cäsar.   (Ab.)

(Dercetas kommt mit dem Schwert des Antonius.)

Cäsar.

Was soll uns das? Wer bist du, daß du magst
Uns so zu nah'n?

Dercetas.

Dercetas heiß ich, Herr,
Ich diente Marc Anton, dem Würdigsten
Des besten Diensts; so lang er waltete,
War er mein Herr: mein Leben braucht' ich auf,
An seine Hasser es zu wagen. Wenn du

Mich nehmen willst, will ich dem Cäsar sein,
Was ich Antonius war. Gefällt dir's nicht,
So nimm mein Leben hin.

Cäsar.
Was sagst du mir?

Dercetas.
Ich sag', o Cäsar, Marc Anton ist todt.

Cäsar.
So große Nachricht sollte Donners Krachen
Verkünden, und das Weltenrund erbebend
In Bürgergassen Wüstenlöwen schleudern,
Und Bürger in die Wüste. Antonius' Tod
Ist nicht ein einzles Sterben: in dem Namen
Lag eine halbe Welt.

Dercetas.
Herr, er ist todt.
Kein Henker des Gerichts auf offnem Markt,
Kein mordgedungner Stahl, nein, jene Hand,
Die seinen Ruhm in Thaten niederschrieb,
Hat mit dem Muth, den ihr das Herz geliehn,
Sein Herz durchbohrt. Dieß ist sein Schwert,
Ich raubt' es seiner Wund'; es ist gefärbt
Mit seinem reinsten Blut.

Cäsar.
Ihr trauert, Freunde?
So strafe Zeus mich! Dieß ist eine Botschaft,
Ein Königsaug' zu feuchten.

Agrippa.
Seltsam ist's,
Daß uns Natur das zu beweinen zwingt,
Was wir erstrebt mit Eifer!

Mäcenas.
Ruhm und Unwerth
Wog gleich in ihm.

Agrippa.
Nie lenkt' ein höh'rer Geist

Ein menschlich Wesen; doch ihr Götter leiht
Uns Fehler, daß wir Menschen sei'n. Weint Cäsar?

Mäcenas.

Wird ihm solch mächt'ger Spiegel vorgehalten,
Muß er sich selber schaun.

Cäsar.

   O Marc Anton! —
Bis dahin bracht' ich dich! doch schneiden wir
Am eignen Leibe Schwären; ja, ich mußte
Dir solchen Tag des Untergangs bereiten,
Wenn du nicht mir: Raum war nicht für uns beide
In ganzer weiter Welt. Und doch beklag' ich's
Mit Thränen, kostbar wie des Herzens Blut,
Daß du, mein Bruder, du, mein Mitbewerber
Um jedes höchste Ziel, mein Reichsgenoß,
Freund und Gefährt' im wilden Sturm der Schlacht,
Arm meines Leibes, Herz, an dem das meine
Sich Gluth entzündete, — daß unsre Sterne,
Die unvereinbaren, so unsre Gleichheit
Zerreißen mußten. Hört mich, werthe Freunde, —
— Doch sag' ich's lieber Euch zu beß'rer Zeit!

    (Ein Bote kommt.)

Des Mannes Botschaft kündet schon sein Blick,
Laßt uns ihn hören. Woher bist du?

Bote.

      Jetzt
Ein armer Aegypter. Meine Königin,
In ihrem Grabmal, das allein ihr blieb,
Verschlossen, wünscht zu wissen deine Absicht;
Daß sie sich fassen mög' und vorbereiten
Auf ihre Zukunft.

Cäsar.

   Sprich ihr Muth und Trost:
Bald meldet einer ihr der Meinigen,
Welch ehrenvoll und mildes Loos wir schon

Für sie bestimmt: denn nimmer wollt' ich Cäsar
Und hart gesinnt sein.

Bote.

Schütze dich der Himmel!   (Ab.)

Cäsar.

Tritt näher, Proculejus; geh und sage,
Wir hätten nicht im Sinn, sie zu beschimpfen;
Spar' keinen Trost, den ihre Stimmung heischt,
Daß nicht ihr Hochsinn uns durch blut'gen Streich
Den Sieg verkümm're. Denn uns wär' ihr Leben
In Rom ein ewiger Triumph. Drum geh
Und auf das schnellste bring' mir, was sie sagt,
Und wie du sie gefunden.

Proculejus.

Ich eile, Cäsar.   (Ab.)

Cäsar.

Gallus, begleit' ihn. Wo ist Dolabella,
Zu Proculejus' Beistand? —   (Gallus geht ab.)

Agrippa und Mäcenas.

Dolabella!

Cäsar.

Laßt ihn; denn eben jetzt besinn' ich mich,
Wozu ich ihn gebraucht. Er muß bald hier sein; —
Kommt mit mir in mein Zelt, da sollt Ihr hören,
Wie schwer ich mich für diesen Krieg entschied,
Wie mild und ruhig ich mich stets geäußert
In allen Schreiben. Geht mit mir und seht,
Was ich Euch hierin offenbaren kann.   (Alle ab.)

Zweite Scene.

Alexandrien. Ein Zimmer im Monument

(Cleopatra, Charmion und Iras treten auf.)

Cleopatra.

Des bessern Lebens Anfang ist mir meine
Vereinsamung. Ein Cäsar sein ist nichts;
Das Schicksal nicht, er ist des Schicksals Knecht,
Ein Diener seines Winks; und es ist groß,
Zu thun, was allem Thun ein Ende macht,
Den Zufall fesselt und den Wechsel bannt,
Ein Schlaf ist, und den Koth nicht fürder schmeckt,
Der Bettler und Cäsaren großgenährt.

(Proculejus, Gallus und Soldaten erscheinen unten an der Thür des
Begräbnisses.)

Proculejus.

Cäsar begrüßt Aegyptens Königin,
Und heißt dich sinnen, welchen billigen Wunsch
Er dir gewähren soll.

Cleopatra (von innen).
Wie ist dein Name?

Proculejus.

Mein Nam' ist Proculejus.

Cleopatra.
Marc Anton

Sprach mir von Euch, hieß mich auf Euch vertrau'n;
Doch mir liegt wenig dran, getäuscht zu werden,
Da mit Vertrau'n ich nichts zu machen weiß.
Wünscht Euer Herr sich eine Königin
Zur Bettlerin, sagt, anstandshalber müsse
Die Majestät ein Königreich erbetteln.
Giebt er Aegypten mir für meinen Sohn,
So giebt er mir so viel des Meinen, daß ich
Ihm knieend danken will.

Proculejus.

Habt guten Muth!
Denn fürstlich ist die Hand, in die Ihr fielt.
Vertraut Euch ohne Rückhalt meinem Herrn,
Der so voll Gnad' ist, daß sie überströmt
Auf die Bedürft'gen. Eure Fügsamkeit
Will ich ihm schildern, und Ihr sollt 'nen Sieger
Erkennen, der der Güte Beistand anruft,
Wo man um Gnade kniet.

Cleopatra.

So meldet ihm,
Ich sei Vasallin seines Glücks und zoll' ihm
Die Hoheit, welche sein. Gehorsam lehre
Mich jede Stunde, und gern säh' ich ihn
Von Angesicht.

Proculejus.

Das will ich, werthe Fürstin.
Seid unbesorgt, ich weiß, daß Eure Lage
Dem nahe geht, der sie herbeigeführt.

Gallus.

Ihr seht, wie leicht sie jetzt zu fangen wäre!
(Proculejus und einige von der Wache ersteigen das Grabmal auf einer
Leiter und umringen Cleopatra. Zugleich wird das Thor entriegelt und
aufgesprengt.)
Bewacht sie gut, bis Cäsar kommt.   (Ab.)

Iras.

O Fürstin!

Charmion.

Cleopatra! Du bist gefangen, — Fürstin! —

Cleopatra.

Schnell, treue Hand!   (Zieht einen Dolch hervor.)

Proculejus.

Halt, edle Frau; laßt ab!
(Ergreift und entwaffnet sie.)
Irrt Euch in uns nicht so; dieß soll Euch retten,
Nicht Euch verrathen!

Cleopatra.

Darf der Tod nicht Retter
Mir sein, der Hunde selbst von Qualen löst?

Proculejus.

Beleidigt nicht durch Unthat an Euch selbst
Die Großmuth meines Herrn. Es seh' die Welt
Den Edelsinn bewährt, den Euer Sterben
Zur That nicht kommen läßt.

Cleopatra.

Wo bist du, Tod?
O komm, nimm eine Kön'gin, beß're Beute
Als Säuglinge nur Bettler!

Proculejus.

Faßt Euch, Fürstin!

Cleopatra.

Ich will nicht essen, Herr, ich will nicht trinken,
Und wenn es einmal müßig Reden gilt,
Auch schlafen nicht. Dieß Haus der Sterblichkeit
Zerstör' ich, was auch Cäsar thut. Wißt, Herr,
Ich will an Eures Herren Hof in Banden
Nicht stehn, mich soll der nichtigen Octavia
Ehrsames Auge nicht beängeln. Soll
Man mich aufhissen, jauchzendem Gesindel
In Rom zur Schau und Muste'rung? Eher sei
Ein Graben hier mein freundlich Grab, werft eher
Mich nackend auf den Nilschlamm, daß mich Fliegen
Beschmeißen bis zum Abscheu; oder macht
Die hohen Pyramiden mir zum Galgen,
Und hängt mich auf in Ketten!

Proculejus.

Ihr geht weiter
In solchen Graun-Gedanken, als in Cäsar
Ihr Anlaß finden werdet.

(Dolabella tritt auf.)

Dolabella.

Proculejus,

Was du gethan, weiß Cäsar, dein Gebieter.
Er hat gesandt nach dir; die Königin
Nehm' ich in meine Hut.

Proculejus.

Wohl, Dolabella,
Mir um so lieber. Seid nicht streng' mit ihr. —
Cäsarn bestell' ich, was du irgend wünschest,
Wenn du mir's aufträgst.

Cleopatra.

Sag', ich wolle sterben.

(Proculejus mit den Soldaten ab.)

Dolabella.

Erhabne Fürstin, hörtet Ihr von mir?

Cleopatra.

Ich weiß nicht.

Dolabella.

Ganz gewiß, Ihr kennt mich schon.

Cleopatra.

Gleichviel, was ich gehört hab' und gekannt.
Ihr lacht, wenn Frau'n und Kinder Träum' erzählen;
Nicht wahr? Ihr lacht? —

Dolabella.

Was wollt Ihr damit sagen?

Cleopatra.

Mir träumt', es lebt' ein Kaiser Marc Anton, —
O schlief' ich wieder so, um noch einmal
Solch einen Mann zu sehn!

Dolabella.

Wenn's Euch beliebte —

Cleopatra.

Sein Angesicht war wie des Himmels; Mond
Und Sonne kreisten drin und leuchteten
Dem kleinen Erdenrund.

Dolabella.

Erhabenste —

Cleopatra.

Sein Schritt ging über Meere hin, sein Arm
War wie ein Wappenschmuck ob aller Welt;
Wie Sphärenklang den Freunden seine Stimme;
Doch wenn er schrecken wollte und erschüttern,
War er wie groll'nder Donner. Seine Güte
War ohne Winter, immer Aerntezeit,
Mit immer reicherm Nachwuchs; ein Delphin,
Deß Rücken ragt ob seinem Element,
War sein Genießen: Fürsten, Kön'ge legten
Die Tracht an seiner Diener: Inseln, Reiche
Verstreut' er so wie Münzen aus der Tasche.

Dolabella.

Cleopatra, . .

Cleopatra.

Gab es wohl jemals, giebt's je solchen Mann,
Wie ich ihn sah im Traum? —

Dolabella.

        Nein, edle Fürstin!

Cleopatra.

Du lügst, hinauf bis zu dem Ohr der Götter!
Doch giebt es, gab es jemals einen solchen,
Geht's über's Maß des Träumens. Der Natur
Fehlt Stoff, mit Geistesbildern sich zu messen;
Doch einen Marc Antonius auszudenken,
Wär' ein Naturstück gegen Phantasie,
Das alle Schatten schlüge.

Dolabella.

        Fürstin, hört:
Groß wie Ihr selbst ist Eu'r Verlust, und Ihr
Tragt ihn der Last entsprechend. Mög' ich nie
Ersehntes Ziel erreichen, fühl' ich nicht
Durch Rückschlag Eures Grams den tiefsten Schmerz,
Bis in des Herzens Grund.

Cleopatra.

        Ich dank' Euch, Freund. —
Wißt Ihr, was Cäsar über mich beschloß?

Dolabella.

Ich wollt', Ihr wüßtet, was ich ungern sage.

Cleopatra.

Ich bitt' Euch, Herr . . . .

Dolabella.

Wie groß sein Edelmuth, —

Cleopatra.

Er will mich im Triumph aufführen?

Dolabella.

Fürstin,

So ist's, ich weiß es.

(Hinter der Scene.)

Platz! macht Platz dem Cäsar! —

(Cäsar, Gallus, Proculejus, Mäcenas, Seleucus und Gefolge
treten auf.)

Cäsar.

Welch' ist die Kön'gin von Aegypten?

Dolabella.

's ist

Der Imperator, edle Frau.

(Cleopatra kniet.)

Cäsar.

Steht auf;

Ihr sollt nicht knien, ich bitt' Euch drum; steht auf;
Steht auf, o Kön'gin!

Cleopatra.

Also wollten es

Die Götter; meinem Sieger und Gebieter
Muß ich gehorchen.

Cäsar.

Laßt die bange Sorge.

Die Unbill, die Ihr uns gethan, obwohl
In unser Fleisch geschrieben, ist uns nur
Wie ein Geschick.

Cleopatra.

Allein'ger Herr der Welt,

Ich kann so gut nicht meine Sache führen,
Um sie zu reinigen; vielmehr bekenn' ich
Mit Schwächen mich beladen, die auch sonst
Oft mein Geschlecht beschämt.

Cäsar.

                    Cleopatra,
Wir wollen mildern lieber als verstärken:
Wenn Ihr Euch unsrer Absicht fügsam zeigt,
Die Euch sehr freundlich ist, so werdet Ihr
Gewinnen bei dem Tausch. Doch wenn Ihr sucht
Auf mich den Schein der Grausamkeit zu werfen,
Antonius' Beispiel folgend, raubt Ihr Euch,
Was ich Euch zugedacht: stürzt Eure Kinder
In den Ruin, vor dem ich gern sie schützte,
Wenn Ihr auf mich vertraut. — So geh ich nun.

Cleopatra.

Das könnt Ihr, durch die Welt hin! Sie ist Euer;
Wir, Eure Wappenschilder nur Trophä'n,
Hängen, wo's Euch gefällt. Hier, edler Herr —

Cäsar.

Berathet mich in Allem, was Euch angeht.

Cleopatra.

Hier steht an Geld, Geräth und Schmuck verzeichnet,
Was mein Besitz: es ist genau verfaßt,
Nur Kleinigkeiten fehlen; wo ist Seleucus?

Seleucus.

Hier, Fürstin.

Cleopatra.

Dieß ist mein Schatzverwalter; laßt auf seine
Gefahr ihn sagen, daß ich nichts für mich
Zurückbehielt. — Seleucus, sprich die Wahrheit! —

Seleucus.

Eh' ich durch solche Fälschung mich gefährde,
Versiegl' ich meinen Mund.

Cleopatra.

                    Was denn verhehlt' ich?

Seleucus.

Genug, das Angegebene zu kaufen.

Cäsar.

Erröthet nicht, Cleopatra! Ich lob' Euch
Für Eure Klugheit.

Cleopatra.

Seht, o Cäsar, wie
Man Großen dient! Die Meinen sind nun Euer,
Und ständ' es anders, würden Eure mein.
Der Undank dieses Menschen, des Seleucus,
Empört mich. Sklave, dem nicht mehr zu trau'n
Als feiler Liebe! Ha! willst du zurückziehn?
Du sollst zurückziehn; doch dir geht's an's Auge,
Und hätt' es Flügel. Hund! Seelloser Schurke!
O niederträchtig!

Cäsar.

Fürstin, laßt Euch bitten —

Cleopatra.

O Cäsar, die Beschämung thut zu weh!
Da du geruhtest, hier mich zu besuchen,
Mit deiner Fürstlichkeit die tief Gebeugte
Beehrtest, zählt mein eigner Diener mir
Die Summe meiner Schwächen vor und rechnet
Ein boshaftes Exempel! Wär' es auch,
Daß ich ein wenig Frauentand behalten,
Gleichgült'ge Spielerei'n und Kleinigkeiten,
Dem ersten besten Freunde zum Geschenk,
Und hätt' ich auch ein edler Angebinde
Beiseit gebracht für Livia und Octavia,
Ihr Fürwort zu gewinnen, muß mich einer
Verrathen, der mein Brod aß? Götter, das
Geht tiefer als mein Sturz! (Zu Seleucus.) Ich bitt' dich, fort!
Daß nicht, was unter meines Schicksals Asche
Noch glimmt, in Flammen bricht. Wärst du ein Mann,
So fühltest du Mitleid.

Cäsar.

Laßt uns, Seleucus.

(Seleucus ab.)

Cleopatra.

O wißt, es trifft Verkennung uns, die Größten,
Um das, was Andre thun, und wenn wir fallen,
Kommt fremde Schuld auf unser Haupt. Wir sind
Drum zu bemitleiden.

Cäsar.

Cleopatra,

Nicht was Ihr angezeigt, noch was verhehlt,
Woll'n wir als Beute ansehn; Euch verbleib' es.
Schaltet damit nach Willkür. Denkt auch nicht,
Cäsar sei Handelsmann, mit Euch zu dingen
Um Kaufmannswaaren: deßhalb seid getrost,
Macht Euren Wahn zum Kerker nicht. Nein, Theure,
Wir wollen so mit Euch verfügen, wie
Ihr selbst uns rathen werdet: eßt und schlaft;
So sehr gehört Euch uns're Sorg' und Tröstung,
Daß Ihr als Freund uns finden sollt. Lebt wohl.

Cleopatra.

Mein Herr! mein Sieger!

Cäsar.

Nicht also; lebt wohl! —

(Cäsar und sein Gefolge ab.)

Cleopatra.

Ha, Worte, Märchen! Worte, daß ich nur
Nicht edel an mir handle! — Horch du, Charmion. —

(Spricht leise mit Charmion.)

Iras.

Zu Ende denn! der helle Tag ist hin,
Das Dunkel wartet unser.

Cleopatra.

Eile dich;
Ich hab' es schon bestellt, es ist besorgt.
Geh' daß man's eilig bringe.

Charmion.

Ich gehe, Fürstin.

(Dolabella kommt.)

Dolabella.

Wo ist die Fürstin?

Charmion.

Hier.   (Geht ab.)

Cleopatra.

Nun, Dolabella, ...

Dolabella.

Kön'gin, wie ich gelobt auf Eu'r Geheiß,
Dem zu gehorchen heil'ge Pflicht mir ist,
Theil' ich Euch mit, daß Cäsar seinen Weg
Durch Syrien nimmt, und Euch mit Euern Kindern
Vorauszusenden vorhat in drei Tagen.
Macht's Euch zu Nuße, wie Ihr könnt; ich that
Nach Euerm Wunsch und meinem Wort.

Cleopatra.

Ich bleib' Euch
Verpflichtet, Dolabella.

Dolabella.

Ich Eu'r Knecht.
Lebt, Fürstin, wohl, ich muß dem Cäsar folgen.

Cleopatra.

Lebt wohl! ich dank' Euch.   (Dolabella geht ab.)
Nun, was denkst du, Iras?
Du wirst zur Schau stehn als Aegypter-Puppe
In Rom so gut wie ich; Handwerkervolk
Mit schmier'gem Schurzfell, Winkelmaß und Hammer
Hebt uns zum Sehn empor; ihr dicker Athem,
Stinkend von ekler Kost, umwölkt uns, und
Wir schlürfen seinen Dunst.

Iras.

Daß Gott verhüte!

Cleopatra.

O Iras, ganz gewiß. Uns packen freche

Lictoren an wie Dirnen; Bänkelsänger
Leiern ihr Lied auf uns, Komödianten
Improvisiren Stücke, wo wir spielen
Und unsre alexandrischen Gelage;
Anton tritt trunken auf; ein Junge quäkt
Die Rolle der Cleopatra und macht
Zur Metze meine Hoheit.

Iras.

          Gute Götter!

Cleopatra.

Ja, ganz gewiß!

Iras.

Das seh' ich nimmer. Meine Nägel, weiß ich,
Sind stärker als mein Auge.

Cleopatra.

          Freilich; so nur
Höhnen wir ihren Anschlag und vernichten
Den aberwitz'gen Plan.

        (Charmion kommt zurück.)

          Nun, Charmion?

Schmückt mich als Königin, Ihr Frau'n; geht, holt
Mein schönstes Kleid; noch einmal geht's zum Cydnus,
Und Marc Anton entgegen! Hurtig, Iras! —
Nun, Charmion, machen wirklich wir ein Ende;
Thu' nur noch diesen Dienst, dann magst du spielen
Bis an den jüngsten Tag. Bringt Kron' und Alles. —
Was für ein Lärm?   (Iras geht. Lärm hinter der Scene.)

        (Ein Soldat tritt auf.)

Soldat.

          Es steht ein Bauer draußen,
Der will durchaus mit Eurer Hoheit reden:
Er bringt Euch Feigen.

Cleopatra.

Laßt ihn herein. (Soldat ab.) Welch armes Werkzeug oft
Das Edelste vollführt! Er bringt mir Freiheit!
Mein Entschluß wankt nicht; nichts fühl' ich mehr

Vom Weib in mir: von Kopf zu Fuß bin ich
Nun marmorfest; der unbeständ'ge Mond
Ist mein Planet nicht mehr.

(Der Soldat kommt zurück mit einem Bauer, welcher einen Korb trägt.)

Soldat.

Dies ist der Mann.

Cleopatra.

Geh' fort und laß ihn hier. (Soldat ab.)
Hast du den arg'gen Nilwurm mitgebracht,
Der tödtet ohne Schmerz?

Bauer.

Ja freilich; aber ich möchte nicht der Mann sein, der's Euch
riethe, Euch mit ihm abzugeben, denn sein Beißen ist ganz curabel;
die, welche daran sterben, kommen selten oder nie wieder auf.

Cleopatra.

Weißt du von Einem, der daran gestorben?

Bauer.

Sehr viele; Mannsleute und Frauensleute dazu: ich hörte ganz
kürzlich, noch gestern, von Einer, ein recht braves Weib, nur etwas
dem Lügen ergeben (und das sollte eine Frau nie sein, außer in red=
licher Art und Weise), die erzählte, wie sie an seinem Biß gestorben
war, was sie für Schmerzen gefühlt. Mein Seel', sie sagt viel Gutes
von dem Wurm; aber wer den Leuten Alles glauben will, was sie
sagen, dem hilft nicht die Hälfte von dem, was sie thun. Das ist aber
auf jeden Fall eine incomplete Wahrheit: der Wurm ist ein curioser
Wurm.

Cleopatra.

Geh', mach' dich fort, leb' wohl!

Bauer.

Ich wünsche Euch viel Zeitvertreib von dem Wurm.

Cleopatra.

Leb' wohl!

Bauer.

Das müßt Ihr bedenken, seht Ihr, daß der Wurm nicht von
Art läßt.

Cleopatra.

Ja, ja, leb' wohl!

11*

Bauer.

Seht Ihr, dem Wurm ist nicht zu trauen, außer in gescheiter
Leute Händen; denn mein Seel', es steckt nichts Gutes in dem Wurm.

Cleopatra.

Sei unbesorgt, wir woll'n ihn hüten! —

Bauer.

Recht schön, gebt ihm nichts, ich bitt' Euch, er ist sein Futter
nicht werth.

Cleopatra.

Wird er mich fressen?

Bauer.

Denkt doch nicht, ich wäre so dumm, daß ich nicht wissen sollte,
der Teufel selbst frißt kein Weibsbild. Ich weiß, ein Weibsbild ist
ein Gericht für die Götter, wenn's der Teufel nicht zugerichtet hat;
aber mein Seel', diese Hundsfötter von Teufeln machen den Göttern
viel Verdruß mit den Weibern: denn von jedem Dutzend, das sie er-
schaffen, verderben ihnen die Teufel sechse.

Cleopatra.

Nun geh' nur, geh'! leb' wohl.

Bauer.

Ja wahrhaftig, ich wünsche Euch viel Zeitvertreib von dem
Wurm.   (Ab.)

(Iras kommt zurück mit Krone und Kleid.)

Cleopatra.

Den Mantel gieb, setz mir die Krone auf,
Ich fühl' ein Sehnen nach Unsterblichkeit!
Nun netzt kein Traubensaft die Lippe mehr. —
Rasch, gute Iras! Schnell! mich dünkt, ich höre
Antonius' Ruf: ich seh' ihn sich erheben,
Mein edles Thun zu preisen; er verspottet
Des Cäsars Glück, das Zeus nur als Entschuld'gung
Zukünft'gen Zorns verleiht. Gemahl, ich komme —
Jetzt schafft mein Muth ein Recht mir zu dem Titel!
Ganz Feu'r und Luft, geb' ich dem niedern Leben
Die andern Elemente. — Seid Ihr fertig,
So kommt, nehmt meiner Lippen letzte Wärme! —

Leb wohl, du gute Charmion! liebste Iras!
Ein langes Lebewohl.   (Küßt sie, Iras fällt hin und stirbt.)
Hab' ich die Natter auf der Lippe? Fällst du?
Wenn du so sanft dich von dem Leben trennst,
So trifft uns Tod wie Händedruck des Liebsten,
Schmerzlich und doch ersehnt. Liegst du so still?
Wenn du so scheidest, meldest du der Welt,
Sie sei nicht werth des Abschieds.

Charmion.

Schmilz, trübe Wolke, regne, daß ich glaube,
Die Götter selber weinen.

Cleopatra.

                    Dieß beschämt mich! —
Sieht sie zuerst den lockigen Anton,
Wird er sie fragen, und den Kuß verthun,
Der mir ein Himmel ist. — Komm, tödtlich Spielzeug,
                    (Setzt die Schlange an ihre Brust.)
Dein scharfer Zahn löse mit Eins des Lebens
Verwirrten Knoten. Armer, gift'ger Narr!
Sei zornig, mach' ein End'! O könnt'st du reden,
So hört' ich dich den großen Cäsar schelten
Kurzsicht'gen Tropf.

Charmion.
          O Stern des Ostens!

Cleopatra.

                              Still,
Siehst du den Säugling nicht an meiner Brust
In Schlaf die Amme saugen?

Charmion.
              Brich, mein Herz!

Cleopatra.

So süß wie Thau! so mild wie Luft! so lieblich —
O mein Antonius! — Ja, dich nehm' ich auch,
                    (Setzt eine zweite Schlange an ihren Arm.)
Was wart' ich noch . . . . .   (Fällt zurück und stirbt.)

Charmion.

.... in dieser öden Welt?
So fahre wohl!
Nun triumphire, Tod! du führtest heim
Das schönste Frau'nbild. Schließt Euch, weiche Fenster!
Den goldnen Phöbus schau'n hinfort nicht mehr
So königliche Augen. Deine Krone
Sitzt schief; ich richte sie: dann will ich spielen. — —

(Wache stürzt herein.)

Erste Wache.

Wo ist die Königin?

Charmion.

Still, weckt sie nicht! —

Erste Wache.

Cäsar schickt

Charmion.

Viel zu langsam seine Boten!

(Setzt sich die Schlange an.)

O komm! Nun schnell! Mach fort! Dich fühl' ich kaum!

Erste Wache.

Kommt her; hier steht es schlimm, sie täuschten Cäsarn.

Zweite Wache.

Ruft Dolabella, Cäsar sandt' ihn her!

Erste Wache.

Was giebt's hier? Charmion, ist das wohlgethan? —

Charmion.

Ja, wohlgethan; und wohl ziemt's einer Fürstin,
Die so viel hohen Königen entstammt — —
Ah, Krieger! — —   (Stirbt.)

(Dolabella tritt auf.)

Dolabella.

Wie steht's hier?

Zweite Wache.

Alle todt.

Dolabella.

Cäsar, dein Sorgen
Verfehlte nicht sein Ziel. Du selber kommst,

Erfüllt zu sehn, was du gefürchtet, und
Gern hindern wolltest.

(Hinter der Scene.)

Platz für Cäsar! Platz!

(Cäsar tritt auf mit Gefolge.)

Dolabella.

O Herr! Ihr war't ein allzu sichrer Augur,
Was Ihr besorgt, geschah.

Cäsar.

Ein krönend Ende!
Sie ahnte unsern Plan, und königlich
Ging sie den eignen Weg. Wie starben sie?
Ich seh' kein Blut.

Dolabella.

Wer war zuletzt mit ihnen?

Erste Wache.

Ein schlichter Landmann, der ihr Feigen brachte;
Dieß war sein Korb.

Cäsar.
Gift also! —

Erste Wache.

Eben noch,
O Cäsar, lebte Charmion, stand und sprach;
Ich fand sie ihrer todten Herrin Krone
Gerade rückend; zitternd stand sie da,
Und plötzlich sank sie nieder.

Cäsar.

Edle Schwachheit!
Wär' Gift ihr Tod gewesen, sähe man's
An äuß'rer Schwellung. Doch sie liegt wie schlafend,
Als gält' es, einen zweiten Marc Anton
In ihrem starken Anmuth-Netz zu fangen.

Dolabella.

Hier ist auf ihrer Brust ein Bluterguß,
Und eine Auftreibung; so auch am Arm.

Erste Wache.

Dann war's 'ne Schlange; auf den Feigenblättern
Ist Schleim zu sehn, so wie die Schlang' ihn läßt
In Höhlungen des Nils.

Cäsar.

                  Sehr zu vermuthen,
Daß so sie starb: denn mir erzählt' ihr Arzt,
Daß sie unzählige Versuche machte,
Wie sich's am leicht'sten stirbt. Nehmt auf das Bett,
Und tragt auch ihre Frauen aus der Gruft;
Bei ihrem Marc Anton sei sie bestattet.
Ein so berühmtes Paar schließt nimmer wieder
Ein Grab auf Erden ein. Ein groß Ereigniß
Rührt den auch, der es macht; und minder nicht
An Thränen sind sie reich, als er an Ruhm,
Der sie dahin gebracht. Die letzte Ehre
Erweisen wir ihr mit dem ganzen Heere;
Und dann nach Rom. Komm, Dolabella, dein
Soll das Geschäft der Trauer-Ordnung sein.   (Alle ab.)

Erläuterungen und Bemerkungen zu Antonius und Cleopatra.

1. Aufzug.   1. Scene.

S. 23.   „Die über Kriegsreih'n und Geschwader glühten,
Wie die des eh'rnen Mars".

Tieck hatte: „Die über Kriegsreih'n und Legionen glühten so wie der erzne
Mars"; that o'er the files and musters of the war have glowed like plated
Mars. Wir rechtfertigen an dieser Stelle unsre Abweichung, weil auch die
Commentatoren hier irre gehen. So sagt Delius: „Der Kriegsgott in seiner
schimmernden Rüstung funkelt wie die Augen des Antonius". Dieser sonder-
bare Vergleich liegt durchaus nicht mit Nothwendigkeit in den Worten des Originals. Es ist eine ganz gewöhnliche shakespeare'sche Redefigur, das Ganze für
den Theil, oder einen Gegenstand für eine einzelne an ihm hervorgehobene
Seite und Eigenschaft zu setzen. Sehr ähnlich unsrer Stelle heißt es im
Hamlet (III, 4, 57): an eye like Mars, a station like the herald Mercury.
Vgl. Sonn. 65, 4: how with this rage shall beauty hold a plea, whose
action is no stronger than a flower? (statt flower's). All's well III, 1. 5:
holy seems the quarrel upon your grace's part, black and fearful on the
opposer (wo Hanmer opposer's lesen wollte).   John II, 431: whose veins
bound richer blood than Lady Blanch? III, 1, 151: thou canst not devise
a name so slight, unworthy and ridiculous as the pope (Knightley: pope's).
Henry VI, 2. P. III, 2, 318: mine hair be fixed on end, like one distract.
Troil. IV, 5, 109: and on him erect a second hope as fairly built as Hector
(statt as that on H.).   Coriol. I, 5, 25: thy friend no less than those she
placeth highest (statt than friend of those). I, 5, 26: I know the sound of
Marcius' tongue from every meaner man. II, 2, 28. his ascent is not by such
easy degrees as those who bonneted into their estimation. III, 2, 114: my
throat of war be turned into a pipe small as an eunuch. Timon III, 4, 31:

your master's confidence was above mine (= above that of mine). Lear
I. 2. 148: with a sigh like Tom o' Bedlam. Othello II, 3, 144: 'tis great
pity that the noble Moor should hazard such a place as his own second
with one of an ingraft infirmity (statt as that of his second). Ant. and
Cleop. I. 1. 28: where's Fulvia's process? Caesar's I would say? both?
II, 1, 35: his soldiership is twice the other twain. Cymb. II, 2. 32: and
be her sense but as a monument, thus in a chapel lying. — Daß übrigens
Wörter, die auf einen Zischlaut enden, wie Mars, im sächsischen Genitiv und
selbst im Plural oft unverändert bleiben, mag zum Ueberfluß noch bemerkt
sein.

1. Aufzug.   2. Scene.

S. 26. „O kennte ich doch diesen Ehemann, der, wie du
sagst, seine Hörner für Kränze ansieht". Das hat freilich einen
Sinn, wenn auch einen etwas dürftigen, aber schwerlich den vom Dichter
beabsichtigten: O, that I knew this husband, which, you say, must change
his horns with garlands! Tieck ist der Steevens'schen Interpretation gefolgt,
welche auch Delius accentirt, ohne sie begreiflich zu machen. Denn to change
heißt doch wol nicht „vertauschen, verwechseln, to confound!" Knight erklärt:
change is to vary, give a different appearance to: der Ehemann verändert
also seine Hörner, giebt ihnen ein anderes Ansehn vermittelst der Kränze.
Oder vielmehr: er muß sie verändern: und wozu? Um sie zu verbergen?
Warum da nicht lieber deutlicher: hide his horns? Wie der Stelle durch die
von vielen (z. B. von Dyce) aufgenommene Theobald'sche Conjectur charge
für change geholfen sein soll, ist gar nicht abzusehen. Am nächsten kam vielleicht Hanmer der Absicht des Dichters, indem er must change for horns his
garlands verschlug. Dasselbe wird durch eine noch einfachere Aenderung er-
reicht: must change his garlands with horns: er muß seine Siegerkränze
(denn Charmion will, wie das Folgende zeigt, doch hinaus) mit Hörnern vertauschen. Aber vielleicht schrieb der Dichter doch wie die Folio, ohne etwas
Andres zu meinen, als was eine solche Umstellung ergeben würde. Es ist
merkwürdig, wie oft er die Beziehungen zweier Begriffe vertauscht, in der
Art, daß die Herausgeber in Versuchung gewesen sind, eine Umstellung der
Worte vorzunehmen. All's well II, 1, 114: wherein the h o n o u r of my
dear father's gift stands chief in p o w e r, wo man erwarten würde: wherein
the power . . . stands chief in honour. Ebenda II, 3. 279: more saucy
than the c o m m i s s i o n of your birth and virtue gives you h e r a l d r y, wo
in der That die meisten Editoren commission und heraldry mit einander
tauschen. Vgl. Meas. f. Meas. V. 7: yield you forth to public thanks

statt yield forth public thanks to you. Henry VI. 2. P. V, 1, 188: to
wring the widow from her customed right statt to wring from the widow
her customed right. Vgl. damit Henry VIII I, 1, 205 und I. 2. 93. Macb.
III, 6, 35: free from our feasts and banquets bloody knives statt free our
feasts from bloody knives. Pericl. II, 2, 57: scan the outward habit by
the inward man. Es würde nicht schwer sein, die Zahl dieser Beispiele zu
verdreifachen, ohne daß darum für jedes einzelne ein sichrer Maßstab gewon-
nen würde.

S. 27. „Nein, lieber mag mir Wein die Leber wärmen".
Lieber Wein als Liebe. Die Leber galt, wie wir schon oft gesehn, für den Sitz
der sinnlichen Liebe (cogit amare jecur).

„Herodes der Judenkönig". Man hat hier weniger an den
historischen Herodes als an den prahlenden und tobenden Tyrannen der altenglischen Bühne zu denken, der dem damaligen Publikum als Repräsentant
der höchsten irdischen Macht erschien.

S. 28. „wenn eine feuchte Hand nicht ein Wahrzeichen
von Bereitwilligkeit ist": vgl. Othello 3. A. 4. Sc.: Die Hand ist
feucht . . . .

> Das zeigt Freigebigkeit und losen Sinn:
> Heiß, heiß und feucht! Solch einer Hand geziemt
> Abtödtung von der Welt, Gebet und Fasten,
> Viel Selbstkasteiung, fromme Andachtsübung;
> Denn jung und brennend wohnt ein Teufel hier,
> Der leicht sich auflehnt.

Daß fruitfulness in beiden Stellen nicht Fruchtbarkeit bedeutet, wie es von
andern erklärt ist, sondern Freigebigkeit, Bereitwilligkeit zu Gunstbezeigungen,
und zwar hier in üblem Sinne, zeigt der Zusammenhang hinlänglich. Daß
fruitful die Bedeutung liberal, bountiful hat, erkannte schon Johnson, und
nach ihm denn auch Dyce, wenigstens für Eine Stelle: Oth. II, 3, 347: she's
framed as fruitful as the free elements. Aber man findet sie auch in
Henry VIII. I, 3, 56: a bounteous mind, a hand as fruitful as the land
that feeds us. Timon V, 1. 153: a recompense more fruitful than their
offence can weigh down by the dram. Vgl. das Gegentheil fruitless in
Ven. and Ad. 751 und Mids. N. Dr. I. 1, 73.

S. 34. „Das gleich dem Roßhaar nur erst Leben hat".
Pferdehaare, in Mistwasser gelegt, verwandelten sich angeblich in Gewürm.
Der Aberglaube war so verbreitet, daß Naturforscher es nöthig fanden, ihn
zu widerlegen.

1. Aufzug. 3. Scene.

S. 37. „Wo sind die heil'gen Schaalen". Johnson bezieht dies, wol mit Recht, auf die Thränengefäße, welche die Römer auf den Gräbern Verstorbener niedersetzten.

S. 38. „Diesem römischen Hercules". Plutarch im 4. Kap. des Antonius: „Er besaß in seinem Aeußern eine edle Würde, und ein stattlicher Bart, eine breite Stirn und eine Adlernase schienen seinem Antlitz eine Männlichkeit zu geben, welche an das Gesicht des Hercules auf Gemälden und an Statuen erinnerte. In der That ging eine alte Sage, die Antonier seien Nachkommen des Hercules, da sie von Anteon, einem Sohne des Hercules, stammten, und Antonius wünschte diese Sage nicht blos durch die Gestalt seines Körpers, sondern auch durch seine Tracht zu bestätigen. Denn stets war, so oft er sich der Menge zeigen wollte, seine Tunica bis zur Hälfte aufgeschürzt, ein großes Schwert hing an seiner Seite, und ein grober Soldatenmantel bedeckte seine Schultern".

1. Aufzug. 4. Scene.

S. 41. „Als geschlagen du zogst von Mutina". Plutarch, Kap. 17: „Auf seiner Flucht von Mutina gerieth Antonius wiederholentlich in mißliche Lage, in die schlimmste aber durch Hunger. Es lag jedoch in seiner Natur, daß er, wenn es ihm schlecht ging, sich selbst übertraf und im Unglück ganz und gar einem braven Manne ähnlich war. Er war damals seinen Soldaten ein seltenes Muster, indem er nach solcher Ueppigkeit und Verschwendung verdorbenes Wasser trank und wildes Obst und Wurzeln zu sich nahm. Selbst Baumrinde wurde, wie es heißt, gegessen, und sie griffen sogar, als sie die Alpen überschritten, zu Thieren, welche sie bis dahin nie gekostet hatten".

1. Aufzug. 5. Scene.

S. 42. „Mandragora", ein schlafbringendes Mittel, auch in Othello als solches erwähnt (3. A. 3. Sc.). Vgl. Plinius XXV, 94.

2. Aufzug. 2. Scene.

S. 51. „Was war es Euch, mein Leben in Aegypten?" Tieck hatte „mein Verweilen in Aegypten", und folgte damit der allgemeinen Auffassung. Im Folgenden nimmt Cäsar allerdings being in seiner ersten und gewöhnlichsten Bedeutung; aber Antonius mußte hier etwas anderes meinen

als seinen bloßen Aufenthalt in Aegypten, aus welchem ihm niemand einen
Vorwurf gemacht hätte. Und in der That heißt being bei Sh. nicht selten
so viel als Leben, und zwar nicht blos in der allgemeinen Bedeutung Dasein
(z. B. Taming of the Shrew I, 1, 11. Henry VIII, II, 3, 102), sondern
auch zur Bezeichnung einer besondern Art des Daseins und Lebens. Two
Gentl. III, 1, 57: my health and happy being at your court. Timon IV,
3, 246: best state, contentless, hath a distracted and most wretched
being.

S. 53. „Doch sagt' ich ihm Tags drauf so viel von mir
Als einer Bitte gleich kam um Verzeihung".
So verstehen wir die Stelle: but next day I told him of myself, which
was as much as to have asked him pardon. Und ebenso hat sie offenbar
schon Warburton verstanden. Antonius sagt: in der Unterredung des nächsten
Tages erzählte ich ihm von mir und meinem Treiben, und das mußte ihn
mindestens ebenso vollständig zufriedenstellen als eine ausdrückliche Bitte um
Verzeihung. Noch deutlicher würde dieser Sinn hervortreten, wenn wir which
nicht als ein auf den vorhergehenden Satz bezogenes Relativ, sondern für
what oder that which nehmen könnten. Bei der großen Dehnbarkeit des
damaligen Pronominalgebrauchs wäre das so unerhört nicht. In Wint. Tale
III, 2, 61: more than mistress of which comes to me in way of fault, I
must not at all acknowledge, haben einige what für which hineincorrigirt,
aber letzteres ist doch die Lesart der alten Drucke. In Rich. III, III, 2, 14:
and that may be determined at the one which may make him and you to
rue at the other, läßt sich that allerdings als Demonstrativum nehmen, aber
nicht ohne Härte. — Die hergebrachte Uebersetzung und Deutung unsrer
Stelle: I told him of myself „ich sagte es ihm von selbst" leidet an dem
kleinen Fehler, der sie unmöglich macht, daß it hinter told nicht dasteht. Wie
war es überdies denkbar, daß eine solche Mittheilung des Antonius durch den
Gesandten provocirt wurde!

S. 57. „O wären wir schon an ihm!" Would we had spoke
together! Tieck: „Hätt' ich ihn doch gesprochen"! und so verstehen wol auch,
nach ihrem beredten Schweigen zu urtheilen, die Herausgeber die Worte.
Man vgl. für die hier allein mögliche Bedeutung von to speak II, 6, 25:
thou canst not fear us, Pompey, with thy sails; we'll speak with thee at
sea; — und Coriol. I, 4, 4: Say, has our general met the enemy? They
lie in view, but have not spoke as yet.

S. 58. „Das war nur wie eine Fliege auf einen Adler".
This was but as a fly by an eagle. Die Wendung ist sonderbar, aber doch
sonstigem Gebrauch von by analog. Man vergleiche compound with him by
the year in Meas. f. Meas. IV, 2, 25, mit den ähnlichen Ausdrücken in Lov.

Lab. Lost V. 2, 61; Shrew II, 371; Henry V, I. 1, 19; Henry VIII. III, 2, 108; Cymbel. V, 5, 51. Ein Adlermagen dient hier als Maßbestimmung für die Größe der Portionen.

S. 58.

„Meerweibern gleich, an ihren Blicken hangend,
Lieh'n neuen Schmuck ihr durch der Ehrfurcht Zoll".

So many mermaids, tended her i'the eyes, and made their bends adornings. Diese Stelle ist ziemlich von allen Erklärern und Uebersetzern mißverstanden, wenigstens ist die richtige Erklärung nicht durchgedrungen. Mehrere haben sich durch Conjecturen zu helfen gesucht; die Auffassung derjenigen, welche diese wohlfeile Auskunft verschmähten, giebt Delius mit folgenden Worten: „sie machten dabei ihre Verbeugungen so graziös, daß dieselben gleichsam zu einem Schmucke für sie selbst oder für Cleopatra wurden". Aber bend heißt als Substantiv an der einzigen Stelle, wo es sonst vorkommt, der Blick, und nicht die Verbeugung. Caes. I, 2, 123: that same eye whose bend doth awe the world. In demselben Sinne wird bent gebraucht, welches allerdings auch andere Bedeutungen hat; s. Henry V, V, 2, 16; Troil. and Cress. IV, 5, 282; und besonders Cymbel. I, 1, 13 (eine ebenfalls allgemein mißverstandene Stelle). Their in unserer Stelle bezieht sich auf das vorhergehende eyes, und die wörtliche Uebersetzung lautet: „sie erwiesen ihr in (oder mit) den Augen Huldigung, und machten deren Blick (oder Ausdruck) zu einem Schmuck".

2. Aufzug.   3. Scene.

S. 62.

„Es schlagen seine Hähne, seine Wachteln
Die meinen".

Was bei den Engländern die Hahnenkämpfe, war bei den Alten die ὀρτυγοκοπία, das Wachtelschlagen, ein sehr beliebtes, mit Wetten verbundenes Gesellschaftsspiel. Welche von den beiden Wachteln zuerst aus einem Kreise gedrängt wurde, hatte verloren. Eine andere Form des Spiels bestand darin, daß man durch einen Schlag auf den Schnabel den Vogel über die Linie zu treiben suchte.

2. Aufzug.   6. Scene.

S. 70. „weil der Kukuk für sich selbst nicht baut". Plutarch im 10. Kap.: „Ebenso sollte Antonius, da er bei der öffentlichen Versteigerung das Haus des Pompejus erstanden hatte, jetzt den Kaufpreis zahlen;

er war darüber entrüstet, ja er erklärte selbst, daß er deshalb an Cäsar's Feld=
zug nach Libyen nicht theilgenommen, weil er für seine Verdienste nicht be=
lohnt worden". Und Kap. 32: „Antonius fragte den Pompejus, wo sie
speisen würden. Hier, erwiederte Pompejus und zeigte dabei auf sein Ad=
miralschiff, denn dies ist das Vaterhaus, welches mir geblieben ist. Diese
Worte enthielten einen Vorwurf gegen Antonius, welcher das ehemalige
Haus seines Vaters Pompejus besaß".

3. Aufzug. 9. Scene.

S. 106. „Er, zu Philippi, führte sein Schwert recht wie
ein Tänzer", d. h. nur zum Schmuck, nicht zum Kampf. Plutarch,
Kap. 22: „Als sie den Feinden gegenüberstanden, Antonius dem Cassius,
Cäsar dem Brutus, geschah von Seiten Cäsar's nichts Bedeutendes, sondern
es war Antonius, der überall siegreich und glücklich kämpfte".

3. Aufzug. 11. Scene.

S. 115 „Ständ' ich doch auf Basanbügel!" Mit Anspie=
lung auf Psalm 22, 13 (nicht in der Lutherschen Uebersetzung): Große Farren
haben mich umgeben, fette Ochsen von Basan haben mich umringt.

4. Aufzug. 13. Scene.

S. 144. „O du Sonne, verbrenne deine Sphäre!" Nach den
ältesten Theoremen war die Sonne ein Planet und wurde durch die Um=
drehung einer Hohlkugel (Sphäre), in welcher sie befestigt war, um die Erde
bewegt. Durch Zerstörung der Sphäre mußte die Sonne in den endlosen
Raum fallen, und die Erde in ewige Nacht versinken.

S. 145. „bis das falsche Weib Fortuna ihr Rad zer=
bricht". Vgl. zu Wie es euch gefällt S. 449.

   „Suchst du bei Cäsarn Sicherheit, denk' auch
   Der Ehre".

Of Caesar seek your honour with your safety. Der Ausdruck ist nicht ganz
klar und erhält seine Erklärung erst durch den North'schen Plutarch: and per-
suaded her that she would seek to save her life, if she could possible,
without reproach and dishonour. Im griechischen Original: παρηνεσεν
αυτη τε μεν εαυτης εγ η ον, μετ αισχυνης, σωτηριαν τιθεσθαι.

5. Aufzug. 2. Scene.

S. 156. „Sein Arm war ein Wappenschmuck ob aller
Welt". Ein gewöhnlicher Helmschmuck des Mittelalters war ein über einem
Kranze erhobener Arm.

S. 162. „ein Junge quäkt die Rolle der Cleopatra und
macht zur Metze meine Hoheit". Daß auf dem shakespeare'schen
Theater Knaben die Frauenrollen spielten, weiß jeder fleißige Leser des Dichters. — Was die Interpretation der Stelle betrifft: I shall see some squeak-
ing Cleopatra boy my greatness in the posture of a whore, so hat man allgemein boy als ein von Shakspeare gebildetes Verbum genommen mit der
Bedeutung „zum Knaben oder Jungen machen, jungenhaft darstellen". Dazu
will aber das folgende i'the posture of a whore nicht passen, denn schwerlich
wird man eine solche Stellung als die einem Knaben eigenthümliche ansehen
wollen. Cleopatra boy gehört wol vielmehr zusammen als ein loses Com-
positum: „ein Cleopatra-Junge"; diesen wird sie als ihre Hoheit sehn. Der
gewöhnliche prosaische Sprachgebrauch würde allerdings verlangen as my
greatness: aber bei Shakespeare giebt es Beispiele für eine solche Licenz.
As you like it, Epil.: it is not the fashion to see the lady the epilogue.
All's well III, 7, 30: you see it lawful then. Henry VI, 2. P. III, 3, 6:
where death's approach is seen so terrible.

Maß für Maß.

Uebersetzt von

L. Tieck.

Bearbeitet, eingeleitet und erläutert von

A. Schmidt.

sollen auf die Thatsache geben, daß Jacob I. bei seinem ersten Einzuge in London (April 1603) die zu seinem Empfange versammelten Volkshaufen auseinandertreiben ließ; allein diese Abneigung des Königs gegen alles öffentliche Erscheinen machte sich nicht blos bei der einen Gelegenheit geltend, sondern bereitete auch in späterer Zeit seinen Unterthanen ähnliche Enttäuschungen; und gerade wenn man die Anspielung gelten läßt, wird man geneigt sein, ihre Erklärung in einem gewohnheitsmäßigen Verfahren des Königs, und nicht in einem einzelnen Vorfall zu suchen.

Shakespeare's Quelle waren zwei Werke von Whetstone, sein in zwei Theilen und zehn Acten 1578 erschienenes Drama „Promos und Cassandra", und seine Erzählung gleiches Namens und Inhalts in seinem Heptameron of Civil Discourses, 1582. Daß beide Shakespeare bekannt waren, ergiebt sich aus einzelnen Wendungen, die „Maß für Maß" mit beiden gemein hat.*) Wir theilen im Folgenden nur die Novelle mit, nicht nur ihrer größeren Kürze wegen, sondern weil sie Alles enthält, worin Shakespeare mit beiden Werken übereinstimmt, und die Zuthaten des Whetstone'schen Dramas (wie z. B. des Promos Helfershelfer Phallar) sich am weitesten von der Haupt- und Nebenhandlung in „Maß für Maß" entfernen. Die Erzählung lautet wie folgt:

„Zu der Zeit als Corvinus, die Geißel der Türken, in Böhmen als König herrschte, schickte er, um die freien Städte seines Reichs gut zu regieren, verschiedene würdige Beamte aus. Unter andern gab er die Statthalterschaft von Julio an den Lord Promos, welcher im Anfange seiner Verwaltung die Stadt von vielen alten Lastern säuberte und neue Uebelthäter streng strafte.

In dieser Stadt war es eine alte, jedoch durch die Nachsicht einiger Beamten außer Gebrauch gekommene Satzung, daß ein Mann, welcher sich der Unzucht schuldig machte, den Kopf verlor, und das Weib, mit dem er gesündigt, ihr Lebenlang als Zeichen der Ehrlosigkeit eine besondere Tracht anlegen mußte; denn der Mann ward für den schuldigeren Theil erachtet und demnach am härtesten gestraft.

---

*. Bgl. Great men may jest with saints II. 2, 127 mit der lateinischen Sentenz im Whetstone'schen Drama: Non bonum est ludere cum sanctis. S. 34 in der Steevens'schen Ausgabe; cucullus non facit monachum in V, 263 mit a holy hood makes not a friar devout. bei W. S. 37; des Lucio Bitte: if you will hang me, you may, but I had rather it would please you I might be whipt, mit: whipt! marry God shield, I had rather be hanged, bei Whetstone S. 81. — In der Novelle folgende Uebereinstimmungen: der Dieb als Richter bei Sh. II, 1, 20 mit W.'s: many a judge in the world would be bewrayed for a thief (S. 60 in Collier's Abdruck). Ferner der Nachdruck, mit welchem bei Sh. und bei W. S. 60 das Wort measure hervorgehoben wird; namentlich aber der Name Isabella, welchen zwar nicht die Helbin der Novelle, aber ihre Erzählerin führt.

Lord Promos in seiner rauhen Strenge machte dies Gesetz wieder gel=
tend, verging sich aber auf's höchste, indem er es selbst übertrat, wie sich im
Folgenden in der Geschichte des Andrugio zeigen wird.

Dieser Andrugio verstieß durch die nachgiebige Liebesgunst der schönen
Polina wider besagtes Gesetz, wurde von Feinden angeklagt und von Lord
Promos zum Tode verurtheilt. Seine tiefbekümmerte Schwester Cassandra
warf sich Promos zu Füßen und bat mit noch mehr Thränen als Worten
so um ihres Bruders Leben: O edler Lord und würdiger Richter, gewährt
mir die Gnade reden zu dürfen, denn wenn Ihr mich nicht mit den Augen
des Mitleids seht, wird die sündige Schwäche des verurtheilten Andrugio,
meines Bruders, der Tod der bekümmerten Cassandra, seiner unschuldigen
Schwester, sein. Ich will es nicht wagen, sein Vergehen zu entschuldigen
oder das Gesetz der Härte anzuklagen, denn nach der allgemeinen Meinung
hat er sehr übel gethan, und das Gesetz nur geurtheilt, was Rechtens ist;
aber, verehrungswürdiger Richter, verzeiht, wenn mich die Noth drängt zu
sagen, was Eurer Weisheit nicht unbekannt geblieben sein kann. Die höchste
Gerechtigkeit ist zwar mit einem Schwerte umgurtet, aber auch mit Lorbeeren
gekrönt, und giebt ihren Vollstreckern dieses Vorrecht, daß sie die Strenge
des Gesetzes nach der Beschaffenheit der Vergehung mildern dürfen. Und
damit der Gerechtigkeit nicht ihr gnadenreiches Mitleid fehle, so vernehmt,
gütiger Lord Promos, die Umstände der Uebertretung meines Bruders, und
was er zu thun vermag, das Unrecht wieder gut zu machen. Er hat kein
eheliches Bette geschändet, dessen Befleckung den unschuldigen Ehemann ent=
ehrte, auch keinen gewaltsamen Raub an der Unschuld begangen, bei
dem es keine Entschädigung giebt für die beleidigte Jungfrau. Sondern
mit nachgiebiger Einwilligung seiner Geliebten hat Andrugio nur aus
Liebe gesündigt, und in der Absicht, durch Heirath Alles wieder gut zu
machen.

Promos' Ohren waren nicht so aufmerksam auf Cassandra's traurige
Worte, als seine Augen auf ihre ausgezeichnete Schönheit. Und Amor,
welcher zum Henker Andrugio's bestimmt war, wurde nun Herrscher in der
Brust seines Richters. Weil es aber so scheinen sollte, als wenn er seine
Leidenschaften im Zaum hätte, antwortete er: Schönes Fräulein, faßt Euch
in Geduld, Ihr fleht mich um eine Unmöglichkeit an; er ist gesetzlich ver=
urtheilt und kann ohne Gesetzesverletzung nicht das Leben behalten. — Die
Rechte der Fürsten und ihrer Stellvertreter, sprach sie darauf, sind über dem
Gesetz. Ueberdies ist das Gesetz, richtig aufgefaßt, nichts weiter als die
Vergütung des Unrechts, und wo das Vergehen abgeschätzt und Vergütung
geleistet werden kann, ist der Bruch des Gesetzes hinlänglich gesühnt. —
Lord Promos erwiederte: Euer Kummer rührt mich mehr als Eure Beweise,

und um Euretwillen will ich Andrugio Aufschub gewähren, und sinnen wie ich Euch zufriedenstellen kann ohne offenen Gesetzesbruch.

Cassandra war nun wieder guten Muths, und nachdem sie für die Gunst innigsten Dank ausgesprochen, begab sie sich eiligst zu ihrem unglücklichen Bruder, um seine Hoffnungen wieder zu beleben. Wehe aber, daß die Amtsgewalt ebensowohl Macht hat, den Guten zum Uebelthun zu bringen, als den Schlechten durch Züchtigung zur Tugendübung zu nöthigen. Promos ist ein Beispiel dafür, denn da er seiner unreinen Liebe nicht Herr werden konnte und überzeugt war, Cassandra sei nicht durch schöne Worte, große Versprechungen und reiche Geschenke zu gewinnen, so verlangte er das Opfer ihrer Unschuld für die Freisprechung ihres Bruders. Cassandra meinte anfangs nicht anders als er wolle sie nur auf die Probe stellen, und antwortete ihm so verständig, daß er, wenn er nicht der Nebenbuhler der Tugend gewesen wäre, seine gemeine Begierde hätte unterdrücken und ihre gerechte Bitte erfüllen müssen; aber, um nicht zu weitläufig zu sein, seine böse Leidenschaft war zu einer solchen Flamme geworden, daß nur Cassandra's Willfährigkeit sie zu löschen vermochte; wo nicht, sollte Andrugio sterben.

Cassandra, von keuschem Unwillen erfüllt, ging mit dem Entschluß von ihm, lieber selbst zu sterben als ihre Ehre preiszugeben, und brachte ihrem verurtheilten Bruder die schlimme Nachricht. Was sollte der Arme thun! Das Leben war süß, aber mit seiner Schwester Schande gelöst zu werden, konnte ihm nicht anders als bitter erscheinen. Sie zur Nachgiebigkeit zu bereden, war unnatürlich, aber den Tod zu leiden, noch trauriger. Es war schwer zu sagen, welches unter diesen Uebeln das kleinste sei, und langes Zögern brachte Gefahr. Er hätte gern gelebt, aber die Scham schloß ihm den Mund, wenn er versuchen wollte, seine Schwester zu überreden. Doch die Noth, welche Scham und Furcht überwindet, brach seinem gefangen gehaltenen Wunsche Bahn. Liebe Cassandra, sagte er, daß die Männer Liebe fühlen, ist in der Ordnung, aber die Liebe zu unterdrücken, ist unmöglich; und so scharf ist der Stachel der unkeuschen Lust, daß die Zunge kein anderes Geschäft hat als zu überreden, und die Börse immer offen steht, um zu verführen. Wo aber bei Mächtigen weder Worte noch Geschenke ihr Ziel erreichen, wird die Gewalt Zwang, oder der Haß Rache üben. Daß Promos liebt, ist nur zu natürlich; deine Schönheit nöthigt ihn dazu; daß du ihm Nein sagst, ist gerecht, denn Einwilligung wäre deine Schande. Du kannst Nein sagen und leben, aber ich sterbe dann, denn wenn er seinen Wunsch verfehlt, wird er es mich entgelten lassen Dies ist meine traurige Lage: mein Leben ruht auf deiner Schande, und deine Ehre auf meinem Tode. Welches von diesen Uebeln das geringste sei, überlasse ich dir zu entscheiden.

Die bekümmerte Cassandra antwortete, daß der Tod das geringste sei; seinem Stachel können wir nicht entgehen, während die Ehre, ihm zum Trotz, das Leben überdauert. Sehr wahr, erwiederte Andrugio, aber dein Fehltritt wird den möglich geringsten Tadel finden; denn bei erzwungenen Verschuldungen spricht die Gerechtigkeit von böser Absicht frei. — O Andrugio, sprach sie darauf, auf die Absicht kommt es heutzutage wenig an; du bist nicht nach der Absicht verurtheilt, sondern nach dem Wortlaut des Gesetzes; so wird man mir auch mein Verbrechen zum Vorwurf machen und den zwingenden Grund nicht zur Entschuldigung anführen. So wirksam ist das Gift der Bosheit, daß Eine üble That zehn gute verunehrt; und mich wird man messen nach dieser Willfährigkeit; Neid, Verachtung, Haß, Bosheit, Verleumdung, und noch mehr Furien werden bestrebt sein mich mit Schmach zu zeichnen, und die niedrigste Tugend wird sich schämen, meiner Ehre zu Hülfe zu kommen; also daß ich keine Freiheit für dich sehe als den Tod, und kein Glück für mich als ein baldiges Ende.

O doch, sagte Andrugio, denn entweder wird das Vergehen bekannt, und dann kann es deinem Ruf nur nützen, wenn man gleichzeitig erfährt, daß du Unehre littst, um deinem Bruder das Leben zu geben; oder es bleibt geheim, und dann wird dein Gewissen ruhig und schuldlos sein. In beiden Fällen wirst du genothzüchtigt und nicht entehrt, und zur Entschädigung werden wir beide leben. Noch bleibt auch fernere Hoffnung: wie die Nelke sowol dem Auge gefällt, als auch den Geruchssinn ergötzt, wird vielleicht deine keusche Tugend deiner Schönheit solchen Reiz verleihn, daß des Promos schmutzige Wollust sich in treue Liebe verwandelt und ihn bestimmt, dich in Ehren zu seinem Weibe zu machen oder um des Gewissens willen solche Schandthat zu unterlassen.

Meine Herrin und Königin, sagte Isabella*), und Ihr, meine schönen Damen, ich bitte Euch in Cassandra's Namen, diese Gründe wohl zu erwägen und in ihrer Willfährigkeit Zwang und nicht Einwilligung zu sehen. Ihres eigenen Lebens müde, und zärtlich besorgt um ihren Bruder, badete sie seine Wangen mit den Thränen ihrer lieblichen Augen, und gab ihm Trost mit folgenden Worten: Lebe, Andrugio, und halte diesen Kuß werth, der meine Ehre in deine Brust haucht und die Schande deines ersten Vergehens in meinen Busen zieht.

Der heftige Kampf zwischen Leben und Tod nahm dergestalt Andrugio's Sinne ein, daß seine Zunge nicht die Kraft hatte, ihr Lebewohl zu sagen. Ich will Euch, tugendhafte Damen, nicht mit den stillen Klagen Cassandra's ermüden; weil aber ihre Versündigung nicht aus Schwäche, freiem Willen

---

* *) Der Name der Erzählerin im Heptameron.

oder irgend einem weiblichen Antriebe entsprang, sondern aus dem bloßen Zwange eines Mannes, und sie die sittsame Tracht ihres Geschlechts nicht beflecken wollte, so legte sie die Kleidung eines Pagen an und ging mit der verschämten Anmuth einer reinen Jungfrau, dem verruchten Promos den theuren Kaufpreis für Andrugio anzubieten.

Dieser Teufel in Menschengestalt, lasterhafter als Heliogabalus von Rom, und dabei grausamer als Dionysius von Sicilien, empfing ihr Juwel mit tausend Betheuerungen seiner Gunst. Aber was soll ich sagen? Im Beginn seiner Liebe wurde Promos in Priapus verwandelt, und was können wir von einem Teufel erwarten als Unthat auf Niederträchtigkeit? Darum möge es nicht wunderbar erscheinen, daß, nachdem dieser Höllenhund Cassandra entehrt, er an den Kerkermeister geheimen Befehl schickte, Andrugio hinzurichten und dann seinen Kopf, mit folgender Aufschrift gekrönt, in Promos' Namen an Cassandra abzusenden:

Schöne Cassandra, nimm, was Promos dir verhieß,
    Den Bruder, den er frei aus seinem Kerker ließ.

So lautete sein Auftrag, der auch ausgeführt worden wäre, hätte nicht Gottes gütige Vorsehung den Andrugio in der Stunde seines Todes mit den Tugenden zweier tapfer Römer ausgerüstet, des Marcus Crassus und des Marius, von denen der eine durch die Macht seiner Rede, der andre durch den Blick seiner Augen bewirkte, daß der Henker das Beil aus den Händen fallen ließ und seinen grausamen Sinn erweichte. Mit ähnlichem Mitleid stand der Kerkermeister von seinem Vorhaben ab; und auf ein feierliches Gelöbniß, daß er sich niemanden, selbst seiner theuern Schwester nicht, zu erkennen geben wollte, schenkte er dem Andrugio das Leben und überließ ihn um Mitternacht Gott und seinem guten Glück; und darnach nahm der gute Kerkermeister den Kopf eines kürzlich hingerichteten jungen Mannes, der mit Andrugio einige Aehnlichkeit hatte, und machte damit, wie Promos empfohlen, der Cassandra ein Geschenk. Wie unwillkommen dies Geschenk war, bezeugt hinlänglich ihre frühere Trauer; aber ihren gegenwärtigen Schmerz mit den erforderlichen Zügen zu schildern, würde eine Aufgabe für Prometheus sein, oder einen andern, der die Qualen der Hölle erfahren hat.

O, rief sie, theurer Andrugio, soll ich zuerst über deinen Tod jammern, oder über Promos' Schändlichkeit, oder über meine eigne ehrberaubte Lage? Ach, das geringste von meinen Leiden ist schon eine zu schwere Last für einen Mann; da sie aber alle zusammen das Herz Eines armen Weibes bedrängen, giebt es keine Linderung als den Tod; ja, um mich an dem grausamen Schicksal zu rächen, will ich sogleich den Faden meines Lebens zerschneiden. Aber so bleibt des Promos Bosheit ungestraft; was ist da zu thun? Ich habe keine Macht zur Rache; wenn ich mich aber beklage, so thue ich zwar

meine Schande kund, doch gleichzeitig auch seine Ruchlosigkeit, und seine
Schlechtigkeit tadeln zu hören, würde dem Tode seine Bitterkeit nehmen.
Ich will zum Könige gehn, der gerecht und mitleidig ist; er soll um die Ty=
rannei des Promos wissen, und um ihm ein Beispiel der Rache zu geben,
will ich meine Klage mit meinem Herzblut besiegeln.

Bei diesem Entschluß verblieb Cassandra, begrub den vermeintlichen
Kopf ihres Bruders und reiste eiligst an des Königs Corvinus Hof. Als
sie vor diesem erschien, erweckte ihr Traueranzug und noch mehr ihre sittsame
Haltung seine Theilnahme in hohem Grade. Mit thränenden Augen erzählte
sie die schon berichteten Vorfälle, und es zeigte sich dabei ihre Trauer so groß,
daß der König und seine Umgebung davon ergriffen wurden; und hätte man
sie nicht verhindert, so würde sie ihren Entschluß, gleich der keuschen Lucretia
zu sterben, ausgeführt haben. Der König tröstete sie mit gnädigen Worten
und versprach dafür zu sorgen, daß der Tod ihres Bruders gerächt und ihre
gekränkte Ehre wiederhergestellt würde.

Cassandra, durch diese tröstliche Zusage einigermaßen wieder aufgerich=
tet, erwartete in Geduld die Gerechtigkeit des Königs, welcher auch bald mit
erlesenem Gefolge eine Reise nach Julio machte und mit dem Anschein großer
Gunst für Promos in die Stadt einzog, um so zu erfahren, was es sonst noch
für schlechte Beamten in der Stadt gebe, denn er wußte wohl, daß Gleich
und Gleich sich gern gesellt, und daß schlechte Menschen sich zusammenfinden,
um einander den Rücken zu decken.

Nachdem dieser gnädige König durch sorgfältige Kundschaft die Stim=
mung des Volks erkannt, ließ er ohne Vorwissen der Beamten einen öffent=
lichen Aufruf ergehen, daß, wenn jemand einen Beamten eines Verbrechens
zeihen könnte, des Verrathes, Mordes, der Unzucht, oder irgend eines Ver=
gehens der Art, begangen in ihrer Eigenschaft als Richter der Menge, so
wollte er selbst ihr Richter sein und dem Aermsten Recht verschaffen. Auf
diese Ankündigung war es eine Hölle, das Geschrei der Armen zu hören,
und die bösen Gewissen der Reichen waren anzusehen wie der Fluß Styr.
Unter den vielen, welche sich beschwerten und billiges Urtheil erhielten, er=
schien auch Cassandra, welche, getheilt zwischen Trauer und Scham, Promos
in's Antlitz anklagte. Die Sache war so klar, daß Promos bei seinem bösen
Gewissen keine Rechtfertigung versuchte, sondern nur die Hand emporhielt,
um das Verbrechen zu bekennen und reuig um Gnade zu bitten. Eine solche
Gnade, sagte der König, wäre Tyrannei gegen den Staat. Nein, Promos,
hoc facias alteri quod tibi vis fieri; du sollst mit der Gnade gemessen wer=
den, die du dem Andrugio erwiesen. O Gott! sprach er, wenn die Men=
schen bellen dürften wie Hunde, würde mancher Richter in der Welt als
Dieb erkannt werden. Es geziemt einem Fürsten zu wissen, wem er Gewalt

anvertraut, daß nicht das Schwert der Gerechtigkeit, bestimmt den Schlechten
zu züchtigen, den Guten treffe; und wo gute Unterthanen Unrecht leiden,
haben böse Beamte den Vortheil davon, und die Fürsten den Tadel. Darum,
ruchloser Promos, um deine nichtswürdigen Verbrechen zu strafen, gebiete
ich, daß du sofort Cassandra heirathest und damit ihre durch dich befleckte
Ehre wieder herstellst, und daß du zur Sühne für ihres Bruders Tod am
nächsten Tage enthauptet werdest.

Dieses gerechte Urtheil des guten Königs wurde im ersten Punkt sogleich
ausgeführt; aber wie der heilige Spruch sagt, daß die Tugenden der Guten
ein Schild sind für die Schlechten, so kam über die liebliche Cassandra, welche
nur durch Tugend die Ungunst des Schicksals überwunden, durch diese Vermählung ein neuer Grund zum Trauern, denn indem jetzt die Pflicht einer
Gattin mächtiger in ihr wurde als die schwesterliche Liebe, begann sie, welche
bis dahin Rache für ihres Bruders Tod gefordert hatte, den König für ihres
Mannes Leben anzuflehn. Der König suchte sie mit freundlichen Worten
zu beschwichtigen, sagte aber, daß er ihr diese Gunst nicht gewähren könne
ohne Schaden für das öffentliche Wesen; denn ist auch, sprach er, Euer Gesuch wohlbegründet und der Pflicht eines Weibes gemäß, würde ich doch ungerecht handeln, wenn ich es erfüllte, und mich gegen meine Unterthanen
vergehen; und darum, gute Dame, faßt Euch in Geduld, und es wird die
Tugend Euch am Ende Macht geben über Eure Leiden.

Dagegen war nichts zu sagen, und Cassandra entfernte sich ohne Hoffnung, ihre Bitte erfüllt zu sehn. Aber wie es die Erfahrung täglich lehrt,
die Thaten der Fürsten eilen auf Pegasus' Rücken durch die Welt, und wie
ihre Handlungen gut oder schlecht sind, so ist auch ihr Ruf. Mit solcher
Eile verbreitete sich auch das Gerücht von des Königs Gerechtigkeit und des
Promos' Hinrichtung, und kam durch den Mund eines Bauers zu den Ohren
Andrugio's, welcher bis dahin wie ein Räuber in den einsamen Wäldern
lebte. Als er dies vernommen, ging Andrugio (auf den göttlichen Antrieb
der Seele, welche uns in guten Dingen leitet, wie das Fleisch im Bösen) in
der Tracht eines Eremiten, den Tod seines Feindes anzusehn; da er aber
die Trauer seiner Schwester wahrnahm, wünschte er ihm das Leben wie
einem Freunde. Der König selbst war zur Hinrichtung gekommen, um die
Bösen zu schrecken und den Muth der Guten zu erhöhen. Promos, durch
Gerichtsdiener bewacht und durch Trostsprüche geistlicher Väter, in deren
Mitte sich Andrugio befand, gestärkt, gab in Ergebung sein Leben hin als
Sühne für seine Uebelthaten, deren er viel mehr begangen als das Gesetz
wußte; und dennoch, die Wahrheit zu sagen, war seine Reue so groß, daß
die Menge ihm vergab und ihn bedauerte; ja, der König war höchlich ver-

wundert, daß das Leben eines Mannes, der mit solcher Würde in den Tod ging, nicht tugendhafter gewesen.

Wie Andrugio dieses traurige Schauspiel sah, erfaßte ihn die Liebe zu seiner Schwester so mächtig, daß er beschloß, auf neue Gefahr seines eigenen Lebens, ihr Trost zu bringen, und in seinem Eremitengewande vor dem Könige niederkniete und um Gehör bat. Darauf sprach er: Erhabener Monarch, wenn dem Gesetz Genüge geschehen kann, so verdient des Promos aufrichtige Reue Verzeihung. Guter Vater, sagte der König, er kann nicht leben, und dem Gesetz kein Genüge geschehen, wenn nicht durch ein Wunder Andrugio wieder in's Leben kommt. So geschieht denn, versetzte der Eremit, wenn Andrugio lebt, dem Gesetz Genüge, und Promos ist seiner Strafe ledig. Allerdings, sagte der König, wenn Euer Gebet den einen in's Leben rufen kann, soll meine Gnade den andern freisprechen. Ich danke Euer Majestät unterthänigst, erwiederte Andrugio, und damit enthüllte er sich und erzählte von der göttlichen Fügung, die ihn gerettet; worauf er sich dem König zu Füßen warf, um sein eignes Urtheil zu empfangen. Als der König seinen wunderbaren Bericht angehört, verzieh er dem Promos nach reiflicher Ueberlegung, um sein Wort zu halten, und zugleich in der Erwägung, daß es für die Bürger besser sei, ihren alten bösen, aber nun reuigen und gebesserten Statthalter zu behalten, als es mit einem neuen zu versuchen, dessen Charakter noch unbekannt war. Um Cassandra's Freude vollständig zu machen, begnadigte er ihren Bruder Andrugio, unter der Bedingung, daß er Polina heirathete. Dergestalt waren alle aus dem Rachen der Gefahr gerettet und sahen schließlich ihres Herzens Wunsch erfüllt."

Maß für Maß.

Personen:

Vincentio, Herzog von Wien.

Angelo, Statthalter während des Herzogs Abwesenheit.

Escalus, ein alter Herr vom Staatsrath und Gehülfe des Angelo.

Claudio, ein junger Edelmann.

Lucio, ein Wüstling.

Zwei junge Edelleute.

Varrius, ein Edelmann, in des Herzogs Diensten.

Ein Kerkermeister.

Thomas,
Peter, } Mönche.

Elbogen, ein einfältiger Gerichtsdiener.

Schaum, ein alberner junger Mensch.

Pompejus, Bierzapfer bei der Frau Ueberley.

Grauslich, ein Scharfrichter.

Bernardino, ein Mörder.

Isabella, Schwester des Claudio.

Mariane, Angelo's Verlobte.

Julia, Claudio's Geliebte.

Francisca, eine Nonne.

Frau Ueberley, eine Kupplerin.

Herren, Wachen, Gerichtsdiener und andres Gefolge.

(Die Scene ist in Wien.)

Erster Aufzug.

Erste Scene.

Ein Zimmer in des Herzogs Palast.

(Es treten auf der Herzog, Escalus, Herren vom Hofe und Gefolge.)

Herzog.

Escalus —

Escalus.

Mein Fürst?

Herzog.

Das Wesen der Regierung zu entfalten,
Erschien' in mir als Lust an eitler Rede,
Weil mir bewußt, daß Eure eigne Kenntniß
Die Summe alles Rathes überschreitet,
Den ich Euch geben kann. So bleibt nur dies,
Daß Euch Befugniß wird nach Eurem Werth,
Und laßt sie wirken. Mit des Volkes Art,
Der Stadt Gesetzen, des gemeinen Rechts
Bestimmungen seid Ihr so wol vertraut,
Als einer je an Wissen und Erfahrung

Reich war, den ich gekannt. Nehmt unsre Vollmacht
Und haltet fest daran. Ruft Angelo;
Ich meine, heißet ihn vor uns erscheinen.

(Ein Diener geht.)

Wie meint Ihr, wird er unsern Platz vertreten?
Denn wißt, daß mit besonderm Vorbedacht
Wir ihn erwählt, an unsrer Statt zu herrschen,
Ihm unsre Schrecken lieh'n und unsre Gnade,
Und ihm als Stellvertreter alle Waffen
Der eignen Macht vertraut. Wie dünkt Euch dieß? —

Escalus.

Wenn irgend einer je in Wien verdient
So reiche Huld und Ehre zu erfahren,
So ist's Lord Angelo.

(Angelo tritt auf.)

Herzog.
Da kommt er selbst.

Angelo.

Eu'r Gnaden treu gehorsam, komm' ich, Eure
Befehle zu empfangen.

Herzog.
Angelo,
Dein Leben, gleich den Zeichen einer Schrift,
Zeigt klar und offen deine ganze Bahn
Dem Merkenden. Du selber und was dein,
Sind so nicht dein, daß du für deine Gaben
Dich darfst verbrauchen, oder sie für dich.
Der Himmel thut mit uns wie wir mit Fackeln;
Sie brennen nicht für sich. Wirkt unsre Tugend
Nach außen nicht, es wäre ganz so gut,
Als hätten wir sie nicht. Ein fein Gepräge ward
Dem Geist zu seinem Thun; und die Natur
Verleiht kein Stäubchen ihrer Trefflichkeit,
Wofür sie nicht als wirthschaftliche Göttin
Sich eines Gläub'gers Ehrenzoll bedingt,
So Dank wie Zins. Doch richt' ich hier mein Wort

An einen, der mich, was mir ziemt zu ihm,
Belehren könnte. Nimm drum, Angelo.

(Giebt ihm die Vollmacht.)

Sei ganz in unserm Fernsein, was wir selbst;
In deinem Mund und Herzen wohne Tod
Und Gnad' in Wien. Der alte Escalus,
Obschon zuerst berufen, steh' dir nach:
Empfange deine Vollmacht.

Angelo.

O, mein Fürst,
Laßt schärfre Prüfung mein Metall bestehn,
Bevor ein so erhabnes, edles Bild
Darauf geprägt wird.

Herzog.

Keine Ausflucht mehr.
Mit wohl gereifter, lang' bedachter Wahl
Wardst du ersehn; deßhalb nimm deine Würden. —
So zwingend rascher Art ist unser Eilen,
Daß es sich selbst nur kennt und Dringendes
Sonst unerledigt läßt. Wir schreiben Euch,
Wenn es die Zeit und unsre Sache heischt,
Wie's uns ergeht, und hoffen zu erfahren,
Was Euch begegnet hier. So lebet wohl;
Ich überlaß' Euch glückverheißendem
Vollbringen Eures Auftrags.

Angelo.

Doch, mein Fürst,
Erlaubt, daß wir Euch auf den Weg geleiten.

Herzog.

Das duldet meine Eile nicht. Ihr dürft,
Bei meiner Ehre! kein Bedenken hegen;
Nein, Eure Macht ist wie die meine, daß
Ihr das Gesetz vollstrecken könnt und mildern,
Wie's Euch das Beste dünkt. Reicht mir die Hand.
Ich reis' im Stillen; lieb' ich gleich das Volk,
So steh' ich doch nicht gern vor ihm zur Schau.

Es thut wohl recht, doch mir behagt nicht recht
Sein lauter Ruf, sein stürmisch Lebehoch;
Noch scheint's ein Mann mir von gesundem Sinn,
Der solches liebt. Noch einmal denn, lebt wohl.

Angelo.

Der Himmel sei mit Euch und Euerm Thun!

Escalus.

Er leit' und bring' Euch glücklich wieder heim.

Herzog.

Ich dank' Euch. Lebet wohl!   (Ab.)

Escalus.

Ich werd' Euch um Erlaubniß bitten, Herr,
Zu freiem Meinungsaustausch; und mir liegt
Daran, bis auf den Grund mein Amt zu kennen.
Mir ward Gewalt, doch welcher Kraft und Art,
Deß ward ich nicht belehrt.

Angelo.

So ist's mit mir. Laßt uns zusammengehn,
Und leicht wird uns, was diesen Punkt betrifft,
Aufklärung werden.

Escalus.

Wie Eu'r Gnaden will.   (Beide ab.)

Zweite Scene.

Eine Straße.

(Es treten auf Lucio und zwei Edelleute.)

Lucio.

Wenn sich der Herzog und die andern Herzoge nicht mit dem
König von Ungarn vergleichen, nun, so fallen alle Herzoge über den
König her.

Erster Edelmann.

Der Himmel gebe uns seinen Frieden, aber nicht des Königs
von Ungarn Frieden!

Zweiter Edelmann.

Amen!

Lucio.

Du sprichst dein Schlußgebet wie der gottselige Seeräuber, der mit den zehn Geboten zu Schiff ging, das eine aber aus der Tafel auskratzte.

Zweiter Edelmann.

Du sollst nicht stehlen?

Lucio.

Ja, das schabte er aus.

Erster Edelmann.

Nun, das war ja auch ein Gebot, das dem Capitän und seinem ganzen Haufen gebot, ihren Beruf aufzugeben: sie hatten sich eingeschifft, um zu stehlen. Da ist keiner von uns Soldaten, dem beim Tischgebet vor der Mahlzeit die Bitte um Frieden recht gefiele.

Zweiter Edelmann.

Ich habe noch keinen gehört, dem sie mißfallen hätte.

Lucio.

Das will ich dir glauben! Denn ich denke, du bist nie dabei gewesen, wo ein Gratias gesprochen ward.

Zweiter Edelmann.

Nicht? Ein Dutzend Mal wenigstens! —

Erster Edelmann.

Wie? im Versmaß?

Zweiter Edelmann.

In jedem Maß, und in jeder Sprache.

Erster Edelmann.

Oder wol auch auch in jeder Religion.

Lucio.

Warum nicht? Gratias ist Gratias, aller Controvers zum Trotz, so wie du, Exempli gratia, ein durchtriebener Schelm bist, und mehr von den Grazien weißt, als vom Gratias.

Erster Edelmann.

Schon gut; wir sind wol beide über einen Kamm geschoren.

Lucio.

Recht, wie Kamm und Egge; du bist die Egge.

13*

Erster Edelmann.

Und du der Sammt: du bist ein schönes Stück Sammt, von der dreihärigen Sorte. Ich will viel lieber die Egge von einem Stück englischen haarichten Fries sein, als ein Sammt, über den eine französische Scheere gekommen ist. Habe ich dich nun einmal recht herzhaft geschoren?

Lucio.

Nein, ich denke, du hast diese Scheere schon recht schmerzhaft verschworen, nur ich will nach deinem eignen Geständniß deine Gesundheit ausbringen lernen, aber, so lange ich lebe, vergessen, nach dir zu trinken.

Erster Edelmann.

Ich habe mir wol eben selbst zu nahe gethan; habe ich nicht?

Zweiter Edelmann.

Das hast du auch, du magst dich verbrannt haben oder nicht.

Lucio.

Seht nur, kommt da nicht unsre Frau Minnetrost? Ich habe mir Krankheiten unter ihrem Dach geholt, die kosten mich — —

Zweiter Edelmann.

Wie viel?

Lucio.

Rathet nur! —

Zweiter Edelmann.

Er wird Euch nicht gestehn, wie viel Mark sie ihm jährlich kosten.

Erster Edelmann.

Recht, und überdem noch — — —

Lucio.

Deine französische Krone. —

Erster Edelmann.

Immer willst du mir Krankheiten andichten; aber du steckst im Irrthum, ich habe mir nichts geholt.

Lucio.

Und doch bist du hohl durch und durch; deine Knochen sind hohl, die Ruchlosigkeit hat in dir geschwelgt.

(Eine Kupplerin kommt.)

Erster Edelmann.

Nun, wie geht's? An welcher von deinen Hüften hast du jetzt die gründlichste Sciatica?

Kupplerin.

Schon gut! Eben wird einer verhaftet und in's Gefängniß gesteckt, der war mehr werth, als fünftausend solche, wie Ihr.

Erster Edelmann.

Wer denn? sagt doch!

Kupplerin.

Ei, Herr, Claudio ist's, Signor Claudio!

Erster Edelmann.

Claudio im Gefängniß? Nicht möglich!

Kupplerin.

Ich sage Euch, es ist gewiß; ich sah ihn verhaftet, ich sah ihn weggeführt; und was noch mehr ist, binnen drei Tagen soll ihm der Kopf abgehauen werden.

Lucio.

Nun, trotz allen Thorheiten von oben, das sollte mir leid thun. Weißt du's denn gewiß?

Kupplerin.

Nur zu gewiß; es geschieht, weil Fräulein Julia schwanger von ihm ward.

Lucio.

Glaubt mir, es ist nicht unmöglich. Er versprach mir, mich vor zwei Stunden zu treffen, und er war immer pünktlich im Worthalten.

Zweiter Edelmann.

Dazu kommt, daß es ziemlich mit dem übereinstimmt, wovon wir zusammen sprachen.

Erster Edelmann.

Und am meisten mit dem letzten öffentlichen Ausruf.

Lucio.

Komm, hören wir, was an der Sache ist.

(Lucio und die Edelleute gehen ab.)

Kupplerin.

So bringen mich denn theils der Krieg, und theils die Schwitz=kur, und theils der Galgen, und theils die Armuth um alle meine Kunden. Nun? Was bringst du mir Neues?

(Pompejus kommt.)

Pompejus.

Den haben sie jetzt eben eingesteckt! —

Kupplerin.

Und was hat er gemacht?

Pompejus.

Ein Kind.

Kupplerin.

Ich meine, was hat er begangen?

Pompejus.

In einem fremden Bach Forellen gefischt.

Kupplerin.

Wie? Hat ein Mädchen ein Kind von ihm?

Pompejus.

Nein, aber es hat eine Weibsperson ein Mädchen von ihm. Habt Ihr nicht von dem Ausruf gehört? He?

Kupplerin.

Was für ein Ausruf, Mann?

Pompejus.

Alle Häuser in den Vorstädten von Wien sollen eingerissen werden.

Kupplerin.

Und was soll aus denen in der Stadt werden?

Pompejus.

Die sollen zur Aussaat stehen bleiben; sie wären auch drauf gegangen, aber ein wohlweiser Bürger hat sich für sie verwendet.

Kupplerin.

Sollen denn alle unsre Freudenhäuser in der Vorstadt eingerissen werden?

Pompejus.

Bis auf den Grund, Frau.

Kupplerin.

Nun, das heiß' ich eine Veränderung im Staat! Was soll nun aus mir werden?

Pompejus.

Ei, fürchtet Ihr nichts; guten Advocaten fehlt es nicht an

Clienten. Wenn Ihr schon Euer Quartier ändert, braucht Ihr darum nicht Euer Gewerbe zu ändern; ich bleibe noch immer Euer Zapfer. Muth gefaßt! Mit Euch wird man's so genau nicht nehmen; Ihr habt Eure Augen in Euerm Beruf fast aufgebraucht; über Euch werden sie schon ein Auge zudrücken.

Kupplerin.

Was soll nun werden, guter Thoms? Laß uns auf die Seite gehn.

Pompejus.

Hier kommt Signor Claudio, den der Schließer in's Gefängniß führt, und da ist auch Fräulein Julia. (Gehen ab.)

Dritte Scene.

Daselbst.

(Es treten auf der Schließer, Claudio und Gerichtsdiener; Lucio und die zwei Edelleute von der andern Seite.)

Claudio.

Mensch, warum muß die ganze Welt mich sehn?
Bring' mich zum Kerker, der für mich bestimmt.

Schließer.

Ich thu' dieß nicht aus eignem bösen Willen,
Nur weil's Lord Angelo so vorgeschrieben.

Claudio.

Ja, so kann dieser Halbgott Obrigkeit
Uns nach Gewicht die Sünde büßen lassen.
Des Himmels Wort: wen ich erwähl', erwähl' ich,
Wen nicht, verstoß' ich — und doch stets gerecht!

Lucio.

Nun sag' doch, Claudio, woher solcher Zwang?

Claudio.

Von zu viel Freiheit, Lucio, zu viel Freiheit!
Wie Ueberfüllung strenge Fasten zeugt,

So wird die Freiheit, ohne Maß gebraucht,
In Zwang verkehrt; des Menschen Hang verfolgt
Gleich Ratten, die ihr eignes Gift verschlingen,
Die durst'ge Sünd', und tödtlich wird der Trunk! —

Lucio.

Wenn ich im Arrest so weislich zu reden wüßte, so würde ich einige von meinen Gläubigern rufen lassen. Und doch, die Wahrheit zu sagen, mir ist die Narrentheidung der Freiheit lieber, als die Moral der Gefangenschaft. Was ist dein Vergehn, Claudio? —

Claudio.

Davon zu reden, wär' ein neu Vergehn.

Lucio.

Was: ist's ein Mord?

Claudio.

Nein!

Lucio.

Unzucht?

Claudio.

Nenn' es so.

Schließer.

Fort, Herr, Ihr müßt jetzt weiter.

Claudio.

Ein Wort, mein Freund; Lucio, ein Wort mit Euch.

(Nimmt ihn auf die Seite.)

Lucio.

Ein Dutzend, wenn's dir irgend helfen kann.
Wird Unzucht so bestraft?

Claudio.

So steht's mit mir: — nach redlichem Verlöbniß
Nahm ich Besitz von meiner Julia Bett.
Ihr kennt das Fräulein; sie ist ganz mein Weib,
Bis auf die äußre Form der offenen
Verkündigung; die unterblieb allein,
Um nichts von ihrer Mitgift abzubrechen
In ihrer Angehörigen Verschluß,
Vor denen unsre Liebe zu verhehlen

Uns gut schien, bis die Zeit sie uns befreundet.
Doch unsers inn'gen Bundes Heimlichkeiten
Liest man an Julia in zu großer Schrift.

Lucio.

Schwanger vielleicht?

Claudio.

Zum Unglück ist es so!
Denn unsers Herzogs neuer Stellvertreter,
— Ob's nun der Neuheit Schuld und Schimmer ist,
Ob ihm vielleicht das öffentliche Wesen
Ein Reitpferd dünkt für seinen Oberherrn,
Der, neu im Sattel, gleich die Sporen einsetzt,
Damit es fühle, daß er reiten kann;
Ob seine Stellung diese Härte heischt,
Ob dessen Trefflichkeit, der jetzt sie einnimmt, —
Ich schwanke noch — genug, der neue Herrscher
Weckt alle alten Strafregister auf,
Die, gleich 'ner staub'gen Rüstung, an der Wand
Gehangen, neunzehn Male durch den Thierkreis,
Und nie getragen; und um was zu gelten,
Paßt er die schläfrige, vergeßne Satzung
Mir an wie neu; um was zu gelten, ja!

Lucio.

Ja, wahrhaftig, so ist es, und dein Kopf steht so kitzlich auf
deinen Schultern, daß ein verliebtes Milchmärchen ihn herunter-
seufzen könnte. Sende dem Herzog Botschaft und appellire an ihn.

Claudio.

Das that ich schon, doch ist er nicht zu finden;
Ich bitt' dich, Lucio, thu mir diese Freundschaft:
Heut tritt in's Kloster meine Schwester ein,
Und ihre Probezeit beginnt sie dort:
Erzähl' ihr die Gefahr, die mich bedroht,
Beschwöre sie, dem strengen Reichsverweser
Sich zu befreunden, selbst ihn anzugehn.
Ich hoffe viel von ihr; denn ihre Jugend
Ist kräft'ge Rednergabe ohne Wort,

Die Männer rührt; zudem hat sie die Gabe,
Mit klugem Wort zu spielen im Gespräch,
Und leicht gewinnt sie jeden.

Lucio.

Der Himmel gebe, daß sie es könne, sowol zum Trost aller derer,
die sich im gleichen Fall befinden, und sonst unter schwerer Zucht stehn
würden, als damit du dich deines Lebens erfreust; denn es wäre mir
leid, wenn du's so närrischerweise um ein Spiel Triktrak verlieren
solltest. Ich gehe zu ihr.

Claudio.

Ich danke dir, mein bester Freund.

Lucio.

In zwei Stunden — —

Claudio.

Kommt, Schließer; wir gehn.   (Alle ab.)

Vierte Scene.

Ein Kloster.

(Es treten auf der Herzog und Pater Thomas.)

Herzog.

Nein, heil'ger Pater! Fort mit dem Gedanken!
Glaubt nicht, der Liebe leichter Pfeil durchbohre
Des ächten Mannes Brust. Daß ich dich bat
Um ein geheim Asyl, hat ernstern Zweck,
Gereifteren, als Ziel und Wünsche sind
Der glüh'nden Jugend.

Mönch.
Könnt Ihr mir vertrau'n?

Herzog.

Mein frommer Freund, Ihr selber wißt am besten,
Wie sehr ich stets die Einsamkeit geliebt,
Geringe Freude fand am eitlen Schwarm,

Wo Jugend herrscht, und Gold und sinnlos Prunken.
Ich habe meine volle Würd' und Macht
In Wien hier an Lord Angelo gegeben,
Als einen Mann von strengem, keuschem Sinn;
Er wähnt nach Polen mich verreist, denn also
Hab' ich es ausgesprengt im Volk, und so
Wird es geglaubt. Ihr werdet, würd'ger Herr,
Nun fragen, was mich dazu hat bestimmt?

Mönch.

So fragt' ich gern.

Herzog.

Wir haben wol Gesetze, herb' und streng,
Die nöth'gen Zäume für das störr'ge Roß,
Doch liegen sie im Schlaf seit vierzehn Jahren,
Dem alten Löwen gleich in seiner Höhle,
Der nicht auf Raub geht. Nun, wie schwachen Vätern
Es geht, die droh'nde Birkenreiser binden
Und vor den Kindern hinter'n Spiegel stecken,
Zum Schreck, nicht zum Gebrauch: bald wird die Ruthe
Mehr Spott als Furcht; so das Gesetzbuch auch:
Todt für die Strafe, ist's auch todt für sich;
Dem Rechte zupft die Frechheit an der Nase;
Das Kind schlägt seine Wärt'rin, und verqueer
Geht aller Anstand.

Mönch.

Immer stand es bei
Eu'r Gnaden, das gebundne Recht zu lösen;
Und ein furchtbarer Antlitz hätt's in Euch
Als in Lord Angelo.

Herzog.

Ja, nur zu furchtbar.
Mein Fehler war's, den Zügel schlaff zu lassen;
Von mir wär's Tyrannei, für das zu treffen,
Was ich geheißen, — denn 's ist ein Gebeiß,
Wenn Böses seine freie Bahn erhält
Und Strafe nicht. Und darum hab' ich, Pater,

Auf Angelo das Amt gelegt: der kann,
Geredt von meinem Namen, schlagen, treffen,
Indeß mein Eigenwesen, fern vom Kampf,
Unangetastet bleibt. Sein Regiment
Zu schaun, will ich als Bruder Eures Ordens
Mit Fürst und Volk verkehren; darum bitt' ich,
Versehrt mich mit der Kutte und belehrt mich,
In aller äußern Form als wahrer Mönch
Mich zu benehmen. Meine weitern Gründe
Sollt Ihr von mir bei beß'rer Muße hören.
Nur dieß: Lord Angelo ist sehr genau,
Stets auf der Tugendwacht, bekennt es kaum,
Daß Blut in seinen Adern fließt, und er's
Mit Brot mehr hält als Stein. Bald wird uns Klarheit,
Ob Macht verführt, und ob im Scheine Wahrheit. (Gehen ab.)

Fünfte Scene.

Ein Nonnenkloster.

(Es treten auf Isabella und Francisca.)

Isabella.

Und habt Ihr Nonnen keine Freiheit sonst?

Francisca.

Scheint diese dir zu klein? —

Isabella.

O nein! Ich sprach's nicht, als begehrt' ich mehr,
Im Gegentheil, ich wünschte strengern Zwang
Sanct Clarens Schwesterschaft und ihrem Orden.

Lucio (draußen).

He! Friede diesem Ort! —

Isabella.

          Wer ruft denn da? —

Francisca.

Es ist ein Mann. O liebe Isabella,
Schließt Ihr ihm auf und fragt, was sein Begehr.
Ihr könnt es thun, ich nicht: Ihr schwurt noch nicht;
Doch eingekleidet sprecht Ihr nie mit Männern,
Als nur in der Aebtissin Gegenwart,
Und wenn Ihr sprecht, bleibt Eu'r Gesicht verhüllt;
Entschleiert Ihr das Antlitz, müßt Ihr schweigen.
Er ruft noch einmal: bitt' Euch, öffnet ihm.   (Francisca ab.)

Isabella.

Frieden und Heil mit Euch! Wer ist's, der ruft? —
                  (Lucio tritt auf.)

Lucio.

Heil, Jungfrau, wenn Ihr's seid: die Rosenwangen
Bezeugen's! Könnt Ihr mir behülflich sein,
Zum Fräulein Isabella mich zu führen,
Die hier Novize ist, der schönen Schwester
Des unglücksel'gen jungen Claudio?

Isabella.

Warum unsel'gen Claudio? frag' ich Euch,
Und um so mehr, weil ich Euch sagen muß,
Ich selbst bin Isabella, seine Schwester.

Lucio.

Holdsel'ge Schöne, Euer Bruder grüßt Euch,
Und daß ich's kürzlich meld': er ist im Kerker.

Isabella.

Weh' mir! für was? —

Lucio.

Um das, wofür, wenn ich sein Richter wär',
Er seine Straf' empfangen sollt' in Dank:
Er half zu einem Kinde seiner Freundin.

Isabella.

Herr, macht mich nicht zu Euerm Scherz.

Lucio.

                  's ist wahr;
Ich möchte nicht, ist's gleich mein alter Fehl,

Ihr Mädchen liebt es spielen, weil vom Herzen
Die Zunge — so mit allen Jungfrau'n tändeln.
Ihr seid mir ein verklärtes, heil'ges Wesen,
Vergöttlicht und unsterblich durch Entsagen,
Zu welchem man in lauter Wahrheit nur,
Als wie zu einer Heil'gen, reden darf.

Isabella

Ihr lästert das Erhabne, mich verhöhnend.

Lucio.

Das glaubt nicht! Kurz und wahr, so steht die Sache:
Eu'r Bruder und sein Mädchen waren eins:
Und wie die Speise sättigt, wie der Mai
Den dürren Furchen nach der Saat verhüllt
In schneller Fülle: also zeigt ihr Schooß
Sein reiches Wirken und emsig Thun.

Isabella.

Ihr meint von ihm schwanger? Muhme Julia?

Lucio.

So ist sie Eure Muhme?

Isabella.

Durch Liebe: wie Schülerinnen Namen tauschen
In liebevollem Tändeln.

Lucio.

Diese ist's.

Isabella.

So nehm' er sie zur Frau!

Lucio.

Das ist der Punkt: —
Der Herzog hat höchst seltsam sich entfernt:
Und manchen Edeln — mich nebst andern sogar er
Mit Aussichten auf Dienst: doch hören wir
Den solchen die den Herrn des Staates kennen,
Daß er was vorgab, sei unendlich weit
Von seiner wahren Absicht. Jetzt regiert
Statt seiner, mit der unbeschränktsten Vollmacht,
Lord Angelo, ein Mann, dem statt des Bluts

Mit Märchen Kiebitz spielen, weit vom Herzen
Die Zunge, — so mit allen Jungfrau'n tändeln.
Ihr seid mir ein verklärtes, heil'ges Wesen,
Vergeistigt und unsterblich durch Entsagen,
Zu welchem man in laut'rer Wahrheit nur,
Als wie zu einer Heil'gen, reden darf.

Isabella.

Ihr lästert das Erhabne, mich verhöhnend.

Lucio.

Das glaubt nicht! Kurz und wahr, so steht die Sache:
Eu'r Bruder und sein Märchen wurden eins;
Und wie die Speise sättigt, wie der Mai
Den dürren Furchen nach der Saat verhilft
Zu schwell'nder Fülle: also zeigt ihr Schooß
Sein fleißiges Bemühn und emsig Thun.

Isabella.

Ist jemand von ihm schwanger? Muhme Julia?

Lucio.

So, ist sie Eure Muhme?

Isabella.

Durch Wahl: wie Schülerinnen Namen tauschen
In liebevollem Tändeln.

Lucio.

Diese ist's.

Isabella.

So nehm' er sie zur Frau!

Lucio.

Das ist der Punkt: —

Der Herzog hat höchst seltsam sich entfernt;
Und manchen Edeln — (mich nebst andern) foppt' er
Mit Aussichten auf Dienst; doch hören wir
Von solchen, die den Nerv des Staates kennen,
Was er uns vorgab, sei unendlich weit
Von seiner wahren Absicht. Jetzt regiert
Statt seiner, mit der unbeschränkt'sten Vollmacht,
Lord Angelo, ein Mann, dem statt des Bluts

Schneewasser in den Adern fließt: der nie
Der Sinne muntre Trieb' und Regung kannte;
Der ihren Stachel hemmt und abgestumpft
Mit geist'ger Arbeit, Fasten und Studiren.
Dieser, in Furcht zu setzen Lust und Freiheit,
Die lang' das drohende Gesetz umschwärmt
(Wie Mäus' um Löwen), klaubt den Spruch hervor,
Durch dessen schweren Inhalt Claudio's Leben
Verwirkt ist; setzt sogleich ihn in Verhaft,
Und will an ihm nach des Gesetzes Strenge
Ein Beispiel geben. Alles ist verloren,
Wenn Eure Bitte nicht begnadet ward,
Ihn zu erweichen. Dieß nun ist der Kern
Des Auftrags, den mir Euer Bruder gab.

Isabella.

So will er seinen Tod?

Lucio.

Er hat den Spruch
Bereits gefällt, und wie ich höre, hat
Der Kerkervogt Vollmacht zur Hinrichtung.

Isabella.

Ach, welche arme Fähigkeit besitz' ich,
Ihm beizustehn?

Lucio.

Versuchet Eure Macht.

Isabella.

Ach, meine Macht! Ich zweifle —

Lucio.

Zweifel sind
Verräther, die oft um Gewinn uns kürzen
Aus Scheu vor dem Versuch. Geht zu Lord Angelo,
Und lehrt ihn, daß, wenn Jungfrau'n fleh'n, die Männer
Wie Götter geben; weinen sie und knien,
Dann wird ihr Wunsch so frei ihr Eigenthum,
Als ob sie selber die Gewährung sprächen.

Isabella.

Ich will versuchen, was ich kann.

Lucio.

　　　　Nur schnell! —

Isabella.

Ich will sogleich daran,
Und nur noch der Aebtissin mein Geschäft
Mittheilen. Habt denn meinen besten Dank;
Empfehlt mich meinem Bruder, noch vor Nacht
Send' ich ihm sichre Nachricht des Erfolgs. —

Lucio.

So nehm' ich Abschied.

Isabella.

Gott befohlen, Herr!　　　(Beide gehen.)

Zweiter Aufzug.

Erste Scene.

Eine Halle in Angelo's Hause.

(Es treten auf Angelo, Escalus, ein Richter, Schließer,
Gerichtsdiener und Gefolge.)

Angelo.

Das Recht darf nicht zur Vogelscheuche werden
Und als ein regungsloser Popanz stehn,
Bis die Gewohnheit einen Ruheplatz
Aus einem Schreckbild macht.

Escalus.

        Ja, aber doch
Laßt scharf uns sein und lieber etwas schneiden,
Als stürzen und zermalmen. Ach! er ist
Höchst edlen Vaters Sohn, für den ich sprach.
Seid Ihr's Euch nicht bewußt —
So tugendstreng als ich Eu'r Edlen glaube —
Hätt' in der Regung Eurer eignen Triebe
Sich Zeit zu Ort, und Ort zu Wunsch gefügt,

Und hätte Eures Bluts entschloss'ner Drang
Zur That den eignen Willen machen können,
Sagt, hättet Ihr nicht auch in Eurem Leben
In dem gefehlt, worum Ihr ihn verdammt,
Und wäret so verfallen dem Gesetz?

Angelo.
Ein Andres ist Versuchung fühlen, Freund,
Ein Andres fallen. Ich bestreit' es nicht,
Im Schwurgerichte, das auf Tod erkennt,
Mag unter zwölfen einer und ein zweiter
Ein schlimm'rer Dieb sein als der Angeklagte.
Das offne Unrecht fällt dem Recht anheim.
Was kümmert's das Gesetz, wenn über Dieben
Als Richter Diebe sitzen? 's ist so klar!
Wir bücken uns nach der gefundnen Perle,
Weil wir sie sehn; was wir jedoch nicht sehn,
Drauf treten wir und denken nicht daran.
Nicht dürft Ihr so beschön'gen seine Schuld,
Daß ich gleich schwach gewesen; sagt vielmehr,
Wenn ich, sein Richter, mich wie er vergehe,
Als Richtschnur diene dann mein Todesspruch,
Und Nachsicht geb' es nicht. Herr, er muß sterben.

Escalus.
Wie's Eurer Weisheit dünkt.

Angelo.
Wo ist der Schließer?

Schließer.
Hier, gnäd'ger Herr.

Angelo.
Ihr sorgt dafür, daß Claudio
Enthauptet werde morgen früh um neun.
Bringt ihm den Beicht'ger, laßt ihn sich bereiten,
Denn das ist seiner Wallfahrt letzte Stunde. (Schließer ab.)

Escalus.
Nun, Gott verzeih' ihm und verzeih' uns Allen!
Der steigt durch Schuld, der muß durch Tugend fallen;

Das dünnste Eis zieht einen nicht hinab,
Den andern stürzt Ein Fehltritt in das Grab.
(Es treten auf Elbogen, Schaum, Pompejus, Gerichtsdiener.)

Elbogen.

Kommt, bringt sie herbei. Wenn das rechtschaffne Leute im ge=
meinen Wesen sind, die nichts treiben als Unfug in gemeinen Häusern,
so weiß ich nicht, was Fug und Recht ist. Bringt sie herbei.

Angelo.

Was giebt's, Freund, woron ist die Rede? Wie heißt Ihr?

Elbogen.

Mit Euer Gnaden Vergunst, ich bin des armen Herzogs Con=
stabel, und mein Name ist Elbogen: ich bin ein Stück Justiz, Herr,
und führe Eurer gestrengen Gnaden hier ein Paar arge Heilige vor.

Angelo.

Ein Paar Heilige? Was für Heilige? Ihr meint wol Unheilige?

Elbogen.

Nichts für ungut, gnädiger Herr; ich weiß nicht recht, was sie
sind; aber zwei exacte Spitzbuben sind sie, und ohne ein Körnchen
von der Niederträchtigkeit, die ein guter Christ haben muß.

Escalus.

Vortrefflich vorgetragen! Da haben wir einen verständigen
Constabel! —

Angelo.

Zur Sache: was für Leute sind es? Elbogen heißt du, warum
sprichst du nicht, Elbogen?

Pompejus.

Er kann nicht, Herr, sein Ellbogen hat 'nen Riß.

Angelo.

Wer seid Ihr, Freund?

Elbogen.

Der, gnädiger Herr? Ein Bierzapfer, Herr; ein Stück von
einem Kuppler; dient einem schlechten Weibsbilde, deren Haus, wie
es heißt, in den Vorstädten eingerissen ist: und nun hat sie Consession
zu einem Badehause, und das ist auch ein recht schlechtes Haus.

Escalus.

Wie wißt Ihr das?

14*

Elbogen.

Mein Weib, gnädiger Herr, die ich vor Gott und Euer Gnaden verschwöre —

Escalus.

Wie! dein Weib?

Elbogen.

Ja, Herr, maßen es, Gott sei Dank, ein ehrliches Weib ist, —

Escalus.

Und darum verschwörst du's?

Elbogen.

Ich sage, Herr, ich verschwöre mich selber ebenso gut wie sie, daß dies Haus, wenn's nicht eine Kuppelwirthschaft ist, so mag's Gott geklagt sein, denn es ist ein schlimmes Haus.

Escalus.

Wie weißt du das, Constabel? —

Elbogen.

Blitz, Herr, von meiner Frau: denn wenn die eine appetitliche Person gewesen wäre, so hätte sie in diesem Hause zu Nothzucht und Ehebruch und aller Unsauberkeit verführt werden können.

Escalus.

Durch dieses Weibes Anstiften?

Elbogen.

Ja, Herr, durch das Anstiften der Frau Ueberley: wie sie ihm aber in's Gesicht spuckte, so wußte er, woran er war.

Pompejus.

Herr, mit Euer Gnaden Erlaubniß, so war's nicht.

Elbogen.

Das beweise mir einmal vor diesen Kujonen, du Respectsperson, das beweise mir! —

Escalus.

Hört Ihr, wie er sich verspricht?

Pompejus.

Herr, sie kam an, und war hochschwanger, und hatte — mit Respekt zu vermelden — ein Gelüst nach gekochten Pflaumen. Nun hatten wir nur zwei im Hause, gnädiger Herr, und die lagen eben in dem Monument gleichsam auf einem Fruchtteller, ein Teller für drei

oder vier Pfennige: Euer Gnaden müssen solche Teller schon gesehen
haben; es sind keine Porzellanteller, aber doch sehr gute Teller.

Escalus.

Weiter, weiter; am Teller ist nichts gelegen.

Pompejus.

Nein, wahrhaftig, Herr, nicht so viel, als eine Stecknadel werth
ist, das ist vollkommen richtig. Aber nun zur Hauptsache: Wie gesagt, die Frau Elbogen war, wie gesagt, guter Hoffnung, und an-
sehnlich stark, und hatte, wie gesagt, ein Gelüst nach Pflaumen; und
weil, wie gesagt, nur zwei auf dem Teller lagen, — denn Junker
Schaum, der nämliche Herr hier, hatte, wie gesagt, die andern gegessen; — und er bezahlte sie sehr gut, das muß ich sagen; denn wie
Ihr wohl wißt, Junker Schaum, ich konnte Euch keinen Dreier heraus-
geben, — —

Schaum.

Ja, das ist wahr.

Pompejus.

Seht Ihr wohl? Ihr wart eben dabei, wenn Ihr's Euch noch
besinnt, und knacktet die Steine von den vorbesagten Pflaumen.

Schaum.

Ja, das that ich auch, mein Seel.

Pompejus.

Nun, seht Ihr wohl? Ich sagte Euch just, wenn Ihr's Euch
besinnt, daß der und der, und dieser und jener von der bewußten
Geschichte nicht durchcurirt worden wären, wenn sie nicht so sehr gute
Diät gehalten hätten, sagte ich Euch.   .

Schaum.

Alles richtig.

Pompejus.

Seht Ihr's?

Escalus.

Geht mir, Ihr seid ein langweiliger Narr: zur Sache. Was
that man denn der Frau des Elbogen, daß er Ursach zu klagen hat?
Kommt jetzt auf das, was man ihr that.

Pompejus.

Herr, Eu'r Gnaden kann darauf noch nicht kommen.

Escalus.

Das ist auch nicht meine Absicht.

Pompejus.

Herr, Ihr sollt aber darauf kommen, mit Eu'r Gnaden Ver=
gunst; und betrachtet Euch einmal den Junker Schaum hier, mein
gnädiger Herr: er bringt's auf achtzig Pfund im Jahr, und sein
Vater starb am Allerheiligen=Tage. War's nicht am Allerheiligen=
Tage, Junker Schaum? —

Schaum.

Allerheiligen=Abend.

Pompejus.

Nun, seht Ihr wohl? Ich hoffe, hier giebt's Wahrheit! Er
saß eben auf einem Sorgstuhl, gnädiger Herr: es war in der goldnen
Traube, wo Ihr so gern sitzt, nicht so?

Schaum.

Ja, das thu' ich; denn es ist ein offnes Zimmer, und gut für
den Winter.

Pompejus.

Seht Ihr wohl? Ich hoffe, hier giebt's Wahrheit! —

Angelo.

Dieß währt wohl eine Winternacht in Rußland,
Wenn Nächte dort am längsten sind. Ich geh',
Und überlaß' Euch diese Untersuchung:
Ich hoff', Ihr findet Grund, sie All' zu stäupen.

Escalus.

Das denk' ich auch, ich wünsch' Euch guten Morgen.

(Angelo ab.)

Nun, Freunde, weiter! Was that man Elbogen's Frau, noch einmal?

Pompejus.

Einmal, gnädiger Herr? Einmal hat man ihr nichts gethan.

Elbogen.

Ich ersuche Euch, Herr, fragt ihn, was dieser Mann hier meiner
Frau gethan hat.

Pompejus.

Ich bitt' Eu'r Gnaden, fragt mich.

Escalus.

Nun denn, was hat dieser Herr ihr gethan?

Pompejus.

Ich bitt' Eu'r Gnaden, seht diesem Herrn einmal in's Gesicht. Lieber Junker Schaum, seht doch Seine Gnaden an; ich sag's aus guter Meinung; betrachten sich Eu'r Gnaden sein Gesicht?

Escalus.

O ja, recht wohl.

Pompejus.

Nein, ich bitte, betrachtet's Euch genau!

Escalus.

Nun ja, das thu' ich.

Pompejus.

Sieht Euer Gnaden etwas Unrechts in seinem Gesicht?

Escalus.

Nein doch.

Pompejus.

Da will ich gleich auf 'ne Bibel schwören, daß sein Gesicht das Schlimmste an ihm ist. Nun gut, wenn sein Gesicht das Schlimmste an ihm ist, wie konnte Junker Schaum des Constabels Frau etwas Unrechts thun? — Das möcht' ich von Euer Gnaden hören.

Escalus.

Da hat er Recht. Constabel, was sagt Ihr dazu?

Elbogen.

Erstlich, mit Eu'r Gnaden Erlaubniß, ist es ein unübles Haus; ferner ist dieses hier ein unübler Bursch, und seine Lohnfrau ist eine unüble Person.

Pompejus.

Bei dieser Hand, Herr, Elbogen's Frau ist eine noch unüblere Person, als Einer von uns Allen.

Elbogen.

Kujon, du lügst, du lügst, gottloser Kujon! Die Zeit soll noch kommen, wo man ihr so was nachsagen kann.

Pompejus.

Herr, sie war schon von ihm unübel, eh' er mit ihr verheirathet war.

Escalus.

Wer ist nun hier gescheidter? Die Gerechtigkeit oder die Ruch=
losigkeit? Ist das wahr?

Elbogen.

O du Lumpenkerl! O du Schlingel! O du menschenfresserischer
Hannibal! Sie von mir unübel vor unster Hochzeit? Wenn sie
von mir oder ich von ihr unübel gewesen bin, so soll Eu'r Gnaden
mich nicht für des armen Herzogs Diener halten. Beweise das, du
gottloser Hannibal, sonst belange ich dich wegen Real=Injurien.

Escalus.

Wenn er Euch jetzt eine Maulschelle gäbe, so hättet Ihr noch
obendrein eine Klage wegen Verbal=Injurien.

Elbogen.

Sapperment, ich danke Eu'r Gnaden. Was ist Eu'r Gnaden
Befehl, daß ich mit diesem gottlosen Lump anfangen soll?

Escalus.

Ich denke, Constabel, weil er allerlei Bosheiten in sich trägt, die
du gern herausbrächtest, wenn du könntest, so wollen wir ihm den
Laufpaß geben, bis wir erfahren, worin sie bestehn.

Elbogen.

Sapperment, ich danke Eu'r Gnaden. Da siehst du nun, du
gottloser Schlingel, wohin es mit dir gekommen ist; den Laufpaß sollst
du kriegen, den Laufpaß!

Escalus (zu Schaum).
Wo seid Ihr geboren, Freund?

Schaum.
Hier in Wien, gnädiger Herr.

Escalus.
Habt Ihr achtzig Pfund im Jahr?

Schaum.
Ja, wenn's Euer Gnaden gefällig ist.

Escalus.
Gut. — Was ist dein Gewerbe, Freund?

Pompejus.
Ein Bierzapfer, Herr; einer armen Wittwe Zapfer.

Escalus.

Wie heißt Eure Wirthin?

Pompejus.

Frau Ueberley.

Escalus.

Hat sie mehr als einen Mann gehabt?

Pompejus.

Neun, Herr; der letzte war Ueberley.

Escalus.

Neun! Kommt einmal her, Junker Schaum. Junker Schaum, ich dächte, Ihr ließt Euch nicht mit Zapfern ein: sie zapfen Euch nur aus, Junker Schaum, und Ihr bringt sie an den Galgen. Geht Eurer Wege, und laßt mich nichts mehr von Euch hören.

Schaum.

Ich danke Eurer Herrlichkeit. Ich für mein Theil bin auch nie in eine Schenkstube gekommen, wo man mir was geschenkt hat.

Escalus.

Schon gut, Junker Schaum; geht mit Gott! (Schaum ab.) Jetzt kommt Ihr einmal heran, Meister Bierzapfer; wie heißt Ihr, Meister Zapfer?

Pompejus.

Pompejus.

Escalus.

Wie weiter?

Pompejus.

Pumphose.

Escalus.

So! An Eurer Pumphose habt Ihr freilich etwas Großes, und so wäret Ihr, wo von Hosen die Rede ist, Pompejus der Große. — Pompejus, Ihr seid ein Stück von einem Kuppler, Pompejus, obgleich Ihr Euch hinter Euer Bierzapferamt verstecken wollt. Seid Ihr's nicht? Kommt, sagt mir die Wahrheit, es soll Euer Schade nicht sein.

Pompejus.

In Wahrheit, Herr, ich bin ein armer Bursch, der gern leben will.

Escalus.

Wovon willst du leben, Pompejus? Vom Kuppeln? Was

dünkt dich von diesem Gewerbe, Pompejus? Ist das ein gesetzlich er=
laubtes Gewerbe?

Pompejus.

Wenn das Gesetz nichts dagegen hat, Herr — —

Escalus.

Aber das Gesetz hat etwas dagegen, Pompejus, und wird in Wien
immer etwas dagegen haben.

Pompejus.

Will denn Eure Herrlichkeit aus allen jungen Leuten in der
Stadt Wallachen und Capaunen machen?

Escalus.

Nein, Pompejus.

Pompejus.

Sieht Eu'r Herrlichkeit, so werden sie nach meiner geringen
Meinung nicht davon lassen. Wenn Eu'r Herrlichkeit nur die lüder=
lichen Dirnen und losen Buben in Ordnung halten kann, so braucht
Ihr die Kuppler gar nicht zu fürchten.

Escalus.

Es fängt auch jetzt ein hübsches Regiment an, kann ich dir sagen;
es handelt sich nur um Köpfen und Hängen.

Pompejus.

Wenn Ihr nur zehn Jahre lang hinter einander alle die hängen
und köpfen laßt, die sich in diesem Stücke vergehn, so könnt Ihr Euch
bei Zeiten danach umsehn, woher Ihr mehr Köpfe verschreiben wollt.
Wenn dieß Gesetz zehn Jahre in Wien besteht, will ich im schönsten
Hause das Stockwerk für sechs Dreier miethen; solltet Ihr's erleben,
daß es so weit kommt, so sagt nur, Pompejus hab' es Euch voraus=
gesagt.

Escalus.

Dank, trefflicher Pompejus. Nun, um dir die Prophezeiung zu
erwiedern, so rath' ich dir, verstehst du, laß' dich auf keiner neuen
Klage betreffen, und eben so wenig in deiner jetzigen Wohnung; denn
wenn das geschehen sollte, Pompejus, so werde ich dich in dein Zelt
zurückschlagen, und ein schlimmer Cäsar für dich werden: und, grade
heraus zu sagen, Pompejus, ich werde dich peitschen lassen. So, für
dießmal, Pompejus, gehab dich wohl.

Pompejus.

Ich dank' Eu'r Herrlichkeit für Euern guten Rath; aber folgen
werd' ich ihm, wie Fleisch und Schicksal es fügen.

Mich peitschen? Peitschen laßt den Kärrner seine Mähre,
Wer peitscht aus dem Beruf je einen Mann von Ehre? (Ab.)

Escalus.

Kommt einmal her, Meister Elbogen, kommt einmal her, Meister
Constabel. Wie lange ist es her, daß Ihr Eurem Amt als Constabel
vorsteht?

Elbogen.

Sieben und ein halbes Jahr, gnädiger Herr.

Escalus.

Ich dachte mir's nach Eurer Fertigkeit im Amt, Ihr müßtet es
schon eine Weile verwaltet haben. Sieben ganze Jahre, sagt Ihr?

Elbogen.

Und ein halbes.

Escalus.

Ach! da hat es Euch viel Mühe gemacht. Es geschieht Euch
Unrecht, daß man Euch so oft zum Dienst requirirt; sind denn nicht
andre Leute in Euerm Kirchspiel, die im Stande wären, ihn zu ver=
sehn?

Elbogen.

Meiner Treu, gnädiger Herr, es sind wenige, die etwas Einsicht
in solchen Dingen haben; wenn sie gewählt werden, sind sie immer
froh, mich wieder statt ihrer zu wählen; ich thu's für ein Stück Geld,
und übernehme es so für sie Alle.

Escalus.

Hört, schafft mir die Namen von sechs oder sieben Leuten, die
die brauchbarsten in Euerm Kirchspiele sind.

Elbogen.

In Euer Herrlichkeit Haus, mein gnädiger Herr?

Escalus.

In mein Haus. Lebt wohl! Was ist wohl die Uhr?

(Elbogen ab.)

Richter.

Elf, gnädiger Herr.

Escalus.

Wollt Ihr so gut sein, und mit mir essen?

Richter.

Ich danke Euch unterthänig.

Escalus.

Es ist mir herzlich leid um Claudio's Tod,
Doch seh' ich keinen Ausweg.

Richter.

Lord Angelo ist streng!

Escalus.

    Das thut auch noth;
Gewohnte Gnad' hört Gnade auf zu sein:
Nur neuen Fehltritt zeuget das Verzeih'n.
Und doch, du armer Claudio! 's ist kein Ausweg! —
Kommt, Herr.   (Gehen ab.)

Zweite Scene.

Ein andres Zimmer daselbst.

(Es treten auf der Schließer und ein Diener.)

Diener.

Er hält noch ein Verhör; er kommt sogleich.
Ich meld' Euch an.

Schließer.

    Das thut. (Diener ab.) Ich frag' ihn noch=
            mals,
Was er beschließt; vielleicht doch zeigt er Gnade.
Er hat ja nur als wie im Traum gesündigt.
Der Sünd' ist kein Geschlecht und Alter rein,
Und er d'rum sterben! — —
            (Angelo tritt auf.)

Angelo.

    Nun, was wollt Ihr, Schließer?

Schließer.

Befehlt Ihr, Herr, daß Claudio morgen sterbe?

Angelo.

Sagt' ich dir nicht schon ja? befahl ich's nicht?
Was fragst du denn?

Schließer.

Aus Furcht, zu rasch zu sein;
Verzeiht, mein gnäd'ger Herr, ich weiß den Fall,
Daß das Gericht den eignen Spruch bereut
Nach der Vollstreckung.

Angelo.

Das ist meine Sache.
Thut Ihr, was Eures Amts; sonst gebt es auf,
Man wird Euch leicht entbehren.

Schließer.

Herr, verzeiht!
Was soll mit Julien, die schon leidet, werden?
Denn ihre Stunde rückt heran.

Angelo.

Die schafft mir
An schicklicheren Ort, und das sogleich.

(Diener kommt zurück.)

Diener.

Hier ist die Schwester des zum Tod Verdammten,
Die Euch zu sprechen wünscht.

Angelo.

Hat er 'ne Schwester?

Schließer.

Ja, gnäd'ger Herr; ein wackres Mädchen, das
In eine Schwesterschaft zu treten denkt,
Wenn's nicht bereits geschehn.

Angelo.

Führt sie herein; (Diener ab.)
Und die Entehrte schafft sogleich hinweg;
Gebt ihr das Nöth'ge, doch nicht Ueberfluß.
Es soll dafür gesorgt sein.

(Lucio und Isabella treten auf.)

Schließer.

Herr, Gott mit Euch!

(Will abgehen.)

Angelo.

Bleibt noch. (Zu Isabella.) Ihr seit willkommen; was begehrt
Ihr?

Isabella.

Voll Trauer komm' ich als Bittstellerin,
Wenn mich Eu'r Gnaden hört.

Angelo.

Wohlan, was wünscht Ihr?

Isabella.

Ein Laster giebt's, abscheulich mir wie keins,
Und keinem wünsch' ich mehr den Streich des Rechts;
Auch spräch' ich nicht dafür, wenn ich nicht müßte;
Ich müßt' es nimmer, wäre nicht mein Wille
Im Kriege mit sich selbst.

Angelo.

Nun wohl, was giebt's?

Isabella.

Das Todesurtheil spracht Ihr meinem Bruder, —
O Herr, ich bitt' Euch, sprecht es seiner Schuld,
Und nicht ihm selbst!

Schließer.

Gott öffne dir sein Herz!

Angelo.

Die Schuld verdammen, und den Thäter nicht?
Verdammt ist jede Schuld schon vor dem Thun.
Das wäre wahrlich eine Null von Amt,
Die Schuld zu strafen, deren Strafe schon
Im Buch steht, nur den Thäter ziehen lassen.

Isabella.

O höchst gerechte, aber strenge Satzung!
So hatt' ich einen Bruder. Gott beschirm' Euch!

(Will gehn.)

Lucio (zu Isabella).

Gebt's so nicht auf! Noch einmal d'ran, und bittet:
Kniet vor ihm nieder, hängt an seinem Kleid.
Ihr seid zu kalt; verlangtet Ihr 'ne Nadel,
Ihr könntet nicht mit zahm'rer Zunge bitten. —
Noch einmal an ihn, frisch! —

Isabella.

Bvs muß er sterben? —

Angelo.

Nothwendig, Mädchen.

Isabella.

Nein doch; Ihr könntet, mein' ich, Gnade üben,
Und weder Gott noch Menschen zürnten drum.

Angelo.

Ich will's nicht thun.

Isabella.

Doch könnt Ihr's, wenn Ihr wollt?

Angelo.

Was ich nicht will, das kann ich auch nicht thun.

Isabella.

Doch könntet Ihr's ohn' Unrecht an der Welt,
Wenn Euer Herz dasselbe Mitleid fühlte
Wie meins?

Angelo.

Er ward verurtheilt, 's ist zu spät.

Lucio (zu Isabella).

Ihr seid zu kalt!

Isabella.

Zu spät? O nein doch! mein gesprochnes Wort,
Ich kann es widerrufen! Seid gewiß,
Kein Attribut, das Mächtige verherrlicht,
Nicht Königskrone, Schwert des Reichsverwesers,
Des Marschalls Stab, des Richters Amtsgewand,
Keins schmückt sie Alle halb mit solchem Glanz,
Als Gnade thut. Wär' er wie Ihr gewesen,
Und Ihr wie er, Ihr wäret auch gestrauchelt,
Doch Eure Härte hätt' er nie gezeigt.

Angelo.

Ich bitt' Euch, geht.

Isabella.

O wollte Gott, ich hätte Eure Macht,
Und Ihr wärt ich! Ständ' es dann also? Nein,
Ich wollte sagen, was ein Richter ist,
Und was ein Sträfling.

Lucio (leise).

Faßt ihn! so ist's gut.

Angelo.

Eu'r Bruder ist verfallen dem Gesetz,
Und Ihr verschwendet Eure Worte.

Isabella.

Ach!

Alle Lebend'gen waren einst verfallen,
Und Er, dem's recht sein durfte wie es war,
Fand Rettung aus. Was würd' aus Euch, wenn Er,
Der alles Rechtes Zinne, so nur Euch
Wollt' richten wie Ihr seid? O denkt daran,
Und Eurer Lippe Hauch wird Gnade sein,
Wie des neugebornen Menschen!

Angelo.

Erwägt, mein schönes Kind,

Das Recht, nicht ich, sprach Eures Bruders Urtheil.
Wär' er mein Vetter, Bruder, ja mein Sohn,
Nicht ging' es anders: er muß morgen sterben.

Isabella.

Morgen? O das ist eilig! Schonung, Schonung!
Er ist noch nicht bereitet. Tödten wir
Doch für die Küche selbst, was an der Zeit ist;
Und dienten minder rücksichtsvoll dem Himmel
Als unserm groben Selbst? Mein guter, guter Herr,
Wer hat für dieß Vergehn je sterben müssen?
Sehr viele sind gleich schuldig.

Lucio (leise).

Gut gesagt.

Angelo.

Nicht todt war das Gesetz, obwohl es schlief.
Die Vielen hätten nicht gewagt den Frevel,
Wenn nur der Erste, der die Vorschrift brach,
Für seine That gebüßt. Nun ist's erwacht,
Forscht, was verübt wird, und Propheten gleich
Sieht es im Spiegel, was für künft'ge Sünden
(Ob jetzt, ob durch die Nachsicht neu gezeugt,
Um still zu keimen und an's Licht zu kommen)
Hinfort sich stufenweis' nicht mehr entwickeln,
Und eh' sie leben, sterben.

Isabella.

Doch zeigt Mitleid! —

Angelo.

Ich thu's am meisten durch Gerechtigkeit.
Denn Mitleid zeig' ich dann den Ungekannten,
Die jetz'ge Nachsicht später schäd'gen würde;
Und ihm wird Recht, der, ein Verbrechen büßend,
Nicht lebt, ein zweites zu begehn. Dieß gnüge; —
Eu'r Bruder stirbt, so findet Euch darein.

Isabella.

So muß zuerst von Euch solch Urtheil kommen,
Und er zuerst es dulden? O, 's ist groß,
Des Riesen Kraft besitzen; doch tyrannisch,
Dem Riesen gleich sie brauchen.

Lucio (leise).

Ha, vortrefflich! —

Isabella.

Könnten die Großen donnern
Wie Jupiter, sie machten taub den Gott:
Denn jeder winz'ge, kleine Obmann brauchte
Zum Donnern Jovis' Aether; — nichts als Donnern!
O gnadenreicher Himmel!
Du mit dem scharfen Flammenkeile spaltest
Den unzerkeilbar knot'gen Eichenstamm,
Nicht zarte Myrthen: doch der Mensch, der stolze Mensch,

In kleine, kurze Majestät gekleidet,
Vergessend, was am mindsten zu bezweifeln,
Sein gläsern Element, — wie zorn'ge Affen,
Spielt gaukelnd solche Streiche vor dem Himmel,
Daß Engel weinen, die gelaunt wie wir,
Sich alle sterblich lachen würden. —

Lucio.

Nur weiter, weiter, Kind; er giebt schon nach;
Es wirkt, ich seh' es.

Schließer.

Geb' ihr Gott Gelingen!

Isabella.

Miß nicht den Nächsten nach dem eignen Maß:
Der Große scherzt mit Heil'gen; was an ihm
Witz heißt, Entweihung wär' es an dem Kleinen.

Lucio.

Das ist die rechte Weise; immer mehr! —

Isabella.

Was in des Feldherrn Mund ein zornig Wort,
Wird beim Soldaten Gotteslästerung.

Lucio.

Wo nimmst du das nur her? Fahr fort! —

Angelo.

Was überhäufst du mich mit all' den Sprüchen? —

Isabella.

Weil Hoheit, wenn sie auch wie Andre irrt,
Doch eine Art von Heilkraft in sich trägt,
Die Fehl' und Wunden schließt. Fragt Euer Herz,
Klopft an die eigne Brust, ob nichts drin wohnt,
Das meines Bruders Fehltritt gleicht: bekennt sie
Menschliche Schwachheit, wie die seine war,
So steig' aus ihr kein Laut auf Eure Zunge
Zu Claudio's Tod.

Angelo (für sich).

Sie spricht so tiefen Sinns,
Daß es mich sinnen macht. — Nun lebet wohl!

Isabella.

O theurer Herr, kehrt um! —

Angelo.

Ich überleg' es noch. Kommt morgen wieder!

Isabella.

Hört, wie ich Euch bestechen will! Kehrt um,
Mein güt'ger Herr!

Angelo.

Wie! mich bestechen?

Isabella.

Ja, mit solchen Gaben,
Wie sie der Himmel mit Euch theilen wird.

Lucio.

Gut, sonst verdarbst du Alles! —

Isabella.

Nicht eitle Seckel voll geprägten Goldes,
Noch Steine, deren Werth bald reich, bald arm,
Nachdem die Laun' es schätzt: nein, fromm Gebet,
Das auf zum Himmel steigt, und zu ihm dringt
Vor Sonnenaufgang; Bitten reiner Seelen,
Fastender Jungfrau'n, deren Herz nicht hängt
An dieser Zeitlichkeit.

Angelo.

Gut, morgen komm
Zu mir.

Lucio.

Jetzt geht nur; es gelingt Euch. — Kommt! —

Isabella.

Der Himmel schütz' Eu'r Gnaden! —

Angelo (für sich).

Amen! denn
Mich zieht Versuchung den Weg, wo Gebete
Sie kreuzen.

Isabella.

Und um welche Stunde morgen
Wart' ich Eu'r Gnaden auf?

Angelo.

Zu jeder Zeit vor Mittag.

Isabella.

Gott beschütz' Euch!

(Lucio, Isabella und Schließer gehn ab.)

Angelo.

Vor dir! Eben vor deiner Tugend!
Was ist dieß? Was? Ist's ihre Schuld, ist's meine?
Versucher und Versuchter, wer begeht
Die größte Sünde? Ha!
Nicht sie, nein, sie versucht ja nicht! Ich bin's,
Der bei dem Veilchen liegt im Sonnenschein,
Und nicht der Blume, nein, dem Aase gleich,
In der balsam'schen Luft verwest. Ist's möglich,
Daß Sittsamkeit mehr unsern Sinn verführt
Als Leichtsinn? Da uns wüster Raum nicht fehlt,
Soll man die heil'gen Tempel niederreißen,
Den Frevel dort zu baun? O pfui, pfui, pfui! —
Was thust du! Ha, was bist du, Angelo!
Du wünschest sie verderbt, um eben das,
Was sie erhebt? O laß den Bruder leben! —
Es hat der Dieb ein freies Recht zum Raub,
Wenn erst der Richter stiehlt. Was! lieb' ich sie,
Daß mich's verlangt, sie wieder reden hören,
An ihrem Blick mich weiden . . . Wovon träum' ich?
O list'ger Erbfeind! Heil'ge dir zu fangen,
Köderst du sie mit Heil'gen: höchst gefährlich
Ist die Versuchung, die durch Tugendliebe
Zur Sünde reizt. Nie konnte feile Wollust,
Mit ihrer Doppelmacht, Natur und Kunst,
Mich je verlocken: doch dieß fromme Mädchen
Besiegt mich ganz. Der Liebe thör'ge Launen
Machten bis heut mich lächeln nur und staunen. (Ab.)

Dritte Scene.

Zimmer im Gefängniß.

(Es treten auf der Herzog [als Mönch gekleidet] und der Schließer.)

Herzog.

Heil Euch, Freund Schließer! Denn das seid Ihr, denk' ich.

Schließer.

Der Schließer bin ich; was begehrt Ihr, Pater?

Herzog.

Nach Christenlieb' und meiner heil'gen Regel,
Komm' ich mit Zuspruch zu den armen Seelen
In diesem Kerker. Laßt, so wie's der Brauch,
Sie dort mich sehn, und nennet mir den Grund
Von ihrer Haft, daß ich, wie sich's geziemt,
Mein Amt verwalten mag.

Schließer.

Gern thät' ich mehr, wenn Ihr noch mehr bedürft.

(Julia kommt.)

Blickt auf, dort kommt ein Fräulein, hier verhaftet,
Die durch den Sturm der eignen Jugend fiel,
Und ihren Ruf befleckt. Sie trägt ein Kind,
Deß Vater sterben muß: ein junger Mann,
Geeigneter den Fehl zu wiederholen,
Als drum zu sterben.

Herzog.

Wann soll er sterben?

Schließer.

Morgen, wie ich glaube.

(Zu Julia.) Ich traf schon Anstalt, wartet noch ein wenig,
Dann führt man Euch von hier.

Herzog.

Bereu'st du, Kind, was du gesündigt hast? —

Julia.

Ich thu's, und trage meine Schmach geduldig.

Herzog.

Ich lehr' Euch, wie Ihr Eu'r Gewissen prüft,
Und Eure Reu erforscht, ob sie aufrichtig,
Ob hohl im Innern.

Julia.

Freudig will ich's lernen.

Herzog.

Liebt Ihr den Mann, der Euch in's Unglück stürzte?

Julia.

Ja, wie das Weib, das ihn in's Unglück stürzte.

Herzog.

So seh' ich denn, daß beide Ihr gesündigt
Im Einverständniß?

Julia.

Ja, im Einverständniß.

Herzog.

Dann ist Eu'r Unrecht schwerer noch als seins.

Julia.

Ja, das bekenn' ich, Vater, und bereu' es.

Herzog.

Recht, liebes Kind, nur darum nicht bereu' es,
Weil dich die Sünd' in diese Schmach geführt;
Solch Leid sieht auf sich selbst, nicht auf den Himmel,
Und zeigt, des Himmels denkt man nicht aus Liebe,
Nein, nur aus Furcht.

Julia.

Ich fühle Reu', weil es ein Unrecht war,
Und trage gern die Schmach.

Herzog.

Beharrt dabei.
Eu'r Schuldgenoß muß morgen, hör' ich, sterben:
Ich geh zu ihm, und spend' ihm Trost und Rath. —
Gnade geleit' Euch! Benedicite! —   (Geht ab.)

Julia.

Muß morgen sterben! O feindsel'ge Liebe,

Die fristen möcht' ein Leben, dessen Trost
Nur Todesgrauen ist!

Schließer.

'S ist Schad' um ihn! —   (Gehn ab.)

Vierte Scene.

Zimmer in Angelo's Hause.

(Angelo tritt auf.)

Angelo.

Von Herzen möcht' ich beten, doch Gebet
Und Herz gehn andern Weg. Mein leeres Wort
Hat Gott, indeß mein Sinn, taub für die Zunge,
An Isabellen ankert. Gott im Munde —
Als prägten nur die Lippen seinen Namen;
Und in der Brust das mächt'ge schwell'nde Gift
Meiner Gedanken. — Der Staat, mein Studium einst,
Ist wie ein gutes Buch, zu oft gelesen,
Und schal geworden; ja, die ernste Würde,
In der ich — hör' es keiner! — etwas suche,
Für eine müß'ge Feder gäb' ich sie,
Die in den Lüften spielt. O Rang! o Form!
Wie oft erzwingst du durch Gewand und Hülle
Der Thoren Ehrfurcht, machst dem falschen Schein
Selbst Weise fröhnen! Blut, du wahrst dein Recht;
Schreibt „guter Engel!" auf des Teufels Horn,
So ist's sein Zeichen nicht.

(Ein Diener kommt.)

Was giebt's?

Diener.

Eine Nonn' ist draußen, Namens Isabella,
Die Zutritt wünscht.

Angelo.

Führt sie zu mir herein.   (Diener geht.)

O Himmel!
Was drängt sich so mein Blut zu meinem Herzen,
Hemmt seine Wirkung und entzieht zugleich
Die nöth'ge Brauchbarkeit den andern Theilen?
So spielt mit einem, der in Ohnmacht fällt,
Die unverständ'ge Menge; alle kommen
Zu helfen, und entziehen ihm die Luft,
Die ihn beleben sollte: eben so
Der Volksdrang, zeigt sich ein geliebter König,
Läuft vom Gewerb' und schwärmt in läst'gem Eifer
Um seine Gegenwart, wo ungezogne Liebe
Beleid'gung scheinen muß.

        (Isabella tritt auf.)
                Nun, schönes Kind?

              Isabella.
Ich kam, um Eu'r Gefallen zu vernehmen.

              Angelo.
Viel mehr gefiele mir, wenn Ihr es wüßtet,
Als daß Ihr mich drum fragt. Eu'r Bruder darf nicht leben.

              Isabella.
So! Nun Gott schütz' Euch, Herr!   (Will gehn.)

              Angelo.
Zwar könnt' er wol noch leben, und vielleicht
So lang' als Ihr und ich; doch muß er sterben.

              Isabella.
Durch Euer Urtheil?

              Angelo.
    Ja.

              Isabella.
Ich bitt' Euch: Wann? — Damit in seiner Frist —
Lang oder kurz — er sich bereiten mag,
Daß er nicht Schaden nehm' an seiner Seele! —

              Angelo.
Pfui über dieses Laster! Ganz so gut
Verzieh' man dem, der einen fert'gen Menschen
Vom Leben stiehlt, als daß man Nachsicht zeigte

Der frechen Lust, die mit verbotnem Stempel
Des Himmels Bildniß prägt. Nicht schwerer wiegt's,
Ein echt geschaffnes Leben falsch zu rauben,
Als sein Metall in unerlaubte Form
Zu gießen und ein falsches zu erzeugen.

Isabella.

So steht's im Himmel fest, doch nicht auf Erden.

Angelo.

Meint Ihr? Da trieb' ich bald Euch in die Enge!
Was wähltet Ihr, daß ein gerecht Gesetz
Des Bruders Leben kürzte, oder daß
Zu seiner Rettung Ihr den eignen Leib
Preisgäbt zu solcher lieblichen Entweihung,
Wie sie, die er entehrt?

Isabella.

Herr, glaubet dieß:
Eh' geb' ich meinen Leib hin als die Seele.

Angelo.

Nicht sprech' ich von der Seel'. Erzwungne Sünden,
Sie werden nur gezählt, nicht angerechnet.

Isabella.

Wie meint Ihr, Herr? —

Angelo.

Nein, das verbürg' ich nicht, denn was ich sage,
Könnt' ich bestreiten. Was ich frag', ist dieß:
Ich, nun die Stimme des geschrieb'nen Rechts,
Ich spreche über Euren Bruder Tod; —
Könnte nicht Sünd'gen menschenfreundlich sein,
Wenn's ihn erhielte?

Isabella.

Thut es immerhin,
Ich nehme die Gefahr auf meine Seele.
Nicht Sünde wär's, nur Menschenfreundlichkeit.

Angelo.

Wenn Ihr's auf die Gefahr thut Eurer Seele,
Wiegt Menschenfreundlichkeit die Sünde auf.

Isabella.

Wenn's Sünd' ist, daß ich um sein Leben bitte,
Ich trage sie. Wenn's Sünd' ist, daß Ihr mein
Gesuch erhört, so bitt' ich jeden Morgen
Gott auf den Knien, sie nur an mir zu strafen,
Und Euch nicht anzurechnen.

Angelo.

                          Aber hört doch.
Ihr folgt nicht meiner Fährte, sprecht in Einfalt,
Oder verstellt Euch, und das ist nicht gut.

Isabella.

Laßt mich einfältig sein, und gut in Nichts,
Als daß ich fromm erkenn', ich sei nicht besser.

Angelo.

So wünscht die Weisheit, die sich selbst verkleinert,
Im hellsten Licht zu stehn, wie schwarze Masken
Verdeckte Schönheit zehnmal mehr erheben,
Als Reiz, zur Schau getragen. Doch merkt auf;
Daß Ihr mich ganz begreift, red' ich bestimmter: —
Eu'r Bruder kann nicht leben.

Isabella.

                        Wohl! —

Angelo.

Und sein Vergehn ist so, daß offenbar
Nach dem Gesetz ihn diese Strafe trifft.

Isabella.

Wahr! —

Angelo.

Nehmt an, kein Mittel gäb's, ihn zu erretten —
(Zwar nicht verbürg' ich dieses, noch ein andres,
Und setze nur den Fall — Ihr, seine Schwester,
Würdet begehrt von einem Mächtigen,
Deß hoher Rang und Einfluß auf den Richter
Den Bruder könnt' erlösen aus den Fesseln
Allbindender Gesetze; und es gäbe
Den einz'gen Ausweg nur, ihn zu befrei'n,

Daß Ihr die Schätze Eures Leibes gäbt
Dem Mächtigen, — wo nicht, — stürb' Euer Bruder: —
Was thätet Ihr? —

Isabella.

So viel für meinen Bruder als für mich;
Das heißt: wär' über mich der Tod verhängt,
Der Geißel Striemen trüg' ich als Rubinen,
Und zög' mich aus zum Tode, wie zum Schlaf,
Den ich mir längst ersehnt, eh' ich den Leib
Der Schmach hingäbe.

Angelo.

Dann müßt' Eu'r Bruder sterben.

Isabella.

Das mindre Opfer wär's.
Denn eher mag mit eins ein Bruder sterben,
Als daß die Schwester, um ihn freizukaufen,
Auf ewig sterben sollte.

Angelo.

Wär't Ihr dann nicht so grausam als der Spruch,
Auf den Ihr so geschmäht? —

Isabella.

Die Schand' im Loskauf und ein frei Verzeih'n
Sind nicht Geschwister: des Gesetzes Gnade
Hat nichts gemein mit schnödem Sündenhandel.

Angelo.

Noch eben schien das Recht Euch ein Tyrann,
Und Eures Bruders Fehltritt dünkt' Euch mehr
Ein Scherz als ein Verbrechen.

Isabella.

O gnäd'ger Herr, verzeiht! So thut man oft:
Zu haben, was man wünscht, spricht man nicht, wie man's meint.
So mocht' ich das Verhaßte wol entschuld'gen
Zum Vortheil dessen, der mir theuer ist.

Angelo.

Schwach sind wir Alle.

Isabella.

Laßt den Bruder sonst
Nur sterben, wenn kein andrer als nur er
Die Schwachheit hegt und erbt.

Angelo.

Ja, Weiber auch sind schwach.

Isabella.

O, wie der Spiegel, drin sie sich beschau'n,
Der ganz so leicht zerbricht als Bilder formt.
Weiber! Hilf Himmel! Sein Geschöpf entweiht
Der Mann, die Schwäche nützend. Nennt uns zehnmal schwach,
Denn wir sind sanft, wie unsre Bildung ist,
Nachgiebig falschem Eindruck.

Angelo.

Mag wol sein;
Und auf dieß Zeugniß über dein Geschlecht
(Da uns wol keine größ're Stärke ward
Als die Gebrechlichkeit) red' ich denn frei.
Ich fasse dich beim Wort: sei was du bist,
Das heißt ein Weib; wenn mehr, so bist du keins;
Und bist du eins — wie jede äuß're Bürgschaft
Es deutlich ausdrückt — zeig' es jetzt und kleide
Dich in die Tracht und Farbe der Natur.

Isabella.

Ich hab' nur Eine Zunge: theurer Herr,
Ich fleh' Euch an, sprecht Eure vor'ge Sprache.

Angelo.

Ich sag' es frei und klar, ich liebe dich.

Isabella.

Mein Bruder liebte Julien, und Ihr sagt:
Er müsse dafür sterben.

Angelo.

Liebst du mich, Isabella, soll er nicht.

Isabella.

Ich weiß wol, Eure Tugend hat ein Vorrecht:

Sie zeigt sich etwas schlimmer als sie ist,
Und prüft so andre.

Angelo.

      Glaub auf meine Ehre,
Mein Wort sagt was ich meine.

Isabella.

O, wenig Ehre, Glauben so zu finden,
Und höchst verruchte Meinung! Schein, o Schein!
Ich mach' es kundig, Angelo; hab' Acht!
Gleich unterzeichne mir des Bruders Gnade,
Sonst schrei' ich's in die Welt mit voller Kehle,
Was für ein Mann du bist.

Angelo.

      Wer glaubt dir's, Isabella?
Mein unbefleckter Ruf, des Lebens Strenge,
Mein Zeugniß gegen dich, mein Rang im Staat
Wird also deine Klage überwiegen,
Daß du am eignen Wort erstickst, im übeln
Geruche der Verleumdung. Ich hab's begonnen,
Und lasse nun der Sinnlichkeit den Lauf:
Füge dich in mein ungestüm Verlangen;
Kein Sprödethun, kein zögerndes Erröthen,
Das Nein sagt, wo es wirbt! Dein Bruder lebt,
Wenn deinen Leib du preisgiebst meiner Lust;
Sonst muß er nicht allein des Todes sterben,
Nein, deine Härte soll den Tod ihm dehnen
Durch lange Martern. Antwort gieb mir morgen;
Denn, bei der Leidenschaft, die mich beherrscht,
Ich werd' ihm ein Tyrann! Und dir sei klar:
Sprich, was du kannst; mein Falsch besiegt dein Wahr.

                          (Geht ab.)

Isabella.

Wem soll ich's klagen? Wenn ich dieß erzählte,
Wer glaubte mir's? O gleißnerischer Mund,
Der mit der einen und derselben Zunge
Verdammniß spricht und Billigung zugleich!

Der das Gesetz der Willkür huld'gen heißt,
Und Recht und Unrecht knüpft an sein Gelüst,
Zu folgen, wie es zieht. Ich will zum Bruder;
Und fiel er auch durch allzu heißes Blut,
Doch lebt in ihm ein solcher Ehrensinn,
Daß, hätt' er zwanzig Häupter hinzustrecken
Auf zwanzig blut'ge Blöck', er böte sie,
Eh' seine Schwester ihren Leib befleckt
In so abscheulicher Entweihung.
Ja, Claudio, stirb, ich bleibe keusch und rein;
Mehr als ein Bruder muß mir Keuschheit sein;
Doch sag' ich ihm, wie Angelo beschieden;
So scheid' er wohlbereitet und in Frieden.   (Geht ab.)

Dritter Aufzug.

Erste Scene.

Im Gefängniß.

(Es treten auf der Herzog, Claudio und der Schließer.)

Herzog.
So hofft Ihr Gnade von Lord Angelo?

Claudio.
Im Elend bleibt kein andres Heilungsmittel,
Als Hoffnung nur:
Ich hoffe Leben, bin gefaßt auf Tod.

Herzog.
Sei's unbedingt auf Tod! Tod so wie Leben
Wird dadurch süßer. Sprich zum Leben so:
Verlier' ich dich, so geb' ich hin, was nur
Ein Thor festhielte. Sprich: du bist ein Hauch,
Abhängig jedem Wechsel in der Luft,
Der diese Wohnung, die dir angewiesen,
Stündlich bedroht; du bist nur Narr des Todes,
Denn durch die Flucht strebst du ihm zu entgehn,
Und rennst ihm ewig zu. Du bist nicht edel;

Denn alles Angenehme, das dich freut,
Erwuchs aus Niederm. Tapfer bist du nicht;
Du fürchtest ja die zarte Gabelzunge
Des armen Wurms: — dein bestes Ruhn ist Schlaf;
Den rufst du oft, und zitterst vor dem Tod,
Der doch nichts weiter. Du bist nicht du selbst:
Denn du bestehst durch tausende von Körnern,
Aus Staub entsprossen. Glücklich bist du nicht:
Was du nicht hast, dem jagst du ewig nach,
Vergessend, was du hast. Du bist nicht stetig,
Denn dein Besinnen wechselt seltsam launisch
Mit jedem Mond. Reich, bist du dennoch arm;
Dem Esel gleich, der unter Gold sich krümmt,
Trägst du den schweren Schatz nur einen Tag,
Und Tod entlastet dich. Freund' hast du keine;
Denn selbst dein Blut, das Vater dich begrüßt,
Die Wirkung deiner eignen Leibessäfte,
Flucht deiner Gicht, dem Aussatz und der Lähmung,
Daß sie nicht schneller mit dir enden.
Du hast zu eigen Jugend nicht noch Alter,
Nein, gleichsam nur 'nen Schlaf am Nachmittag,
Der beides träumt; denn all' dein Jugendglanz
Lebt wie bejahrt, und fleht vom welken Alter
Die Zehrung sich: und bist du alt und reich,
Hast du nicht Gluth noch Triebe, Mark noch Schönheit
Der Güter froh zu sein. Was bleibt nun noch,
Das man ein Leben nennt? und dennoch birgt
Dieß Leben tausend Tode; dennoch scheu'n wir
Den Tod, der all' die Widersprüche löst.

Claudio.

Habt Dank, mein Vater!
Ich seh', nach Leben strebend, such' ich Sterben,
Tod suchend, find' ich Leben. Nun, er komme! —

(Isabella tritt draußen auf.)

Isabella.

Macht auf! Heil sei mit Euch, und Gnad' und Frieden!

Schließer.
Wer da? Herein! der Wunsch verdient Willkommen!

Herzog.
Bald, lieber Sohn, werd' ich Euch wiedersehn.

Claudio.
Ehrwürd'ger Herr, ich dank' Euch.

Isabella (eintretend).
Ich wünsche nur ein kurzes Wort mit Claudio.

Schließer.
Von Herzen gern; Herr, Eure Schwester ist's.

Herzog (beiseit).
Schließer, ein Wort mit Euch.

Schließer.
So viel Ihr wollt.

Herzog.
Verbergt mich, Freund, wo ich sie sprechen höre.
(Der Herzog und der Schließer ab.)

Claudio.
Nun, Schwester, was für Trost? —

Isabella.
Nun ja, wie aller Trost ist; gut, sehr gut! —
Lord Angelo hat ein Geschäft im Himmel,
Und sucht dich aus als schnellen Botschafter,
Wo du ihm bleibst als ewiger Gesandter.
Drum schick dich an zur Wand'rung ungesäumt;
Auf morgen reisest du.

Claudio.
Ist denn kein Mittel?

Isabella.
Nein; nur ein Mittel, das, ein Haupt zu retten,
Zerspalten würd' ein Herz!

Claudio.
So giebt es eins? —

Isabella.
Ja, Bruder, du kannst leben. —
In diesem Richter wohnt ein teuflisch Mitleid:

Willst du dieß anflehn, wird dein Leben frei,
Dich aber fesselt er bis in dein Grab.

Claudio.

Wie! Ew'ge Haft?

Isabella.

Ja, nenn' es ew'ge Haft; es wär' ein Zwang,
Der, stünd' auch offen dir der weite Weltraum,
Dich bänd' an Einen Platz.

Claudio.

Von welcher Art? —

Isabella.

Von solcher Art, daß, wenn du eingewilligt,
Du schältest ab die Ehre deinem Stamm,
Und bliebest nackt.

Claudio.

Laß mich die Sache wissen!

Isabella.

O Claudio, ich fürchte dich, und zittre,
Du möcht'st ein fiebernd Leben dehnen wollen,
Sechs oder sieben Winter theurer achten,
Als ew'ge Ehre. Hast du Muth zum Tod? —
Des Todes Schmerz liegt in der Vorstellung;
Der arme Käfer, den dein Fuß zertritt,
Fühlt körperlich ein Leiden, ganz so groß,
Als wenn ein Riese stirbt.

Claudio.

Weßhalb beschämst du mich?
Meinst du, mir giebt erst den entschloss'nen Muth
Ein blumenzartes Ding? Nein, muß ich sterben,
Grüß' ich die Finsterniß als meine Braut,
Und drücke sie an's Herz!

Isabella.

Das sprach mein Bruder:
Das war wie eine Stimme
Aus meines Vaters Grab. Ja, du mußt sterben! —
Du denkst zu groß, ein Leben zu erkaufen

Durch Schlechtigkeit. — Der außenheil'ge Richter —
Deß würd'ge Stirn und tiefbedachtes Wort
Die Knospen tödtet und die Thorheit lähmt,
So wie der Falk die Taub' — ist doch ein Teufel:
Sein innrer Unflat ausgeschöpft, erschien' er
Ein Pfuhl, tief wie die Hölle.

Claudio.

           Der fromme Angelo?

Isabella.

Das ist die listige Livrei der Hölle,
Daß sie Verruchtheit kleidet in den Schmuck
Der Frömmigkeit. Denke dir, Claudio,
Wenn ich ihm meine Unschuld opfern wollte,
Du würdest frei.

Claudio.

          O Himmel! Ist es möglich?

Isabella.

Ja, er vergönnte dir's, für solche Sünde
Noch mehr hinfort zu sünd'gen. Diese Nacht
Soll das geschehn, was ich mit Abscheu nenne,
Sonst stirbst du morgen.

Claudio.

Das sollst du nie.

Isabella.

       O wär' es nur mein Leben,
Ich würf' es leicht für deine Freiheit hin,
Wie eine Nadel!

Claudio.

      Dank dir, theure Schwester!

Isabella.

Bereite dich auf morgen denn zum Tod! —

Claudio.

Ja. — — Fühlt auch er Begierden,
Für die er das Gesetz mit Füßen tritt,
Indem er's schärfen will? Dann ist's nicht Sünde,
Die kleinste mind'stens von den Todessünden! —

               16 *

Isabella.

Welch' ist die kleinste? —

Claudio.

Wär' sie verdammlich: ein so kluger Mann,
Wie könnt' er Eines Augenblicks Genuß
Mit Ewigkeiten büßen? Isabella! . . . .

Isabella.

Was sagt mein Bruder?

Claudio.

     Sterben ist entsetzlich.

Isabella.

Und leben ohne Ehre hassenswerth!

Claudio.

Ja! Aber sterben! Gehn, wer weiß, wohin,
Da liegen, kalt, eng eingesperrt, und faulen;
Dieß warme und empfindende Bewegen
Verschrumpft zum Kloß; der lebenslust'ge Geist
Getaucht in Feuerfluthen, oder schaudernd
Umstarrt von Wüsten ew'ger Eismassen:
Gekerkert sein in unsichtbare Stürme,
Und mit rastloser Wuth gejagt rings um
Die schwebende Erde; oder schlimmer drau'n,
Als selbst die schlimmsten,
Die sich ein regelles unsichres Denken
Als heulend vorstellt, — o, es ist zu gräßlich!
Das schwerste, jammervollste irr'sche Leben,
Das Alter, Armuth, Schmerz, Gefangenschaft
Dem Menschen auflegt, — ist ein Paradies
Gegen das, was wir vom Tode fürchten!

Isabella.

Ach! —

Claudio.

O Schwester, laß mich leben! —
Was du auch thust, den Bruder dir zu retten,
Natur tilgt diese Sünde so hinweg,
Daß sie zur Tugend wird.

Isabella.

O schändlich Thier!

O feige Memm'! o treuloß Ehrvergeff'ner,
Von meiner Sünd' erwartest du dein Heil?
Ist's nicht blutschänd'risch, Leben zu empfah'n
Durch deiner Schwester Schmach? Was muß ich glauben?
Hilf Gott! War meine Mutter falsch dem Vater?
Denn solch entartet wilder Schößling sproß
Niemals aus seinem Blute. Dir entsag' ich,
Stirb, fahre hin! Wenn auch mein Fußfall nur
Dein Schicksal wenden möcht', ich ließ es walten:
Ich bete tausendmal für deinen Tod,
Kein Wort zur Rettung.

Claudio.

Schwester, hör' mich an.

Isabella.

O pfui, pfui, pfui! —
Dein Sünd'gen war kein Fall, war schon Gewerbe,
Und Gnade würd' an dir zur Kupplerin:
Am besten stirbst du gleich.   (Will abgehn.)

Claudio.

O hör' mich, Schwester! —
          (Der Herzog kommt zurück.)

Herzog.

Vergönnt ein Wort, junge Schwester, nur ein einziges Wort.

Isabella.

Was ist Euer Wunsch?

Herzog.

Wenn Eure Zeit es zuließe, hätte ich gern eine kurze Unter=
redung mit Euch; diese Gewährung meiner Bitte würde zugleich zu
Euerm Frommen sein.

Isabella.

Ich habe keine überflüssige Zeit; mein Verweilen muß ich an=
deren Geschäften stehlen; doch will ich noch etwas verweilen.

Herzog (beiseit zu Claudio).

Mein Sohn, ich habe mit angehört, was zwischen Euch und

Eurer Schwester vorging. Angelo hatte nie die Absicht, sie zu ver=
führen; er hat nur einen Versuch auf ihre Tugend gemacht, um sein
Urtheil über das menschliche Gemüth zu schärfen. Sie, im wahren
Gefühl ächter Ehre, entgegnete ihm die fromme Weigerung, die er
mit höchster Freude vernahm. Ich bin Angelo's Beichtiger, und weiß,
daß dieses wahr ist. Bereitet Euch deßhalb auf den Tod; schmeichelt
Eurer Standhaftigkeit nicht durch trügliche Hoffnungen; morgen müßt
Ihr sterben. Fallt auf Eure Knie und macht Euch fertig.

Claudio.

Laßt mich meine Schwester um Verzeihung bitten. Die Liebe
zum Leben ist mir so vergangen, daß ich bitten werde, davon befreit
zu sein.

Herzog.

Dabei bleibt. Lebt wohl! —   (Claudio ab.)
(Der Schließer kommt zurück.)
Schließer, ein Wort mit Euch.

Schließer.

Was wünscht Ihr, Pater?

Herzog.

Daß Ihr, wie Ihr kamt, jetzt wieder geht. Laßt mich ein wenig
allein mit diesem Fräulein; meine Gesinnung und mein Kleid sind
Euch Bürge, daß sie von meiner Gesellschaft nichts zu fürchten hat.

Schließer.

Es sei so. —   (Geht ab.)
Herzog.

Dieselbe Hand, die Euch schön erschuf, hat Euch auch gut er=
schaffen. Güte, von der Schönheit gering geachtet, läßt auch der
Schönheit nicht lange ihre Güte; aber Herzensreinheit, die Seele
Eurer Züge, wird Euch immer schön erhalten. Von dem Angriff,
den Angelo auf Euch versucht, hat mich der Zufall in Kenntniß ge=
setzt, und böte nicht die menschliche Schwachheit Beispiele für sein
Straucheln, ich würde mich über Angelo wundern. Wie wollt Ihr's
nun machen, diesen Statthalter zufriedenzustellen, und Euren Bruder
zu retten?

Isabella.

Ich gehe gleich, ihm meinen Entschluß zu sagen: ich wolle lieber,

daß mir ein Bruder nach dem Gesetz sterbe, als daß mir ein Sohn
wider das Gesetz geboren werde. Aber, o! wie irrt sich der gute
Herzog in diesem Angelo! Wenn er je zurückkommt, und ich kann zu
ihm gelangen, so will ich meine Lippen nie wieder öffnen, oder diese
Verwaltung enthüllen.

Herzog.

Das würde nicht unrecht gethan sein. Indeß wie die Sache nun
steht, wird er Eurer Anklage entgegnen, er habe Euch nur prüfen
wollen. Darum leihet Euer Ohr meinem Rath; denn meinem Wunsch,
Gutes zu stiften, bietet sich ein Mittel dar. Ich bin überzeugt, Ihr
könnt mit aller Rechtschaffenheit einem armen gekränkten Fräulein
eine verdiente Wohlthat erzeigen; Euern Bruder dem beleidigten
Gesetz entreißen; Eure eigne fromme Seele rein erhalten und den ab=
wesenden Herzog sehr erfreuen, wenn er vielleicht dereinst zurückkehren
und von dieser Sache hören sollte.

Isabella.

Fahrt fort, mein Vater. Ich habe Herz, Alles zu thun, was
meinem Herzen nicht verwerflich erscheint.

Herzog.

Tugend ist kühn, und Güte ohne Furcht. Hörtet Ihr nie von
Marianen, der Schwester Friedrich's, des tapfern Helden, der auf der
See verunglückte?

Isabella.

Ich hörte von dem Fräulein, und nichts als lauter Gutes.

Herzog.

Eben die sollte dieser Angelo heirathen: war mit ihr feierlich
verlobt und die Hochzeit festgesetzt. Zwischen der Zeit des Verlöb=
nisses aber und dem Trauungstage ging das Schiff ihres Bruders
Friedrich unter, und mit ihm das Heirathsgut der Schwester. Nun
denkt Euch, wie hart das arme Fräulein hierdurch getroffen ward.
Sie verlor einen edeln und berühmten Bruder, dessen Liebe für sie
von jeher die zärtlichste und brüderlichste gewesen; mit ihm ihr Erb=
theil und den Nerv ihres Glücks, ihr Heirathsgut: mit beiden zugleich
den ihr bestimmten Bräutigam, diesen redlich scheinenden Angelo!

Isabella.

Ist es möglich? Und er verließ sie wirklich?

Herzog.

Verließ sie in ihren Thränen, und trocknete nicht Eine durch seinen Trost; widerrief sein Treuwort, indem er Entdeckungen über ihre verletzte Ehre vorgab; kurz, überließ sie ihrem Kummer, dem sie noch immer um seinewillen ergeben ist; und er, ein Fels gegen ihre Thränen, wird von ihnen benetzt, aber nicht erweicht. —

Isabella.

Wie verdienstvoll vom Tode, wenn er dieses arme Mädchen aus der Welt nähme! Welche Verderbniß in diesem Leben, daß es diesen Mann leben läßt! Aber wie soll ihr hieraus Hülfe werden?

Herzog.

Es ist eine Wunde, die Ihr leicht heilen könnt; und diese Kur rettet nicht allein Euern Bruder, sondern schützt Euch vor Schande, wenn Ihr sie unternehmt.

Isabella.

Zeigt mir an, wie? ehrwürdiger Vater.

Herzog.

Jenes Mädchen hegt noch immer ihre erste Neigung; seine ungerechte Lieblosigkeit, die nach Vernunftgründen ihre Zärtlichkeit ausgelöscht haben sollte, hat sie wie eine Hemmung im Strom nur heftiger und unaufhaltsamer gemacht. — Geht Ihr zu Angelo, erwidert auf sein Begehren mit scheinbarem Gehorsam; bewilligt ihm die Hauptsache, nur behaltet Euch diese Bedingungen vor: erstlich, daß Ihr nicht lange bei ihm verweilen dürft; dann, daß für die Zeit alle Begünstigung der Dunkelheit und Stille sei; und daß der Ort den Umständen entspreche. Gesteht er dies zu, dann versteht sich Alles von selbst. Wir bereden das gekränkte Mädchen, sich an Eurer Statt zur bestimmten Verabredung einzufinden. Wenn die Zusammenkunft hernach Folgen hat, so muß ihn das zu einem Ersatz zwingen, und dann wird auf diese Weise Euer Bruder gerettet, Eure Ehre bewahrt, die arme Mariane beglückt und der böse Statthalter entlarvt. Das Mädchen will ich dafür stimmen und für die Begegnung vorbereiten. Wenn Ihr dieß gut durchzuführen denkt, wie Ihr immer dürft, so spricht die doppelte Wohlthat den Betrug von Tadel frei. Was dünkt Euch davon?

Ifabella.

Der Gedanke daran beruhigt mich schon, und ich hoffe, es wird zum glücklichsten Erfolg gedeihn.

Herzog.

Es kommt Alles auf Euer Betragen an. Eilt ungesäumt zu Angelo. Wenn er Euch um diese Nacht bittet, so sagt ihm Gewährung zu. Ich gehe sogleich nach Sanct Lucas, — dort in der einsamen Hütte wohnt diese bekümmerte Mariane — dort sucht mich auf; und mit Angelo macht es ab, damit die Sache sich schnell entscheide.

Ifabella.

Ich danke Euch für diesen Beistand — lebt wohl, ehrwürdiger Vater! (Sie gehn ab zu verschiedenen Seiten.)

Zweite Scene.

Straße vor dem Gefängniß.

(Es treten auf der Herzog, Elbogen, Pompejus und Gerichts=diener.)

Elbogen.

Nun wahrhaftig, wenn da kein Einhalt geschieht, und Ihr wollt mit aller Gewalt Manns= und Frauensleute wie das liebe Vieh verkaufen, so wird noch die ganze Welt braunen und weißen Bastart trinken.

Herzog.

O Himmel! Was haben wir hier für Zeug! —

Pompejus.

Mit der lustigen Welt ist's zu Ende, seit sie von zwei Wucherern dem lustigsten sein Handwerk gelegt haben, und dem schlimmsten von Gerichtswegen einen Pelzrock zuerkannt, um sich warm zu halten; und noch dazu gefüttert mit Lämmerfell und verbrämt mit Fuchs, um anzudeuten, daß List besser fortkommt als Unschuld.

Elbogen.

Kommt nur mit, Freund. Gott grüß' Euch, guter Vater Bruder.

Herzog.

Und Euch, werther Bruder Vater. Was hat Euch dieser Mann
zu Leide gethan?

Elbogen.

Dem Gesetze hat er etwas zu Leide gethan, Herr; und obendrein,
Herr, halten wir ihn für einen Dieb; denn wir haben einen ganz
besondern Dietrich bei ihm gefunden, Herr, den wir an den Statthalter eingeschickt haben.

Herzog.

Pfui, Schuft, ein Kuppler, ein verruchter Kuppler! —
Die Sünde, welche du begeben machst,
Verschafft dir Unterhalt. Denk, was das heißt,
Den Wanst sich füllen, sich den Rücken kleiden
Mit so unsauberm Laster! Sprich zu dir:
Von ihrem schändlich viehischen Verkehr
Eß' ich und trinke, kleide mich und lebe: — —
Und glaubst du wohl, dein Leben sei ein Leben,
Deß Quellen stinkend faul sind? Geh! Thu' Buße! —

Pompejus.

Freilich, auf gewisse Weise stinkt es, Herr; aber doch, Herr,
könnt' ich beweisen, . . .

Herzog.

Wenn dir der Teufel erst Beweise giebt,
So bist du sein. Führt ihn in Haft, Beamter;
Zucht muß und Lehre wirken, Hand in Hand,
Wenn etwas werden soll aus solchem Thier.

Elbogen.

Er muß vor den Statthalter, Herr, der hat ihn gewarnt; der
Statthalter kann solch Volk nicht ausstehn; wenn er dergleichen Handwerk treibt, und kommt vor ihn, da wär' ihm besser eine Meile
weiter.

Herzog.

Wär' jeder doch, was mancher scheint zu sein,
Von Fehlern und die Fehler frei von Schein!

(Lucio kommt.)

Elbogen.

Sein Hals wird nun bald machen wie Euer Leib, Herr: ein
Strick darum.

Pompejus.

Da wittre ich Rettung — ich rufe mir einen Bürgen; hier
kommt ein Edelmann, ein Freund von mir.

Lucio.

Was macht mein edler Pompejus? Was, an Cäsar's Wagen?
Wirst du im Triumph aufgeführt? Was? Wo sind nun deine Pyg=
malionsbilder, deine neugebackenen Weiber, die einem eine Hand in
die Tasche stecken und sie als Faust wieder herausziehn? Was hast
du für eine Replik, he? Wie gefällt dir diese Melodie, Manier und
Methode? Ist sie nicht im letzten Regen ersoffen? Nun, was sagst
du, Pflastertreter? Ist die Welt noch, wie sie war, mein Guter?
Wie heißt nun dein Lied? Geht's betrübt und einsylbig? Oder wie?
Was ist der Humor davon? —

Herzog.

Immer so und wieder so! Immer schlimmer!

Lucio.

Wie geht's meinem niedlichen Schätzchen, deiner Herrin? Ver=
sorgt sie noch immer Kunden, he?

Pompejus.

I nun, Herr, sie war mit ihrem Vorrath von gesalznem Fleisch
zu Ende, nun hat sie sich selbst in die Beize begeben.

Lucio.

Ei, recht so; so gehört sich's; so muß es sein: die Fische immer
frisch, die Höferin in der Lauge: so ist's der Welt Lauf, so muß es
sein. Begiebst du dich in's Gefängniß, Pompejus?

Pompejus.

Ja, mein Seel, Herr.

Lucio.

Ei, das läßt sich hören, Pompejus! Glück zu! — Geh', sag',
ich hätte dich hingeschickt; Schulden halber, Pompejus; oder viel=
leicht — — —

Elbogen.

Weil er ein Kuppler ist, weil er ein Kuppler ist.

Lucio.

Schön! darum in's Gefängniß mit ihm; wenn sich das Gefängniß für einen Kuppler gehört, so geschieht ihm ja sein Recht; ein Kuppler ist er unleugbar, und zwar von Alters her: ein geborner Kuppler. Leb' wohl, theurer Pompejus, empfehlt mich dem Gefängniß; Ihr werdet wohl nun ein guter Haushalter werden, denn man wird Euch zu Hause halten.

Pompejus.

Ich hoffe doch, Euer Hochgeboren wird für mich Bürge sein?

Lucio.

Nein, wahrhaftig, das werd' ich nicht, Pompejus; das ist jetzt nicht Mode. Ich will mich für dich verwenden, daß man dich noch länger sitzen läßt; wenn du dann die Geduld verlierst, so zeigst du, daß du Haare auf den Zähnen hast. Leb' wohl, beherzter Pompejus! — Guten Abend, Pater! —

Herzog.

Gleichfalls.

Lucio.

Schminkt sich Brigittchen noch immer, Pompejus?

Elbogen.

Fort mit Euch! Kommt jetzt! —

Pompejus.

Ihr wollt also dann nicht Bürge sein, Herr?

Lucio.

Weder dann noch jetzt. — Was giebt's auswärts Neues, Pater? — Was giebt's Neues? —

Elbogen.

Fort mit Euch! Kommt jetzt! —

Lucio.

Fort, in's Hundeloch, Pompejus! Fort! —

(Elbogen, Pompejus und Gerichtsdiener gehn ab.)

Was giebt's Neues vom Herzog, Pater?

Herzog.

Ich weiß nichts; könnt Ihr mir etwas mittheilen?

Lucio.

Einige sagen, er sei beim Kaiser von Rußland; Andre, er sei nach Rom gereist. Wo meint Ihr, daß er sei?

Herzog.

Ich weiß es nicht; aber wo er sein mag, wünsch' ich ihm Gutes.

Lucio.

Das war ein toller, phantastischer Einfall von ihm, sich aus dem Staat wegzustehlen und sich in die Bettelei zu werfen, zu der er nun einmal nicht geboren ist. Lord Angelo herzogt indessen recht tapfer in seiner Abwesenheit; er nimmt die Polizeiwidrigkeit recht-schaffen in's Gebet.

Herzog.

Daran thut er wohl.

Lucio.

Ein wenig mehr Milde für die Lüderlichkeit könnte ihm nicht schaden, Pater; etwas zu sauertöpfisch in dem Punkt, Pater.

Herzog.

Es ist ein zu allgemeines Laster, und nur Strenge kann es heilen.

Lucio.

Freilich, das Laster ist von großer Familie und vornehmer Ver-wandtschaft; aber es ist unmöglich, es ganz auszurotten, Pater, man müßte denn Essen und Trinken abschaffen. Man sagt, der Angelo sei gar nicht auf dem ordentlichen Wege der Natur von Mann und Weib erzeugt. Sollte das wohl wahr sein? Was meint Ihr?

Herzog.

Wie wäre er denn erzeugt?

Lucio.

Einige erzählen, eine Meernixe habe ihn gelaicht; Andre, er sei von zwei Stockfischen in die Welt gesetzt: aber das ist gewiß, daß, wenn er sein Wasser abschlägt, der Urin gleich zu Eis gefriert; daran ist nicht der mindeste Zweifel. Er ist eine männliche Gliederpuppe, das kann nicht in Abrede gestellt werden.

Herzog.

Ihr scherzt, mein Herr, und führt lose Reden.

Lucio.

Zum Henker, ist denn das nicht eine unbarmherzige Manier, für eine Empörung im Schlafrock einem Menschen das Leben zu nehmen? Hätte der Herzog, der jetzt abwesend ist, das wohl je ge-than? Ehe der Einen hätte hängen lassen um hundert Bastarde,

hätte er das Kostgeld für ein ganzes Tausend aus seiner Tasche be=
zahlt. Er verstand sich auf's Waidwerk, er kannte den Dienst, und
das machte ihn nachsichtig.

Herzog.

Ich habe nie gehört, daß man den abwesenden Herzog eben mit
Weibern in Verdacht gehabt hätte; er hatte dazu keinen Hang.

Lucio.

O Herr, da seid Ihr im Irrthum! —

Herzog.

Unmöglich!

Lucio.

Was? der Herzog nicht? Ja doch! so ein Bettelweib von fünf=
zig; der pflegte er immer einen Ducaten in ihre Klapperbüchse zu
stecken. Der Herzog hatte seine Mücken; er war auch gern betrunken:
das glaubt mir auf mein Wort.

Herzog.

Ganz gewiß, Ihr thut ihm Unrecht.

Lucio.

Herr, ich war sein vertrauter Freund; ein Duckmäuser war der
Herzog, und ich glaube, ich weiß, warum er davongegangen ist.

Herzog.

Nun sagt mir doch, warum denn?

Lucio.

Nein, um Vergebung, das ist ein Geheimniß, das man zwischen
Zähnen und Lippen verschließen muß. Aber so viel kann ich Euch
doch zu verstehn geben: der größte Theil seiner Unterthanen hielt den
Herzog für einen verständigen Mann.

Herzog.

Verständig? Nun, das war er auch ohne Frage!

Lucio.

Ein sehr oberflächlicher, unwissender, unbrauchbarer Gesell!

Herzog.

Entweder ist dieß Neid, oder Narrheit von Euch, oder Irrthum;
der ganze Lauf seines Lebens, die Art, wie er das Staatsruder ge=
führt, würden, wenn es der Bürgschaft bedürfte, ein besseres Zeugniß
von ihm ablegen. Laßt ihn nur nach dem beurtheilt werden, wie er

sich gezeigt hat, und er wird dem Neide selbst als ein Gelehrter, ein Staatsmann und ein Soldat erscheinen. Deßhalb redet Ihr ohne Einsicht; oder wenn Ihr mehr Verstand habt, wird er sehr von Eurer Bosheit verfinstert.

Lucio.
Herr, ich kenne ihn und liebe ihn.

Herzog.
Liebe spricht mit beſſ'rer Kenntniß, und Kenntniß mit mehr Liebe.

Lucio.
Ei was, Herr, ich weiß, was ich weiß.

Herzog.
Das kann ich kaum glauben, da Ihr nicht wißt, was Ihr sprecht. Aber wenn der Herzog je zurückkehrt (wie wir Alle beten, daß es geschehn möge), so laßt mich Euch ersuchen, Euch vor ihm zu verantworten. Habt Ihr der Wahrheit gemäß gesprochen, so habt Ihr Muth, es zu vertreten. Meine Pflicht ist, Euch dazu aufzufordern; und deßhalb bitt' ich Euch: wie ist Euer Name?

Lucio.
Herr, mein Name ist Lucio; der Herzog kennt mich.

Herzog.
Er wird Euch besser kennen lernen, wenn ich so lange lebe, daß ich ihm Nachricht von Euch geben kann.

Lucio.
Ich fürchte Euch nicht.

Herzog.
O, Ihr hofft, der Herzog werde nicht zurückkehren, oder Ihr haltet mich für einen zu unbedeutenden Gegner. Und in der That, ich kann Euch wenig schaden: Ihr werdet dieß Alles wieder abschwören.

Lucio.
Ehe will ich mich hängen lassen: du irrst dich in mir, Pater. Doch genug hievon. Kannst du mir sagen, ob Claudio morgen sterben muß oder nicht?

Herzog.
Warum sollte er sterben, Herr?

Lucio.
Nun, weil er eine Flasche mit einem Trichter gefüllt. Ich wollte,

ter Herzog, von dem wir reden, wäre wieder da; dieser unvermögende
Machthaber wird die Provinz durch Enthaltsamkeit entvölkern: nicht
einmal die Sperlinge dürfen an seiner Dachtraufe bauen, weil sie
verbuhlt sind. Der Herzog hätte gewiß, was im Dunkeln geschah,
auch im Dunkeln gelassen; er hätte es nimmermehr an's Licht gebracht;
ich wollte, er wäre wieder da! Wahrhaftig, dieser Claudio wird ver=
dammt, weil er eine Schleife aufgeknüpft! Leb wohl, guter Pater!
ich bitte dich, schließ mich in dein Gebet. Der Herzog, sage ich dir
nochmals, verschmäht Fleisch auch am Freitag nicht. Er ist jetzt über
die Zeit hinaus, und doch sag' ich dir, er würde eine Bettlerin schnä=
beln, und röche sie nach Schwarzbrot und Knoblauch. Sag nur, ich
hätte dir's gesagt! Leb wohl! （Ab.）

Herzog.

Nichts rettet Macht und Größe vor dem Gift
Der Schmähsucht; auch die reinste Unschuld trifft
Verleumdung hinterrücks; kein Königsbann,
Der eine Lästerzunge fesseln kann.
Doch wer kommt hier?

(Escalus, der Schließer, die Kupplerin und Gerichtsdiener
treten auf.)

Escalus.

Fort, bringt sie in's Gefängniß! —

Kupplerin.

Liebster, gnädiger Herr, habt Mitleid mit mir; Euer Gnaden
gilt für einen sanftmüthigen Herrn — liebster, gnädiger Herr! —

Escalus.

Doppelt und dreifach gewarnt, und immer das nämliche Ver=
brechen! — das könnte die Gnade selbst in Wuth bringen und zum
Tyrannen machen.

Schließer.

Eine Kupplerin, die es seit elf Jahren treibt, mit Euer Gnaden
Vergunst! —

Kupplerin.

Gnädiger Herr, das hat ein gewisser Lucio mir eingerührt.
Jungfer Käthchen Streckling war schwanger von ihm zu des Herzogs
Zeit, er versprach ihr die Ehe; sein Kind ist fünf Vierteljahr alt auf

nächsten Philippi und Jacobi; ich habe es selbst aufgefüttert, und seht
nun, wie er mit mir umspringen will.

Escalus.

Dieß ist ein Mensch von sehr schlechter Aufführung: ruft ihn
vor uns. Fort mit ihr in's Gefängniß — kein Wort mehr weiter! —

(Kupplerin und Gerichtsdiener ab.)

Schließer, mein Amtsbruder Angelo läßt sich nicht überreden; Claudio
muß morgen sterben. Besorgt ihm geistlichen Zuspruch, und was er
zu christlicher Erbauung bedarf. Wenn mein College gleiches Mitleid
wie ich empfände, so stände es nicht so um Claudio.

Schließer.

Gnädiger Herr, dieser Pater ist bei ihm gewesen, und hat ihm
mit Rath beigestanden, dem Tode entgegenzugehn.

Escalus.

Guten Abend, guter Pater!

Herzog.

Gnade und Segen über Euch! —

Escalus.

Von wannen seid Ihr?

Herzog.

Nicht diesem Land gehör' ich, wo mich Zufall
Für eine Zeitlang hält. Ich bin ein Bruder
Aus frommem Orden, jüngst von Rom gekommen
Mit wicht'gem Auftrag seiner Heiligkeit.

Escalus.

Was giebt's Neues im Auslande?

Herzog.

Nichts; außer daß Rechtschaffenheit an einem so starken Fieber
leidet, daß ihre Auflösung sie heilen muß. Nur dem Neuen wird
nachgefragt, und es ist eben so gefährlich geworden, in irgend einer
Lebensbahn alt zu werden, als es schon eine Tugend ist, in irgend
einem Unternehmen standhaft zu bleiben. Kaum ist noch so viel Ver=
trauen wirksam, um der Gesellschaft Sicherheit zu verbürgen; aber
Bürgschaft so überlei, daß man allen Umgang verwünschen möchte.
Um diese Räthsel dreht sich die ganze Weisheit der Welt; dieß Neue
ist alt genug, und dennoch das Neue des Tages. Ich bitt' Euch,
Herr, von welcher Gesinnung war Euer Herzog?

Escalus.

Von der, daß er vorzüglich dahin strebte, sich genau selbst kennen zu lernen.

Herzog.

Welchen Vergnügungen war er ergeben?

Escalus.

Mehr erfreut, Andre froh zu sehn, als froh über irgend etwas, das ihn selbst vergnügt hätte; ein Herr, der in allen Dingen mäßig war. Doch überlassen wir ihn seinem Schicksal mit einem Geber für sein Wohlergehn, und vergönnt mir die Frage, wie Ihr Claudio vorbereitet fandet? Wie ich höre, habt Ihr ihm Euren Besuch gegönnt.

Herzog.

Er bekennt, sein Richter habe ihn nicht mit zu strengem Maß gemessen; vielmehr demüthigt er sich mit großer Ergebung vor dem Ausspruch der Gerechtigkeit. Doch hatte er sich, der Eingebung seiner Schwachheit folgend, manche täuschende Lebenshoffnung gebildet, die ich allmälig herabgestimmt habe; und jetzt ist er gefaßt zu sterben.

Escalus.

Ihr habt dem Himmel Euer Gelübde, und gegen den Gefangnen alle Pflichten Eures Berufs erfüllt. Ich habe mich für den armen jungen Mann bis an die äußerste Grenze meiner Zurückhaltung verwendet; aber meines Mitbruders Gerechtigkeitssinn zeigte sich so strenge, daß er mich zwang, ihm zu sagen, er sei in der That die Gerechtigkeit selbst.

Herzog.

Wenn sein eigner Wandel dieser Schroffheit seines Verfahrens entspricht, so wird sie ihm wohl anstehn; sollte er aber fehlen, so hat er sich sein eignes Urtheil gesprochen.

Escalus.

Ich gehe, den Gefangnen zu besuchen. Lebt wohl! —

Herzog.

Friede sei mit Euch!

(Escalus und der Schließer gehn ab.)

Wer führen will des Himmels Schwert,
Sei, so wie streng, auch rein bewährt:
Muß in sich die Richtschnur sehn,

Stehn mit Huld, mit Tugend gehn;
Nicht auf Andre bürden mehr,
Als ihm selbst zu tragen schwer.
Schande dem, der tödtlich schlägt
Unrecht, das er selber hegt!
Schmach, Angelo, Schmach deinem Richten,
Das fremde Spreu nur weiß zu sichten!
Wie oft birgt inn're, schwere Schuld,
Der außen Engel scheint an Huld;
Wie oft hat Schein, in Sünd' erzogen,
Der Zeiten Auge schon betrogen,
Daß er mit dünnen Spinneweben
Das Schwerste, Gröbste mag erheben! —
List gegen Bosheit wend' ich nun:
Lord Angelo soll heute ruhn
Bei ihr, der Lieb' er einst gelogen;
So wird der Trüger selbst betrogen,
Daß, wenn die Falschheit Falschheit finde,
Ein alter Bund sich neu begründe.   (Ab.)

Vierter Aufzug.

Erste Scene.

Zimmer in Marianens Hause.

(Mariane sitzend; ein Knabe singt.)

Lied.

Bleibt, o bleibt ihr Lippen ferne,
Die so lieblich falsch geschworen;
Und ihr Augen, Morgensterne,
Die mir keinen Tag geboren!
Doch den Kuß gieb mir zurück,
    Gieb zurück,
Falsches Siegel falschem Glück,
    Falschem Glück! —

Mariane.

Brich ab dein Lied, und eile schnell hinweg;
Hier kommt ein Mann des Trostes, dessen Rath
Oft meinen wildempörten Gram gestillt.   (Knabe ab.)

(Der Herzog tritt auf.)

O lieber Herr, verzeiht! Ich wünschte fast,
Ihr hättet nicht so sangreich mich gefunden.

Ich kann Euch treulich zur Entschuld'gung sagen,
Nicht meine Lust, mein Leid fand dran Behagen.

Herzog.

Recht wohl; doch üben Töne Zauberkraft,
Die Schlimmes gut, aus Gutem Schlimmes schafft. —
Ich bitt' Euch, sagt mir, hat hier Jemand heut nach mir gefragt?
Eben um diese Stunde habe ich hier eine Zusammenkunft verabredet.

Mariane.

Es hat Niemand nach Euch gefragt: ich habe hier den ganzen
Tag gesessen.

(Isabella kommt.)

Herzog.

Ich glaube Euch zuversichtlich; die Zeit ist da: eben jetzt. Ich
muß Euch bitten, Euch auf einen Augenblick zu entfernen; ich denke,
wir sprechen uns gleich wieder, um für Euch etwas Gutes einzuleiten.

Mariane.

Ich bin Euch stets verpflichtet. (Ab.)

Herzog.

Seid höchlich mir willkommen! —
Wie ist's mit diesem trefflichen Regenten?

Isabella.

Sein Garten ist umringt von einer Mauer,
Die gegen West an einen Weinberg lehnt;
Und zu dem Weinberg führt ein Lattenthor,
Das dieser größre Schlüssel öffnen wird;
Der andre schließt ein kleines Pförtchen auf,
Das aus dem Weinberg in den Garten führt:
Dort hab' ich zugesagt mich einzustellen,
Grad' in der müden Zeit der Mitternacht.

Herzog.

Doch seid Ihr auch gewiß, den Weg zu finden?

Isabella.

Ich merkte Alles sorglich und genau;
Mit flüsterndem, höchst sünd'gem Eifer und
Einprägender Geberde wies er mir
Zweimal den Weg.

Herzog.

Sind keine andre Zeichen
Von Euch bestimmt, die sie zu merken hat?

Isabella.

Nein; nur daß wir im Dunkeln uns begegnen,
Und ich ihm eingeschärft, nur kurze Zeit
Könn' ich verweilen; denn es werde mich
Ein Mädchen hinbegleiten, sagt' ich ihm,
Die auf mich wart', und deren Meinung sei,
Ich komm' des Bruders halber.

Herzog.

Wohl erdacht;
Ich habe von dem Allen noch kein Wort
Marianen mitgetheilt. — He! Fräulein, kommt! —

(Mariane kommt wieder.)

Ich bitt' Euch, macht Bekanntschaft mit der Jungfrau,
Sie kommt, Euch zu verpflichten.

Isabella.

Ja, so wünsch' ich's.

Herzog.

Vertraut Ihr mir, daß ich Euch lieb' und achte?

Mariane.

Ich weiß, Ihr thut's, und hab' es schon erfahren.

Herzog.

So nehmt denn diese Freundin an der Hand,
Und hört, was sie Euch jetzt erzählen wird.
Ich werd' Euch hier erwarten. — Eilt indeß,
Die feuchte Nacht ist nah.

Mariane.

Gefällt's Euch, mitzugehn?   (Mariane und Isabella ab.)

Herzog.

O Größ' und Hoheit, tausend falscher Augen
Haften auf dir! Gerüchte, haufenweis',
Setzt dieses falsch verkehrte Späh'n in Lauf
Ueber dein Thun; an dir übt sich der Witz,
Macht dich zum Vater seiner Hirngespinste,

Und foltert dich in seiner Einbildung.

(Mariane und Isabella kommen zurück.)

Willkommen! Seid Ihr einig?

Isabella.

Sie will die Unternehmung wagen, Vater,
Wenn Ihr sie billigt.

Herzog.

Nicht nur heiß' ich's gut,
Ich bitte selbst darum.

Isabella.

Ihr dürft nur wenig sprechen;
Nur, wenn Ihr von ihm scheidet, leis' und sanft: —
„Gedenkt jetzt meines Bruders! — "

Mariane.

Fürchtet nicht.

Herzog.

Auch Ihr, geliebte Tochter, fürchtet nichts.
Er ist mit Euch vermählt durch sein Verlöbniß:
Euch so zusammenfügen ist nicht Sünde,
Weil Eures Anspruchs unbestrittnes Recht
Den Trug beschönigt. Kommt und laßt uns gehn;
Weß Weizen blühen soll, der muß erst sä'n.

(Gehn ab.)

Zweite Scene.

Ein Zimmer im Gefängniß.

(Der Schließer und Pompejus treten auf.)

Schließer.

Kommt einmal her, Bursch: könnt Ihr wohl einem Menschen
den Kopf abschlagen?

Pompejus.

Wenn der Mensch ein Junggesell ist, Herr, so kann ich's: ist's
aber ein verheirather Mann, so ist er seines Weibes Haupt; und
ich kann unmöglich einen Weiberkopf abschlagen.

Schließer.

Hört, Freund, laßt die Narrenspossen, und antwortet mir ge=
radezu. Morgen früh sollen Claudio und Bernardino sterben; wir
haben hier im Gefängniß unsern öffentlichen Scharfrichter, der einen
Gehülfen im Dienst braucht: wenn Ihr's übernehmen wollt, ihm bei=
zustehn, so sollt Ihr von Euren Fußschellen loskommen; wo nicht, so
habt Ihr Eure volle Zeit im Gefängniß auszuhalten, und beim Ab=
schied noch ein unbarmherziges Auspeitschen; denn Ihr seid ein start=
kundiger Kuppler gewesen.

Pompejus.

Herr, ich bin seit undenklicher Zeit ein unzünftiger Kuppler ge=
wesen, aber jetzt will ich mir's gefallen lassen, ein zünftiger Henker
zu werden. Es soll mir ein Vergnügen sein, einigen Unterricht von
meinem Amtsbruder zu erhalten.

Schließer.

Heda, Grauslich! wo steckst du, Grauslich?

(Grauslich kommt.)

Grauslich.

Ruft Ihr, Herr? —

Schließer.

Seht einmal, hier ist ein Bursch, der Euch morgen bei der Hin=
richtung helfen soll; wenn's Euch recht ist, so nehmt ihn auf ein
Jahr, und behaltet ihn hier bei Euch; wo nicht, so braucht ihn für
diesmal, und laßt ihn gehn. Er kann auf seinen ehrlichen Namen
gegen Euch nicht pochen, denn er ist ein Kuppler gewesen.

Grauslich.

Ein Kuppler? Pfui, da verunehrt er unser Metier.

Schließer.

Ach, geht nur! Ihr wiegt gleich viel; eine Feder wird auf der
Wage den Ausschlag geben. (Ab.)

Pompejus.

Nehmt's mir nicht übel, Herr, — denn Ihr nehmt Euch selbst
nicht übel aus, nur daß Ihr nach Hängen ausseht — nennt Ihr
Eure Hantirung ein Metier?

Grauslich.

Ja, Herr, ein Metier.

Pompejus.

Das Malen, Herr, habe ich sagen hören, sei ein Metier; und da die Weibsbilder, die zu meiner Hantirung gehören, sich auf's Malen verstehn, so folgt daraus, daß meine Hantirung ein Metier ist; aber was das für ein Metier sein soll, einen aufzuhängen, kann ich nicht einsehn.

Grauslich.

Herr, es ist ein Metier.

Pompejus.

Beweis?

Grauslich.

Jedes ehrlichen Mannes Anzug muß für einen Dieb passen.

Pompejus.

Wenn er zu klein ist für den Dieb, hält der ehrliche Mann ihn für groß genug; wenn er zu groß ist für den Dieb, hält der Dieb ihn für klein genug; so paßt jedes ehrlichen Mannes Anzug einem Dieb.

(Der Schließer kommt zurück.)

Schließer.

Nun, seid Ihr einig?

Pompejus.

Herr, ich will ihm dienen; denn ich sehe, so ein Henker hat doch ein bußfertigeres Gewerbe als so ein Kuppler; er bittet öfter um Vergebung.

Schließer.

Ihr da, haltet Euer Beil und Euern Block auf morgen um vier Uhr in Bereitschaft.

Grauslich.

Komm mit, Kuppler, ich will dich in meiner Hantirung unterrichten; folge mir.

Pompejus.

Ich bin sehr lehrbegierig, Herr, und ich hoffe, wenn Ihr einmal nöthig habt, mich für Euch selbst zu brauchen, Ihr sollt mich rührig finden; denn wahrhaftig, Herr, Ihr habt so viel Güte für mich, daß ich Euch wieder gefällig sein möchte.

Schließer.

Ruft mir jetzt Bernardin und Claudio her. —

(Grauslich und Pompejus gehn ab.)

Der eine thut mir leid, doch jener Gauch
Und Mörder nicht, und wär's mein Bruder auch.
                    (Claudio tritt auf.)
Hier ist dein Todesurtheil, Claudio, lies.
Jetzt ist es Mitternacht; um acht Uhr früh
Gehst du zur Ewigkeit. — Wo ist Bernardin?

Claudio.
So fest im Schlafe, wie schuldlose Arbeit,
Wenn sie des Wandrers Glieder schwer belastet;
Er wird nicht wach.

Schließer.
                    Ihm kann auch keiner helfen.
Nun geht, bereitet Euch. — Horch, welch Geräusch?
                    (Man hört klopfen. Claudio geht ab.)
Gott woll' Euch Trost verleihn! Schon gut, ich komme! —
Ich hoff', es ist Begnad'gung oder Aufschub
Für unsern guten Claudio. — Willkommen, Vater! —
                    (Der Herzog tritt auf.)

Herzog.
Der Nacht heilsamste, beste Geisterschaar
Umgeb' Euch, guter Schließer! War hier Niemand?

Schließer.
Seitdem die Abendglock' ertönte, Niemand.

Herzog.
Nicht Isabella?

Schließer.
                    Nein.

Herzog.
                    Bald kommen sie.

Schließer.
Ist Trost für Claudio?

Herzog.
                    Ein'ge Hoffnung bleibt.

Schließer.
Das ist ein bittrer Statthalter. —

Herzog.

Das nicht! das nicht! Sein Leben folgt genau
Der strengen Richtschnur seines ernsten Rechts.
In heiliger Enthaltsamkeit bezwingt er
An sich, was seine Herrschermacht mit Nachdruck
An Andern strebt zu dämpfen. Schwärz' ihn selbst,
Was er bestraft, dann wär' er ein Tyrann;
Doch so ist er gerecht. — Jetzt sind sie da. —

                         (Es wird geklopft Schließer ab.)

Der Mann hat doch ein Herz! Wie selten ist
Der starre Kerkervogt der Menschen Freund!
Was für ein Lärm! Unruhig ist der Geist,
Der so das Thor von Schlägen beben macht.

(Der Schließer kommt zurück, und spricht zu einem draußen.)

Schließer.

Laßt ihn noch warten, bis der Pförtner kommt
Ihn einzulassen; er ist unterwegs.

Herzog.

Ward der Befehl noch nicht zurückgenommen?
Muß Claudio morgen sterben?

Schließer.

           Keine Aend'rung!

Herzog.

Zwar naht die Dämm'rung, Schließer, dennoch hoff' ich,
Vor Tagesanbruch hört Ihr mehr.

Schließer.

                Vielleicht

Wißt Ihr etwas. Doch fürcht' ich sehr, ihm wird
Begnad'gung nicht. Nie ward solch Beispiel kund;
Und überdieß hat selbst vom Richterstuhl
Lord Angelo dem Ohr des ganzen Volks
Das Gegentheil erklärt.

           (Ein Bote kommt.)

           Ein Diener des Regenten.

Herzog.

Der bringt für Claudio die Begnadigung.

Bote.

Seine Herrlichkeit sendet Euch diese Zeilen, und durch mich den mündlichen Auftrag, daß Ihr nicht von dem kleinsten Punkt derselben abweichen sollt, weder in Zeit, Inhalt, noch sonst einem Umstand. — Guten Morgen, denn ich denke, der Tag bricht schon an.

(Bote geht ab.)

Schließer.

Ich werde gehorchen.

Herzog.

Sein Gnadenbrief! Erkauft durch solche Sünden,
Die den Begnad'ger selbst als Frevler künden!
Da blüht den Lastern schnell und leicht Gedeihn,
Wo Macht und Hoheit ihnen Schutz verleihn.
Wo Laster Gnade übt, wird Gnade feil;
Liebe zur Sünde wirkt des Sünders Heil.
Nun Herr? Was schreibt er Euch?

Schließer.

Wie gesagt, Lord Angelo, der mich vermuthlich nachlässig im Dienst glaubt, spornt mich durch dieß ungewöhnliche Treiben. Mir scheint dieß seltsam, denn es war früher nie seine Gewohnheit.

Herzog.

Ich bitt' Euch, laßt doch hören.

Schließer (liest).

„Was Ihr auch immer vom Gegentheil hören mögt, laßt Claudio um vier Uhr hinrichten, und Nachmittags den Bernardin. Zu besserer Versicherung schickt mir Claudio's Kopf um fünf. Laßt dieß genau vollzogen werden, und seid eingedenk, daß mehr hieran liegt, als wir Euch für jetzt mittheilen dürfen. Verfehlt daher nicht, Eure Pflicht zu thun, indem Ihr auf eigne Gefahr dafür stehen müßt." — Was sagt Ihr dazu, Herr? —

Herzog.

Wer ist der Bernardin, der diesen Nachmittag enthauptet werden soll?

Schließer.

Ein Zigeuner von Geburt, doch hier im Lande erzogen und groß geworden; er sitzt schon seit neun Jahren gefangen. —

Herzog.

Wie kommt es, daß ihn der abwesende Herzog nicht entweder in Freiheit setzte, oder hinrichten ließ? Wie ich höre, pflegte er immer so zu verfahren.

Schließer.

Seine Freunde wirkten beständig Aufschub für ihn aus, und in der That ward sein Verbrechen erst unter Lord Angelo's Regierung unzweifelhaft erwiesen.

Herzog.

Ist es jetzt dargethan?

Schließer.

Ganz offenbar, und von ihm selbst eingestanden.

Herzog.

Hat er Reue im Gefängniß an den Tag gelegt? Wie ist seine Gemüthsverfassung?

Schließer.

Ein Mensch, dem der Tod nicht fürchterlicher vorkommt, als ein Weinrausch; sorglos, unbekümmert, furchtlos vor Vergangenheit, Gegenwart und Zukunft; unempfindlich gegen das Sterben und hoffnungslos sterblich.

Herzog.

Ihm fehlt Belehrung.

Schließer.

Die hört er nicht an; er hat jederzeit viel Freiheit im Gefängniß gehabt: man könnte ihm freistellen zu entfliehen, er würde es nicht thun. Er berauscht sich mehrmals am Tage; oft ist er mehrere Tage hinter einander betrunken. Mehr als einmal haben wir ihn geweckt, als wollten wir ihn zur Hinrichtung führen, und ihm einen vorgeb-lichen Befehl dafür gezeigt: es hat nicht den mindesten Eindruck auf ihn gemacht.

Herzog.

Hernach mehr von ihm. Auf Eurer Stirn, Kerkermeister, stehn Redlichkeit und Treue geschrieben: lese ich nicht recht, so täuscht mich meine alte Erfahrung. Indeß, im Vertrauen auf mein sichres Urtheil will ich's drauf wagen. Claudio, für dessen Hinrichtung Ihr jetzt den Befehl habt, ist dem Gesetz nicht mehr verfallen als Angelo, der ihn

verurtheilt hat. Euch davon durch eine augenscheinliche Probe zu
versichern, bedarf es nur eines Aufschubs von vier Tagen, während
dessen Ihr mir eine augenblickliche und gewagte Gefälligkeit erzeigen
sollt.

Schließer.

Und worin, ehrwürdiger Herr?

Herzog.

Indem Ihr seinen Tod verschiebt.

Schließer.

Ach, wie kann ich das, da mir die Stunde bestimmt, und der
ausdrückliche Befehl zugesandt ist, bei Strafe seinen Kopf dem Angelo
vor Augen zu bringen? Ich würde mir Claudio's Schicksal zuziehn,
wollte ich nur im geringsten davon abweichen.

Herzog.

Bei meinem Ordensgelübde will ich Euch für Alles einstehn,
wenn Ihr meiner Leitung zu folgen wagt. Laßt diesen Bernardin
heut Morgen hinrichten, und schickt seinen Kopf dem Angelo.

Schließer.

Angelo sah sie beide, und würde das Gesicht erkennen.

Herzog.

O, der Tod ist Meister im Entstellen, und Ihr könnt ihm zu
Hülfe kommen. Scheert ihm das Haupt, kürzt ihm den Bart, und
sagt, der reuige Sünder habe dieß vor seinem Tode so verlangt: Ihr
wißt, daß der Fall häufig vorkommt. Wenn Euch irgend etwas hieraus erwächst als Dank und gutes Glück: bei dem Heiligen, dem ich
mich geweiht, so will ich's mit meinem Leben vertreten.

Schließer.

Verzeiht mir, guter Pater, es ist gegen meinen Eid.

Herzog.

Schwurt Ihr dem Herzog oder seinem Statthalter?

Schließer.

Dem Herzog und seinen Stellvertretern.

Herzog.

Ihr würdet nicht glauben, Euch vergangen zu haben, wenn der
Herzog dieß Verfahren billigte?

Schließer.

Aber welche Wahrscheinlichkeit hätte ich dafür?

Herzog.

Nicht nur eine Möglichkeit, nein, eine Gewißheit. Doch weil ich Euch furchtsam sehe, und weder meine Ordenstracht, meine lautre Gesinnung, noch meine Ueberredung Euch gewinnen können, so will ich weiter gehn, als ich mir's vorgesetzt, um alle Furcht in Euch zu vernichten. Seht her, Freund! hier ist des Herzogs Handschrift und Siegel. Ihr kennt die Schrift ohne Zweifel, und das Petschaft wird Euch nicht fremd sein.

Schließer.

Ich kenne sie beide.

Herzog.

Dieser Brief meldet des Herzogs Rückkehr; Ihr sollt ihn sogleich nach Gefallen durchlesen, und werdet sehn, daß er binnen zwei Tagen hier sein wird. Dieß ist ein Umstand, den Angelo nicht weiß; denn eben heut erhält er Briefe von sonderbarem Inhalt: vielleicht daß der Herzog gestorben, vielleicht daß er in ein Kloster gegangen sei; aber wohl nichts von alledem ist der Fall. Seht, der Morgenstern macht den Schäfer schon munter. Staunt nicht zu sehr, wie alles dieß zusammenhängt; alle Schwierigkeiten sind leichter, wenn man sie kennt. — Ruft Euren Scharfrichter, und herab mit Bernardino's Haupt; ich will sogleich seine Beichte hören, und ihn für ein beß'res Leben vorbereiten. Ich sehe, Ihr seid noch erstaunt; aber dieß wird Euch vollständig aufklären. Kommt mit, es ist schon lichte Dämmerung.

(Beide ab.)

Dritte Scene.

(Pompejus tritt auf.)

Pompejus.

Ich bin hier so bekannt, als ich's in unserm eignen Hause war; man sollte meinen, es wäre das Haus der Frau Ueberlei, denn hier kommen eine Menge von ihren alten Kunden zusammen. Für's Erste

ist hier der junge Herr Rasch; der sitzt hier für einen Posten Pack=
papier und alten Ingwer, hundertsiebenundneunzig Pfund zusammen,
woraus er fünf Mark baares Geld gemacht; freilich muß der Ingwer
eben nicht sehr gesucht gewesen sein, und die alten Weiber waren wohl
eben alle gestorben. Dann ist hier ein Herr Capriole, den Meister
Dreihaar, der Seidenhändler, eingeklagt hat: für ein drei oder vier
Stück schwarzen Atlas hat er ihn in unsre Gesellschaft eingeschwärzt.
Dann haben wir hier den jungen Schwindlich, und den jungen Herrn
Fluchmaul, und Herrn Kupfersporn, und Herrn Hungerdarm, den
Dolch= und Degenmann, und den jungen Fegesack, der den lustigen
Pudding todtschlug; und Junker Stichfest, den Klopffechter, und den
schmucken Herrn Schuhriem, den Weitgereisten; und den wilden Halb=
nösel, der dem Krug den Garaus machte, und ich glaube ihrer vierzig
mehr; lauter tapfre Leute in unsrer Hantirung, und rufen nun „um
Gottes willen!"

(Grauslich kommt.)

Grauslich.

Fort Kerl! Hol uns Bernardin her! —

Pompejus.

Meister Bernardin! Ihr müßt aufstehn und Euch hängen lassen!
Meister Bernardin! —

Grauslich.

He, Holla! Bernardin! —

Bernardin (draußen).

Daß Euch das Donnerwetter über'n Hals käme! Wer macht
den Lärm da? Wer seid Ihr?

Pompejus.

Euer guter Freund, mein Herr, der Henker! Ihr müßt so gut
sein, mein Herr, und aufstehn, und Euch hinrichten lassen!

Bernardin.

Fort du Schurke, fort sag' ich, ich will schlafen.

Grauslich.

Sag' ihm, er muß wach werden, und das gleich.

Pompejus.

Bitt' Euch, Meister Bernardin, werdet nur wach, bis man Euch
hingerichtet hat, nachher könnt Ihr weiter schlafen.

Grauslich.

Geh hinein, und hol' ihn heraus.

Pompejus.

Er kommt schon, Herr, er kommt schon; ich höre sein Stroh rascheln.

(Bernardin tritt auf.)

Grauslich.

Ist das Beil auf dem Block, du?

Pompejus.

Fix und fertig, Herr.

Bernardin.

Nun, Grauslich, was habt Ihr vor?

Grauslich.

Im Ernst, Freund, macht Euch dran, und haspelt Euer Gebet herunter; denn, seht Ihr, der Befehl ist da.

Bernardin.

Ihr Schurke, ich habe die ganze Nacht durch gesoffen: es ist mir ungelegen.

Pompejus.

Ei desto besser; wenn einer die ganze Nacht durch gesoffen hat, und man hängt ihn den Morgen früh, da hat er den andern Tag, um auszuschlafen.

(Der Herzog kommt.)

Grauslich.

Seht, Freund, da kommt Euer Beichtvater. Meint Ihr noch, es sei Spaß? he?

Herzog.

Mein Freund, ich hörte, wie bald Ihr die Welt verlassen müßt, und kam aus christlicher Nächstenliebe Euch zu ermahnen, zu trösten und mit Euch zu beten.

Bernardin.

Pater, daraus wird nichts. Ich habe die ganze Nacht scharf gesoffen, und muß mehr Zeit haben mich zu besinnen, sonst sollen sie mir das Hirn mit Keulen herausschlagen. Ich thu's nicht, daß ich mich heut hinrichten lasse; dabei bleibt's.

Herzog.

O Freund, Ihr müßt: und darum bitt' ich Euch,
Blickt vorwärts auf den Weg, der Euch bevorsteht.

Bernardin.

Ich schwöre aber, daß kein Mensch mich dazu bringen soll heut zu sterben.

Herzog.

So hört nur!

Bernardin.

Nicht ein Wort! Wenn Ihr mir was zu sagen habt, kommt in mein Gefängniß, denn ich will heut keinen Schritt heranthun. (Ab.)
(Der Schließer kommt.)

Herzog.

Ganz unbereit
Zum Leben wie zum Tod. O steinern Herz! —
Ihm nach, Gesellen, führt ihn hin zum Block!

(Grauslich und Pompejus ab.)

Schließer.

Nun, Herr, wie fandet Ihr den Delinquenten?

Herzog.

Durchaus verstockt, unfertig für den Tod;
In der Verfassung ihn davonzuschaffen
Wäre verdammlich.

Schließer.

Hier im Kerker, Vater,
Starb diesen Morgen grad' am hitz'gen Fieber
Ragozyn, ein berüchtigter Pirat,
Ein Mann von Claudio's Alter: Bart und Haare
Genau von gleicher Farbe. Sagt, wie wär's,
Wenn wir dem Mörder Zeit zur Buße gönnten,
Und täuschten den Regenten mit dem Kopf
Des Ragozyn, der mehr dem Claudio gleicht? —

Herzog.

Das ist ein Glücksfall, den der Himmel sendet:
Verfügt es augenblicks; es naht die Zeit,
Die Angelo bestimmt. Mit Pünktlichkei

Vollzieht den Auftrag, während ich durch Lehre
Den Rohen dort zu reu'gem Tod bekehre.

Schließer.

Das soll geschehn, o Pater, unverzüglich;
Doch Bernardin muß diesen Abend sterben.
Und wie verfährt man dann mit Claudio,
Und wendet die Gefahr, die mich bedroht,
Wenn es zu Tage kommt, daß er noch lebt?

Herzog.

Verfügt es so: bringt in geheime Haft
Bernardin so wie Claudio; eh' die Sonne
Zweimal dem außen wohnenden Geschlecht
Den Tagesgruß gebracht hat, findet Ihr
Vollkommne Sicherstellung.

Schließer.

Ich bin Euch willig unterthan.

Herzog.

So eilt,
Besorgt's, und schickt das Haupt dem Claudio. (Schließer ab.)
Nun schreib' ich Briefe gleich dem Angelo
 Der Schließer bringt sie ihm), nach deren Inhalt
Ihm Meldung wird, ich sei der Heimath nah,
Und daß ein wicht'ger Anlaß mich bestimmt
Zu öffentlichem Einzug. Ihn entbiet' ich
Mir zu begegnen am geweihten Quell,
Zwei Stunden vor der Stadt; von dort aus dann,
In kalter Reihenfolg' und abgemessen,
Verfahren wir mit Angelo.

(Der Schließer kommt.)

Schließer.

Hier ist der Kopf, ich trag' ihn selber hin.

Herzog.

So ist's am sichersten. Kehrt bald zurück,
Denn Manches muß ich Euch vertrau'n, das sonst
Kein Ohr vernehmen darf.

Schließer.
Ich will mich eilen.   (Schließer ab.)

Isabella (draußen).
Friede mit Euch! Macht auf! Ist Keiner da?

Herzog.
's ist Isabellens Ruf: sie kommt, zu hören,
Ob ihrem Bruder Gnade sei gewährt;
Doch bleib' ihr seine Rettung noch verhehlt,
Daß aus Verzweiflung Himmelstrost ihr werde,
Wenn sie's am mind'sten hofft.
      (Isabella tritt auf.)

Isabella.
      Vergönnt, o Herr! —

Herzog.
Seid mir gegrüßt, mein schönes, frommes Kind!

Isabella.
Ein lieber Gruß von solchem heil'gen Mund! —
Hat schon der Bruder Freiheit vom Regenten? —

Herzog.
Er hat ihn, Tochter, von der Welt erlöst;
Das abgeschlagne Haupt ward ihm gesandt.

Isabella.
Nein doch! es ist nicht so!

Herzog.
      Es ist nicht anders! —
Zeigt Eure Weisheit, Jungfrau, durch Ergebung.

Isabella.
Ich will zu ihm, ausreißen ihm die Augen! —

Herzog.
Er wird gewiß den Zutritt Euch verweigern.

Isabella.
Weh, armer Claudio! Weh dir, Isabella! —
Grausame Welt! verdammter Angelo! —

Herzog.
So schadet Ihr ihm nicht, noch helft Ihr Euch;
Seid ruhig denn, stellt Gott die Sach' anheim.

Merkt, was ich sage: jede Sylbe sollt Ihr
Glaubwürdig, zuverlässig wahrhaft finden.
Der Fürst kehrt morgen heim: — nein, weint nicht so!
Ein Bruder unsers Ordens und sein Beicht'ger
Gab mir Beweis dafür: er brachte schon
An Escalus und Angelo die Kunde:
Sie sollen ihm am Thor entgegenziehn,
Ihr Amt zurück dort geben. Könnt Ihr's, wandelt
Mit Klugheit auf dem Pfad, den ich Euch zeige,
Und Ihr kühlt Euern Sinn an dem Verworfnen,
Euch wird des Fürsten Huld, dem Herzen Rache,
Und allgemeines Lob.

Isabella.

Ich folg' Euch gern.

Herzog.

Gebt dieß an Bruder Peter; 's ist der Brief,
Worin er mir des Herzogs Rückkehr meldet.
Sagt, auf dieß Zeichen lad' ich ihn heut Abend
In Marianens Haus. Ich mach' ihn ganz vertraut
Mit Eurem Fall; er führt Euch vor den Herzog;
Und dort klagt Angelo in's Antlitz an,
Daß er verstummen muß. Ich leider selbst
Bin durch ein heiliges Gelübd' gebunden,
Das fern mich hält. Nun geht mit diesem Brief,
Erleichtert Euer Herz, und bannt vom Aug'
Dieß herbe Naß — traut meinem heil'gen Orden,
Ich rath' Eu'r Bestes. — Wer da?

(Lucio kommt.)

Lucio.

Guten Abend!

Mönch, sag', wo ist der Schließer?

Herzog.

Nicht zu Hause.

Lucio.

O schöne Isabella, mein ganzes Herz erblaßt, deine Augen so
roth zu sehn! du mußt dich in Geduld fassen. Ich muß mich auch

trin finden, Mittags und Abends mit Wasser und Brot zufrieden zu
sein; so lieb mein Kopf mir ist, darf ich meinen Bauch nicht füllen:
eine einzige derbe Mahlzeit, und ich wäre geliefert. Aber wie es
heißt, kommt der Herzog morgen wieder. Bei meiner Seele, Isabella,
ich liebte deinen Bruder; hätte nur der alte phantastische Herzog, der
Winkelkriecher, zu Hause gesessen, er lebte noch.   (Isabella geht ab.)

Herzog.

Herr, der Herzog ist Euern Reden über ihn außerordentlich
wenig Dank schuldig; das Beste ist nur, daß Eure Schild'rung ihm
nicht gleicht.

Lucio.

Geh nur, Mönch, du kennst den Herzog nicht so, wie ich; er ist
ein beßrer Wildschütz, als du denkst.

Herzog.

Nun, Ihr werdet dieß einmal zu verantworten haben. Lebt
wohl!

Lucio.

Nein, wart' noch, ich gehe mit dir; ich kann dir hübsche Ge-
schichten von dem Herzog erzählen.

Herzog.

Ihr habt mir schon zu viele erzählt, wenn sie wahr sind: und
sind sie's nicht, so wäre eine einzige zu viel.

Lucio.

Ich mußte einmal vor ihm erscheinen, weil eine Dirne von mir
schwanger geworden war.

Herzog.

Ist Euch so etwas begegnet?

Lucio.

Nun freilich war sie's von mir; aber ich schwur die Geschichte
ab; ich hätte sonst die faule Mispel beirathen müssen.

Herzog.

Herr, Eure Gesellschaft ist mehr unterhaltend als anständig:
schlaft wohl!

Lucio.

Mein Seel, ich bringe dich noch bis an die Ecke. Wenn dir
Zotengeschichten zuwider sind, so wollen wir dir nicht zu viel auf-
tischen — ja, Mönch, ich bin eine Art von Klette, ich hänge mich an.

(Gehn ab.)

Vierte Scene.

Ein Zimmer in Angelo's Hause.

(Angelo und Escalus treten auf.)

Escalus.
Jeder Brief, den er schreibt, widerspricht dem vorhergehenden.

Angelo.
Auf die unebenste und widersinnigste Weise. Seine Handlungen erscheinen fast wie Wahnsinn: der Himmel gebe, daß sein Verstand nicht gelitten habe! Und warum ihm vor dem Thore entgegenkommen und unsre Aemter dort niederlegen? —

Escalus.
Ich errathe es nicht.

Angelo.
Und warum sollen wir eben in der Stunde seiner Ankunft ausrufen lassen, daß wenn jemand über Unrecht zu klagen hat, er sein Gesuch auf offener Straße anbringen möge?

Escalus.
Hierfür giebt er Gründe an: er will alle Klagen auf einmal abthun, und uns für die Zukunft vor Chicanen sicherstellen, die alsdann keine Kraft mehr gegen uns haben sollen.

Angelo.
Wohl; ich ersuch' Euch, laßt den Ausruf thun.
Auf nächsten Morgen früh hol' ich Euch ab;
Und theilt es Allen mit, die Rang und Amt
Befugt, ihn einzuholen.

Escalus.
Das will ich, Herr; so lebt denn wohl!

Angelo.
                    Gut' Nacht! —
                    (Escalus geht ab.)
Die That nimmt allen Halt mir, stumpft den Sinn
Und lähmt mein Handeln. — Ein entehrtes Mädchen! —

Entehrt von ihm, der das Gesetz dagegen
In Kraft gesetzt! Wenn Scham ihr nicht verwehrte
Den jungfräulichen Raub bekannt zu machen,
Wie könnte sie mich zeichnen! Doch Vernunft
Zwingt sie zum Schweigen. Denn mein hohes Amt
Hat solchen Schutz in des Vertrauens Wucht,
Daß jede Antastung den eigenen
Urheber schlägt. Er hätte leben dürfen,
Doch seine wilde Jugend, leicht empört,
Konnt' einst in Zukunft wohl auf Rache denken,
Wenn ihm ein so entehrtes Leben ward,
Erkauft durch solche Schmach. — Lebt' er doch lieber! —
Ach, wenn uns erst erlosch der Gnade Licht,
Nichts geht dann recht, man wünscht, und wünscht auch nicht.

                                            (Geht ab.)

Fünfte Scene.

Feld vor der Stadt.

(Es treten auf der Herzog in eigner Tracht, und Bruder Peter.)

Herzog.

Die Briefe bringt mir zur gelegnen Zeit;   (Giebt ihm Briefe.)
Der Schließer weiß um unsern Zweck und Plan.
Sobald die Sach' im Gang, folgt Eurer Vorschrift,
Und schreitet fest zum vorgesetzten Ziel,
Wenn Ihr auch manchmal ablenkt hier und dort,
Wie sich der Anlaß beut. Geht vor beim Flavius,
Und sagt ihm, wo ich sei; das Gleiche meldet
Dem Valentin, dem Roland und dem Crassus,
Und heißt zum Thor sie die Trompeten senden:
Doch Flavius schickt zuerst.

Peter.

Ich werd' es schnell besorgen.   (Geht ab.)

                    (Varrius tritt auf.)

Herzog.

Dank, Varrius, daß du kamst in solcher Eil';
Komm, gehn wir, denn es giebt noch andre Freunde,
Die uns begrüßen wollen, lieber Varrius. (Alle gehn ab.)

Sechste Scene.

Straße beim Thor.

(Isabella und Mariane treten auf.)

Isabella.

Schwer fällt mir's, gegen beff'res Wissen reden;
Gern spräch' ich wahr: doch so ihn anzuklagen
Ist Eure Rolle. — Nun, ich soll es thun
Zu förderlichem Zweck.

Mariane.
　　　　Folgt seinem Rath.

Isabella.

Und ferner warnt er, daß, wenn allenfalls
Er spräche wider mich für meinen Feind,
Mich's nicht befremden soll: es sei Arznei,
Bitter, doch heilsam.

Mariane.
　　　　Wenn nur Bruder Peter . . . . .

Isabella.

O still, da kommt er schon.

　　　　(Bruder-Peter tritt auf.)

Peter.

Kommt, Fräulein, einen höchst gelegnen Platz
Fand ich, wo Euch der Herzog nicht entgeht.
Zweimal gab die Trompete schon das Zeichen;
Die Edelsten und Würdigsten der Stadt
Sind schon am Thor versammelt, und alsbald
Beginnt des Herzogs Einzug. Darum eilt! (Sie gehn ab.)

Fünfter Aufzug.

Erste Scene.

Ein öffentlicher Platz am Thor.

(Von der einen Seite treten auf Mariane, verschleiert; Isabella und Bruder Peter; — von der andern der Herzog, Varrius, Herren vom Hofe, Angelo, Escalus, Lucio, der Schließer und Bürger aus der Stadt.)

Herzog.
Seid mir gegrüßt, mein werthgeschätzter Vetter,
Und Ihr nicht minder, alter treuer Freund.

Angelo und Escalus.
Beglückt sei Eurer Hoheit Wiederkehr!

Herzog.
Euch Beiden herzlichen, vielfachen Dank.
Wir haben uns erkundigt, und vernehmen
So trefflich Lob von Eurer Staatsverwaltung,
Daß mich das Herz treibt, öffentlich Euch Dank
Zu sagen, als Verboten größern Lohns.

Angelo.
Ihr mehrt und mehrt meine Verbindlichkeiten.

Herzog.

O! solch Verdienst spricht laut; ich thät' ihm Unrecht,
Schlöss' ich's in meiner Brust verschwiegne Haft,
Da es verdient, an wetterfestem Platz
In erzner Schrift dem Zahn der Zeit zu trotzen
Und tilgendem Vergessen. Reichet mir
Die Hand vor allem Volk, damit es sieht,
Wie äußerlich Bezeigen gern des Herzens
Wohlwollen künden mag. Kommt, Escalus,
Ihr müßt auf meiner andern Seite gehn.
Ja, Ihr seid wackre Stützen! —

(Bruder Peter und Isabella treten vor.)

Peter.

Nun ist es Zeit; sprecht laut, und kniet vor ihm!

Isabella.

Gerechtigkeit, o Herr! Senkt Euern Blick
Auf eine klagende, gern sagt' ich Jungfrau!
O edler Fürst, entehrt nicht Euer Auge
Mit anderm Gegenstand, als bis Ihr mich
Habt angehört und mir Gerechtigkeit
Gewährt, Gerechtigkeit, Gerechtigkeit!

Herzog.

Sagt kurz, wer Euch gekränkt hat, und worin.
Lord Angelo soll Euch Gerechtigkeit
Gewähren; klaget ihm.

Isabella.

O edler Herzog,
Ihr heißt Erlösung mich beim Teufel flehn!
Hört selbst mich an; denn was ich reden muß,
Muß mich verderben, wenn's nicht Glauben findet,
Oder von Euch gesühnt sein. Hört, o hört mich hier!

Angelo.

Mein Fürst, das Weib ist nicht recht bei Verstande.
So fürcht' ich; sie hat oft für ihren Bruder
Mich angefleht, der nach Gesetzesspruch
Den Tod gelitten.

Isabella.

Nach Gesetzesspruch!

Angelo.

Und bitter wird sie nun und seltsam reden.

Isabella.

Höchst seltsam, doch höchst wahrhaft werd' ich reden.
Daß Angelo meineidig, ist's nicht seltsam?
Daß Angelo ein Mörder, ist's nicht seltsam?
Daß Angelo ein buhlerischer Schurke,
Ein Heuchler und ein Jungfrau'nschänder ist,
Ist das nicht seltsam? seltsam?

Herzog.

                Zehnfach seltsam!

Isabella.

Nicht wahrer ist's, daß der da Angelo,
Als daß dieß Alles ganz so wahr als seltsam;
Ja, zehnfach wahr; denn bis zum Rechnungsschluß
Bleibt Wahrheit Wahrheit!

Angelo.

              Fort mit ihr! Die Arme!
Sie redet so in ihrer Geistesstörung.

Isabella.

O Fürst, so wahr du einen andern Trost
Als den hienieden hast, beschwör' ich dich,
Geh' nicht an mir vorbei, im Wahn, daß ich
An Irrsinn kranke. Nenn' es nicht unmöglich,
Was schwer zu glauben scheint. 's ist nicht unmöglich,
Daß der gemeinste Bösewicht so ernst,
So keusch, so fest erscheint, so ehrenhaft
Wie Angelo; so kann auch Angelo
Mit allen Ehrenzeichen, Titeln, Formen
Ein böser Bube sein. O glaub' es, hoher Fürst;
Wenn wen'ger, ist er nichts; doch er ist mehr,
Hätt' ich mehr Namen für die Schlechtigkeit.

Herzog.

Bei meiner Ehre!

Ist sie wahnsinnig, wie ich glauben will,
Hat doch ihr Wahnsinn wunderbaren Sinn,
So viel Zusammenhang von Punkt zu Punkt,
Wie Wahnsinn je ihn zeigte.

Isabella.

Gnäd'ger Herzog,
O denkt nicht also! Bannt nicht die Vernunft
Um Widersprüche, laßt vielmehr Vernunft
Die Wahrheit schauen, die verborgen scheint,
Und Falschheit, die als wahr erscheint, verbergen!

Herzog.

Manchem Gesunden fehlt wohl mehr Verstand. —
Was wollt'st du sagen? —

Isabella.

Ich hatte einen Bruder Claudio,
Der wegen Unzucht ward verdammt zu büßen
Mit seinem Haupt; verdammt von Angelo.
Zu mir, — Novize einer Schwesterschaft,
Schickte mein Bruder: ein gewisser Lucio
Kam mit der Nachricht . . . . .

Lucio.

Das bin ich, mit Gunst.
Ich kam, gesandt von Claudio, und bewog sie,
Ihr gutes Fürwort bei Lord Angelo
Für ihren armen Bruder zu versuchen.

Isabella.

Ja, dieser ist's.

Herzog (zu Lucio).

Euch hieß man nicht zu reden.

Lucio.

Nein, gnäd'ger Herr,
Doch auch zu schweigen nicht.

Herzog.

So thu' ich's jetzt;
Ich bitt' Euch, merkt Euch das, und habt Ihr einst

Zu sprechen für Euch selbst, dann fleht zum Himmel,
Daß Ihr nicht stecken bleibt.

Lucio.

Herr, dafür steh' ich.

Herzog.

Steht für Euch selber! Nehmt Euch wohl in Acht!

Isabella.

Der Herr erzählte den Beginn der Sache.

Lucio.

Recht!

Herzog.

Recht mag's sein: doch Ihr seid sehr im Unrecht,
Zu sprechen vor der Zeit. — Fahrt fort.

Isabella.

Ich kam
Zu diesem gottlos schändlichen Regenten, ...

Herzog.

Das sieht fast aus wie Wahnsinn!

· Isabella.

Herr, verzeiht,
Das Wort paßt für die Sache.

Herzog.

Wieder gut
Gemacht: paßt für die Sache. Fahret fort.

Isabella.

Kurz denn, um zu verschweigen, was nicht Noth:
Wie ich ihm zusprach, wie ich bat und kniete,
Wie er mich abwies, was ich drauf erwiedert —
Denn so verging viel Zeit, — beginn' ich gleich
Den schnöden Schluß mit Schmerz und Scham zu klagen.
Nur für das Opfer meiner Keuschheit selbst
An seine lüstern ungezähmte Gier,
Versprach er Gnade mir. Nach langem Kampf
Siegt schwesterliches Mitleid über Ehre,
Und ich ergab mich ihm; doch nächsten Morgen,
Lust-übersättigt, schickt er den Befehl
Zu meines Bruders Tod.

Herzog.
Traun, höchst wahrscheinlich!

Isabella.
O wär' es so wahrscheinlich, als es wahr ist!

Herzog.
Ha, thöricht Ding, du weißt nicht, was du sprichst,
Oder bist zur Verleumdung angestiftet
Durch gift'gen Haß. Zuerst ist seine Tugend rein
Und fleckenlos; dann wär' es widersinnig,
Mit solcher Tyrannei den Fehl zu strafen,
In den er selber fiel. Sündigt' er so,
Dann wäg' er deinen Bruder nach sich selbst,
Und nicht vertilgt' er ihn. Nein, du bist angestiftet;
Gesteh' es frei, und sag', auf wessen Rath
Du diese Klage vorbringst?

Isabella.
                    Ist dieß Alles?
Dann, o ihr gnadenreichen Engel droben,
Stärkt mit Geduld mich, und zu reifer Zeit
Entdeckt die Unthat, die sich hier verhüllt
In höherm Schutz! Gott hüt' Euch so vor Wehe,
Wie ich gekränkt, geschmäht von hinnen gehe.

Herzog.
Ich weiß, Ihr gingt wohl gern — ruft einen Häscher.
Bringt sie in Haft. Wie! sollt' ich's ruhig ansehn,
Daß Gift und Läst'rung treffe solchen Freund,
Der uns so nah? Gewiß! hier waltet Tücke.
Wer weiß von Eurem Plan? und Eurem Kommen?

Isabella.
Einer, den ich her wünschte: Pater Ludwig.

Herzog.
Ihr Beicht'ger wohl. — Kennt jemand diesen Ludwig?

Lucio.
Ich kenn' ihn, Herr: in Alles mengt er sich,
Mir ist er widrig; schützt' ihn nicht die Kutte,

Um seine Reden wider Eure Hoheit,
Als Ihr entfernt, hätt' ich ihn derb gebläut.

Herzog.

Was, Reden wider mich? welch saubrer Mönch! —
Und dies elende Weib hier anzuhetzen
Auf unsern Stellvertreter! Schafft den Mönch. —

Lucio.

Noch gestern Abend sah ich ihn, mein Fürst,
Mit ihr im Kerker; 's ist ein frecher Bursch,
Ein schäbichter Gesell.

Peter.

    Gott schütz' Eu'r Hoheit!
Ich war zugegen, gnäd'ger Fürst, und hörte
Eu'r fürstlich Ohr beleidigt. Erstlich hat
Dies Mädchen den Regenten falsch verklagt;
Er ist so frei von Fehl und Schuld mit ihr,
Als sie von deren Frucht.

Herzog.

    So glaubt' ich wohl.
Kennt Ihr den Pater Ludwig, den sie nannte?

Peter.

Ich kenn' ihn als 'nen frommen, heil'gen Mann,
Nicht frech, noch je in Weltliches sich mengend,
Wie dieser Herr von ihm vermeldete:
Und auf mein Wort, ein Mann, der nimmer noch,
Wie er behauptet, Eure Hoheit schmähte.

Lucio.

Mein gnäd'ger Fürst, höchst schändlich, glaubt mir das.

Peter.

Gut, mit der Zeit rechtfertigt er sich wol:
Doch eben jetzo liegt er krank, mein Fürst,
An heft'gem Fieber. Nur auf sein Gesuch
 (Weil er erfuhr, daß eine Klage hier
Dort Angelo bedrohe) kam ich her,
Um wie aus seinem Munde zu bezeugen,
Was wahr und falsch, und was mit seinem Eid

Und jeglichem Beweis er darthun wird,
Wenn man ihn ladet. Was dies Mädchen erst
Betrifft, Ihr werdet dieses edlen Herrn,
Den sie so laut und peinlich angeklagt,
Rechtfertigung vor ihren Augen hören,
Bis sie es selbst bekennt.

Herzog.
Das laßt uns hören.

(Isabella wird von der Wache abgeführt.)

Belächelt Ihr dies nicht, Lord Angelo?
Ueber die Eitelkeit der armen Thoren! — ·
Reicht Sessel her. Kommt, Vetter Angelo;
Ich will nur Hörer sein, sprecht Ihr als Richter
In Eurer eignen Sache. — Ist dies die Zeugin?

(Mariane tritt vor.)

Sie zeig' uns ihr Gesicht und rede dann.

Mariane.
Verzeiht, mein Fürst, nicht zeig' ich mein Gesicht,
Bis mein Gemahl befiehlt.

Herzog.
Seid Ihr vermählt?

Mariane.
Nein, gnäd'ger Herr.

Herzog.
Seid Ihr ein Mädchen?

Mariane.
Nein.

Herzog.
So seid Ihr Wittwe?

Mariane.
Auch nicht.

Herzog.
Nun, dann seid Ihr
Gar nichts; nicht Mädchen, Wittwe nicht, noch Frau?

Lucio.
Gnädiger Herr, es wird wol ein Schätzchen sein, denn die sind
gewöhnlich weder Mädchen, Wittwen, noch Frauen.

Herzog.

Schweigt doch den Menschen! Hätt' er Ursach' nur,
Zu schwatzen für sich selbst! —

Lucio.

Schön, gnäd'ger Herr.

Mariane.

Herr, ich gestehe, ich war nie vermählt,
Und ich gesteh' auch, ich bin keine Jungfrau.
Erkannt hab' ich den Gatten, doch mein Gatte
Hat keine Kenntniß, daß er mich erkannt.

Lucio.

So war er also betrunken, gnädiger Herr; es kann nicht anders
sein.

Herzog.

Ich wollt', du wärst es auch, so schwiegst du endlich.

Lucio.

Schön, gnäd'ger Herr.

Herzog.

Dies ist kein Zeugniß für Lord Angelo.

Mariane.

Nun komm' ich drauf, mein Fürst.
Sie, die ihn anklagt, daß er sie geschwächt,
Klagt ebenso auch meinen Gatten an,
Und nennt dafür, mein Fürst, solch eine Zeit,
Wo ich ihn in den eignen Armen hielt,
Mit jeglicher Bethätigung der Liebe.

Angelo.

Klagt sie noch andre an?

Mariane.

Nicht daß ich wüßte.

Herzog.

Nicht? sagtet Ihr doch, Euren Gatten.

Mariane.

Ja wohl, mein Fürst: und das ist Angelo,
Der nimmer mich erkannte, wie er meint,
Und mich erkennend, Isabellen meinte.

Angelo.

Das geht zu weit! Laß dein Gesicht uns sehn.

Mariane.

Mein Gatte fordert's, dann entschleir' ich mich.

(Sie nimmt den Schleier ab.)

Sieh dies Gesicht, grausamer Angelo,
Dem einst du schwurst, es sei des Anblicks werth:
Sieh diese Hand, die durch geweihten Bund
Sich fest in deine fügte: sieh mich selbst,
Die die Verpflichtung abnahm Isabellen,
Und welche du an ihrer Statt umarmt
In deinem Gartenhaus.

Herzog.

Kennt Ihr die Frau?

Lucio.

Im Fleische, meint sie.

Herzog.

Bursche, still!

Lucio.

              Ich schweige.

Angelo.

Mein Fürst, ich leugn' es nicht, ich kenne sie;
Fünf Jahre sind's, da war von Heirath wol
Die Rede zwischen uns, doch brach ich's ab,
Theils, weil das festgesetzte Heirathsgut
Nicht dem Vertrag entsprach; theils, und zumeist,
Weil ich erfuhr, sie schade ihrem Ruf
Durch Leichtsinn. Seit der Zeit, fünf Jahre sind's,
Sprach ich sie nie, und sah und hörte nichts
Von ihr, auf Treu und Ehre!

Mariane.

              Hoher Herr,
Wie Licht vom Himmel kommt, vom Hauch das Wort,
Wie Sinn in Wahrheit ist, Wahrheit in Tugend:
Ich bin sein anverlobtes Weib, so fest
Ein Treugelübde bindet; ja, mein Fürst,

19*

Erst Dienstag Nacht in seinem Gartenhaus
Erkannt' er mich als Weib. Wie dies die Wahrheit,
Laßt mich von meinen Knien mich heil erheben;
Wo nicht, — auf ewig festgebannt hier haften,
Ein marmorn Monument! —

Angelo.

        Bisher hört' ich's mit Lächeln;
Jetzt, gnäd'ger Fürst, laßt meinem Recht den Lauf;
Hier bricht mir die Geduld. Ich seh' es wol,
Die armen hirnverrückten Weiber sind
Werkzeuge nur in einer mächt'gern Hand,
Die sie regiert. Gebt Freiheit mir, mein Fürst,
Die Ränke zu entlarven.

Herzog.

        Ja, von Herzen;
Und strafet sie so hart als Euch beliebt.
Einfält'ger Mönch, und du, boshaftes Weib,
Im Bund mit der, die ging: glaubst du, dein Schwur,
Und zwäng' er alle Heil'gen her vom Himmel,
Sei Zeugniß gegen ein Verdienst und Ansehn,
Dem Prüfung längst ihr Siegel aufgedrückt?
Lord Escalus, steht meinem Vetter bei,
Die Quelle dieses Unfugs zu erspähn.
Noch war ein andrer Mönch, der sie gehetzt,
Den schafft herbei.

Peter.

Ich wünscht', er wär' schon hier; denn allerdings
War er's, der diese Weiber trieb zur Klage.
Eu'r Schließer weiß den Ort, wo er verweilt,
Und kann ihn holen.

Herzog.

        Thut es ungesäumt.   (Schließer ab.)
Und Ihr, mein würd'ger, wohlerprobter Vetter,
Dem daran liegt, die Sache zu durchforschen,
Verfahrt mit dieser Schmähung, wie Ihr mögt,
Und wählt die Strafe. Ich verlaß' Euch jetzt

Auf kurze Zeit; Ihr bleibt, bis Ihr durchaus
Mit den Verleumdern Alles abgethan.

Escalus.

Mein Fürst, es soll an uns nicht fehlen. (Der Herzog geht ab.)
Signor Lucio, sagtet Ihr nicht, Ihr kenntet jenen Pater Ludwig als
einen Menschen von unehrbarem Wandel?

Lucio.

Cucullus non facit monachum: ehrbar in nichts, als in seinem
Habit; und hat höchst niederträchtig von unserm Herzog gesprochen.

Escalus.

Seid so gut, und wartet hier, bis er kommt, um dies gegen ihn
zu behaupten. Es wird sich ergeben, daß dieser Mönch ein schlimmer
Gesell ist.

Lucio.

So sehr, als irgend einer in Wien, auf mein Wort.

Escalus.

Ruft jene Isabella wieder her, ich will mit ihr reden. Erlaubt
mir, gnädiger Herr, sie zu vernehmen. Ihr sollt sehen, wie ich ihr
zusetzen werde.

Lucio.

Nicht besser als der, nach ihrer eigenen Aussage.

Escalus.

Wie war das?

Lucio.

Ei, gnädiger Herr, ich meine nur, wenn Ihr ihr unter vier
Augen zusetzt, so wird sie eher beichten; vielleicht schämt sie sich, es so
vor der Welt zu thun.

(Gerichtsdiener führen Isabella herein; es kommen der Herzog, als
Mönch verkleidet, und der Schließer.)

Escalus.

Es liegt mir dran, recht bald alles Dunkle zu erklären.

Lucio.

Recht so, erklärt Ihr Euer Anliegen im Dunkeln.

Escalus.

Tretet näher, junges Mädchen; hier dieses Frauenzimmer wider=
spricht Allem, was Ihr gesagt habt.

Lucio.

Gnädiger Herr, hier kommt der Schurke, von dem ich sprach — hier, mit dem Schließer.

Escalus.

Eben recht; redet Ihr jedoch nicht zu ihm, bis wir Euch auf= rufen.

Lucio.

Mum.

Escalus.

Näher, guter Freund! Habt Ihr diese Weiber angestiftet, Lord Angelo zu verleumden? Sie haben bekannt, daß Ihr es thatet.

Herzog.

Das ist falsch.

Escalus.

Was? Wißt Ihr, wo Ihr seid?

Herzog.

Ehrfurcht vor Eurer Würde! Selbst den Teufel
Ehrt mancher wol um seinen Flammenthron. —
Wo ist der Fürst? Ihm will ich Rede stehn.

Escalus.

Er ist in uns; Ihr sollt uns Rede stehn;
Gebt Acht, und redet ziemlich.

Herzog.

Kühnlich gewiß. Doch ach! Ihr armen Kinder!
Kamt Ihr, das Lamm beim Fuchse hier zu fordern?
Gute Nacht Eurem Recht! Der Fürst von hinnen?
So ist auch Eure Sache hin! Der Herzog
Ist ungerecht, den offnen Anruf nicht
Zu hören, die Entscheidung in den Mund
Des Schelms zu legen, den Ihr angeklagt.

Lucio.

Dies ist der Schuft! Der ist's, von dem ich sprach!

Escalus.

Du frecher und unehrerbiet'ger Mönch,
War's nicht genug, die Frau'n hier anzustiften
Wider den würd'gen Herrn? Muß selber noch

Sein eignes Ohr dich ihn begeistern hören
Und Schelm ihn nennen?
Und zielst du nun von ihm selbst auf den Herzog,
Und schiltst ihn ungerecht? Führt ihn hinweg! —
Fort auf die Folter! Zerrt ihm Glied für Glied,
Bis er den Plan bekennt! Was, ungerecht? —

Herzog.

Seid nicht so hitzig! Euer Herzog wagt
So wenig, diesen Finger mir zu krümmen,
Als er den eignen foltert. Ich bin nicht
Sein Unterthan, und nicht von diesem Sprengel.
Es ließ mich mein Geschäft in diesem Staat
Beobachtungen machen hier in Wien,
Und die Verderbniß sieden sehn und brodeln
Zum Ueberlaufen: jedem Fehltritt sein
Gesetz, doch solche Nachsicht, daß die Satzung
Den Bußen gleicht in eines Vaters Stube,
Mehr zum Belachen als Beachten da.

Escalus.

Schmähung der Staatsgesetze! Fort zum Kerker!

Angelo.

Weß könnt Ihr ihn verklagen, Signor Lucio?
Ist dies der Mann, von dem Ihr uns gesagt?

Lucio.

Derselbe, gnädiger Herr. Kommt heran, Gevatter Kahlkopf,
kennt Ihr mich?

Herzog.

Ich erinnere mich Eurer, Herr, an dem Ton Eurer Stimme;
ich traf Euch während des Herzogs Abwesenheit im Kerker. —

Lucio.

So? traft Ihr mich? und erinnert Ihr Euch noch, was Ihr
vom Herzog sagtet?

Herzog.

Vollkommen, Signor.

Lucio.

Wirklich, Herr? Und läuft der Herzog den Dirnen nach? und
ist er ein Geck und eine Memme, wie Ihr von ihm sagtet?

Herzog.

Ihr müßt erst unsre Rollen tauschen, Herr, eh' Ihr mich das
sagen laßt; Ihr allerdings spracht so von ihm, und viel mehr, viel
schlimmer.

Lucio.

Ei du lästerlicher Bursch, gab ich dir nicht eins auf die Nase,
wie du so sprachst?

Herzog.

Ich versichre, daß ich den Herzog so sehr liebe, als mich selbst.

Angelo.

Hört doch, wie der Schurke jetzt sich ausreden möchte, nachdem
er verrätherische Lästerungen ausgestoßen! —

Escalus.

Mit solchem Kerl muß man kein Wort verlieren: fort mit ihm
in's Gefängniß! Wo ist der Schließer? fort mit ihm in's Gefängniß!
— Legt ihm Eisen genug an, laßt ihn nicht weiter reden; und nun
auch fort mit diesen leichtfertigen Dirnen und ihrem andern Spieß=
gesellen.   (Der Schließer legt Hand an den Herzog.)

Herzog.

Halt da! haltet ein! —

Angelo.

Was? er widersetzt sich? Helft ihm, Lucio.

Lucio.

Wartet nur, wartet nur, wartet nur; pfui doch! Was, Ihr
kahlköpfiger, lügnerischer Schuft, Ihr müßt Euch den Kopf so ver=
mummen? Müßt Ihr? Zeigt einmal Euer Schelmengesicht, und
an den Galgen mit Euch. Zeigt Euer Strauchdiebsgesicht, und laßt
Euch frisch hängen! Will die Kapuze nicht herunter?
                        (Reißt ihm die Mönchskappe ab und erkennt den Herzog.)

Herzog.

Der erste Bube, der 'nen Herzog machte.
Erst bürg' ich, Vogt, für die drei Guten hier.

Schleicht Euch nicht weg, Freund. Denn der Mönch und Ihr
Sind noch nicht fertig; haltet mir ihn fest.

Lucio.

Das kann noch schlimmer werden, als hängen.

Herzog (zu Escalus).

Was Ihr gesagt, will ich verzeihn. Setzt Euch!
(Zu Angelo.) Wir borgen diesen Platz, — Herr, mit Vergunst.
Hast du noch Wort und Witz, hast du noch Frechheit,
Die zu Gebot dir stehn? Wenn du sie hast,
Gebrauche sie, bis ich gesprochen habe,
Und zittre dann! —

Angelo.

O mein gestrenger Herr!
Ich wäre schuld'ger als mein Schuldbewußtsein,
Wenn deinem Blick ich hoffte zu entfliehn,
Der du gleich einer Gottheit meinem Treiben
Hast zugesehn. So halte, gnäd'ger Fürst,
Nicht weiter über meine Schmach Gericht;
Mein Eingeständniß gelte für Beweis;
Sofort'ges Urtheil und den Tod darauf,
Um solche Gnade fleh' ich.

Herzog.

Komm, Mariane! —
Sprich, warst du je verlobt mit diesem Fräulein?

Angelo.

Das war ich, Herr.

Herzog.

So geh', vollzieh' die Trauung ungesäumt:
Ihr, Mönch, vermählt sie; wenn Ihr das vollbracht,
Bringt ihn zurück hieher. — Geh', folg' ihm, Schließer.
(Angelo, Mariane, Peter und Schließer ab.)

Escalus.

O Herr! Mehr noch entsetzt mich seine Schande,
Als dieses Handels Seltsamkeit!

Herzog.

Kommt näher, Isabella:

Eu'r Mönch ist nun Eu'r Fürst. Wie ich vorhin
Als Freund mit treuem Rath mich Euch geweiht,
Nicht durch Gewand gewandelt, stell' ich mich
Auch jetzt in Euren Dienst.

Isabella.

O verzeiht, daß ich,
Die Unterthanin, mit Geschäft und Müh'n
Die ungekannte Majestät beschwert! —

Herzog.

Euch ist verzieh'n.
Und nun, du Theure, sei auch mir so mild.
Des Bruders Tod, ich weiß, drückt dir das Herz,
Und wundern magst du dich, warum ich mich
Verdunkelt, da ich ihn zu retten strebte,
Statt die verborgne Macht rasch kundzuthun,
Was kann sein Tod geworden. Gutes Mädchen!
Es war die Eile seiner Hinrichtung,
Die, wie ich wähnte, trägern Fußes kam,
Was meinen Plan zerstört. Doch ruh' er sanft! —
Glücksel'ger dort, der Todesfurcht entrafft,
Als hier in steter Furcht. Nimm das zum Trost:
Dies Glück ward deinem Bruder.

(Angelo, Mariane, Peter und Schließer kommen zurück.)

Isabella.

Wohl, mein Fürst.

Herzog.

Dem neuvermählten Manne, der hier kommt,
Der dich beleidigt hat durch unrein Trachten
Nach deiner reinen Ehre, mußt du schon
Verzeihn um Marianens willen. Doch
Da er den Tod gesprochen deinem Bruder,
Und schuldig ist der doppelten Verletzung
An heil'ger Keuschheit und in Folge dessen
Gegebnem Wort für deines Bruders Leben,
Ruft des Gesetzes gnädigstes Erbarmen
Laut, ja aus seinem eignen Mund, uns zu:

„Ein Angelo für Claudio, Tod für Tod:
Liebe für Liebe, bittern Haß für Haß,
Gleiches mit Gleichem zahl' ich, Maß für Maß."
Drum, Angelo, da dein Vergehn am Tage,
So klar, daß selbst kein Leugnen Hülfe böte,
Sei nun verurtheilt zu demselben Block,
Wo Claudio fiel, und zwar mit gleicher Hast.
Hinweg mit ihm.

Mariane.

O gnadenreicher Fürst!
Ich hoff', Ihr gabt zum Spott mir nicht den Gatten.

Herzog.

Der Gatte selbst gab Euch zum Spott den Gatten.
Nur zur Beschützung Eurer Ehre hielt ich
Den Eh'bund nöthig, daß kein Vorwurf je,
Weil er Euch beigewohnt, Eu'r Leben treffe
Und hemme künft'ges Glück. All' seine Güter,
Obwol nach dem Gesetz an uns verfallen,
Sind Euch als Witthum und Besitz verlieh'n;
Kauft damit einen bessern Mann.

Mariane.

O Herr,
Ich wünsche keinen andern je, noch bessern.

Herzog.

Nicht diesen wünschet, wir sind fest entschlossen.

Mariane (kniet).

Huldreichster Fürst, — —

Herzog.

Umsonst ist Eure Müh'.
Fort, führt ihn hin zum Tod! — Nun, Herr, zu Euch!

(Zu Lucio.)

Mariane.

O milder Fürst! Hilf, süße Isabella,
Leih' mir dein Knie, in meinem ganzen Leben
Leih' ich mein ganzes Leben deinem Dienst.

Herzog.

Daß Ihr sie so bestürmt, hat keinen Sinn.
Wenn sie für diese That um Gnade kniete,
Zersprengte Claudio's Geist sein steinern Bett,
Mit Grausen sie zu schlagen.

Mariane.

                Isabella,
O Trauteste, kniet dennoch mit; erhebt
Die Hände nur, sagt nichts, ich will schon reden.
Man sagt, die besten Menschen sind aus Fehlern
Geformt, und werden meist um so viel besser,
Weil sie ein wenig schlecht sind; so vielleicht
Mein Gatte auch. O Isabella, kniet!

Herzog.

Er stirbt für Claudio's Tod.

Isabella (kniet).

                Huldreicher Fürst,
Ich fleh' Euch, schaut auf diesen Mann der Schuld,
Als lebte Claudio noch. Fast muß ich denken,
Aufricht'ge Pflicht hat all' sein Thun regiert,
Bis er mich sah. Wenn es sich so verhält,
Laßt ihn nicht sterben! Claudio ward sein Recht,
Weil er den Fehl beging, für den er starb.
Was Angelo betrifft,
Sein Thun blieb hinter seiner bösen Absicht,
Und muß begraben sein als bloße Absicht,
Die umkam unterwegs. Denken ist frei;
Die Absicht bloßes Denken.

Mariane.

                Weiter nichts.

Herzog.

Eu'r Fleh'n erweicht mich nicht; steht auf; ich will's.
— Noch kommt ein neu Vergehn mir in den Sinn: —
Schließer, wie kam's, daß Claudio ward enthauptet
Zu ungewohnter Stunde?

Schließer.

Also ward mir's

Geboten.

Herzog.

Wie? durch amtliche Verfügung?

Schließer.

Nein, durch persönlichen Befehl, mein Fürst.

Herzog.

Und dafür seid Ihr Eures Amts entsetzt: —
Gebt Eure Schlüssel ab.

Schließer.

Verzeihung, gnäd'ger Fürst:
Mir ahnt', es sei ein Fehl, doch wußt' ich's nicht,
Und als ich überlegt, hab' ich's bereut.
Deß zum Beweis ist einer im Gefängniß,
Zu dessen Tod Privatbefehl mir ward,
Und den ich leben ließ.

Herzog.

Wer?

Schließer.

Bernardino.

Herzog.

O hätt'st du doch an Claudio das gethan!
Geh', hol' ihn her, ich will ihn sehn.   (Schließer geht.)

Escalus.

Mich schmerzt,
Daß ein so weiser, so gelehrter Mann,
Als Ihr, Lord Angelo, mir stets erschien,
So gröblich fehlte — erst durch heißes Blut,
Und Mangel richt'gen Urtheils hinterher.

Angelo.

Mich schmerzt, daß ich Euch diesen Schmerz bereitet,
Und solche Reu' durchdringt mein wundes Herz,
Daß mir der Tod willkommner scheint als Gnade.
Ich hab' ihn wohl verdient, und bitte drum!

(Der Schließer kommt zurück mit Bernardine, Claudio, verhüllt,
und Julia.)

Herzog.

Welcher ist Bernardin?

Schließer.

    Der, gnäd'ger Herr.

Herzog.

Ein Mönch erzählte mir von diesem Mann. —
Hör' an! man sagt, du sei'st versteckten Herzens,
Du fürchtest nichts jenseit des Irdischen,
Und dem entspricht dein Thun. Du bist verurtheilt;
Doch deine Schuld auf Erden sei verzieh'n:
So strebe nun, daß solche Huld dich leite
Auf beß're Zukunft. Pater, unterweist ihn,
Ich laß' ihn Euch. — Wer ist der Eingehüllte?

Schließer.

Noch ein Gefangner ist's, den ich gerettet,
Der sterben sollt', als Claudio ward enthauptet,
Und fast dem Claudio gleich, als wie sich selbst.

          (Nimmt Claudio seine Vermummung ab.)

Herzog (zu Isabella).

Wenn er ihm ähnlich sieht — um seinethalb
Sei ihm verzieh'n; und Eurer Anmuth halb
Gebt mir die Hand, und sagt, Ihr seid die Meine:
Er ist mein Bruder dann. Doch dies für beß're Zeit.
Herr Angelo erkennt die eigne Rettung;
Mich däucht, ich seh' sein Auge sich beleben.
Euch, Angelo, bringt Böses guten Lohn.
Liebt Euer Weib, ihr Werth sei Euch der Eure.
Ich fühle Neigung, Allen zu verzeihn;
Doch jenem da, ihm kann ich nicht vergeben.
Ihr frecher Mensch, der weiß, ich sei ein Narr,
Und feig und lüderlich, ein Thor, ein Toller:
Womit, sagt an, hab' ich's um Euch verdient,
Daß Ihr mich so erhobt?

Lucio.

Meiner Treu, gnädigster Herr, ich sagte das nur so nach hergebrachter Mode; wollt Ihr mich dafür hängen lassen, so mag's geschehn; aber ich säh' es lieber, wenn Ihr geruhen wolltet, mich durchpeitschen zu lassen.

Herzog.

Zuerst gepeitscht, Herr, dann gehängt.
Laßt es ausrufen, Schließer, durch ganz Wien:
Hat wo ein Mädchen Klag' auf diesen Burschen,
(Wie er mir selber schwor, daß Eine sei,
Die ihm ein Kind gebar), so melde sie's,
Dann soll er sie heirathen: — nach der Hochzeit
Stäupt ihn und hängt ihn auf.

Lucio.

Ich bitt' Euer Hoheit um Alles, verheirathet mich doch nicht an eine Metze! Eu'r Hoheit sagte noch eben, ich hätte Euch zum Herzoge gemacht: liebster, gnädiger Herr, lohnt mir nun nicht damit, daß Ihr mich zum Hahnrei macht.

Herzog.

Bei meinem Wort, heirathen sollst du sie.
Dein Schmähn vergeb' ich, und was weitres du
Verwirkt hast, gleichfalls. Führt ihn in's Gefängniß,
Und sorgt, daß mein Befehl vollzogen wird.

Lucio.

Solch einen lüderlichen Fisch zu heirathen, gnädiger Herr, ist erdrückt, erstickt, gepeitscht und gehängt werden.

Herzog.

Den Fürsten schmähn, verdient's.
Claudio, die Ihr gekränkt, bringt sie zu Ehren;
Glück Euch, Mariana! Liebt sie, Angelo,
Ich war ihr Beicht'ger, ihre Tugend kenn' ich.
Dir, Escalus, sei Dank für alles Gute;
Noch größern Gruß will ich mir vorbehalten.
Dank, Schließer, daß du treu und schweigsam warst;
Wir stellen dich auf einen würd'gern Platz.
Vergebt ihm, Angelo, daß er den Kopf

Des Ragozyn statt Claudio's Euch gebracht:
Der Fehl ist keiner. — Theure Isabella,
Noch hab' ich eine Bitt', auch Euch zum Besten:
Und wollt Ihr freundliches Gehör mir leihn,
So wird das Meine Eu'r, das Eure mein.
Zum Palast denn; und hört aus meinem Munde
Von dem, was noch zu sagen bleibt, die Kunde.   (Alle gehn ab.)

Erläuterungen und Bemerkungen zu Maß für Maß.

I. Aufzug.   I. Scene.

S. 192.   „So bleibt nur dieß,
    Daß Euch Befugniß wird nach Eurem Werth,
    Und laßt sie wirken".

Then no more remains but that, to your sufficiency, as your worth is able, and let them work. Eine dunkle Stelle, welcher die meisten Herausgeber durch Einschiebungen aufzuhelfen gesucht haben. Vielleicht aber hat Staunton Recht, wenn er annimmt, daß sie durch einen Gestus des Herzogs erläutert wird. „Nur dies (die Vollmacht in des Herzogs Hand) ist zu Eurer vollständigen Qualification noch übrig, da Eure Tüchtigkeit genügt, und laßt beides wirken." Wesbalb Staunton bei dieser Auslegung doch noch eine Aenderung für nöthig hält (and, as your worth is able, let them work), verstehen wir nicht. — Unsre Ueberseßung schließt sich allerdings mehr dem Sinn als den Worten des Originals an.

         „Doch richt' ich hier mein Wort
    An einen, der mich, was mir ziemt zu ihm,
    Belehren könnte".

But I do bend my speech to one that can my part in him advertise. Wir fassen my part in him als zusammengehörig, nicht aber in der gewöhnlichen Auslegung: my part deputed to him. sondern in dem Sinne: meine Rolle gegen ihn, das was ich in Bezug auf ihn zu thun habe. Die Präposition in dient häufig bei Shakespeare, die Beziehung oder den Gesichtspunkt anzugeben, unter welchem etwas zu fassen ist. So heißt es im Othello II, 1, 166: you may relish him more in the soldier than in the scholar. Henry VIII. V, 1, 136: ween you of better luck in perjured witness than your master? Bei activen Begriffen nimmt sie dann geradezu die Bedeutung von against, to, towards an. Rich. II, II, 1, 239: 'tis shame such wrongs are borne in him, solches Unrecht gegen ihn. Timon V, 1, 142: O, forget what we are sorry for ourselves in thee, was uns selbst leid thut, gegen dich versehen zu haben. Rich. III, I, 4, 71: execute thy wrath in me alone. Noch näher kommt vielleicht unsrer Stelle: that fatherly and kindly power that you have in her, Much Ado IV, 1, 76.

1. Aufzug. 2. Scene.

S. 194. „aber nicht des Königs von Ungarn Frieden". Vielleicht ein Wortspiel zwischen Hungary, Ungarn, und hunger, Hunger. Doch wäre die Stelle freilich auch ohne dies verständlich.

S. 196. „von der dreihärigen Sorte". Die Kostbarkeit des Sammtes bestimmte sich nach der Dichtigkeit seiner Wolle; der three-piled, dreihärige, war der beste. In dem Worte piled liegt aber ein Wortspiel, da es auch „geschoren, enthaart" heißen kann. Dies, wie das Folgende, ist eine Anspielung auf den von Shakespeare oft verspotteten Verlust der Haare durch die französische Krankheit. Lucio's Erwiederung geht darauf, daß man das Trinkgeschirr einer daran leidenden Person auch für ansteckend hielt.

S. 198. „Alle Häuser in den Vorstädten von Wien". Nach einem schottischen Gesetz Jacob's mußten die öffentlichen Dirnen an den äußersten Enden der Stadt wohnen. Daß es ebenso in Wien gehalten wurde, wußte Shakespeare wol nicht.

S. 199. „guter Thoms". Tom, ein Diminutivum von Thomas, war der gewöhnliche, ganz appellativisch gebrauchte Name für einen Bierzapfer.

1. Aufzug. 3. Scene.

S. 199. „wen ich erwähl', erwähl' ich". Römerbrief 9, 15—18: „Welchem ich gnädig bin, dem bin ich gnädig, und welches ich mich erbarme, deß erbarme ich mich. So liegt es nun nicht an jemandes Wollen oder Laufen, sondern an Gottes Erbarmen; — so erbarmet er sich nun, welches er will, und verstocket, welchen er will".

1. Aufzug. 5. Scene.

S. 206. „mit Mädchen Kiebitz spielen". Der Kiebitz soll seine Verfolger dadurch vom Nest wegzulocken suchen, daß er an einer andern Stelle, möglichst fern davon, Geschrei erhebt. Unter Ray's Sprüchwörtern findet sich: the lapwing cries most farthest from her nest, und wie in unsrer Stelle the lapwing cries tongue far from heart (der Kiebitz schreit mit der Zunge weit vom Herzen). Den Kiebitz spielen, hieß demnach: anders denken als sprechen. Vgl. Die Irrungen, 4. A. 2. Sc. (in Tieck's Uebersetzung):

> Der Kiebitz schreit nur, wenn er fern vom Neste;
> Schmäht gleich mein Mund, mein Herz erfleht ihm Glück.

2. Aufzug. 1. Scene.

S. 212. „ein Gelüst nach gekochten Pflaumen"; vgl. zu Heinrich IV, 1. Th. S. 518.

S. 214. „es war in der goldnen Traube". Wie die Häuser in den Straßen, wurden ehemals auch die Zimmer in Gasthäusern nicht numerirt, sondern durch besondere Namen und Abzeichen unterschieden. Vgl. Heinrich IV, 1. Th. 2. A. 4. Sc.: „Sieh zu, was sie im Granatapfel wollen".

S. 216. „die Gerechtigkeit oder die Ruchlosigkeit?" d. h. der Gerichtsdiener oder der Narr? Gerechtigkeit und Ruchlosigkeit (Iniquity oder Vice) waren stehende Figuren in den alten Moralitäten; letztere vertrat dabei die lustige Person des Stücks, so daß ihr Name Vice geradezu in die Bedeutung von Narr (Clown, wie Pompejus im Original bezeichnet wird) überging.

2. Aufzug. 2. Scene.

S. 224. „Und Eurer Lippe Hauch wird Gnade sein, wie des neugebornen Menschen". And mercy then will breathe within your lips like man new-made; statt as in those of man new-made (vgl. die erste Anmerkung zu Antonius und Cleopatra). Wie der durch Gottes Erbarmen erlöste und wiedergeborne Mensch kein Wort und keinen Gedanken finden könnte als mercy, Gnade, Erbarmen, so auch Angelo, wenn er denken wollte, daß Gott in seiner Strenge mit ihm in's Gericht gehen könnte. Die hergebrachte Erklärung, wie Delius sie giebt, ist doch wol nicht haltbar: „Die Barmherzigkeit wird dann in Euch aufleben, in Eurem Munde, der sie ausspricht, den ersten Lebenshauch athmen, wie ein Mensch, der sein Dasein beginnt". Wenigstens hätte es da heißen müssen: like a man new made. Singer, grammatisch richtiger: „Ihr werdet so weichherzig und mitleidig sein wie es der erste Mensch in den Zeiten seiner Unschuld war". Daß aber die ersten Menschen sich gerade durch Weichherzigkeit auszeichneten, möchte eines Beweises bedürfen.

S. 225. „Propheten gleich sieht es im Spiegel". Beschwörer und Wahrsager gaben vor, aus Zauberspiegeln die Zukunft vorhersagen zu

können. Man vergleiche den Spiegel, in welchem Macbeth (4. A. 1. Sc.)
die Descendenten Banquo's erblickt; und die Stellen aus Hartlieb's „Buch aller
verboten Kunst, 1455", in Grimm's Mythologie S. LXIV. Ueber denselben
oder wenigstens einen sehr ähnlichen Betrug handelt Baudissin in „Ben Jonson
und seine Schule", 1. Th. S. 426.

    S. 225.

      „Ob jetzt, ob durch die Nachsicht neu gezeugt,
      Um still zu keimen und an's Licht zu kommen".

Either now, or by remissness new conceived, d. h. either now new-con-
ceived, or by remissness. Mit now ist der gegenwärtige Zustand einer wach-
samen Gerechtigkeit gemeint: by remissness geht auf die ebenvergangene Zeit
der schlaffen Rechtspflege, welche möglicherweise auch wiederkehren kann. Alle
solche Sünden, welche nur eben empfangen sind, zu denen der Same aus-
gestreut ist, werden nun keine successive degrees haben, die weiteren Ent-
wicklungsstufen nicht durchmachen, sondern vor ihrer Geburt ein Ende nehmen.
Die neuesten Erklärer und Herausgeber, Dyce, Delius, Walker, und auch die
Cambridger in der ihre kritische Ueberzeugung ausdrückenden Globe Edition,
haben Pope's Emendation recipirt: either new or by remissness new conceived, und erläutern die Stelle so: „die künftigen Uebel sind entweder ganz
neu, vorher noch nie dagewesen, oder solche, die früher schon einmal vorhanden, dann verschwunden, und nun durch Nachsicht wieder neu entstanden
waren" (Delius). Evils sind hier nicht Uebel in dem Sinne Uebelstände,
sondern moralische Vergehungen; man vergleiche, um nicht überflüssige Citate
zu häufen, in der vorliegenden Scene V. 91 und 172. Daß der Dichter von
neuen Sünden, die noch nie dagewesen, sprechen sollte, wäre sehr wunderlich;
hätte er sich aber solche als möglich gedacht, so könnten doch jedenfalls die alten
Strafbestimmungen auf sie keine Anwendung finden. Ueberdies fehlt es an
allem Zusammenhang der Worte and so in progress etc. mit new. Noch
unrichtiger ist Delius' Erklärung der successive degrees im Folgenden:
„Die Uebel, die sonst sich fortzupflanzen pflegen, haben nunmehr keinerlei
Nachfolge". Vielmehr sind die successive degrees die auf einander folgenden
Entwickelungsstufen: to be conceived, to be hatched, und to be born. Successive heißt allerdings „erblich, zur Nachfolge bestimmt", aber ebenso gut
auch „auf einander folgend". Vgl. Hamlet V, 2, 284: an union richer than
that which four successive kings in Denmark's crown have worn.

3. Aufzug. 1. Scene.

    S. 239. „Du bist nur Narr des Todes", d. h. der Tod treibt
sein Spiel mit dir, du bist seiner Willkür preisgegeben. Vgl. Sonn. 116, 9:

love's not time's fool, though rosy lips and cheeks within his bending
sickle's compass come. 112, 13: the fools of time, was B. 3 heißt: subject to time's love or to time's hate. Henry IV, 1. P. V, 4, 81: thought's
the slave of life, and life time's fool. Rom. III, 1, 141: I am fortune's
fool (damit halte man zusammen Timon III, 6, 106). Macb. II, 1, 44:
mine eyes are made the fools o'the other senses. Lear IV, 6, 195: what,
a prisoner? I am even the natural fool of fortune. Hamlet I, 4, 54: and
we fools of nature so horridly to shake our disposition with thoughts beyond
the reaches of our souls. Selbst an der letzten Stelle übersetzt Schlegel:
„wir Narren der Natur". Wir haben deshalb voraussetzen dürfen, daß der
Leser des Dichters mit dieser Ausdrucksweise schon vertraut, und eine Aenderung der wörtlichen Tieck'schen Fassung nicht nöthig ist. An die Figuren der
alten Moralitäten oder an die Bilder des Todtentanzes darf dabei aber nicht
gedacht werden.

3. Aufzug.   2. Scene.

S. 249. „braunen und weißen Bastard". „Bastard hieß ein
süßer Wein aus den Ländern am Mittelmeer, ähnlich dem Muscateller, und
vielleicht eine Abart davon" (Dyce's Glossar). An unsrer Stelle ist natürlich
ein Wortspiel beabsichtigt.

„einen Pelzrock zuerkannt". Der pelzgefütterte Rock war, wie
die goldene Kette, der Schmuck behäbiger Londoner Bürger und Kaufleute,
unter denen nicht wenige ihren Wohlstand dem Wucher verdankten.

S. 250. „einen ganz besondern Dietrich". Man muß dabei
an des Pompejus Gewerbe und die seltsame Erfindung der spanischen Vorlege-
schlösser denken, womit u. a. Corvino in Ben Jonson's Volpone seine nicht
sehr ehrenfeste Frau bedroht. Daß Elbogen's Worte darauf gehn, beweist des
Herzogs Antwort.

S. 254. „der pflegte er immer einen Ducaten in ihre
Klapperbüchse zu stecken". Die Bettler empfingen ihre Almosen in
einer hölzernen Schale, mit welcher sie, um die Aufmerksamkeit der Vorüber-
gehenden zu erregen, einen losen Deckel zusammenschlugen.

S. 257. „aber Bürgschaft so überlei". Vgl. Sprüche Salom.
11, 15: Wer für einen Andern Bürge wird, der wird Schaden haben; wer
sich aber vor Geloben hütet, der ist sicher.

S. 258. „Muß in sich die Richtschnur sehn, stehn mit
Huld, mit Tugend gehn". Pattern in himself to know, grace to
stand, and virtue go. Eine dunkle und vieldeutige Stelle, aber schwerlich
corrupt. Wir nehmen das vorangegangene He als das logische Subject von

to know, pattern als Object von know, himself als Reflexivum, grace und virtue ebenfalls als Objecte von know, oder auch als Appositionen zu he, wo dann nach sehr häufigem dichterischen Gebrauch Abstractum pro concreto steht. „Ein wahrer Herrscher muß die Richtschnur alles Thuns in sich selbst erkennen, muß Huld und Gnade haben in der Ruhe oder Unthätigkeit (to stand), und Tugend im Handeln". Mit den Worten stand und go lassen sich natürlich die verschiedensten Vorstellungen verknüpfen, ohne daß eine für besonders berechtigt gelten dürfte. Ein mystisches Dunkel über die Bedeutung der Worte lag vielleicht gar in der Absicht des Dichters. — Von den folgenden Versen How may likeness bis substantial things thut man wol am besten, einfach zu bekennen, daß man sie nicht verstehe. Selbst wenn likeness der äußerliche Schein, Heuchelei heißen kann — was noch zu beweisen wäre —, bleiben so viele Schwierigkeiten des Wortgebrauchs und der Construction übrig, daß sich höchstens rathen läßt, was der Dichter hat sagen wollen, nicht aber, was er gesagt hat. — Die Schlußverse endlich: So disguise shall by the disguised pay with falsehood false exacting, versteht wenigstens Delius nicht richtig, wenn er the disguised auf Mariana bezieht. Dann müßte disguise auf Angelo gehn, und Angelo das Subject sein zu shall pay with falsehood false exacting (soll eine falsche Zumuthung mit Falschheit bezahlen), was schlechtweg unmöglich ist. Vielmehr ist the disguised Angelo, und wir haben hier einen zwar nicht häufigen, aber aus der Grundbedeutung sehr erklärlichen Gebrauch der Präposition by, die Person zu bezeichnen, auf welche eine Handlung sich bezieht, statt des gebräuchlicher gewordenen to oder with. Vgl. in unserm Stück V, 473: I would thou hadst done so by Claudio. Love's Lab. V, 2, 637: though my mocks come home by me, I will now be merry. Coriol. II, 3, 64: I would they would forget me, like the virtues which our divines lose by 'em. So steht by nach den Verben des Denkens und Sprechens geradezu für of: Much Ado V, 1, 312: virtuous in any thing that I do know by her. Lov. Lab. IV, 3, 150: I would not have him know so much by me. Merch. of Ven. I, 2, 58: how say you by the French lord? Vgl. noch II, 9, 26. Tam. of a Shr. V, 2, 22. All's well V, 3, 237. Two Gentl. II, 4, 151. Rich. II, II, 1, 213. Henry VI. 2. P. II, 1, 16. Othello I, 3, 17. Coriol. III, 2, 54.

4. Aufzug. 2. Scene.

S. 265. „er bittet öfter um Vergebung". Es ist altenglische Sitte, daß der Henker den Delinquenten um Verzeihung bittet, bevor er den tödtlichen Streich thut. Vgl. Wie es Euch gefällt S. 410:

> der Henker, dessen Herz
> Des Tods gewohnter Anblick doch verhärtet,
> Fällt nicht das Beil auf den gebeugten Nacken,
> Bis er sich erst entschuldigt.

An unsrer Stelle ist natürlich ein Doppelsinn beabsichtigt.

S. 269. „unempfindlich gegen das Sterben und hoffnungslos sterblich"; insensible of mortality and desperately mortal. Wir haben es für das Beste gehalten, diesen dunkeln Ausdruck wörtlich zu übersetzen, und erklären ihn so: der Art sterblich, daß man an seinem (ewigen) Leben verzweifeln muß. Malone und Johnson nehmen desperately mortal im Sinne von desperately mischievous (wonach Tieck übersetzte: ein ruchloser Mörder); Steevens für mortally desperate; Delius erklärt mortal = zum Tode bestimmt. Die letzte Deutung ist sprachlich, die übrigen durch den Zusammenhang unmöglich.

S. 270. „Scheert ihm das Haupt". In der katholischen Kirche kam es nicht selten vor, daß Sterbende noch vor dem Tode die Tonsur als Mönche zu erhalten wünschten.

4. Aufzug. 3. Scene.

S. 272. „Der sitzt hier für einen Posten Packpapier und alten Ingwer". Wucherer pflegten ihre Darlehen nur zum kleinsten Theil in baarem Gelde zu zahlen; statt des Geldes gaben sie ihren Schuldnern allerhand werthlose Waaren, welche diese meistens mit ungeheurem Verlust verkauften. Unter solchen Waaren spielten Darmsaiten, Steckenpferde, und ganz besonders Packpapier eine große Rolle. — Ueber den Ingwer als Liebhaberei der damaligen Zeit und besonders der alten Frauen siehe zum Kaufmann von Venedig S. 310.

„Schuhriem den Weitgereisten". Schuhe mit Bandschleifen kennzeichneten den Fremden und Gereisten.

„und rufen nun „um Gottes willen!"" Dies wird auch von andern Zeitschriftstellern als der gewöhnliche Ruf angeführt, mit welchem die Schuldgefangenen Vorübergehende anbettelten.

S. 275. „In kalter Reihenfolg' und abgemessen"; by cold gradation and well balanced form. Delius: „nach kaltblütig und ruhig überlegtem stufenweisem Vorschreiten". So auch Tieck: „durch ruhig Steigern der gewicht'gen Schalen". Und wahrscheinlich ist dies die allgemeine Auffassung. Aber unmöglich konnte der Herzog im voraus die dramatische Steigerung des fünften Acts berechnen und beabsichtigen; auch konnte ihm an ihr nichts gelegen sein. Vielmehr kam es ihm darauf an, daß sein Verfahren von

jeder Voreingenommenheit und Leidenschaftlichkeit frei erschien: daß nichts die
innere Empörung verrieth, welche er über Angelo empfand. Er will deshalb
die Sache kalt untersuchen, wenn sie an die Reihe kommt, sie nicht hastig und
vorgreifend zur Sprache bringen, und sie dann mit ruhiger Beobachtung aller
Formen zur Entscheidung bringen. In der einzigen Stelle, in welcher sich
gradation sonst noch bei Shakespeare findet, heißt es wie hier die ordnungs=
mäßige Reihenfolge (Othello I, 1, 37), nicht Steigerung. — Uebrigens fragt
es sich sehr, ob die Lesart der Folios weal-balanced form nicht der von den
neuen Herausgebern recipirten Emendation well-balanced vorzuziehen ist.
Weal-balanced könnte ganz wohl heißen: durch die Staatsrücksicht im Gleich=
gewicht erhalten; denn weal steht auch für sich bei Shakespeare statt common-
weal oder commonwealth. Coriol. II, 3, 189: your liberties and the
charters that you bear i'the body of the weal. Macb. III, 4, 36: ere
human statute purged the gentle weal. V, 2, 27: meet we the medicine
of the sickly weal. Lear I, 4, 230: in the tender of a wholesome weal.

5. Aufzug. 1. Scene.

S. 295. „Den Bußen in eines Baders Stube". Die Barbier=
stuben waren damals Orte lebhaften Verkehrs und Sammelplätze für Müßig=
gänger, wo getrunken, musicirt und alle mögliche Kurzweil getrieben wurde.
Um eine Art Ordnung in das Treiben zu bringen, und vielleicht auch um den
Consum von Getränken zu befördern, pflegten an der Wand scherzhafte Gesetz=
tafeln zu hängen, deren Ueberschreitung gewisse Bußen nach sich zog. Natür=
lich wurden diese mehr belacht als beachtet.

S. 296. „wie der Schurke jetzt sich ausreden möchte"; how
the villain would close now. So die Folios, während eine gute Zahl von
neuen Herausgebern gloze für close schreibt. Aber freilich heißt close hier
nicht, wie diejenigen erklären, welche es beibehalten: abschließen, ein Ende
machen. To close heißt zuweilen bei Shakespeare eins werden, sich verstän=
digen. Two Gentl. II, 5, 13: after they closed in earnest, they parted very
fairly in jest (Wortspiel). Troil. III, 2, 51: an 'twere dark, you'ld close
sooner. Die Person folgt darauf mit with: Winter's Tale IV, 4, 830: close
with him, give him gold. Caesar III, 1, 202: better than to close in terms
of friendship with thine enemies. Hamlet II, 1, 45: he closes with you
in this consequence. Daraus ging dann die Bedeutung hervor: einem zu
Munde reden, to humour one. Henry IV, 2. P. II, 4, 354: wrong this
virtuous gentlewoman to close with us. Tit. Andr. V, 2, 70: this closing
with him fits his lunacy. Und in diesem Sinne steht es ohne with an unsrer
Stelle.

Timon von Athen.

Uebersetzt von

L. Tieck.

Bearbeitet, eingeleitet und erläutert von

K. Elze.

Timon von Athen gehört zu denjenigen Stücken, welche zuerst in der Folio 1623 erschienen sind, ein Umstand, der insofern sehr bedauerlich ist, als uns dadurch alle Hülfsmittel entzogen sind, welche zur Berichtigung des vielfach verderbten und verstümmelten Textes dienen könnten; denn wenn auch die spätern Folios an ein paar Stellen willkommene Hülfe leisten, so sind sie doch im Ganzen werthlos, da ihr Text bekanntlich auf der ersten Folio beruht. Nicht minder gebricht es uns an Hülfsmitteln, um die Entstehungs= zeit des Stückes zu bestimmen, und nur so viel steht aus innern Gründen fest, daß es in des Dichters reifste Periode gehört. Malone setzte es in das Jahr 1610 und Dyce ist geneigt ihm beizustimmen. Auch Gervinus ist überzeugt, daß der Timon bald nach Antonius und Cleopatra abgefaßt sei, indem wahrscheinlich die bekannte Stelle in Plutarch's Antonius dem Dichter den Anstoß zum Timon gegeben habe. Da nun Antonius und Cleopatra im Jahre 1608 in die Register der Buchhändlergilde eingetragen wurde, so würde der Timon mithin in die Jahre 1609—10 fallen. Ulrici meint, er sei vielleicht Shakespeare's allerletztes Werk gewesen. Chalmers dagegen, welchem Drake gefolgt ist, behauptete, das Stück sei noch unter Elisabeth geschrieben, wahrscheinlich 1601 oder, wie Drake will, 1602. Sein Argument für diese Ansicht war das ältere (akademische) Lustspiel Timon, welches Steevens um 1600 setzte, und das nach Chalmers und Malone Shakespeare als Anregung und Vorlage gedient haben sollte. Dieser ältere Timon ist jedoch seitdem (1842) von Dyce für die englische Shakespeare=Gesellschaft herausgegeben worden, und es hat sich herausgestellt, daß ihm Shakespeare wol so gut wie nichts verdankt und ihn möglicherweise gar nicht gekannt hat, denn augenscheinlich war dieses ältere Stück nur für ein akademisches Publi= kum bestimmt und ist schwerlich je in London aufgeführt worden. Die Aehnlichkeiten zwischen ihm und dem Shakespeare'schen Timon, wie z. B.

das Abschiedsbanket, Timon's Flucht in den Wald, seine Schatzgräberei
u. s. w. liegen im Stoff und stammen aus Lucian. Damit fällt also [die
Hauptstütze für Chalmers' Zeitbestimmung und wir bleiben daher bei den
Jahren 1609—10 stehen, wenngleich wir auch dafür keine äußern Beweis=
gründe haben.

Man braucht sich keineswegs in das Studium Shakespeare's vertieft zu
haben, um herauszufühlen, daß der Timon nicht nur an einer auffallenden
Ungleichheit in Diction und Versification, sondern auch an einer nicht minder
auffallenden Ungleichheit und Nachlässigkeit, um nicht zu sagen Ungeschicktheit,
der Composition und des Gefüges leidet. Diction und Versification stehn in
manchen Partien, namentlich in den Reden Timon's, auf gleicher Höhe mit
Shakespeare's größten Tragödien. Wenn wir von diesem wie von den übrigen
Vorzügen des Stückes keine weiteren Worte machen, so geschieht es nur deßhalb,
weil dieselben von Gervinus, Ulrici u. A. erschöpfend erörtert worden sind.
Andere Partien dagegen stehen durch losen und nachlässigen Versbau, durch
unmotivirte Uebergänge in Prosa — bei einzelnen Stellen läßt sich nicht ein=
mal entscheiden, ob sie Verse oder Prosa sind — durch auffallend hölzerne
Reimcouplets an Stellen, wo sie Shakespeare sonst nicht anzubringen pflegt,
durch gesuchte Dunkelheit, durch schiefe und geschraubte Sentenzen weit hinter
den erstern zurück und können kaum für shakespearisch gelten. Fast noch
störender sind die Mängel in der Durchführung der Fabel, ja Gervinus be=
merkt nicht mit Unrecht, daß der Timon fast ohne eigentliche Fabel ist. Die
Scenen sind oft äußerst lose verknüpft, vor allen die fast ganz außerhalb des
Zusammenhanges stehende Senatsscene III, 5. Hier wird ein ungenannter
Freund des Alcibiades, der im Stücke gar nicht vorkommt, wegen eines
Zweikampfs oder einer Rauferei zum Tode verurtheilt und Alcibiades, der
für diesen Freund sehr warm Partei ergreift, lediglich deßhalb von dem
wüthenden Senate in lebenslängliche Verbannung geschickt. Eine solche un=
verbundene Scene, sagt Gervinus, wird man im ganzen Shakespeare nicht
wieder finden. Für die Handlung ist dieser Vorgang nur insofern von Be=
deutung, als dadurch der Zug des Alcibiades gegen seine Vaterstadt motivirt
wird, zu welchem er den Timon als Theilnehmer gewinnen möchte und von
dem er in ziemlich unverständlicher Weise sagt, er habe ihn theilweise um
Timons willen unternommen. Unmittelbar auf diese Senatsscene folgt das
von Timon gegebene Abschiedsmahl, bei dessen Schluß die Folio verschiedene
Senatoren erscheinen und nach ihren im Gedränge abhanden gekommenen
Sachen suchen läßt. Am Feste selbst können sie schwerlich theilgenommen
haben, denn einer der Gäste erzählt als Neuigkeit, daß Alcibiades verbannt sei,
worüber die andern sehr erstaunt sind, da sie keine Ahnung von dem haben,
was im Senate vorgefallen ist; sie können mithin nicht selbst Senatoren sein,

oder man müßte annehmen, daß dies Gespräch nur von Zweien oder Dreien
beiseite geführt worden sei. Die Gäste sind übrigens gleich den meisten
andern Nebenpersonen blos durch Zahlen bezeichnet, eine Manier, die sich in
dieser Ausdehnung nicht wieder bei Shakespeare findet, der sonst auch die
Nebenpersonen durch Namengebung und bestimmte Charakterzeichnung zu
individualisiren pflegt. Die Diener der Gläubiger reden sich mit den Namen
ihrer Herren an, wodurch die Undeutlichkeit vermehrt wird. Auch in der
Charakteristik finden sich Widersprüche. In I, 1 sagt der Dichter vom Apemantus, selber er beuge dem Timon sein Knie und kehre in Frieden heim,
bereichert von Timon's Nicken. Sobald aber Apemantus auftritt, zeigt sich,
daß er vom ersten bis zum letzten Augenblicke den Timon eben so wenig schont
als alle Uebrigen, ja daß es ihm um die Schmähung Timon's vorzugsweise
zu thun ist. Wie es kommt, daß er sich in Timon's Hause einfindet und an
seinem Gastmahl — wenngleich an einem Katzentisch — theilnimmt, ist allerdings nicht motivirt. In II. 2 fordert Apemantus den Narren auf, mit ihm
zu Lord Timon zu gehen und vergißt ganz, daß sie sich bereits in Timon's
Hause befinden. Was in derselben Scene der Page der einen Hetäre mit
seinen Briefen zu bedeuten hat, ist nicht einzusehen; er steht damit in keiner
Beziehung zur Handlung und ist eine ganz müßige Figur. Auffallend ist es
weiterhin, daß Alcibiades den Timon im Walde anfänglich nicht kennt und
dann sagt:

Ich kenne dich;
Doch unbekannt und fremd ist mir dein Schicksal —

gleichsam als lägen lange Jahre zwischen dem dritten und vierten Acte, was
keineswegs der Fall ist. Apemantus sieht IV, 3 bereits den Dichter und
den Maler kommen (Dort kommt ein Dichter und ein Maler — beiläufig,
woran erkennt er sie als solche? oder sollten wir lesen: Yonder comes the
poet and the painter?) und doch treten diese erst im fünften Acte auf, nachdem nicht nur die Scene mit den Banditen, sondern auch die Unterredung
mit Flavius stattgefunden hat. Sie haben mittlerweile von beiden Auf-
tritten Kenntniß bekommen und wissen, daß Timon sowol den Banditen
(denn diese sind wol mit den „poor straggling soldiers" gemeint) als auch
dem Haushofmeister Gold gegeben hat. Sehr räthselhaft ist endlich Timon's
Tod und Begräbniß. Es erhellt nirgends, wie er zu Tode gekommen ist;
ist er an gebrochenem Herzen gestorben oder hat er Hand an sich selbst gelegt?
Der Umstand, daß er selbst seine Grabschrift verfertigt und sie mit den Worten: „Ihr lest sie morgen" den beiden Senatoren zeigt, scheint auf das letztere
zu deuten. Aber wer hat ihn begraben? Man kann nur annehmen, daß
es der treue Flavius gethan hat, allein es wird nirgends angedeutet, daß

dieser bis zu Timon's Tode bei ihm ausgeharrt hat; er verschwindet viel=
mehr völlig spurlos.

Diese Incongruenzen, die sich noch vermehren ließen, haben verschiedene
Lösungsversuche hervorgerufen.   Coleridge erklärte sie aus der Verderbniß
des ursprünglichen Textes durch die Schauspieler und Ulrici bekennt sich,
auf die Paginirung der Folio gestützt, bezüglich der äußern Ungleichheit zu
derselben Ansicht, auf die wir unten ausführlicher zurückkommen werden.
Für die unverkennbare innere Ungleichheit der Darstellung nimmt Ulrici
einen zweiten Grund an, nämlich die entschieden größere Flüchtigkeit und
Nachläßigkeit, mit der einzelne Partien vor den übrigen vom Dichter be=
handelt seien.   Er vermuthet, daß Shakespeare, in dessen Manuscripten
Heminge und Condell kaum eine Correctur gefunden haben, unser Drama
ursprünglich rasch und leicht hingeworfen habe, und zwar um so mehr, als
ihn vermuthlich gegen Ende seiner dichterischen Laufbahn das Theaterwesen
und sein Lebensberuf mehr und mehr mit Ueberdruß erfüllte; daß er aber
später, nachdem das Stück die Bühne betreten, sich doch veranlaßt gesehen
(vielleicht durch den geringen Beifall, den es gefunden), einzelne Partien
sorgfältiger auszuführen.   Diese Hypothese läßt das Bedenken ungelöst,
warum der Dichter nur einzelne Partien überarbeitet haben sollte; eine voll=
ständige Ueberarbeitung, wie er sie ähnlich bei andern Stücken ausgeführt
hat, konnte ihm unmöglich Schwierigkeiten verursachen und die aus einer
theilweisen Ueberarbeitung entstehenden Ungleichheiten konnten Shakespeare
auf keinen Fall entgehen.   Auch mußte er sich sagen, daß dies nicht der Weg
sein konnte, um den Erfolg des Stückes dauernd zu heben.   Ueberdies sind
einige der bezeichneten Mängel der Art, daß sie schwerlich durch eine Ueber=
arbeitung in das Stück gekommen sein können.   Gervinus bleibt auch für
den Timon bei der Bemerkung stehen, welche er zum Antonius gemacht hat,
wo er die Läßigkeit in einer Reihe von Stücken dieser Zeit auf einen all=
gemeinen, uns unbekannten Grund in der Stimmung des Dichters schiebt.
Eine solche Stimmung mag vorhanden gewesen sein, allein diese Erklärung
ist doch zu vag und für unser Stück wenigstens nicht ausreichend.   Knight
(Studies of Shakespeare 68 fg.) war, so viel wir wissen, der erste, der zwei
verschiedene Hände in dem Stücke erkennen wollte; er hält den Timon für
die Bearbeitung eines ältern Stückes, von dem einzelnes beibehalten sei,
ähnlich wie beim Pericles.   Dieser Erklärungsweise hat sich Delius, unter
Aufgabe einer frühern, eigenen Hypothese, angeschlossen (Sh.=Jahrb. II.
335—361).   Früher hielt er nämlich wie Ulrici den ganzen Timon in allen
seinen Theilen für ein Werk Shakespeare's, und zwar (nur in diesem Punkte
abweichend) für eine Jugendarbeit des Dichters, welcher dieser in reifern
Jahren eine theilweise Umarbeitung habe angedeihen lassen, bei der ihm die

Charakteristik des Timon ausschließlich am Herzen gelegen habe. Delius erkannte an, daß Knight mit seinem ästhetischen Gefühl die Shakspeare'schen Scenen von denen des ältern Dichters gesondert habe, wandte aber ein, daß eine derartige Ueberarbeitung, bei welcher Shakespeare die eine Hälfte des Originals — etwa mit Ausnahme einzelner Striche — in ihren metrischen und stylistischen Mängeln unberührt gelassen und nur die andere Hälfte umgegossen hätte, beispiellos sei. Wäre aber eine solche nur theilweise Umarbeitung eines eigenen Stückes beispiellos, so fürchten wir, daß sie es bei einem fremden Stücke nicht minder ist; jedenfalls scheint das, was Delius von der Rücksicht auf das Publikum sagt, die Shakespeare von einer durchgehenden Ueberarbeitung abgehalten habe, wenig stichhaltig. Delius erkennt jetzt nicht nur zwei verschiedene Hände in dem Stücke, sondern glaubt auch den Dichter des ältern Stückes in George Wilkins entdeckt zu haben, welchem er auch den ältern Pericles zuschreibt. Das unter Wilkins' Namen erhaltene Drama „The Miseries of Inforced Marriage" (1608) läßt allerdings in mancher Hinsicht einige Verwandtschaft mit Timon und Pericles erkennen. Man mag verschiedener Ansicht sein über den Grad von Wahrscheinlichkeit, welchen man dieser Vermuthung zugestehen will; die Hauptsache bleibt die Annahme eines ältern Stückes, welches von Shakespeare überarbeitet worden ist. Auch das scheint klar, daß dieses Stück nicht in eine große zeitliche Ferne vor Shakespeare gesetzt werden darf, wie Delius mit zutreffenden Gründen nachweist. Daß Shakespeare noch in seiner reifsten Zeit ein fremdes Stück mit seiner sichern und geübten Hand umgestaltete, kann unseres Bedünkens nicht befremden; „der philosophische Tiefsinn, um Delius' Worte zu gebrauchen, begann in dieser Lebensperiode bei ihm der schöpferischen Phantasie das Gegengewicht zu halten, vielleicht sogar ein Uebergewicht zu gewinnen. Psychologische Fragen poetisch zu verarbeiten, einzelne Charaktere in ihrer Tiefe und Eigenartigkeit zu erfassen, das mag in jener Zeit keinen geringern Reiz für ihn gehabt haben, als die künstlerische Anlage, die Verflechtung und Entwicklung eines dramatischen Gesammtstoffes". Das was ihn zu der Arbeit antrieb, war mit Einem Worte das Seelengemälde des Timon. Die einzige Schwierigkeit, welche hierbei unerledigt bleibt, ist die eigenthümliche Art der Bearbeitung, welche sich nur auf einzelne Partien erstreckt haben soll, während sie andere unberührt ließ. Warum gab Shakespeare der Diction nicht eine einheitliche Färbung? warum brachte er Fabel und Handlung nicht in strafferen Zusammenhang? warum beseitigte er nicht die Unklarheiten und Widersprüche? Gewiß hätte er diese Aufgabe sozusagen spielend zu lösen vermocht und eine etwaige gemüthliche Verstimmung, wie sie Gervinus voraussetzt, müßte doch sehr tiefgehend gewesen sein, wenn sie ihn daran gehindert haben sollte.

In voller Würdigung dieser Schwierigkeiten ist neuerdings Benno
Tschischwitz auf einem entgegengesetzten Wege an die Lösung des Räthsels
gegangen (Sh.-Jahrb. IV, 160—197). Er geht von der Ueberzeugung
aus, daß die geniale Idee, die Geschichte Timon's, die von Shakespeare's
Zeitgenossen noch als passender Vorwurf für ein Lustspiel aufgefaßt wird,
als ernstes und erschütterndes Trauerspiel zu gestalten, nur Shakespeare
selbst zuzuschreiben ist. Die Mängel des Dramas können unmöglich von
Shakespeare selbst herrühren; sie müßten ihm mindestens eben so sehr auf=
gefallen sein als seinen heutigen Kritikern und es wäre unbegreiflich, wenn
er sie dem Publikum unter seinem Namen dargeboten haben sollte. Aller
Wahrscheinlichkeit nach rühren diese Mängel und Widersprüche vielmehr von
einem spätern Redactor her, welcher das Shakespeare'sche Werk für die Auf=
führung zurechtstutzte und namentlich kürzte. Besonders soll eine wichtige
Scene gestrichen sein, welche das Verhältniß Timon's zu Alcibiades und den
beiden Hetären näher bestimmte und vermuthlich auch die Senatsscene mo=
tivirte. Indem Tschischwitz diese Idee im Einzelnen durchführt, kann er
nicht umhin, in Betreff des Shakespeare'schen Charakters einiger Stellen
entgegengesetzter Ansicht zu sein wie Delius. Das zeigt wiederum, wie das
Stylgefühl, das sich weder dem einen noch dem andern der beiden bewährten
Shakespearekenner absprechen läßt, stets ein unsicherer, von subjectiven An=
schauungen abhängiger Führer bleibt, dem man sich nicht unbedingt anver=
trauen darf. Gegen die von Tschischwitz aufgestellte Hypothese spricht über=
dies mancherlei. Während die Ueberarbeitung älterer Dramen durch Shake=
speare als eine feststehende und allgemein anerkannte Thatsache gelten darf,
haben wir doch kein einziges Beispiel, daß seine eigenen Stücke bei seinen
Lebzeiten oder kurz nach seinem Tode (bis zum Erscheinen der Folio) von
andern Händen bearbeitet oder für die Aufführung zurechtgemacht worden
wären. Sollte sich Shakespeare dergleichen haben gefallen lassen? sollte
seine Bühne es in ihrem Interesse gefunden haben? Keins von beiden
scheint glaublich. Es ist wiederholt mit Nachdruck darauf hingewiesen wor=
den, daß Shakespeare kaum ein minder großer Theaterdirector als Dichter
war, der die Bedürfnisse der Bühne und die Anforderungen des Publikums
wie wenige kannte und zu befriedigen wußte. Waren also Streichungen in
seinen Stücken erforderlich, warum sollte er sie nicht selbst vorgenommen
haben? Wer anders als er selbst hat den ausnahmsweise langen Hamlet
und die übrigen Dramen auf das Maß der zweistündigen Aufführung ge=
bracht, vorausgesetzt, daß wir dieses Maß als ein bedingungsloses festhalten
dürfen? Warum sollte er auf Kosten seiner Dichtung dieses Geschäft einem
minder Erfahrenen überlassen haben, abgesehen davon, daß die Sache für
jeden andern minder leicht auszuführen war als für ihn selbst? War aber

die Anpaſſung des Stückes für die Bühne einmal von ihm gemacht, ſo hatte auch nach ſeinem Weggange von London und nach ſeinem Tode die Geſell-ſchaft kein Intereſſe daran, von ſeiner Aptirung abzugehn; ſie hätte ihre Rechnung dabei nur gefunden, wenn ſie einen beliebtern Namen, eine ge-übtere Hand, einen größern Genius dafür hätte gewinnen können als den Dichter ſelbſt. Außerdem werden aber durch die Annahme eines ſpätern Redactors keineswegs alle Schwierigkeiten gehoben, wenn ſich auch die Mängel der Zuſammenfügung und Motivirung durch ſeine Streichungen erklären laſſen möchten. Wie ließe ſich beiſpielsweiſe der erwähnte Wider-ſpruch im Charakter des Apemantus und die Erwähnung der Steine beim Schluſſe des Abſchiedsbankets daraus herleiten? Und wie ſollte der Re-dactor in ſo manchen Scenen die echte Shakeſpeare'ſche Diction und Verſi-fication durch ſeine Verballhornung haben erſetzen dürfen, ohne daß ſich eine Stimme, ſei es ſeitens der Geſellſchaft oder ſeitens des Publikums — um vom Dichter, wenn er noch lebte, zu ſchweigen — dagegen erhoben hätte? Welchen Zweck hätte auch eine ſolche Umſchreibung gehabt?

Es muß zugegeben werden, daß eine verläßliche und befriedigende Er-klärung, eine Erklärung, die weder Hörner noch Zähne hätte, nach der gegen-wärtigen Sachlage überhaupt nicht zu finden iſt. Wenn wir daher die vor-handenen Muthmaßungen weiter zu entwickeln verſuchen, ſo geſchieht es in der Hoffnung, daß es künftigen Forſchern vorbehalten ſein möge, Beſſeres an ihre Stelle zu ſetzen. Zunächſt nehmen wir die Exiſtenz eines ältern Timon an, welcher nach allem, was wir wiſſen, von George Wilkins ſo gut als von einem andern geſchrieben worden ſein mag; Shakeſpeare's Umarbeitung deſſelben hat ſich jedoch nicht bloß auf einzelne Scenen oder Rollen beſchränkt, ſondern hat ſich gleichmäßig auf das ganze Stück erſtreckt, ähnlich wie bei König Johann, der Zähmung der Widerſpenſtigen u. ſ. w. Schon Farmer hat eine Stelle in Jack Drum's Entertainment (1601) auf dieſen ältern Timon gedeutet:

Come, [come; now] I'll be as sociable as Timon of Athens.

Allerdings ſind dieſe Worte ſo allgemein, daß ihnen keine ſonderliche Beweis-kraft beigelegt werden kann; ſie werden aber verſtärkt durch eine ältere An-ſpielung in Guilpin's Skialetheia (1598):

Like hate-man Timon in his cell he sits,

die man doch wol auf eine ſceniſche Darſtellung beziehen muß. Die An-nahme eines ältern Timon reicht jedoch nicht aus, wenn nicht noch eine zweite hinzutritt, und hier kommen wir auf die von Ulrici angedeutete Verderbniß des Textes durch die Schauſpieler zurück, für welche die Paginirung der Folio einen merkwürdigen Anhalt gewährt. Der Timon begreift nämlich in der

Folio 21 Seiten, nicht Blätter, wie Ulrici irrthümlich sagt, und zwar S. 80
bis 98, indem die beiden Seitenzahlen 81 und 82 sich wiederholen; diese
Wiederholung ist übrigens unerheblich und Aehnliches kömmt öfter vor.
Dann folgt das Personenverzeichniß (S. 99) und eine leere Seite (S. 100).
Der sich nun anschließende Julius Cäsar beginnt aber nicht, wie er sollte,
mit Seite 101 (Ulrici sagt S. 100), sondern mit Seite 109. Nun leidet
zwar die Paginirung der Folio an mannichfachen Unregelmäßigkeiten, Troilus
und Cressida z. B. ist fast ganz unpaginirt und im Hamlet springt die Seiten-
zahl von 156 auf 257, um dann im zweiten Hundert regelmäßig fortzufahren,
allein eine derartige Lücke zwischen zwei Stücken kommt in der ganzen Folio
nicht wieder vor. Bei genauerer Untersuchung ergiebt sich, daß der Timon mit
Bogen hh schließt und Julius Cäsar mit Bogen kk beginnt. Es fehlt mithin gerade ein Bogen, nämlich ii. Um die Auffälligkeit noch zu erhöhen, ist
dieser Bogen nur auf acht Seiten (101—109), d. h. auf vier Blätter, berechnet gewesen, während alle übrigen Bogen sechs Blätter enthalten, mit Ausnahme der beiden gg in Heinrich IV. Th. 2 und in Romeo und Julie, welche
aus je acht Blättern bestehen. Diese Einzelheiten dienen zur Bestätigung
des von Ulrici gezogenen Schlusses, daß die Lücke keine zufällige, sondern
eine absichtliche war, und daß „der Druck des Julius Cäsar früher angefangen wurde, ehe der Timon beendigt war, wahrscheinlich weil das Manuscript
zum Timon unvollständig war und das Fehlende nicht rasch genug herbeige-
schafft werden konnte. Die Shakespeare'sche Originalhandschrift war mithin
nicht mehr vorhanden; das Stück mußte aus den einzelnen Rollenabschriften der Schauspieler zusammengesetzt werden". Diese Rollenabschriften
waren, wie Ulrici weiter ausführt, sehr nachlässig geschrieben, enthielten
Einschiebsel und Auslassungen, und die eigentliche Schlußscene fehlte vermuthlich ganz oder war doch willkürlich verstümmelt. Unter allen Erklärungs-
versuchen scheint uns dieser der Wahrheit am nächsten zu kommen und wir
schließen uns demselben mit Einer Modification an. Was zunächst den
Verlust der Handschrift betrifft, so erklärt er sich vielleicht daraus, daß der
Timon kein besonderes Glück gemacht zu haben scheint; dafür spricht wenigstens der Umstand, daß keine Quartausgabe davon veranstaltet worden ist
und daß des Stückes nirgends Erwähnung geschieht. Die Handschrift wurde
also zurückgelegt und ging in der Theaterbibliothek zu Grunde. Aber nicht
nur die Originalhandschrift, sondern auch etliche von den ausgeschriebenen
Rollen gingen verloren, indem nur die Hauptrollen, die des Titelhelden
voran, sorgfältig angefertigt und aufbewahrt worden waren; die Nebenrollen
hatten sich verzettelt. In dieser Verlegenheit nahm man seine Zuflucht zu
den Nebenrollen des früheren Stücks, das ja nur wenig älter und möglicherweise weniger in Vergessenheit gerathen war. Die Schauspieler trugen nun

aus dem Gedächtnisse oder vielleicht nach stenographischen Aufzeichnungen einzelne Aenderungen und Correcturen des Shakespeare'schen Textes ein und stellten so die Handschrift für den Druck zusammen. Möglicherweise kann es auch eine zufällige Verwechselung gewesen sein, welche ein paar Rollen des ältern Timon in den Text gebracht hat. Mochten auch Heminge und Condell von dieser Zusammenstoppelung, wenn sie davon wußten, nicht besonders erbaut sein, so blieb ihnen doch keine Wahl; der Platz für den Timon war einmal freigelassen, die Presse konnte nicht länger warten und so mußten sie mit dem Gebotenen vorliebnehmen. War dies der Hergang, so lassen sich die sprachlichen und metrischen Ungleichheiten, die losen Verknüpfungen der Scenen, selbst die Widersprüche in der Charakteristik und die Lücken ohne Schwierigkeit erklären.

Die herkömmliche Frage nach den Quellen hat, wie Delius bemerkt, unter diesen Umständen verhältnißmäßig geringes Interesse; Shakespeare brauchte eben keine andern Quellen vor Augen zu haben als die Arbeit seines Vorgängers. Nichtsdestoweniger ist nicht zu bezweifeln, daß er North's Plutarch benützte und eine oder die andere Bearbeitung des Lucian kannte, aus welchem der Stoff unzweifelhaft geschöpft ist. Zwar gab es zu seiner Zeit noch keine englische Uebersetzung des Samosateniers, wol aber drei italienische und eine französische, deren Titel Tschischwitz verzeichnet hat, wel-cher zu gleicher Zeit die Bemerkung macht, daß der A. III, Sc. 2 vorkom-mende „solidare" vermuthlich auf den französischen „sol d'or" zurückzuführen sein dürfte. Es wäre in der That interessant zu wissen, ob diese Münze wirklich im französischen Lucian vorkömmt. Das Verhältniß des Shake-speare'schen Stückes zu Lucian hat Tschischwitz gleichfalls eingehend unter-sucht. Daß sich übrigens auch die Engländer, freilich auf einem Umwege, des Stoffes schon seit längerer Zeit bemächtigt hatten, beweist Paynter's Palace of Pleasure (Bd. I. 1566, Bd. II. 1567; neue Auflage 1575), dessen 28. Novelle im ersten Bande _of the straunge and beastlie nature of Timon of Athens, enemie to mankinde. with his death. buriall, and epitaphe handelt. Jedenfalls hat nicht nur Shakespeare, sondern auch sein Vorgänger diese aus Boccaccio und Bandello übertragene Novellensammlung gekannt.

Nach der Restauration theilte unser Stück mit dem Sturm, mit Maß für Maß u. a. das Schicksal, ebenfalls zeitgemäß restaurirt zu werden. Zuerst geschah dies durch Thomas Shadwell (1678), dessen Bearbeitung sich lange Zeit auf der Bühne behauptete, verschiedene Auflagen erlebte und ihrerseits wieder von James Love (1768) und von Hull (1786) zugerichtet wurde. Andere Bearbeitungen sind von Richard Cumberland (1771) und von George Lamb (1816). Um den Geist derselben zu kennzeichnen, genügt

es, auf eine Anmerkung bei Gervinus II, 383 zu verweisen, wonach „Shad=
well dem Timon eine Geliebte gab, die ihn nicht verläßt; eine Entwurzelung
des Charakters.   Cumberland gab ihm eine Tochter, die er also um Ver=
mögen und Subsistenz bringt, ein Leichtsinn, der das Edle in dem Charakter
vertilgt". — Heutigen Tages gehört der Timon weder zu den aufgeführten,
noch zu den vielgelesenen Stücken Shakespeare's.

Timon von Athen.

Personen:

Timon, ein edler Athener.

Lucius,
Lucullus,
Sempronius, } seine Schmeichler und falschen Freunde.
Ventibius,

Apemantus, ein cynischer Philosoph.

Alcibiades, athenischer Feldherr.

Flavius, Timon's Haushofmeister.

Flaminius,
Lucilius, } Timon's Diener.
Servilius,

Caphis,
Philotus, } Diener von Timon's Gläubigern.
Titus,
Hortensius,

Zwei Diener des Varro.

Ein Diener des Isidor.

Cupido und andre Masken.   Drei Fremde.

Ein Dichter, ein Maler, ein Kaufmann und ein Juwelier.

Ein alter Athener, ein Page, ein Narr.

Phrynia, } Hetären des Alcibiades.
Timandra,

Senatoren, Hauptleute, Krieger, Diebe, Gefolge.

(Die Scene ist in Athen und dem nahen Walde.)

———————

Erster Aufzug.

—

Erste Scene.

Athen. Halle in Timon's Hause.

(Der Dichter und der Maler treten von verschiedenen Seiten auf.)

Dichter.

Guten Tag!

Maler.

Mich freut's, Euch wohl zu sehn.

Dichter.

Ich sah Euch lange nicht. Wie geht die Welt?

Maler.

Sie nutzt sich ab im Lauf.

Dichter.

Das ist bekannt.
Giebt's nichts besonders Seltnes, Fremdes, das
Vielfach Erzählen noch nicht kennt? — Doch seht!

(Der Kaufmann, der Juwelier und mehrere Andre treten auf.)

Magie des Reichthums! Diese Geister alle
Beschwor dein Zauber her. Den Kaufmann kenn' ich.

Maler.

Ich beite: jener ist ein Juwelier.

Kaufmann.

O, 's ist ein würd'ger Lord.

Juwelier.

Ja, das steht fest.

Kaufmann.

Ein Mann, ganz unvergleichlich; so zu sagen
Geschult zu unermüdlich steter Güte;
Ein Musterbild.

Juwelier.

Hier hab' ich ein Juwel.

Kaufmann.

O bitte, zeigt; für den Lord Timon wol?

Juwelier.

Wenn er den Preis zahlt — doch was das betrifft —

Dichter (lesend).

„Wenn wir um Lohn gepriesen den Gemeinen,
Befleckt's den Glanz des wohlgelungnen Reims,
Den wir dem Edeln weih'n."

Kaufmann (den Stein betrachtend).

Ha! schön gefaßt.

Juwelier.

Und reich; das ist ein Wasser, seht nur selbst.

Maler.

Ihr seid wol in ein Werk vertieft — 'ne Huld'gung
Dem großen Lord?

Dichter.

Ein Ding, mir leicht entschlüpft.
Wie Harz entträufelt unsre Poesie,
Wo man sie nährt; das Feuer im Stein erglänzt
Erst dann, wenn man ihn schlägt; von selbst entzündet
Sich unsre Flamm' und fliegt, dem Strome gleich,
Zurück vor jeder Schranke. — Was ist das?

Maler.

Ein Bild, Herr. Wann kommt Euer Buch heraus?

Dichter.

Es folgt der Ueberreichung auf dem Fuß.
Zeigt mir das Stück.

Maler.

Es ist ein gutes Stück?

Dichter.

Gewiß, dies hebt sich trefflich, herrlich ab.

Maler.

So ziemlich.

Dichter.

Unvergleichlich! Wie die Grazie
Sich durch sich selbst ausspricht! wie geist'ge Kraft
Aus diesem Auge blitzt! wie Phantasie
Sich auf der Lippe regt! mit Worten möchte
Die schweigende Geberde jeder deuten.

Maler.

Wol leidlich hübsch das Leben nachgeäfft;
Der Zug hier — ist er gut?

Dichter.

Ich möchte sagen,
Er meistert die Natur; kunstreiches Streben
Lebt in dem Zug lebend'ger als das Leben.

(Einige Senatoren treten ein und gehen nach den innern Gemächern.)

Maler.

Wie viele Freunde hat der Edle!

Dichter.

Athen'sche Senatoren! — Der Beglückte!

Maler.

Schaut, mehr noch!

Dichter.

Seht den Zusammenfluß, den Schwall der Freunde! —
In diesem rohen Werk zeichn' ich 'nen Mann,
Den diese ird'sche Welt umfängt und hegt
Mit reichster Gunst; mein freier Zug wird nirgend
Gehemmt durch Einzelnes, nein, segelt fort
In weiter, klarer See; kein boshaft Zielen

Vergiftet eine Silbe meiner Fahrt;
Sie fliegt den Adlerflug, kühn, stets gradaus,
Und läßt nicht Spur zurück.

Maler.

Wie soll ich Euch verstehn?

Dichter.

Ich will es Euch entriegeln.
Ihr seht, wie alle Ständ' und alle Menschen,
Sowohl von leicht geschmeid'gem Sinn, als auch
Von ernster, strenger Art, demüth'gen Dienst
Dem Timon widmen; wie sein großer Reichthum,
Umkleidend seinen adlig güt'gen Sinn,
Ein jeglich Herz für seine Lieb' und Herrschaft
Bezwingt und kauft; ja, von des Schmeichlers Spiegelantlitz
Zu Apemant herab, der nichts so liebt
Als sich zu hassen; selber er beugt ihm
Sein Knie und kehrt in Frieden heim, bereichert
Vom Nicken Timon's.

Maler.

Ich sah's, er sprach mit ihm.

Dichter.

Ich stell' auf einem lieblich grünen Hügel
Fortuna thronend dar; am Fuß des Berges
Gedrängte Reih'n von jedem Stand und Wesen,
Die auf der Wölbung dieser Sphäre streben,
Ihr Glück zu mehren; unter allen diesen,
Die auf die Königin den Blick geheftet,
Mal' ich den Einen ab in Timon's Bildung,
Den zu sich winkt Fortuna's elfne Hand;
Die volle Gunst verkehrt die Mitbewerber
Sofort in Diener und in Sclaven.

Maler.

Herrlich!

Mich dünkt, Fortuna und der Thron und Hügel,
Der Eine, den hinauf sie winkt von allen,
Mit vorgebeugtem Haupt den Berg hinan

Zum Glücke klimmend, wär' ein schöner Vorwurf
Für unsre Kunst.

Dichter.

Ja, hört nur weiter, Freund:
All' jene (die noch eben ihm Kamraden,
Ja, manch' ihm vorzuziehn), von dem Moment
Gehn seinen Schritten nach und füllen Hof
Und Flur mit ihrem Dienst;
Sie gießen in sein Ohr vergötternd Flüstern,
Verehren seinen Bügel selbst und trinken
Die freie Luft durch ihn.

Maler.

Nun, und was weiter?

Dichter.

Wenn nun in Laun' und Wankelmuth Fortuna
Herab den Günstling stößt, so läßt sein Troß,
Der hinter ihm den Berg hinauf sich mühte
Auf Knie'n und Händen selbst, ihn niederstürzen;
Nicht Einer, der ihm folgt' in seinem Fall.

Maler.

Das ist gewöhnlich.
Ich kann der Art Euch tausend Bilder weisen,
Die auch des Glückes schnellen Wandel malen,
Lebend'ger als das Wort. Doch thut Ihr wohl,
Zeigt Ihr Lord Timon, daß gemeine Augen
Die Füße höher als das Haupt gesehn.

(Trompetenstoß. Timon tritt auf mit Begleitung, ein Diener des
Ventidius spricht mit ihm.)

Timon.

Verhaftet ist er, sagst du?

Diener.

Ja, Herr, und fünf Talent' ist seine Schuld,
Klein sein Vermögen, seine Gläub'ger hart;
Um Eure Fürsprach' bittet er, bei denen,
Die ihn gefangen setzten; fehlt ihm diese,
So stirbt sein Trost.

Timon.

Edler Ventidius! Gut!
Nicht meine Art ist's Freunde abzuschütteln,
Wenn meiner sie bedürfen. Weiß ich doch,
Sein edler Sinn ist solcher Hülfe werth;
Die wird ihm, denn ich zahl' und mach' ihn frei.

Diener.

Euer Gnaden wird auf ewig ihn verbinden.

Timon.

Empfiehl mich ihm! gleich send' ich seine Lösung;
Nachdem er frei, bitt' ihn, zu mir zu kommen,
Denn nicht genug, dem Schwachen aufzuhelfen,
Auch stützen muß man ihn danach. — Leb' wohl.

Diener.

Sei alles Glück mit meinem gnäd'gen Herrn!

(Diener geht ab.)

(Ein alter Athener tritt auf.)

Athener.

Lord Timon, hör' mich an.

Timon.

Sprich, guter Alter.

Athener.

Du hast 'nen Diener, der Lucilius heißt.

Timon.

So ist's; was soll er?

Athener.

Höchst edler Timon, laß' ihn vor dich kommen.

Timon.

Ist hier er im Gefolge? — He, Lucilius!

Lucilius (vortretend).

Hier, Euer Gnaden zu Befehl.

Athener.

Der Mensch hier, edler Timon, er, dein Knecht,
Kommt Abends oft zu mir. Ich bin ein Mann,
Der von früh auf was vor sich bringen wollte,

Und einen höhern Erben sucht mein Gut,
Als der mit Tellern läuft.

Timon.
Nun gut, was weiter?

Athener.

Ich hab' 'ne einz'ge Tochter, von Verwandten
Sonst niemand; ihr vermach' ich all mein Gut.
Das Kind ist schön, fast noch zu jung zur Braut;
Mit großen Kosten hab' ich sie erzogen
Zu bester Sitt' und Bildung. Er, dein Diener,
Verfolgt mit Liebe sie; nun, edler Lord,
Hilf mir ihm den Besuch bei ihr verbieten;
Was ich sprach, war umsonst.

Timon.
Der Mann ist redlich.

Athener.

So wird er's hier beweisen, würd'ger Timon;
Es wird sein redlich Thun sich selbst belohnen,
Es muß nicht meine Tochter just gewinnen.

Timon.
Und liebt sie ihn?

Athener.
Jung ist sie und empfänglich;
Uns lehrt die Leidenschaft der eignen Jugend,
Wie unbedacht sie ist.

Timon (zu Lucilius).
Liebst du das Mädchen?

Lucilius.
Ja, theurer Herr, und mir ward Gegenliebe.

Athener.
Fehlt meine Zustimmung bei dieser Ehe,
Die Götter sei'n mir Zeugen, so erwähl' ich
Mir aus den Straßenbettlern einen Erben,
Und nehm' ihr Alles.

Timon.
Was bestimmst du ihr,
Wird sie vermählt dem Gatten gleichen Standes?

Athener.

Nun, drei Talente jetzt; in Zukunft Alles.

Timon.

Der wohlerzogne Jüngling dient mir lange;
Sein Glück zu bau'n thu' ich ein Uebriges,
Denn das ist Menschenpflicht. Gieb ihm dein Kind;
Was du ihr mitgiebst, soll von mir er haben
Und so nicht leichter wiegen.

Athener.

     Edler Lord,
Verpfände deine Ehr', und sie ist sein.

Timon.

Hier meine Hand, ich halte Wort auf Ehre!

Lucilius.

In Demuth dank' ich Euch, mein gnäd'ger Lord;
Und nimmer mög' ich Glück und Gut genießen,
Das Euch nicht angehört!

          (Lucilius und der alte Athener gehn ab.)

Dichter (sein Gedicht überreichend).

Nehmt huldreich auf dies Werk: lebt lang' und glücklich!

Timon.

Ich dank' Euch sehr; bald sollt Ihr von mir hören:
Entfernt Euch nicht. — Was hast du da, mein Freund?

Maler.

Ein kleines Bild, das ich Euer Edeln bitte
Nicht zu verschmähn.

Timon.

     Willkommen ist ein Bild.
Das Bildwerk ist beinah der wahre Mensch;
Denn seit Ehrlosigkeit mit Menschheit schachert,
Ist er nur Außenseite; diese Färbung
Ist, was sie vorgiebt. Mir gefällt dein Werk,
Und du erfährst, wie mir's gefällt; verweile,
Bis du das Weit're hörst.

Maler.

     Der Himmel schütz' Euch!

Timon.

Leb wohl denn, Freund! gieb mir die Hand. Wir müssen
Hernach zusammen speisen. — Euer Stein
Litt unter'm Lob.

Juwelier.

Wie, Herr? Traf Tadel ihn?

Timon.

Nein, Ueberfülle allerhöchsten Lobes.
Bezahlt' ich ihn, so wie er angepriesen,
So zög' es ganz mich aus.

Juwelier.

Er ist geschätzt,
Wie selbst Verkäufer zahlen würden. Dinge
Von gleichem Werth, die in verschiednen Händen,
Ihr wißt es, werden nach dem Herrn geschätzt;
Daß Ihr ihn tragt, erhöht den Werth des Steins.

Timon.

Ein guter Spott.

Kaufmann.

Nein, edler Herr, 's ist allgemeine Rede,
Die jeder spricht gleich ihm.

Timon.

Seht, wer hier kommt. Wollt Ihr Euch schelten lassen?

(Apemantus tritt auf.)

Juwelier.

Wir theilen mit Eu'r Gnaden.

Kaufmann.

Er schont Keinen.

Timon.

Sei mir willkommen, edler Apemantus.

Apemantus.

Spar' deinen Willkomm, bis ich edel werde,
Bis Timon's Hund du, bis die Schuft' hier ehrlich.

Timon.

Was nennst du Schufte sie, du kennst sie nicht.

Apemantus.

Sind sie keine Athener?

Timon.

Ja.

Apemantus.

So widerruf' ich nicht.

Juwelier.

Ihr kennt mich, Apemantus?

Apemantus.

Du weißt, ich thu's; ich nannte dich bei Namen.

Timon.

Du bist stolz, Apemantus.

Apemantus.

Auf nichts so sehr, als daß ich nicht wie Timon bin.

Timon.

Wohin gehst du?

Apemantus.

Einem ehrlichen Athener den Schädel einzuschlagen.

Timon.

Das ist eine That für die du sterben mußt.

Apemantus.

Ja, wenn Nichtsthun nach dem Gesetze mit dem Tode bestraft wird.

Timon.

Wie gefällt dir dies Gemälde, Apemantus?

Apemantus.

Vortrefflich, weil es nichts Böses thut.

Timon.

Richtete der nicht viel aus, der es malte?

Apemantus.

Der noch mehr, der den Maler hervorbrachte; und doch ist der selbst nur ein schmutziges Stück.

Maler.

Du bist ein Hund.

Apemantus.

Deine Mutter ist von meinem Stamm; was ist sie, wenn ich ein Hund bin?

Timon.

Willst du mit mir zu Mittag speisen, Apemantus?

Apemantus.

Nein, ich esse keine großen Herren.

Timon.

Thätest du das, so würdest du die Damen erzürnen.

Apemantus.

O, die essen große Herren und dadurch kommen sie zu dicken Bäuchen.

Timon.

Das ist eine unanständige Andeutung.

Apemantus.

Wenn du sie deutest; nimm sie für deine Mühe.

Timon.

Wie gefällt dir dieser Edelstein, Apemantus?

Apemantus.

Nicht so gut als Ehrlichkeit, die doch keinem Menschen einen Heller kostet.

Timon.

Wie viel denkst du, daß er werth sei?

Apemantus.

Nicht meines Denkens werth. — Wie steht's, Poet?

Dichter.

Wie steht's, Philosoph?

Apemantus.

Du lügst.

Dichter.

Bist du keiner?

Apemantus.

Ja.

Dichter.

So lüg' ich nicht.

Apemantus.

Bist du nicht ein Poet?

Dichter.

Ja.

Apemantus.

So lügst du; sieh nur in dein neuestes Werk, wo du vorgegeben hast, er sei ein würd'ger Mensch.

Dichter.

Das ist nicht vorgegeben, er ist es wirklich.

Apemantus.

Ja, er ist deiner würdig, um dich für deine Arbeit zu bezahlen; wer die Schmeichelei liebt, ist des Schmeichlers würdig. Himmel, daß ich ein Lord wäre!

Timon.

Was wolltest du dann thun, Apemantus?

Apemantus.

Dasselbe, was Apemantus jetzt thut, einen Lord von Herzen hassen.

Timon.

Wie, dich selbst?

Apemantus.

Ja.

Timon.

Weßhalb?

Apemantus.

Daß mir aller grimmige Witz fehlte, um Lord zu bleiben. — Bist du nicht ein Kaufmann?

Kaufmann.

Ja, Apemantus.

Apemantus.

Der Handel richte dich zu Grunde, wenn es die Götter nicht thun!

Kaufmann.

Wenn es der Handel thut, so thun es die Götter.

Apemantus.

Der Handel ist dein Gott, und dein Gott richte dich zu Grunde!

(Trompeten; es tritt ein Diener auf.)

Timon.

Was für Trompeten?

Diener.

Alcibiades,
Mit zwanzig Rittern, seinen Kriegsgefährten.

Timon.

Empfangt sie gastlich, führt sie ein zu uns.

(Einige aus dem Gefolge gehn ab.)

Ihr müßt heut mit mir speisen; — geht nicht fort,
Bis ich Euch dankte; — nach der Mahlzeit dann
Zeigt uns das Bild. — Erfreut, Euch hier zu sehn.

(Alcibiades und seine Gefährten treten auf.)

Willkommen, Freund!   (Sie begrüßen sich.)

Apemantus.

So, so, nun geht es los!
Gicht lähm' und dörr' Euch die geschmeid'gen Glieder!
Von Liebe nichts in all' den süßen Schuften,
Und lauter Höflichkeit! Die Menschenbrut
Verrenkt sich noch zu Aff' und Pavian!

Alcibiades.

Ihr stillt, Herr, meine Sehnsucht, und ich schwelge
In Gier an Eurem Anblick.

Timon.

Sehr willkommen!
Und eh' wir scheiden, eint uns manche Stunde
In Freud' und Lust. Ich bitte, tretet ein.

(Alle gehn ab, außer Apemantus.)

(Zwei Lords treten auf.)

Erster Lord.

Was ist die Zeit am Tage, Apemantus?

Apemantus.

Zeit, daß man ehrlich ist.

Erster Lord.

Die Zeit ist immer.

Apemantus.

Um so verruchter du, sie nie zu nutzen.

Zweiter Lord.

Du gehst doch zu Lord Timon's Fest?

Apemantus.

Ja, um zu sehn, wie Speise Schurken nährt,
Und Narren Wein erhitzt.

Zweiter Lord.

						Leb wohl, leb wohl!

Apemantus.

Du bist ein Narr, daß du mir's zweimal sagst.

Zweiter Lord.

Warum, Apemantus?

Apemantus.

Du hättest das eine für dich behalten sollen, denn ich gedenke
dir keines zu geben.

Erster Lord.

Geh, häng' dich auf.

Apemantus.

Nein, ich will nichts auf dein Geheiß thun; richte deine Auf=
forderung an deinen Freund.

Zweiter Lord.

Fort, du zänkischer Hund, oder ich stoße dich mit dem Fuß
hinaus.

Apemantus.

Ich will, wie der Hund, die Huse des Esels fliehen.

						(Apemantus geht ab.)

Erster Lord.

Er ist ein Widerspiel der Menschheit. Kommt hinein,
Und laßt Lord Timon's Gastlichkeit uns kosten;
Er übertrifft das Herz der Güte selbst.

Zweiter Lord.

Er strömt sie aus; Plutus, der Gott des Goldes,
Ist sein Verwalter nur; jeglich Verdienst
Wird siebenfach belohnt, und keine Gabe,
Die nicht Vergeltung ihrem Geber bringt,
Weit über alles Maß.

Erster Lord.

						Das edelste
Gemüth besitzt er, das je Menschen lenkte.

Zweiter Lord.

Er lebe lang' und glücklich! Woll'n wir gehn?

Erster Lord.

Ja, ich begleit' Euch. (Sie gehn ab.)

Zweite Scene.

Prunksaal in Timon's Hause.

(Rauschende Hoboenmusik. Ein großes Banket wird angerichtet. Flavius und andre Diener. Dann treten auf: Timon, Alcibiades, Ventidius, Lords und Senatoren. Zuletzt Apemantus.)

Ventidius.

Erlauchter Timon, Götterrathschluß sandte
Zur langen Ruh' den greisen Vater heim.
Er schied beglückt und hinterließ mich reich;
Drum, wie mich Ehr' und Dankbarkeit verpflichten,
Erstatt' ich dienstergeben deiner Großmuth
Hier die Talente wieder, welche mir
Die Freiheit schufen.

Timon.

Nimmermehr, Ventidius.

Rechtschaffner Mann, da kränkt Ihr meine Liebe;
Ich gab sie weg auf immer. Wer zurücknimmt,
Kann nicht mit Wahrheit sagen, daß er giebt;
Wenn das die Großen thun, ziemt's uns nicht nachzuspielen,
Wiewohl an Reichen auch die Fehler stets gefielen.

(Sie stehn alle mit Ehrfurcht um Timon her.)

Ventidius.

Welch edler Geist!

Timon.

Nein, Lords, die Ceremonie

Ward nur erfunden, einen Glanz zu leihn
Verstellter Freundlichkeit und hohlem Gruß,

Gutthat vernichtend, um nicht zu gewähren;
Doch wahre Freundschaft kann sie ganz entbehren.
Setzt Euch; Ihr seid willkommner meinem Reichthum,
Als mir mein Reichthum ist. 　　　　　(Sie setzen sich.)

Erster Lord.

Mylord, das haben immer wir bekannt.

Apemantus.

Hoho! bekannt! folgt denn darauf nicht Hängen?

Timon.

O, Apemantus! — sei willkommen!

Apemantus.

Nein,
Ich will nicht, daß du mich willkommen heißest;
Ich kam, damit du aus der Thür mich werfest.

Timon.

Du bist gemein und einer Laun' ergeben,
Die keinem Mann geziemt und sehr zu tadeln:
Man sagt, Mylords: ira furor brevis est,
Doch jener Mann ist immerfort ergrimmt.
Du da, bereit' ihm seinen eignen Tisch,
Denn er sucht weder die Gesellschaft auf,
Noch paßt er für sie irgend.

Apemantus.

Gut, so bleib' ich
Auf deine eigene Gefahr denn hier:
Ich kam, um aufzupassen; sei gewarnt.

Timon.

Das kümmert mich nicht: du bist ein Athener und mir deßhalb
willkommen; ich selbst möchte hier keine Macht haben: bitte, laß' mein
Mahl dich zum Schweigen bringen.

Apemantus.

Dein Mahl verschmäh' ich; es erwürgt mich, denn
Nie würd' ich schmeicheln. — Götter! welche Schaar
Verzehrt den Timon, und er sieht sie nicht!
Mich quält es, daß so Viel' ihr Brot eintauchen
In eines Mannes Blut; und größ're Tollheit,

Er muntert sie noch auf.
Mich wundert, wie doch Mensch dem Menschen traut!
Sie sollten nur sich laden ohne Messer;
's wär' gut für's Mahl und für ihr Leben besser.
Das zeigt sich oft; der Bursche ihm zunächst,
Der mit ihm Brot bricht, ihm Gesundheit bringt
Mit seinem Athem im getheilten Trunk,
Er ist der nächst', ihn zu ermorden. Das
Geschah schon oft; wär' ich ein großer Herr,
Ich wagte bei der Mahlzeit nicht zu trinken,
Man könnte sonst erspähn der Kehle Schwächen;
Nur halsgepanzert sollten Große zechen.

Timon (einem Gaste zutrinkend).
Von Herzen, Herr; und rundum geh' es weiter.

Zweiter Lord.
Laßt es nach dieser Seite fließen, edler Lord.

Apemantus.
Nach dieser Seite!
Ein herz'ger Mensch! Er hält die Fluthzeit gut!
O Timon! du und dein Besitz
Wird krank von dem Gesundheitstrinken noch.
Hier hab' ich, was zu schwach ist, um zu sünd'gen,
Ehrliches Wasser, das noch Keinen umwarf:
Dies wird mit meiner Kost ganz passend sich vertragen;
Beim Schmaus ist man zu stolz, den Göttern Dank zu sagen.
(Des Apemantus Tischgebet.)
Ihr Götter, nicht um Gold bitt' ich,
Für niemand bet' ich, als für mich;
Gebt, daß ich nie so thöricht sei,
Zu trau'n der Menschen Schwur und Treu',
Noch der Dirne, wenn sie weint,
Noch dem Hund, der schlafend scheint,
Noch dem Schließer im Gefängniß,
Noch dem Freunde in Bedrängniß,
Amen. So lange zu;

Der Reiche fündigt, Wurzeln speise du.   (Er ißt und trinkt.)

Und wohl bekomm' es deinem guten Herzen, Apemantus.

Timon.

General Alcibiades, Euer Herz ist in diesem Augenblick im Felde.

Alcibiades.

Mein Herz ist immer zu Euren Diensten, Mylord.

Timon.

Ihr wäret lieber bei einem Frühstück von Feinden, als bei einem
Mittagsessen von Freunden.

Alcibiades.

Wenn sie frischblutend sind, Mylord, so kommt kein Schmaus
ihnen gleich, und ich möchte meinem besten Freund ein solches Fest
wünschen.

Apemantus.

So wollt' ich, alle diese Schmeichler wären deine Feinde, damit
du sie alle tödten und mich dann darauf einladen könntest.

Erster Lord.

Würde uns nur das Glück zu Theil, edler Lord, daß Ihr einst
unsrer Liebe bedürftet, damit wir Euch einigermaßen unsern Eifer
zeigen könnten, dann würden wir uns auf immer für beglückt halten.

Timon.

O zweifelt nicht, meine theuern Freunde, die Götter selbst haben
gewiß dafür gesorgt, daß Ihr mir noch dereinst sehr nützlich werden
könnt; wie wäret Ihr auch sonst meine Freunde? Weßhalb führtet
Ihr vor tausend Andern diesen liebevollen Namen, wenn Ihr meinem
Herzen nicht die Nächsten wäret? Ich habe mir selbst mehr von Euch
gesagt, als Ihr mit Bescheidenheit zu Euren Gunsten sagen könnt, und
das steht fest bei mir. O, ihr Götter, denk' ich, was bedürften wir
irgend der Freunde, wenn wir ihrer niemals bedürften? sie wären ja
die unnützesten Geschöpfe auf der Welt, wenn wir sie nie gebrauchten,
und glichen lieblichen Instrumenten, die in ihren Kasten an der Wand
hängen und ihre Töne für sich selbst behalten. Wahrlich, ich habe oft
gewünscht, ärmer zu sein, um Euch näher zu stehn. Wir sind dazu
geboren, wohlthätig zu sein, und was können wir wol mit besserm
Anspruch unser eigen nennen, als den Reichthum unsrer Freunde?
O, welch ein köstlicher Trost ist es, so viele zu haben, die wie Brüder

einer über des andern Vermögen gebieten können. O Freude, die
schon stirbt, ehe sie geboren wird! Meine Augen können die Thränen
nicht zurückhalten; um ihren Fehl vergessen zu machen, trinke ich
Euch zu.

Apemantus.

Du weinst, daß sie trinken mögen, Timon.

Zweiter Lord.

So ward die Freud' auch uns im Aug' empfangen,
Und sprang sogleich als weinend Kind hervor.

Apemantus.

Haha!
Ich lache, weil es wol ein Bastard war.

Dritter Lord.

Wahrlich, Mylord, Ihr habt mich ganz erschüttert.

Apemantus.

Gans!   (Trompeten hinter der Scene.)

Timon.

Was bedeutet die Trompete? — he?

(Ein Diener tritt auf.)

Diener.

Mit Eurer Genehmigung, Mylord, es sind einige Damen da,
die sehnlich Einlaß begehren.

Timon.

Damen? was ist ihr Wunsch?

Diener.

Sie haben einen Vorläufer bei sich, Mylord, der den Auftrag
hat, ihren Willen kund zu thun.

Timon.

Wohl, so laß' sie ein.

(Cupido tritt auf.)

Cupido.

Dem würd'gen Timon Heil und all' den Andern,
Die seiner Huld genießen! — Die fünf Sinne
Erkennen dich als ihren Herrn, und nahn
Glückwünschend deinem edlen Haus: Geschmack,
Gefühl, Gehör, Geruch fand hier Erquicken;
Sie kommen nun, dein Auge zu entzücken.

Timon.

Sie sind Alle willkommen; man empfange sie freundlich! Musik
heiße sie willkommen!   (Cupido geht ab.)

Erster Lord.

Ihr seht, wie Ihr von Allen seid geliebt.
(Musik. Cupido tritt wieder auf, Maskerade von Damen als Ama=
   zonen verkleidet; sie haben Lauten und tanzen und spielen.)

Apemantus.

Heisa, ein Schwarm von Eitelkeit bricht ein!
Sie tanzen, ha! wahnsinn'ge Weiber sind's.
Ganz solcher Wahnsinn ist die Pracht des Lebens,
Wie dieser Pomp absticht von Oel und Wurzeln.
Wir machen uns zu Narr'n, uns zu ergötzen,
Vergeuden Schmeichelei'n, um Menschen auszusaugen,
Auf deren Alter wir es wieder speien,
Mit Haß und Neid vergällt. Wer lebt, der nicht
Gekränkt ist oder kränkt? Wer stirbt und nimmt
Nicht eine Wund' in's Grab von Freundeshand?
Die vor mir tanzen jetzt, ich würde fürchten,
Sie stampfen einst auf mich; es kam schon vor:
Man schließt beim Sonnenuntergang das Thor.

(Die Lords stehn vom Tisch auf, indem sie dem Timon die
   größte Ehrfurcht beweisen; und, um ihm ihre Liebe zu zeigen,
   wählt jeder eine Amazone zum Tanz: nach einer heitern
   Hoboenmusik schließt der Tanz.)

Timon.

Ihr schönen Frau'n lieh't Anmuth unsrer Lust,
Und schmücktet unser Fest mit Lieblichkeit,
Das halb so reich und hold vorher nicht strahlte;
Ihr gabt ihm höhern Werth und schönern Glanz,
Und unterhieltet mich, wie ich's ersann;
Den Dank bleib' ich Euch schuldig.

Erste Dame.

Mylord, Ihr nehmt uns von der besten Seite.

Apemantus.

Wahrlich, denn die schlimmste ist schmutzig und würde wol
kaum das Nehmen vertragen, denk' ich.

Timon.

Ihr Frau'n, dort finter Ihr ein leicht Banket,
Nun seit so gütig, laßt zum Mahl Euch nieder.

Die Damen.

Mit ganz ergebnem Dank, Mylord.

(Cupido und die Damen gehn ab.)

Timon.

Flavius, —

Flavius.

Mylord.

Timon.

Bring' mir das kleine Kästchen.

Flavius.

Sogleich, Mylord. (Beiseit.) Noch immer mehr Juwelen!
Man darf ihm seine Laune nicht durchkreuzen,
Sonst würd' ich — Gut — wenn Alles ist geschwunden,
Wünscht er, er hätte sie durchkreuzt gefunden.
O Jammer! möchte Milde rückwärts sehn,
Daß nicht an Großmuth Edle untergehn.

(Er geht ab und kommt mit dem Kästchen wieder.)

Erster Lord.

Sind unsre Leute da?

Diener.

Euch zu Befehl, Mylord.

Zweiter Lord.

Die Pferde vor!

Timon.

Ihr Freunde, noch ein Wort
Erlaubt mir: — Seht, mein guter Lord, ich muß
Euch bitten, daß Ihr mir die Ehr' erweist,
Hier dies Juwel zu adeln;
Empfangt und tragt es, gür'ger Herr.

Erster Lord.

Doch bin ich schon so sehr in Eurer Schuld —

Alle.

Das sind wir Alle.

(Ein Diener tritt auf.)

Zweiter Diener.

Mylord, es steigen ein'ge Senatoren
Vom Pferde eben, um Euch zu besuchen.

Timon.

Höchlich willkommen.

Flavius.

Ich ersuch' Eu'r Gnaden,
Erlaubt ein Wort mir; es betrifft Euch nah.

Timon.

Mich selbst? so hör' ich dich ein ander Mal;
Ich bitte, laß' uns wohl bereitet sein,
Sie würdig zu empfangen.

Flavius (beiseit).

Kaum noch weiß ich, wie.

(Ein Diener tritt auf.)

Dritter Diener.

Erlaubt mir, gnäd'ger Herr, Lord Lucius sendet
Euch zum Geschenk aus freier Liebe vier
Milchweiße Rosse, aufgeschirrt mit Silber.

Timon.

Ich nehme sie mit Dank; sorgt, daß die Gabe
Würdig erwiedert wird. — Wie nun, was giebt's?

(Ein Diener tritt auf.)

Vierter Diener.

Mit Euer Gnaden Erlaubniß, der edle Lord Lucullus wünscht
Eure Gesellschaft, um morgen mit ihm zu jagen, und sendet Euer
Gnaden zwei Koppeln Windhunde.

Timon.

Ich sage zu. — Laß' in Empfang sie nehmen,
Nicht ohne reichen Lohn.

Flavius (beiseit).

Was soll draus werden?
Bewirthen sollen wir und reich beschenken,
Und alles das aus einem leeren Kasten.
'Er rechnet niemals nach und heißt mich immer schweigen,

Wenn ich sein Herz als Bettler ihm will zeigen,
Da seine Macht nicht seinem Wunsch genügt;
So übersteigt sein Gut, was er verspricht,
Daß, was er redet, Schuld ist; ja, verpfändet
Für jedes Wort, ist er so mild, daß Zins
Er dafür zahlt. All' seine Güter stehn
In ihren Büchern.
Wär' ich in Güte nur des Dienstes los,
Bevor ich ihn gewaltsam lassen muß!
Viel besser freundlos sein und keinem Speise bieten,
Als vielen, welche ärger noch als Feinde wüthen.
Es blutet mir das Herz um meinen Herrn.   (Er geht ab.)

Timon.

Ihr thut Euch selbst groß Unrecht,
Schätzt Ihr so wenig Euren eignen Werth;
Hier, nehmt die kleine Gabe meiner Liebe.

Zweiter Lord.

Ich nehm's, mit nicht gemeiner Dankbarkeit.

Dritter Lord.

Ja wohl, er ist der Großmuth wahre Seele!

Timon.

Und jetzt entsinn' ich mich, Mylord, Ihr zolltet
Jüngst schönes Lob dem Braunen, den ich ritt:
Er ist der Eure, da er Euch gefällt.

Dritter Lord.

Ich bitt' Euch, edler Herr, entschuldigt mich.

Timon.

Glaubt meinem Wort, mein Freund, ich weiß, man kann
Nur was man wünscht ganz nach Verdienste loben;
Der Freunde Neigung wäg' ich nach der eignen;
Ich rede wahr. — Ich werd' Euch bald besuchen.

Alle Lords.

Wer wäre so willkommen!

Timon.

Besuch' der Freund', und Eurer insbesondre,
Ist mir so werth, ich kann genug nicht geben;

Den Freunden möcht' ich Königreiche schenken,
Und nie ermüden. — Alcibiades,
Du bist ein Krieger, darum selten reich,
Du brauchst es wol; dein Lebensunterhalt
Ist bei den Todten, deine Ländereien
Das Schlachtfeld.

Alcibiades.

's ist kein fruchtbar Feld, Mylord.

Erster Lord.

Wir sind unendlich Euch verpflichtet.

Timon.

Nein,

Das bin ich Euch.

Zweiter Lord.

Auf ewig Euch ergeben.

Timon.

Ich bin ganz Euer. — Lichter, noch mehr Lichter!

Erster Lord.

Das höchste Glück,
Reichthum und Ehre bleib' Euch, edler Timon.

Timon.

Zum Dienst der Freunde.   (Alcibiades und die Lords gehn ab.)

Apemantus.

Welch ein Lärm ist das!
Grinsend Gesicht, den Steiß heraus gekehrt!
Ob ihre Beine wol die Summen werth,
Die sie gekostet? Freundschaft ist voll Rahmen;
Der Falschheit Knochen sollten immer lahmen.
Treuherz'ge Narr'n vergeuden so ihr Gut
An Bücklinge.

Timon.

Nun, Apemantus, wärst du nicht so mürrisch,
Wollt' ich dir Gutes thun.

Apemantus.

Nein, ich will nichts,
Denn würd' auch ich bestochen, so blieb' keiner,

Um dich zu schmähn; dann sündigt'st du noch schneller.
Du giebst so viel, Timon, daß, wie ich fürchte,
Du in Papier dich bald hinweggeschenkt;
Wozu die Schmäus' und Aufzüg', eitles Großthun?

Timon.

Nein, wenn du selbst Geselligkeit willst schmähen,
So will ich wahrlich deiner gar nicht achten.
Leb wohl und kehr' mit besserer Musik.   (Timon geht ab.)

Apemantus.

Du willst nicht hören, — sollst auch nicht; — verschlossen
Sei dir dein Glück. O Mensch, wie so bethört!
Taub ist dem Rath das Ohr, das Schmeichler hört. (Geht ab.)

Zweiter Aufzug.

—

Erste Scene.

Zimmer in dem Hause eines Senators.

(Der Senator tritt auf mit Papieren in der Hand.)

Senator.

Fünftausend jetzt — dem Isidor und Varro
Neuntausend — meine alte Schuld dazu
Macht fünfundzwanzig. Immer weiter taumelt
Verschwendung so? Es kann nicht, wird nicht dauern.
Fehlt's mir an Gold, stehl' ich 'nes Bettlers Hund
Und geb' ihn Timon; gut, der Hund münzt Gold.
Will ich statt meines Pferds zehn andre kaufen,
Und bess're: nun, mein Pferd schenk' ich dem Timon,
Nichts fordernd geb' ich's ihm, zehn treffliche
Fohlt mir's sogleich; kein Pförtner steht am Thor,
Nein, einer nur, der lächelnd Alles ladet,
Was dort vorbeigeht. Dauern kann es nicht;
Kein Sinn kann seinen Zustand sicher finden.
He, Caphis! Caphis, sag' ich.

(Caphis tritt auf.)

Caphis.
Was befehlt Ihr?

Senator.

Nimm um den Mantel, eile zu Lord Timon
Und mahn' ihn um mein Geld; sei nicht begütigt
Durch leichte Ausflucht; schweig' nicht, wenn es heißt:
Empfiehl mich deinem Herrn — wenn mit der Mütze
Er in der Rechten spielet, so: — Nein, sag' ihm:
Man drängt mich selbst, und ich muß sie beschwicht'gen,
Aus meinen Mitteln. Seine Frist ist um,
Und mein Credit, da er die Zeit nicht hielt,
Ist schon befleckt; ich lieb' ihn und verehr' ihn;
Doch wag' ich nicht den Hals für seinen Finger;
Ich brauch' es augenblicks, und meine Hülfe
Muß nicht unsichre, schwanke Rede sein,
Nein, schleunigste Befried'gung. Mach dich auf;
Nimm auch höchst ungestümes Wesen an,
Ein Angesicht des Mahners; denn ich fürchte,
Steckt jede Feder in der rechten Schwinge,
So bleibt als nackter Gauch Lord Timon übrig,
Der jetzt als Phönix leuchtet. Mach dich fort!

Caphis.
Ich gehe, Herr.

Senator.
Nimm die Verschreibung mit
Und merke die Verfallzeit.

Caphis.
Gut.

Senator.
So geh! (Gehn ab.)

Zweite Scene.

Vorhalle in Timon's Hause.

(Flavius tritt auf mit vielen Rechnungen in der Hand.)

Flavius.

Kein Einhalt, keine Sorg' — unsinn'ge Wirthschaft,
Daß er sie weder so kann weiterführen,
Noch hemmt den Strom des Taumels; sich nicht kümmert,
Wo Alles hingeht, noch ein Mittel sucht,
Womit es fortzuführen; nie verbaut
Sich so viel Güte solchem Unverstand.
Was wird noch draus? Er hört nicht, bis er fühlt;
Ich schenk' ihm reinen Wein ein nach der Jagd.
Pfui, pfui, pfui, pfui.

(Caphis und die Diener des Isidor und Varro treten auf.)

Caphis.

Ei, Varro, guten Abend.
Kommst du nach Geld?

Varro's Diener.

Ist's nicht auch dein Geschäft?

Caphis.

Es ist's; — und deins auch, Isidor?

Isidor's Diener.

Ja wohl.

Caphis.

Wär'n wir nur Alle schon bezahlt!

Varro's Diener.

Ich fürchte —

Caphis.

Hier kommt der gnäd'ge Herr.

(Es treten auf Timon, Alcibiades und Lords.)

Timon.

Gleich nach der Mahlzeit gehn wir wieder dran,
Mein Alcibiades. — Zu mir? Was wünscht Ihr?

Caphis.

Hier, diese Schuldverschreibung, edler Herr —

Timon.

Schuld? Woher bist du?

Caphis.

Aus Athen, Mylord.

Timon.

Zu meinem Hausverwalter geh.

Caphis.

Verzeiht mir, gnäd'ger Herr, seit einem Monat
Hat er von Tag zu Tage mich vertröstet.
Mein Herr, jetzt selbst in Noth und hart bedrängt,
Muß mahnen an die Schuld und fleht in Demuth,
Daß Ihr, mit Euerm edlen Thun im Einklang,
Sein Recht ihm thut.

Timon.

Mein guter Freund, ich bitte,
Komm wieder zu mir morgen früh.

Caphis.

Nein, edler Herr.

Timon.

Vergiß dich nicht, mein Freund.

Varro's Diener.

Des Varro Diener, Lord —

Isidor's Diener.

Von Isidor;
In Demuth bittet er um schnelle Zahlung.

Caphis.

Wär' Euch bekannt, wie sehr mein Herr es braucht —

Varro's Diener.

Schon vor sechs Wochen fällig, Herr, und drüber.

23*

Isidor's Diener.

Mylord, Eu'r Hausverwalter weist mich ab,
Ausdrücklich schickt man mich zu Euer Gnaden.

Timon.

Nur wenig Ruh! —
Ich bitt' Euch, edle Lords, geht mir voran;
                    (Alcibiades und die Lords gehn ab.)
Ich folg' Euch augenblicks. (Zu Flavius.) Komm her, und sprich:
Warum in aller Welt ich so bedrängt bin
Mit Mahngeschrei um Schuld, verfall'nen Scheinen
Und rückgehalt'nen Summen, zahlbar längst,
Zum Nachtheil meiner Ehre?

Flavius.

                    Hört, Ihr Herrn,
Die Zeit ist für Geschäfte nicht geeignet;
Stillt Euren Ungestüm bis nach der Mahlzeit,
Auf daß ich Seiner Gnaden sagen möge,
Weßhalb Ihr nicht bezahlt seid.

Timon.

                    Thut das, Freunde!
Und laß sie gut bewirthen.   (Timon geht ab.)

Flavius.

                    Bitte, kommt.   (Flavius geht ab.)
          (Apemantus und ein Narr treten auf.)

Caphis.

Wartet, hier kommt Apemantus mit dem Narren; wir wollen
noch etwas Spaß mit ihnen treiben.

Varro's Diener.

An den Galgen mit ihm, er wird uns ausschelten.

Isidor's Diener.

Die Pest über den Hund!

Varro's Diener.

Was machst du, Narr?

Apemantus.

Führst du Gespräch mit deinem Schatten?

Varro's Diener.

Ich spreche nicht mit dir.

Apemantus.

Nein, mit dir selbst. (Zum Narren.) Komm fort.

Isidor's Diener (zu Varro's Diener).

Da hängt dir der Narr schon am Halse.

Apemantus.

Nein, du stehst allein und hängst nicht an ihm.

Caphis.

Wo ist der Narr nun?

Apemantus.

Der die letzte Frage that. — Arme Schufte und Diener von Wucherern! Kuppler zwischen Gold und Mangel!

Alle Diener.

Was sind wir, Apemantus?

Apemantus.

Esel.

Alle Diener.

Warum?

Apemantus.

Weil Ihr mich fragt, was Ihr seid, und Euch selbst nicht kennt. — Sprich mit ihnen, Narr.

Narr.

Wie geht's Euch, Ihr Herren?

Alle Diener.

Großen Dank, Narr! wie geht es deiner Gebieterin?

Narr.

Sie setzt eben Wasser bei, um solche Hühnchen, wie Ihr seid, zu brühen. Ich wollte, wir sähen Euch in Korinth.

Apemantus.

Gut! ich danke dir.

(Ein Page tritt auf.)

Narr.

Seht, hier kommt der Page meiner Gebieterin.

Page (zum Narren).

Nun, wie geht's, Hauptmann? was machst du in dieser weisen Gesellschaft? — Wie geht's dir, Apemantus?

Apemantus.

Ich wollte, ich hätte eine Ruthe im Munde, damit ich dir eine heilsame Antwort geben könnte.

Page.

Ich bitte dich, Apemantus, lies mir die Aufschrift dieser Briefe, ich weiß nicht, an wen jeder ist.

Apemantus.

Kannst du nicht lesen?

Page.

Nein.

Apemantus.

So wird also an dem Tage, wo du gehängt wirst, keine große Gelehrsamkeit sterben. Dieser ist an Lord Timon; dieser an Alcibiades. Geh! du wurdest als Bastard geboren und wirst als Kuppler sterben.

Page.

Und du wurdest als Hund geworfen und wirst Hungers sterben, den Tod eines Hundes. Antworte nicht, denn ich bin schon fort.

(Der Page geht ab.)

Apemantus.

Gerade so entfliehst du der Gnade. Narr, ich will mit dir zu Lord Timon gehen.

Narr.

Und willst du mich dort lassen?

Apemantus.

Wenn Timon zu Hause bleibt. — Ihr Drei bedient drei Wucherer.

Alle Diener.

Ja; bedienten sie lieber uns!

Apemantus.

Das wollte ich auch, — und zwar so gut als je ein Henker einen Dieb bediente.

Narr.

Seid Ihr die Diener von drei Wucherern?

Alle Diener.

Ja, Narr.

Narr.

Ich glaube, es giebt keinen Wucherer, der nicht einen Narren zum Diener hat. Meine Gebieterin ist es auch, und ich bin ihr Narr. Wenn die Leute von Euren Herren borgen wollen, so kommen sie traurig und gehen fröhlich wieder weg; aber in das Haus meiner Gebieterin kommen sie fröhlich und gehn traurig wieder weg; die Ursach?

Varro's Diener.

Ich könnte eine nennen.

Apemantus.

So thu es denn, damit wir dich als Hurenjäger und Schelm kennen lernen, obwohl du dessenungeachtet um nichts weniger geachtet werden sollst.

Varro's Diener.

Was ist ein Hurenjäger, Narr?

Narr.

Ein Narr in guten Kleidern und dir etwas ähnlich. Es ist ein Geist; zuweilen erscheint er als ein vornehmer Herr, zuweilen als ein Rechtsgelehrter, zuweilen als ein Philosoph mit noch zwei Steinen außer seinem Stein der Weisen; sehr oft gleicht er auch einem Ritter; und, kurz und gut, in allen Gestalten, in denen der Mensch von achtzig bis zu dreizehn Jahren umherwandelt, geht dieser Geist um.

Varro's Diener.

Du bist nicht ganz ein Narr.

Narr.

Und du nicht ganz ein Weiser; so viel Narrheit, als ich besitze, so viel Witz mangelt dir.

Apemantus.

Dieser Antwort hätte sich Apemantus nicht schämen dürfen.

Alle Diener.

Platz, Platz! hier kommt Lord Timon.

(Timon und Flavius treten wieder auf.)

Apemantus.

Komm mit mir, Narr, komm.

Narr.

Ich folge nicht immer dem Liebhaber, dem ältesten Bruder und
der Frau; manchmal dem Philosophen.

(Apemantus und der Narr gehn ab.)

Flavius.

Ich bitt' Euch, geht; gleich will ich mit Euch reden.

(Die Diener gehen alle ab.)

Timon.

Du machst mich staunen. Warum früher nicht
Hast du mir mein Vermögen klar berechnet,
Daß ich den Haushalt den vergönnten Mitteln
Gemäß beschränkt?

Flavius.

　　　　　Ihr wolltet niemals hören,
So oft ich's vorschlug Eurer Muße.

Timon.

　　　　　　　　Geh!
Vielleicht ergriffst du einen Augenblick,
Wo üble Laune dich zurückgewiesen,
Und die Verstimmung soll nun jetzt dir helfen,
Dich zu entschuld'gen.

Flavius.

　　　　　O, mein theurer Herr,
Oft hab' ich meine Rechnung Euch gebracht,
Und vorgelegt; Ihr aber schobt sie weg
Und spracht, sie lieg' in meiner Redlichkeit.
Befahlt Ihr, für ein klein Geschenk so viel
Zu geben, schüttelt' ich den Kopf und weinte;
Ja, bat Euch, gegen das Gebot der Sitte,
Mehr Eure Hand zu schließen; ich ertrug
Nicht seltnen und nicht sanften Vorwurf, wagt' ich's,
An Eurer Schulden Fluth, geliebter Herr,
Und Eures Reichthums Ebbe Euch zu mahnen.
Jetzt hört Ihr mich, — zu spät! — doch muß ich's sagen,
Daß Euer ganz Vermögen halb nicht reicht,
Um Eure gegenwärt'ge Schuld zu tilgen.

Timon.

Laß all' mein Land verkaufen.

Flavius.

Alles ist
Verpfändet; viel verfallen und dahin;
Und was noch bleibt kann kaum den Riß verstopfen
Des jetz'gen Drangs; der künft'ge folgt geschwind.
Wie decken wir die Zwischenzeit? und endlich,
Wie steht's um unsre Rechnung?

Timon.

Bis Lacedämon reichten meine Güter.

Flavius.

O, theurer Herr, die Welt ist nur Ein Wort,
Und wär' sie Eu'r, wie schnell wär' sie dahin,
Wenn sie Ein Laut verschenkte!

Timon.

Du hast Recht.

Flavius.

Mißtraut Ihr meinem Haushalt, meiner Ehre,
So laßt mich vor den strengsten Richtern stehn
Zur Rechenschaft. Die Götter sind mir Zeugen,
Wenn vollgedrängt von schwelgendem Gesinde
War Küch' und Keller, die Gewölbe weinten
Vom Weinguß Trunkner, und wenn jeder Saal
Von Kerzen flammt' und von Musik erbrauste,
Zog ich zurück mich auf ein schlafloses Lager,
Und ließ mein Auge strömen.

Timon.

Bitte, nichts mehr.

Flavius.

Ihr Götter, rief ich, dieser Herr wie gütig!
Wie manchen reichen Bissen schlangen heut
Die Sclaven! Wer ist Timon nicht ergeben?
Welch Haupt, Herz, Schwert, Gold, Gut gehört nicht ihm,
Dem großen, edeln, königlichen Timon?
Ach, fehlt das Gold einst, das dies Lob erkaufte,

So fehlt der Athem, der dies Lob gesungen;
Was Schmaus gewann, verliert das Fasten wieder;
Ein Wintertag, und tott sind diese Fliegen.

Timon.

Still, pred'ge mir nicht mehr! —
Doch kennt mein Herz kein lasterhaft Verschwenden;
Unklug, doch nicht unedel gab ich weg.
Was weinst du doch? Denkst du, ganz gottlos, denn,
Ich werde freundlos sein? Beruh'ge dich;
Wollt' ich anzapfen allen Wein der Liebe,
Durch Borg der Herzen Inhalt mir erprüfen,
So könnt' ich Aller Gut so frei gebrauchen,
Wie ich dich reden heiße.

Flavius.

O mög' Erfüllung Euern Glauben segnen.

Timon.

Und in gewisser Art freut mich mein Mangel,
Und ich eracht' ihn Segen, denn durch ihn
Prüf' ich die Freunde; du erkennst den Irrthum
Und siehst, wie ich an Freunden überreich.
He, drinnen da! — Flaminius! Servilius!

(Flaminius, Servilius und andre Diener treten auf.)

Die Diener.

Mylord, Mylord —

Timon.

Ich will Euch ausschicken: — dich zu Lord Lucius; — zu Lord
Lucullus dich; erst heute noch jagte ich mit Seiner Edeln; — dich zu
Sempronius; empfehlt mich ihrer Liebe und sagt, ich sei stolz, daß
sich eine Gelegenheit gefunden habe, um sie um ein Darlehn an Geld
anzusprechen; mein Ersuchen sei fünfzig Talente.

Flaminius.

Wie Ihr befehlt, Mylord.

(Flaminius geht mit Servilius und einem andern Diener ab.)

Flavius (beiseit).

Lord Lucius und Lucullus? Hm!

Timon (zu einem andern Diener).

Und du, geh zu den Senatoren flugs,
Die schon, weil ich dem Staate Dienst gethan,
Gewähren mögen, daß sie gleich mir tausend
Talente senden.   (Diener geht ab.)

Flavius.

Ich war schon so kühn
(Denn dies geschieht ja oft so, wie ich weiß),
Dein Petschaft dort und Namen zu gebrauchen;
Doch schütteln sie den Kopf, und ich kam wieder,
Nicht reicher, als ich ging.

Timon.

Ha! wirklich? kann es sein!

Flavius.

Einstimmig sprechen Alle — keiner anders —
Daß ihre Kassen leer, kein Geld im Schatz,
Nicht könnten, wie sie wollten, — thäte leid —
Höchst würdig ihr — doch wünschten sie — nicht müßten —
Es konnte manches besser — edler Sinn
Kann wanken — wär' nur Alles gut — doch Schade!
Und so, zu andern wicht'gen Dingen schreitend,
Mit scheelem Blick und solchen Redebrocken,
Halb abgezogner Müß' und kaltem Nicken
Vereisten sie das Wort mir auf der Zunge.

Timon.

Belohnet sie, ihr Götter! Freund, ich bitte,
Sieh fröhlich aus; den alten Burschen
Ist nun der Undank einmal angeerbt;
Ihr Blut ist Gallert, kalt, und fließet kaum,
Es ist nicht frisch und warm, sie fühlen nichts;
Und die Natur, der Erd' entgegenwachsend,
Ist, wie das Reiseziel, schon dumpf und schwer. —
(Zu einem Diener.) Geh zu Ventidius. (Zu Flavius.)   Bitte,
sei nicht traurig,
Treu bist du, redlich; frei und offen sag' ich's,
Kein Tadel trifft dich. (Zum Diener.) Kürzlich erst begrub

Bentivius seinen Vater und ward Erbe
Von großen Schätzen; als er arm noch war,
Gefangen, und an Freunden Mangel litt,   .
Löst' ich ihn aus mit fünf Talenten. Grüß' ihn:
Heiß' ihn erwägen, wie von Noth sein Freund
Bedrängt sei, daß an jene fünf Talente
Er ihn erinnre — (Zu Flavius.) Gieb sie dann den Burschen,
Die jetzt so drängen. Fort mit dem Gedanken,
Bei Freunden könne Timon's Glück erkranken!

Flavius.

Wohl will mein Zweifel mit der Großmuth rechten:
Die Güte hält für gütig auch die Schlechten.   (Gehn ab.)

Dritter Aufzug.

Erste Scene.

Zimmer in Lucullus' Hause.

(Flaminius wartend; ein Diener kommt zu ihm.)

Diener.

Ich habe dich bei meinem Herrn gemeldet, er wird gleich zu dir herunter kommen.

Flaminius.

Ich danke dir.

(Lucullus tritt auf.)

Diener.

Hier ist mein Herr.

Lucullus (beiseit).

. Einer von Timon's Dienern? gewiß ein Geschenk. Ha ha, das trifft ein; mir träumte heute Nacht von Silberbecken und Kanne. (Laut.) Flaminius, ehrlicher Flaminius; du bist ganz ausnehmend willkommen. (Zum Diener.) Geh, bring' Wein. (Diener geht ab.) Und was macht der hochachtbare, vollkommene, großmüthige Ehrenmann Athens, dein höchst gütiger Herr und Gebieter?

Flaminius.

Seine Gesundheit ist gut, Herr.

Lucullus.

Das freut mich recht, daß seine Gesundheit gut ist. Und was hast du da unter deinem Mantel, liebenswürdiger Flaminius?

Flaminius.

Wahrlich, Mylord, nichts als einen leeren Kasten, den ich Euer Gnaden für meinen Herrn zu füllen ersuche; er ist in den Fall gekommen, dringend und augenblicklich fünfzig Talente zu brauchen, und schickt zu Euer Gnaden, ihm damit auszuhelfen, indem er durchaus nicht an Euerm sofortigen Beistande zweifelt.

Lucullus.

La, la, la, la, er zweifelt nicht, sagst du? ach, der gute Herr! er ist ein prächtiger Herr, wollte er nur nicht ein so großes Haus machen. Viel und oftmals habe ich bei ihm zu Mittag gespeist und es ihm gesagt; und bin zum Abendessen wieder gekommen, bloß in der Absicht, ihn zur Sparsamkeit zu bewegen; aber er wollte keinen Rath annehmen und sich durch mein Kommen nicht warnen lassen. Jeder Mensch hat seinen Fehler, und Ehrenhaftigkeit ist der seinige; das habe ich ihm gesagt, aber ich konnte ihn nicht davon abbringen.

(Der Diener kommt zurück.)

Diener.

Gnädiger Herr, hier ist der Wein.

Lucullus.

Flaminius, ich habe dich immer für einen klugen Mann gehalten. Ich trinke dir zu.   (Trinkt und reicht ihm den Wein.)

Flaminius.

Euer Gnaden beliebt es so zu sagen.

Lucullus.

Ich habe an dir immer einen raschen, aufgeweckten Geist bemerkt, — nein, es ist wirklich so — und du weißt wohl, was vernünftiges Betragen ist; du dienst der Zeit, wenn die Zeit dir dient; alles gute Eigenschaften. — Mach dich davon, Mensch (Zum Diener, der abgeht.) — Tritt näher, ehrlicher Flaminius. Dein Herr ist ein freigebiger Mann; aber du bist klug und weißt recht wohl, obgleich du zu mir kommst, daß jetzt keine Zeit ist, um Geld auszuleihen; besonders auf bloße Freundschaft, ohne Sicherheit. Hier hast du drei Goldstücke für

dich, guter Junge, drück' ein Auge zu und sage, du habest mich nicht
getroffen. Lebe wohl!

Flaminius.

Ist's möglich? hat die Welt sich so verwandelt,
Und wir sind lebend wie zuvor? — Verdammte
Gemeinheit, bleibe dem, der dich verehrt!

(Indem er das Geld hinwirft.)

Lucullus.

Ha! Nun sehe ich, du bist ein Narr und schickst dich gut für
deinen Herrn. (Lucullus geht ab.)

Flaminius.

Nimm dies zu jenem Gold, das einst dich brennt!
Geschmolznes Gold sei dein Verdammungsspruch,
Du Krankheit eines Freunds, doch nicht ein Freund!
Hat Freundschaft solch ein schwaches Herz von Milch,
Das in zwei Nächten umschlägt? O, ihr Götter!
Ich fühle meines Herren Zorn! der Sclav
Hat noch zur Stunde Timon's Mahl in sich;
Wie soll es ihm gedeihn und Nahrung werden,
Wenn er sich selbst in Gift verwandelt hat?
O, möge Krankheit nur sich draus erzeugen!
Und, liegt er auf den Tod, der Nahrungsstoff,
Für den mein Herr bezahlte, o entart' er!
Vermehre Krankheit und die Todesmarter! (Geht ab.)

Zweite Scene.

Straße.

(Lucius kommt mit drei Fremden.)

Lucius.

Wer, Lord Timon? er ist mein sehr guter Freund und ein ausgezeichneter Ehrenmann.

Erster Fremder.

Wir kennen ihn nicht anders, obwol wir ihm fremd sind. Aber
ich kann Euch etwas sagen, Mylord, was ich durch das allgemeine
Gerücht gehört habe: Timon's glückliche Tage sind vergangen und
verschwunden, und sein Besitzthum wird ihm ungetreu.

Lucius.

Pfui! Nein glaubt das nicht, es kann ihm nie an Geld fehlen.

Zweiter Fremder.

Aber glaubt mir dies, gnädiger Herr, daß vor kurzem einer
seiner Diener bei Lord Lucullus war, um, ich weiß nicht wie viele
Talente, zu borgen; ja, und noch mehr, sehr in ihn drang, und die
Nothwendigkeit zeigte, die ihn zu diesem Schritt bewog, und doch abgewiesen ward.

Lucius.

Was?

Zweiter Fremder.

Ich sage Euch, abgewiesen.

Lucius.

Was für ein seltsamer Fall! Bei den Göttern, ich schäme mich
dessen! Den würdigen Mann abzuweisen! Das zeigt wenig Ehr-
gefühl. Was mich betrifft, so muß ich bekennen, ich habe einige kleine
Liebeszeichen von ihm erhalten, Geld, Silbergeschirr, Edelsteine und
dergleichen Kleinigkeiten, nichts in Vergleich mit jenem; doch, hätte
er ihn übergangen und zu mir gesendet, ich hätte seinem Bedürfniß
diese Talente nicht verweigert.

(Servilius tritt auf.)

Servilius.

Ei sieh, zum guten Glück, da ist ja der edle Lucius; ich habe
schwitzen müssen ihn zu finden. — Verehrter Herr.

Lucius.

Servilius! gut getroffen. Lebe wohl! Empfiehl mich deinem
edlen, tugendhaften Herrn, meinem auserlesensten Freunde.

Servilius.

Mit Euer Gnaden Erlaubniß, mein Herr sendet —

Lucius.

Was sendet er? Ich bin deinem Herrn schon so sehr verpflich=
tet; er sendet immer. O sage mir, wie kann ich ihm wol danken?
Und was sendet er mir jetzt?

Servilius.

Nur sein augenblickliches Ersuchen sendet er Euch jetzt, mein
gnädiger Herr, und bittet Euch, ihm sogleich mit fünfzig Talenten
auszuhelfen.

Lucius.

Ich weiß, der gnäd'ge Lord scherzt nur mit mir;
Nicht fünfzig, hundert fehlen ihm Talente.

Servilius.

Doch fehlt ihm jetzt die weit geringre Summe.
Bedürft' er's nicht zum Aeußersten, Mylord,
Würd' ich nicht halb so eifrig in Euch dringen.

Lucius.

Sprichst du im Ernst, Servilius?

Servilius.

Bei meiner Seele, Herr, es ist wahr.

Lucius.

Welch ein gottvergessenes Thier war ich, mich eben vor einer so
gelegenen Zeit vom Gelde zu entblößen, da ich mich hätte als einen
Mann von Ehre zeigen können! Wie unglücklich trifft es sich, daß
ich, durch einen kleinen Einkauf am Tage zuvor, nun einen großen
Theil meiner Ehre einbüßen muß! — Servilius, ich rufe die Götter
zu Zeugen, ich bin nicht im Stande es zu thun; um so mehr Vieh,
sage ich noch einmal! — Ich wollte soeben selbst zu Lord Timon
schicken, um ihn in Anspruch zu nehmen, das können diese Herren
bezeugen; aber jetzt möchte ich um alle Schätze in Athen nicht, daß
ich es gethan hätte. Empfiehl mich angelegentlich deinem liebevollen
Gebieter; ich hoffe, sein Edelmuth wird das Beste von mir denken,
da es nicht in meiner Macht steht, mich ihm freundlich zu bezeigen.
— Und sage ihm von mir, ich halte es für einen der größten Un=
glücksfälle, die mich treffen konnten, daß ich einem so edeln Manne
nicht dienen kann. Guter Servilius, willst du mir so viele Liebe er=
zeigen, meine eigenen Worte gegen ihn zu gebrauchen?

Servilius.

Ja, Herr, das werde ich.

Lucius.

Ich werde daran denken, dir einen Gefallen zu thun, Servilius.

(Servilius geht ab.)

Ganz wie Ihr sagt; mit Timon will sich's neigen;
Schwer kann, wer abgewiesen, wieder steigen.   (Lucius geht ab.)

Erster Fremder.

Bemerkt Ihr dies, Hostilius?

Zweiter Fremder.

Nur zu gut.

Erster Fremder.

Dies ist
Der Geist der Welt; und aus demselben Stoff
Ist jedes Schmeichlers Witz. Ist der noch Freund,
Der mit uns in dieselbe Schüssel taucht?
Timon, ich weiß, war dieses Mannes Vater,
Sein Beutel war's, der den Credit ihm stützte
Und sein Besitzthum hielt; mit Timon's Geld
Bezahlt er seiner Diener Lohn; nie trinkt er,
Daß Timon's Silber nicht berührt die Lippe;
Und doch (o seht, wie scheußlich ist der Mensch,
Wenn er des Undanks Züge an sich trägt!)
Versagt er ihm, was für ihn mehr nicht ist,
Als was ein güt'ger Mann dem Bettler giebt.

Dritter Fremder.

Die Frömmigkeit seufzt leidend.

Erster Fremder.

Für mein Theil,
Ich habe nie von Timon was genossen,
Noch theilte mir sich seine Güte mit,
Als Freund mich auszuzeichnen; doch betheur' ich,
Um seines edlen Sinn's erlauchter Tugend
Und seines adlig hohen Wesens halber,
Wenn er in seiner Noth mich angegangen,
Mein ganz Besitzthum hätt' ich hingeopfert,

Daß ihm die größte Hälfte wiederkehrte,
So lieb' ich sein Gemüth. Doch merk' ich wol,
Man muß dem Mitleid zu entsagen wissen,
Denn Klugheit thront hoch über dem Gewissen.   (Sie gehn ab.)

Dritte Scene.

Zimmer in Sempronius' Hause.

(Sempronius tritt auf mit einem Diener Timon's.)

Sempronius.

Bestürmen muß er mich vor allen andern?
Den Lucius und Lucullus konnt' er angehn;
Und auch Ventidius ist nun reich geworden,
Den er vom Kerker losgekauft! Sie alle
Verdanken ihren Wohlstand ihm.

Diener.

                     Mylord,
Geprüft sind sie und falsches Gold erfunden;
Sie wiesen all' ihn ab.

Sempronius.

               Wiesen ihn ab?
Lucull, Ventidius, Lucius wiesen ab?
Und schickt zu mir nun? Alle drei? Hm, hm!
Das zeigt in ihm nur wenig Lieb' und Urtheil.
Ich, letzter Trost? Die Freunde geben ihn,
Wie Aerzte, dreifach auf; ich soll ihn heilen?
Er hat mich sehr gekränkt; ich bin ihm böse,
Daß er mich so verkennt; kein Grund noch Sinn,
Weßhalb er nicht zuerst mich angesprochen,
Denn ich, auf mein Gewissen, war der erste,
Der Gaben je von ihm empfangen hat;
Und stellt er nun mich in den Hintergrund,
Daß ich's zuletzt vergelte? Nein, das wäre

24*

Nur Gegenstand des Spotts für all die Andern,
Ein Narr nur ständ' ich da vor all den Lords.
Dreimal der Summe Werth hätt' ich gegeben,
Aus Zartgefühl, wenn ich der erste war,
So schwoll mein Herz ihm Gutes zu erweisen!
Zum Nein der Andern sei das Wort gesellt:
Wer meine Ehre kränkt, sieht nie mein Geld.   (Geht ab.)

Diener.

Unvergleichlich! Euer Gnaden ist ein recht frommer Schurke.
Der Teufel wußte nicht, was er that, als er den Menschen politisch
machte; er stand sich selbst im Lichte, und ich kann nicht anders
glauben, als daß am letzten Ende die Nichtswürdigkeiten der Men=
schen ihn noch rein erscheinen lassen. Wie tugendhaft strebte der Lord,
um niederträchtig zu erscheinen? Nimmt fromme Vorwände, um gott=
los zu sein, wie diejenigen, welche mit inbrünstigem Religionseifer
ganze Königreiche in Brand stecken möchten.

Der Art ist seine überkluge Liebe.
Er Timon's letzte Hoffnung; all' entweichen,
Nur nicht die Götter; die Freunde all' sind Leichen.
Die Thür, die niemals ihren Riegel kannte,
Manch gastfrei Jahr hindurch, muß jetzt sich schließen,
Um in Gewahrsam ihren Herrn zu halten.
So schließt der Lauf von allzu freien Jahren;
Das Haus muß hüten, wer nicht Geld kann wahren.

(Geht ab.)

Vierte Scene.

Vorhalle in Timon's Hause.

(Es treten auf zwei Diener des Varro und ein Diener des Lucius;
Titus, Hortensius und andere Diener von Timon's Gläubigern.)

Varro's erster Diener.

Ei, guten Morgen Titus und Hortensius.

Titus.

Desgleichen, guter Varro.

Hortensius.

Lucius!

Wie, treffen wir uns hier?

Lucius' Diener.

Ja, wie ich glaube,

Führt Ein Geschäft uns alle her; denn mein's
Ist Geld.

Titus.

Und so ist ihr's und unser's.

(Philotus tritt auf.)

Lucius' Diener.

Sieh!

Philotus auch.

Philotus.

Guten Morgen.

Lucius' Diener.

Freund, willkommen!

Was ist's wohl an der Zeit?

Philotus.

Nicht weit von neun.

Lucius' Diener.

So spät?

Philotus.

Und Timon noch nicht sichtbar?

Lucius' Diener.

Nein.

Philotus.

Mich wundert's; schon um sieben strahlt' er sonst.

Lucius' Diener.

Ja, doch sein Tag ist kürzer jetzt geworden.
Seht, Freunde, des Verschwenders Lauf ist gleich
Der Sonn', erneut sich aber nicht wie sie.
Ich fürcht', in Timon's Börs' ist's tiefster Winter;
Das heißt, steckt man die Hand auch tief hinein,
Man findet wenig.

Philotus.

Ja, das fürcht' ich auch.

Titus.

Jetzt merket auf, wie es sich seltsam fügt.
Euer Herr schickt Euch nach Gelt?

Hortensius.

Gewiß, das thut er.

Titus.

Und trägt Juwelen, die ihm Timon schenkte,
Für die ich Geld erwarte.

Hortensius.

'S ist gegen mein Gefühl.

Lucius' Diener.

Ja, wunderbar,
Timon soll zahlen was er nie bekam,
Als wenn dein Herr, der die Juwelen trägt,
Jetzt nach dem Gelde dafür schickte.

Hortensius.

Ich bin des Auftrags satt, die Götter wissen's;
Mein Herr hat viel von Timon's Gut verpraßt,
Was jetzt sein Undank ärger macht als Diebstahl.

Varro's erster Diener.

Mein's ist dreitausend Kronen, und das deine?

Lucius' Diener.

Fünftausend.

Varro's erster Diener.

Das ist sehr viel, und nach der Summe scheint's,
Dein Herr war ihm vertrauter als der meine;
Sonst wäre sicher auch die Fordrung gleich.

(Flaminius tritt auf.)

Titus.

Einer von Timon's Dienern.

Lucius' Diener.

Flaminius! auf ein Wort. Ich bitte dich, ist dein Herr bereit
heraus zu kommen?

Flaminius.

Nein, gewiß nicht.

Titus.

Wir erwarten Seine Gnaden, und ich bitte dich, thu ihm das
zu wissen.

Flaminius.

Ich habe nicht nöthig, es ihm zu sagen; er weiß, daß Ihr nur
zu beflissen seid. (Flaminius geht ab.)

(Flavius tritt auf, in einen Mantel verhüllt.)

Lucius' Diener.

Ist der Vermummte nicht sein Hausverwalter?
Er geht in einer Wolke fort. He! ruft ihn.

Titus.

Hört Ihr nicht, Freund?

Varro's zweiter Diener.

Mit Eurer Erlaubniß, Herr —

Flavius.

Was wollt Ihr von mir haben, meine Freunde?

Titus.

Wir warten auf gewisse Gelder.

Flavius.

Ja,

Wär' Geld so sicher nur als Euer Warten,
Wär's Euch gewiß. Weshalb nicht brachtet Ihr
Die Scheine her, als Eure falschen Herren
An Timon's Tisch geschwelgt? Da küßten sie
Und lächelten und nahmen noch den Zins
Mit gier'gem Schlund. Ihr thut Euch selber Unrecht,
Wenn Ihr mich reizt; laßt ruhig mich von hinnen;
Mein Herr kann ohne mich den Haushalt enden;
Ich bin mit Rechnen fertig, er mit Spenden.

Lucius' Diener.

Ja, doch die Antwort dient uns nicht.

Flavius.

So ist sie

Minder gemein als Ihr, denn Ihr dient Schelmen.

(Flavius geht ab.)

Varro's erster Diener.

Was brummt da der abgedankte gnädige Herr?

Varro's zweiter Diener.

Das ist einerlei; er ist arm, und das ist Strafe genug für ihn. Wer kann freier sprechen, als der, der kein Haus hat, den Kopf hinein zu thun? solche Leute dürfen auf große Gebäude schelten.

(Servilius tritt auf.)

Titus.

Hier ist Servilius; nun werden wir wohl irgend eine Antwort bekommen.

Servilius.

Wenn ich Euch bitten dürfte, Ihr Herren, zu einer andern Stunde zu kommen, so würde es mir sehr angenehm sein; denn bei meiner Seele, mein Herr ist außerordentlich zur Verstimmung geneigt; seine heitre Laune hat ihn verlassen, er ist gar nicht bei guter Gesundheit und hütet das Zimmer.

Lucius' Diener.

Das Zimmer hütet mancher, der nicht krank ist;
Und ist er so sehr leidend, sollt' er, mein' ich,
Um so viel eher seine Schulden zahlen,
Und sich den Weg frei machen zu den Göttern.

Servilius.

Ihr Götter!

Titus.

Dies können wir für keine Antwort nehmen.

Flaminius (drinnen).

Servilius! komm und hilf! Mylord! Mylord!

(Timon tritt auf in einem Anfall von Wuth, Flaminius folgt ihm.)

Timon.

Was, sperrt die eigne Thür den Durchgang mir?
War stets ich frei, und muß mein eigen Haus
Mein Feind sein, der mich fesselt, und mein Kerker?
Zeigt auch der Raum, wo ich gejubelt, jetzt,
Wie alle Menschen, mir ein eisern Herz?

Lucius' Diener.

Mach dich an ihn, Titus.

Titus.

Mylord, hier ist meine Verschreibung.

Lucius' Diener.

Und meine.

Hortensius.

Und meine.

Die beiden Diener des Varro.

Und unsre, Herr.

Philotus.

Alle unsre Verschreibungen.

Timon.

Schlagt mich damit zu Boden, spaltet mich
Bis auf den Gürtel!

Lucius' Diener.

Herr!

Timon.

Zertheilt mein Herz.

Titus.

Funfzig Talente hier!

Timon.

Zählt aus mein Blut.

Lucius' Diener.

Fünftausend Kronen, Herr.

Timon.

Fünftausend Tropfen zahlen die. Und du?
Und du?

Varro's erster Diener.

Herr!

Varro's zweiter Diener.

Herr!

Timon.

Zerreißt mich! nehmt mich! Strafen Euch die Götter!

(Er geht ab.)

Hortensius.

Nun, ich sehe wohl, unsre Herren mögen ihre Mützen nach
ihrem Gelde werfen; diese Schulden kann man mit Recht verzweifelte
nennen, da ein Rasender sie bezahlen soll.   (Sie gehen Alle ab.)

(Timon kommt zurück mit Flavius.)

Timon.

Sie haben mir selbst den Athem genommen, die Sclaven.
Gläubiger? — Teufel!

Flavius.

Mein theurer Herr!

Timon.

Was, ließe es sich nicht so machen?

Flavius.

Mein gnäd'ger Herr.

Timon.

So soll es sein. — Mein Hausverwalter!

Flavius.

Hier, Herr.

Timon.

So schnell? Geh, lade mir die Freunde wieder,
Lucius, Lucullus und Sempronius, Alle;
Ich will die Schufte noch einmal bewirthen.

Flavius.

O theurer Herr,
Das sprecht Ihr nur aus tief zerstörtem Sinn;
Es ist nicht so viel übrig, auszurichten
Ein mäß'ges Mahl.

Timon.

Sei unbesorgt; lad' alle,
Daß Einmal noch herein die Schelmzunft breche;
Mein Koch und ich besorgen schon die Zeche.   (Sie gehn ab.)

Fünfte Scene.

Das Haus des Senats.

(Der Senat ist versammelt.)

Erster Senator.

Mylord, so stimm' auch ich: die Schuld ist blutig;

Er muß nothwendig mit dem Tode büßen;
Nichts macht die Sünde frecher als die Gnade.

Zweiter Senator.

Sehr wahr; vernichten soll ihn das Gesetz.

(Alcibiades tritt auf mit Gefolge.)

Alcibiades.

Heil sei und Ehr' und Milde dem Senat!

Erster Senator.

Was wollt Ihr, Feldherr?

Alcibiades.

Ich trete flehend hin vor Eure Tugend,
Denn Mitleid ist die Tugend des Gesetzes,
Nur Tyrannei braucht es zur Grausamkeit.
Dem Schicksal und der Zeit gefiel es, schwer
Auf meinem Freund zu lasten, der heißblütig
Sich ins Gesetz verstrickt, das bodenlos
Für den ist, der hineinstürzt unbedacht.
Er ist, den Fehl bei Seit' gesetzt, ein Mann
Von milden Tugenden;
Noch auch befleckte Feigheit sein Beginnen
(Ein Ruhm, der wohl des Fehltritts Schuld bezahlt),
Nein, heldenmüth'gen Sinns und edeln Zorns,
Da er zum Tod' die Ehre sah verletzt.
Begegnet er dem Feind;
Und so gemäßigt mit verhaltnem Grimm,
Hielt er den Zorn bis an das End' in Schranken,
Als stritt er mit Beweisen und Gedanken.

Erster Senator.

Ihr unternehmt zu herben Widerspruch,
Wollt Ihr die schnöde That in Schönheit kleiden.
Fast schien Euer künstlich Wort dahin zu streben,
Den Mord zu adeln, über Tapferkeit
Die Rauferei zu stellen, die doch wahrlich
Nur mißgeschaffner Muth ist, der zur Welt kam,
Als Secten und Partei'n geboren wurden.
Nur der zeigt wahren Muth, der weislich duldet

Das Schlimmste, was der Gegner spricht; dem Kränkung
Nur Hüll' ist und Gewand, das leicht er trägt,
Der Unbill nie läßt bis zum Herzen dringen,
Dies zu vergiften.
Ist Unheil Schimpf und zwingt uns todt zu schlagen,
Wird nur der Thor um Unheil Leben wagen.

Alcibiades.

Mylords, —

Erster Senator.

Ihr wascht nicht rein ein schwer Verschulden;
Sich rächen ist nicht Tapferkeit, nein, dulden.

Alcibiades.

Dann, mit Vergunst, Ihr edeln Herrn, verzeiht,
Red' ich hier als Soldat.
Was wagen in die Schlacht sich dumme Menschen,
Statt alles Dräu'n zu dulden? schlafen nicht
Und lassen sich vom Feind die Kehl' abschneiden,
Ganz ohne Widerstand? liegt im Ertragen
So großer Muth, was thun wir dann im Feld?
Tapfrer sind dann die Frauen, die zu Haus
Sich halten, wenn das Dulden höchste Zier.
Mehr als der Leu, ist dann Soldat der Esel,
Der Dieb in Ketten weiser als der Richter,
Liegt Weisheit nur im Leiden. Senatoren,
Groß seid Ihr schon, nun seid auch mild und gut;
Raschheit verdammt man leicht mit kaltem Blut.
Der Mord, ich geb' es zu, ist bös' und schlecht,
Doch gilt durch Gnade Nothwehr als gerecht.
Der Zorn gehört wohl zu den größten Sünden,
Doch ist kein Mensch, der nie gezürnt, zu finden.
Danach wägt seine Schuld.

Zweiter Senator.

						Ihr sprecht vergebens.

Alcibiades.

Vergebens? Schon die Dienste, die er that
Zu Lacedämon und Byzantium,
Genügen ihm das Leben zu erkaufen.

Erster Senator.

Was meint Ihr?

Alcibiades.

Ich sag' Euch, edlen Dienst hat er gethan
Und manchen Eurer Feind' im Felt getödtet;
Wie tapfer kämpft' er noch im letzten Treffen,
Wie schlug er schwerer Wunden reiche Zahl!

Zweiter Senator.

Ja, Ihr habt Recht, zu viele Wunden schlug er,
Ein Raufbold ist er; schon der Eine Fehl
Ersäuft ihn, und raubt seinem Muth Besinnung;
Hätt' er nicht andre Feinde, das allein
Könnt ihn besiegen; oft in vieh'scher Wuth —
'S ist wohl bekannt — übt' er Gewaltthat aus
Und schürte Aufruhr an. So viel ist wahr,
Wüst lebt er, und sein Rausch bringt uns Gefahr.

Erster Senator.

Er stirbt.

Alcibiades.

O hart Geschick, daß er nicht fiel im Krieg!
Nun wohl, ist's nicht um seiner Thaten willen
Kann gleich sein rechter Arm das Leben ihm
Ohn' andre Hülf' erkaufen) — Euch zu rühren,
Nehmt meine Thaten auch, vereint sie beide;
Und da ich weiß, es liebt Euer würd'ges Alter
Die Sicherheit, verpfänd' ich meine Siege
Und meinen Ruhm, daß er Euch zahlt und zinset.
Heischt das Gesetz für diesen Fehl sein Leben,
Nun dann, im Krieg, in tapfern Schlachten sterb' er,
Denn herb' ist das Gesetz und Krieg nicht herber.

Erster Senator.

Wir stehn hier für's Gesetz; er stirbt; nichts weiter,
Bei höchstem Zorn. Sei's Bruder, Sohn, Genoß,
Sein Blut verwirkt, wer fremdes Blut vergoß.

Alcibiades.

Muß es denn sein? es muß nicht. Senatoren,
Ich bitt' Euch sehr, erkennt mich wieder.

Zweiter Senator.

Wie?

Alcibiades.

Ruft mich zurück in Eu'r Gedächtniß.

Dritter Senator.

Was?

Alcibiades.

Gewiß, Euer Alter hat mich ganz vergessen:
Weßhalb sonst ständ' ich so verachtet hier
Und säh die kleine Gunst geweigert mir?
Das schmerzt die Wunden!

Erster Senator.

Trotzt Ihr unserm Zorn?
Mit wenig Worten denn, doch mächt'ger Wirkung:
Du bist verbannt auf ewig!

Alcibiades.

Ich bin verbannt?
Bannt Eure Thorheit, Euren Wucher bannt,
Der den Senat abscheulich macht.

Erster Senator.

Wenn nach zwei Tagen dich Athen noch birgt,
Fürcht' unser schwer Gericht. Eh unser Zorn
Noch höher schwillt, soll jener schleunigst sterben.

(Die Senatoren gehn ab.)

Alcibiades.

So werdet alt und grau, bis als Gebein
Ihr nur noch lebt, ein Abscheu jedem Auge.
Ha! mich faßt Raserei! Ich schlug den Feind,
Indeß ihr Gold sie zählten, ihre Münzen
Ausliehn auf hohen Zins; und ich nur reich
An breiten Narben — Das zum Lohne nun?
Gießt diesen Balsam der Senat, der Wuchrer,
In seiner Feldherr'n Wunden? Ha, Verbannung!
Das ist nicht schlimm; willkommen ist Verbannung;
So hat mein Zorn und Grimm denn guten Grund,
Athen zu schlagen. Jetzt, um Herzen werbend,

Will ich mein mißvergnügtes Heer erheitern.
Ehr' ist's, sich mit dem eignen Lande schlagen:
Gleich Göttern soll kein Krieger Schmach ertragen.

(Er geht ab.)

Sechste Scene.

(Timon's Prunksaal, die Tafeln sind aufgestellt, die Diener stehn umher.
Timon's Freunde kommen von verschiednen Seiten herein.)

Erster Lord.

Ich wünsche Euch einen guten Tag, Freund.

Zweiter Lord.

Ich Euch gleichfalls. Ich glaube, dieser würdige Mann wollte
uns neulich nur auf die Probe stellen.

Erster Lord.

Eben darauf waren meine Gedanken auch gerichtet, als wir uns
begegneten. Ich hoffe, es steht nicht so schlimm mit ihm, als er bei
der Prüfung seiner Freunde vorgab.

Zweiter Lord.

Nach dem, was dies neue Gastmahl uns verheißt, kann es wol
nicht sein.

Erster Lord.

Das glaube ich auch. Er sandte mir eine dringende Einladung,
welche abzulehnen mir ernste Geschäfte nahe genug legten; aber er
beschwor mich, davon abzusehen, und so mußte ich nothwendig er=
scheinen.

Zweiter Lord.

Auf gleiche Weise ward ich von sehr wichtigen Geschäften ab=
gehalten, aber er wollte meine Entschuldigung nicht hören. Es thut
mir leid, daß mein Vorrath ganz erschöpft war, als er zu mir schickte,
Geld aufzunehmen.

Erster Lord.

Ich leide an demselben Kummer, da ich nun sehe, wie die
Sachen stehen.

Zweiter Lord.

Jedem, der hier ist, geht es so. Wie viel wollt' er von Euch borgen?

Erster Lord.

Tausend Goldstücke.

Zweiter Lord.

Tausend Goldstücke!

Erster Lord.

Wie viel von Euch?

Zweiter Lord.

Er schickte zu mir — doch hier kommt er.

(Timon tritt auf mit Gefolge.)

Timon.

Von Herzen gegrüßt, ihr beiden Herren! Wie geht es Euch?

Erster Lord.

Immer sehr gut, wenn ich Euer Gnaden Wohlergehen erfahre.

Zweiter Lord.

Die Schwalbe folgt dem Sommer nicht freudiger, als wir Euer Gnaden.

Timon (bei Seite).

Und verläßt auch den Winter nicht freudiger; solche Sommer-vögel sind die Menschen. — Ihr Herren, unser Mahl wird dieses langen Wartens nicht werth sein, weidet Eure Ohren indeß an der Musik, wenn Trompetenklang ihnen keine zu harte Speise ist. Wir wollen uns gleich setzen.

Erster Lord.

Ich hoffe, es ist Euch nicht unfreundlich im Gedächtniß geblieben, mein gnädiger Herr, daß ich Euch einen leeren Boten zurücksandte.

Timon.

Ei, laßt Euch das nicht beunruhigen.

Zweiter Lord.

Mein edler Lord —

Timon.

Ah, guter Freund, — wohlauf?

Zweiter Lord.

Mein höchst verehrter Herr, ich bin krank vor Scham, daß ich, als Ihr neulich zu mir sandtet, ein so unglücklicher Bettler war.

Timon.

Denkt nicht weiter daran.

Zweiter Lord.

Hättet Ihr nur zwei Stunden früher geschickt —

Timon.

Stört damit nicht beſſere Gedanken. — Kommt, bringt Alles zugleich.   (Das Banket wird aufgetragen.)

Zweiter Lord.

Lauter verdeckte Schüſſeln!

Erster Lord.

Ein königliches Mahl, das glaubt mir.

Dritter Lord.

Daran zweifelt nicht, wie nur Geld und die Jahreszeit es lie= fern kann.

Erster Lord.

Wie geht es Euch? Was giebt es Neues?

Dritter Lord.

Alcibiades iſt verbannt; habt Ihr davon gehört?

Erſter und zweiter Lord.

Alcibiades verbannt?

Dritter Lord.

So iſt es, zweifelt nicht.

Erster Lord.

Wie das? wie das?

Zweiter Lord.

Ich bitte Euch, aus welchem Grunde?

Timon.

Meine würdigen Freunde, wollt Ihr näher treten?

Dritter Lord.

Ich will Euch nachher mehr davon erzählen. Hier steht uns ein herrlicher Schmaus bevor.

Zweiter Lord.

Dieſer Mann iſt noch der alte.

Dritter Lord.

Wird's dauern? Wird's dauern?

Zweiter Lord.

Es wird; doch kommt die Zeit, und dann —

Dritter Lord.

Ich verstehe Euch.

Timon.

Ein Jeder an seinen Platz, mit dem Eifer, wie er zu den Lippen seiner Geliebten eilen würde; auf allen Plätzen werdet Ihr mit denselben Gerichten bedient. Macht kein Ceremonien-Gastmahl daraus, daß die Speisen kalt werden, ehe wir über den ersten Platz einig sind: setzt Euch, setzt Euch! Die Götter fordern unsern Dank.

„O ihr großen Wohlthäter! träufelt Dankbarkeit auf unsre Gesellschaft hernieder. Für eure eignen Gaben laßt euch preisen; aber behaltet zurück für künftige Gabe, damit eure Gottheiten nicht verachtet werden. Verleiht einem Jeden genug, damit Keiner dem Andern zu leihen braucht; denn müßte eure Gottheit von den Menschen borgen, so würden die Menschen die Götter verlassen. Macht das Gastmahl beliebter, als den Mann, der es giebt. Laßt keine Gesellschaft von zwanzig ohne eine Stiege Bösewichter sein; wenn zwölf Frauen an einem Tische sitzen, so laßt ein Dutzend von ihnen sein — wie sie sind. Den Rest eurer Feinde, o ihr Götter! — die Senatoren von Athen, sammt der gemeinen Hefe des Pöbels, — was in ihnen nichtsnutzig ist, ihr Götter, macht zum Verderben reif! Was diese meine gegenwärtigen Freunde betrifft, — da sie mir nichts sind, so segnet sie in nichts, und so sind sie mir zu Nichts willkommen."

Deckt auf. Nun leckt, Ihr Hunde!

(Die Schüsseln werden aufgedeckt, sie sind alle voll warmen Wassers.)

Mehrere zugleich.

Was meint der edle Herr?

Andere.

Ich weiß es nicht.

Timon.

Mögt Ihr ein beß'res Gastmahl nimmer sehn,
Ihr Maulfreund'-Rotte! Dampf und lauwarm Wasser
Ist Eure Tugend. Dies ist Timon's Letztes;
Den ihr bestickt, besät mit Schmeichelein,
Wäscht so sie ab und sprützt die eigne Bosheit
Euch dampfend in's Gesicht. (Er gießt ihnen Wasser in's Gesicht.)
Lebt lang verabscheut,

Stets lächelnde, abscheuliche Schmarotzer,
Höfliche Mörder, sanfte Wölfe, freundliche Bären,
Ihr Narr'n des Glücks, Tischfreunde, Tagesfliegen,
Scharrfüß'ge Sclaven, Dünste, Wetterhähne!
Der Menschen und des Viehs unzähl'ge Seuchen,
Sie überschuppen Euch! — Was, gehst du fort?
Nimm dein' Arznei erst mit, — auch du, und du.

(Er wirft ihnen die Schüsseln nach und treibt sie hinaus.)

Bleibt, ich will Geld Euch leihn, nicht von Euch borgen.
Wie, All' im Lauf? Kein Mahl sei mehr genommen,
An dem ein Schurke nicht als Gast willkommen!
Verbrenne, Haus! versink' Athen! verhaßt nun sei
Dem Timen Mensch und alle Menschlichkeit!   (Er geht ab.)

Die Gesellschaft kommt zurück.)

Erster Lord.

Wie nun, Ihr Herren?

Zweiter Lord.

Wißt Ihr etwas Näheres über Timon's Raserei?

Dritter Lord.

Still! habt Ihr meine Mütze nicht gesehen?

Vierter Lord.

Ich habe meinen Mantel verloren.

Erster Lord.

Er ist weiter nichts als ein toller Lord, und nur Laune be=
herrscht ihn. Neulich schenkte er mir einen Edelstein und nun hat er
ihn mir vom Hute heruntergeschlagen. Habt Ihr meinen Edelstein
nicht gesehen?

Dritter Lord.

Habt Ihr meine Mütze nicht gesehen?

Zweiter Lord.

Hier ist sie.

Vierter Lord.

Hier liegt mein Mantel.

Erster Lord.

Halten wir uns nicht länger auf.

Zweiter Lord.

Lord Timon rast.

Dritter Lord.

Ich fühl's in den Gebeinen.

Vierter Lord.

Juwelen schenkt' er gestern uns, heut wirft er uns mit Steinen.

(Alle ab.)

Vierter Aufzug.

Erste Scene.

Außerhalb Athens.

(Timon tritt auf.)

Timon.

Laß mich noch einmal auf dich schaun! Du Mauer,
Die diese Wölf' umschließt, versink' und schütze
Athen nicht mehr! Frau'n, werdet zügellos!
Trotzt euren Eltern, Kinder! Sclaven, Narren,
Reißet vom Sitz den runzligen Senat
Und haltet Rath statt seiner! Jungfrau'nreinheit
Verkehre plötzlich sich zum Schmutz der Schande,
Frech vor der Eltern Augen! Bankruttirer,
Halt fest, gieb nichts zurück; heraus das Messer,
Für deines Gläub'gers Hals! Stehlt, ihr Leibeignen!
Langhänd'ge Räuber sind ja eure Herren
Und plündern nach Gesetz. Magd, in das Bett zum Herrn!
Die Frau ist im Bordell. Reiß, Sechszehnjähr'ger,
Dem lahmen Vater weg die Krück' und schlag
Das Hirn ihm aus damit. Furcht, Frömmigkeit,
Scheu vor den Göttern, Friede, Recht und Wahrheit,

Zucht, Häuslichkeit, Nachtruh' und Nachbartreue,
Belehrung, Sitte, Religion, Gewerbe,
Achtung und Brauch, Gesetz und Recht der Stände,
Stürzt euch in eu'r vernichtend Gegentheil,
Bis nur Vernichtung lebt! — Pest, Menschenwürger,
Häuf' deine mächt'gen, gifterfüllten Fieber
All' auf Athen, das reif zum Fall! Du Hüftweh,
O lähm' der Senatoren Glieder, krumm
Mach' sie wie ihre Sitten! Lust und Frechheit,
Schleich' in das Mark und das Gemüth der Jugend,
Daß sie, dem Tugendstrom entgegenschwimmend,
In Wüstheit sich ertränkt! Mit Schwär' und Beulen
Sei ganz Athen besät, und ew'ger Aussatz
Die Ernte; Athem stecke Athem an:
Daß ihre Näh' gleich ihrer Freundschaft sei,
Gift durch und durch! Nichts nehm' ich von dir mit,
Als Nacktheit, du, des Abscheu's würd'ge Stadt!
Nimm auch noch das, mit hundertfachen Flüchen.
Timon geht nun zum Wald; das wild'ste Thier
Zeigt dort mehr Lieb' ihm, als die Menschen hier.
Auf ganz Athen, hört's Götter insgesammt!
Auf Stadt und Land zugleich die Blitze flammt!
Gewährt, daß mit ihm wachse Timon's Haß
Und Hoh' und Niedre treff' ohn' Unterlaß!
Amen!   (Geht ab.)

Zweite Scene.

In Timon's Hause.

(Flavius und mehrere Diener Timon's treten auf.)

Erster Diener.

Sprecht, Hausverwalter, wo ist unser Herr?
Sind wir vernichtet? abgedankt? bleibt nichts?

Flavius.

Gefährten, ach, was soll ich Euch doch sagen?
Es sei'n mir Zeugen die gerechten Götter,
Ich bin so arm wie Ihr.

Erster Diener.

Solch Haus gefallen!
Solch edler Herr verarmt! verloren Alles!
Kein Freund, der bei der Hand sein Schicksal faßt
Und mit ihm geht!

Zweiter Diener.

Wie wir den Rücken wenden
Von dem Gefährten, den das Grab verschlang,
So schleichen vom begrabnen Glück die Freunde
Hinweg, hinwerfend ihm die falschen Schwüre,
Gleich leeren Beuteln; und sein armes Selbst,
Ein Bettler, der der Luft anheimgefallen,
Mit seiner allvermiednen Armuth Krankheit
Wankt nun, wie Schmach, allein. — Noch mehr Gefährten.

(Es kommen noch andere Diener.)

Flavius.

Zerbrochenes Geräth der Hauszerstörung!

Dritter Diener.

Und doch trägt unser Herz noch Timon's Kleid,
Das zeigt Eu'r Antlitz: wir sind noch Kamraden,
All' in des Kummers Dienst: leck ist das Fahrzeug:
Wir Schiffer stehn auf sinkendem Verdeck
Und sehn die Wellen dräu'n; wir müssen scheiden
In diese See der Luft.

Flavius.

Ihr guten Freunde,
Hier theil' ich unter Euch mein letztes Gut.
Laßt uns, wo wir uns sehn, um Timon's willen,
Kamraden sein; kopfschüttelnd laßt uns sprechen,
Als Grabgeläut dem Glücke unsres Herrn:
„Wir kannten beß're Tage." Jedem etwas.

(Er giebt ihnen Geld.)

Nein, Alle reicht die Hand. Und nun kein Wort!
So gehn wir arm, doch reich an Kummer, fort.

(Die Diener gehn ab.)

O grausam Elend, das die Pracht bereitet,
O, wer will wol nach Glanz und Reichthum ringen,
Wenn sie uns so in Schmach und Armuth bringen?
Wer möchte so vom Glück genarrt sich sehn,
Wer so im bloßen Traum der Freundschaft leben?
Wer Ansehn, Pomp und Wohlstand so besitzen,
Gemalt blos, gleichwie die geschminkten Freunde?
Redlicher Herr, verarmt durch Herzensgüte,
Gestürzt durch Großmuth! Seltsam und verdreht,
Wenn Allzugut als ärgste Sünde steht;
Wer möchte je nur halb so viele Güt' erwerben,
Wenn Wohlthun Götter schafft, doch Menschen bringt Verderben?
O theurer Herr, — gesegnet, um verflucht,
Reich nur, um arm zu sein, — dein groß Vermögen
Ist nun dein tiefstes Leid. Ach, güt'ger Herr!
Er stürzt' in Wuth vom undankbaren Wohnort
Verruchter Freunde. Nichts hat er bei sich
Zur Fristung und Erleicht'rung seines Lebens.
Ich will ihm nach, und, wo er ist, erforschen;
So gut ich kann, will ich für ihn noch schalten,
Und was an Gold mir blieb, für ihn verwalten.   (Er geht ab.)

.

Dritte Scene.

Wald.

(Timon tritt auf.)

Timon.

O segenzeugende Sonn', entsaug' der Erde
Dunstfäulniß! deiner Schwester Bahn verpeste
Den Luftkreis! Zwillingsbrüder Eines Schoßes,

Deren Erzeugung, Wohnung und Geburt,
Faft ungetrennt, — trifft fie verfchiednes Glück,
So höhnt der Größre ftets den Niedern; rings
Bedrängt von Wunden, kann Natur groß Glück
Ertragen nur, wenn fie Natur verachtet.
Heb' diefen Bettler und verfag's dem Lord,
So folgt ererbte Schmach dem Senatoren,
Dem Bettler eingeborne Ehre.
Die Weide fchwellt des Rindes Seiten auf,
Der Mangel macht fie mager. Wer, wer darf
In reiner Mannheit aufrecht ftehn und fagen:
„Der Menfch hier ift ein Schmeichler?" Ift es Einer,
So find es alle; jeder höhern Staffel
Des Glücks fchmiegt fich die untre; goldnem Dummkopf
Duckt der gelehrte Schädel: fchief ift Alles;
Nichts grad' in unfrer fluchbeladnen Menfchheit,
Als grade Schurkerei. Drum feid verabfcheut,
Gelage all', Gefellfchaft, Menfchendrang!
Denn Timon haßt die Gleichgefchaffnen, ja fich felbft.
Vernichtung dem Gefchlecht der Menfchen! — Erde,
Gewähr mir Wurzeln.   (Er gräbt.)
Wer Beff'res in dir fucht, dem würz' den Gaumen
Mit deinem ftärkften Gift! — Was find' ich hier?
Gold? koftbar, flimmernd, rothes Gold? Nein, Götter!
Ich bin kein Götzendiener; Wurzeln gebt mir!
So viel hievon macht fchwarz weiß, häßlich fchön,
Schlecht gut, alt jung, feig tapfer, niedrig edel.
Ihr Götter, warum dies? warum dies, Götter?
Ha! dies lockt euch den Priefter vom Altar,
Reißt Kranken unter'm Kopfe fort das Pfühl.
Ja, diefer rothe Sclave löft und bindet
Geweihte Bande; fegnet den Verfluchten;
Macht grauen Ausfatz lieblich, ehrt den Dieb
Und giebt ihm Rang, gebeugtes Knie und Einfluß
Im Rath der Senatoren; diefer führt
Der abgenutzten Wittwe Freier zu;

Ja sie, vor der Spital und Eiterbeulen
Mit Ekel schaudern, sie verjüngt
Zu Maienjugend dies. Verflucht Metall,
Der Menschheit allgemeine Hure du,
Die Völkerstreit erregt, ich gebe dich
Zurück an die Natur.

(Man hört von weitem einen Marsch.)

Ha, eine Trommel!

Lebendig bist du, doch begrab' ich dich.
Ja, laufen wirst du noch, du starker Dieb,
Wenn gichtgeplagt dein Hüter nicht kann stehn —
So viel verbleib' als Handgeld.

(Er behält einiges Gold zurück.)

(Alcibiades tritt auf mit Trommeln und Pfeifen, auf kriegerische Weise.
Phrynia und Timandra.)

Alcibiades.

Wer bist du dorten? sprich!

Timon.

Ein Vieh, wie du. Der Wurm zernag' dein Herz,
Daß du mir wieder Menschenaugen zeigst!

Alcibiades.

Wie nennst du dich? Ist so verhaßt der Mensch dir,
Und bist doch selbst ein Mensch?

Timon.

Mein Nam'
Ist Misanthropos, der die Menschheit haßt.
Und du — ich wünschte dir du wärst ein Hund,
So liebt' ich dich etwas.

Alcibiades.

Ich kenne dich;
Doch unbekannt und fremd ist mir dein Schicksal.

Timon.

Dich kenn' ich auch; mehr wünsch' ich nicht zu wissen,
Als daß du mir bekannt. Folg' deiner Trommel,
Bemal' mit Menschenblut den Grund, roth, roth;
Göttlich Gebot, menschlich Gesetz ist grausam,

Was soll der Krieg denn sein? Hier deine Dirne
Trägt mehr Zerstörung in sich als dein Schwert,
Trotz ihres Engelsblicks.

Phrynia.

Daß dir die Lippen faulen!

Timon.

Nicht küssen will ich dich; so kehrt die Fäulniß
Zurück zu deinen eignen Lippen.

Alcibiades.

Wie ward der edle Timon so verwandelt?

Timon.

So wie der Mond, wenn Licht ihm fehlt zu geben;
Doch konnt' ich nicht mich, wie der Mond, erneuen;
Mir borgte keine Sonne.

Alcibiades.

Edler Timon,
Kann ich dir Freundschaft zeigen?

Timon.

Eine nur,
Bestärke meinen Glauben.

Alcibiades.

Welchen, Timon?

Timon.

Versprich mir Freundschaft, aber halte nichts.
Versprichst du nicht, so strafen dich die Götter,
Denn du bist Mensch! und hältst du, so vernichten
Die Götter dich, denn du bist Mensch!

Alcibiades.

Von deinem Elend hörte schon ich reden.

Timon.

Du sahst es damals, als das Glück mir lachte.

Alcibiades.

Ich seh' es jetzt; damals war Freudenzeit.

Timon.

Wie deine jetzt: zwei Huren stützen sie.

Timandra.

Ist dies die Zier Athens, von dem die Welt
So schön und rühmlich sprach?

Timon.

            Bist du Timandra?

Timandra.

Ja.

Timon.

Bleib Hure stets! dich liebt nicht, wer dich braucht,
Gieb Krankheit dem, der seine Lust dir läßt.
Brauch' deine würz'gen Stunden; deine Sclaven
Mach' reif für's Schwitzbad, für die Hungerkur
Den ros'gen Jüngling.

Timandra.

         An den Galgen, Scheusal!

Alcibiades.

Verzeih' ihm, hold Geschöpf, denn sein Verstand
Ertrank und ging in seinem Elend unter. —
Nur wenig Gold besitz' ich, wackrer Timon,
Und dieser Mangel bringt zum Aufstand täglich
Mein darbend Heer. Mit Schmerz vernahm ich, wie
Athen verrucht hat deines Werths vergessen
Und deines tapfern Streits, als Nachbarstaaten,
Wenn nicht dein glücklich Schwert war, es bewältigt.

Timon.

Die Trommel schlag, ich bitt', und packe dich.

Alcibiades.

Timon, ich bin dein Freund und klag' um dich.

Timon.

Wie kannst du den beklagen, den du plagst?
Ich wäre gern allein.

Alcibiades.

         Nun, so leb wohl!
Nimm dieses Gold.

Timon.

         Behalt's, ich kann's nicht essen.

Alcibiades.

Wenn ich Athen, das stolze, umgestürzt —

Timon.

Bekriegst du denn Athen?

Alcibiades.

Ja, und mit Grund.

Timon.

Die Götter mögen All' durch dich vernichten,
Und dich nachher, nachdem du sie vernichtet.

Alcibiades.

Warum denn mich?

Timon.

Weil du, die Schurken tödtend,
Mit ihnen auch mein Vaterland vertilgst.
Steck' ein dein Gold; — geh, hier ist Gold, — geh fort!
Sei wie Planetenpest, wenn Jupiter
In kranker Luft auf hochverruchte Städte
Sein Gift ausstreut; dein Schwert verschone Keinen;
Nicht um sein Silberhaar den würd'gen Greis,
Ein Wuchrer ist's: hau' die Matrone nieder,
Die Heuchlerin, ihr Kleid allein ist sittsam,
Sie selber kuppelt; laß der Jungfrau Wange
Dein schneidend Schwert nicht stumpfen; diese Milchbrust,
Die durch das Fenster kirrt der Männer Augen,
Steh' auf des Mitleids Liste nicht geschrieben,
Nein, sei vermerkt als scheußliche Verräth'rin;
Schon' auch des Säuglings nicht, deß Wangengrübchen
Lächelnd aus Narrenaugen Thränen preßt;
Denk', 's ist ein Bastard, den Orakelspruch
Mit dunklem Wort als deinen Mörder nennt;
Zerstückl' ihn mitleidslos; schwör' Tod dem Leben;
Leg' erznen Panzer dir auf Ohr und Auge,
Den kein Geschrei von Mutter, Säugling, Jungfrau,
Vom Priester, der in heil'gen Kleidern blutet,
Durchdringen kann. Hier — Gold für deine Krieger!

Sä' aus Vernichtung; ist dein Grimm erschöpft,
So sei vernichtet selbst. Sprich nichts und geh'!

Alcibiades.

Hast du noch Gold? so nehm' ich dein Geschenk,
Nicht deinen Rath.

Timon.

Thu's oder thu' es nicht, vom Himmel sei verflucht!

Phrynia und Timandra.

Gieb Gold uns, guter Timon; hast du mehr?

Timon.

Genug, daß Huren ihren Stand verschwören,
Die Kupplerin nicht Huren feilscht. Weit auf
Die Schürz', Ihr Schlumpen. Ihr seid nicht eidesfähig,
Obwol ich weiß, Ihr würdet furchtbar schwören,
Daß, hörten Euern Schwur die ew'gen Götter,
Sie fieberschauernd bebten, — spart die Schwüre,
Ich trau' Eurer Natur; bleibt Huren stets,
Und ihm, deß frommes Wort Euch will bekehren,
Ihm zeigt Euch stark, verführt ihn, brennt ihn nieder,
Besiegt mit Eurem Feuer seinen Rauch.
Seid nie abtrünnig, doch sechs Monde lang
In andern Nöthen; mit dem Raub von Leichen
Deckt Euer kahles Dach, — auch von Gehängten,
Was thut's? — tragt ihn, betrügt damit und hurt!
Braucht Schminke, bis in diesem Koth ein Pferd versinkt!
Die Pest auf Runzeln!

Phrynia und Timandra.

Gut, mehr Gold! — was weiter?
Glaub' nur, wir thun für Gold, was du verlangst.

Timon.

Auszehrung sä't
In hohl Gebein des Manns; lähmt straffe Schenkel,
Des Reiters Kraft zerbrecht; des Anwalts Stimme
Verderbt, daß er kein Unrecht mehr vertreten,
Noch Kniffe kreischen kann. Umschuppt mit Aussatz
Den Priester, der auf Fleischesschwachheit schilt

Und selbst nicht daran glaubt. Fort mit der Nase,
Glatt weg damit! das Nasenbein vernichtet,
Dem, der, für sich nur Vortheil schnüffelnd, nicht
Für alle spüret; macht krausköpf'ge Raufer kahl,
Dem unbenarbten Kriegesprahler gebt
Gehör'ge Qual von Euch; verpestet Alles,
Und Eure Thätigkeit erstick' und dörre
Die Quelle aller Zeugung. — Nehmt mehr Gold!
Verderbt die Andern, und verderb' Euch dies,
Und Schlamm begrab' Euch Alle!

Phrynia und Timandra.
Mehr Rath mit noch mehr Geld, freigeb'ger Timon.

Timon.
Mehr Hur', mehr Unheil erst: dies ist nur Handgeld.

Alcibiades.
Auf, Trommeln, nach Athen! Leb wohl denn, Timon,
Geht's, wie ich hoffe, seh' ich bald dich wieder.

Timon.
Geht's, wie ich wünsche, seh' ich nie dich mehr.

Alcibiades.
Nie that ich Böses dir.

Timon.
      Doch, du sprachst gut von mir.

Alcibiades.
Nennst du das Böses?

Timon.
      Erfahrung lehrt es täglich.
Geh', mach' dich fort, und deine Meute auch.

Alcibiades.
Wir sind ihm nur zur Last, — schlagt, Trommeln: fort!
(Trommeln. Alcibiades, Phrynia und Timandra gehn ab.)

Timon.
Daß doch Natur, von Undank übersättigt,
Noch hungert! (Er gräbt.) Allgemeine Mutter du,
Dein Schooß unmeßbar, deine Brust unendlich,
Gebiert, nährt All'; derselbe Stoff, aus dem

Dein stolzes Kind, der freche Mensch, aufquillt,
Erzeugt die schwarze Kröt' und blaue Natter,
Die goldne Eidechs' und die gift'ge Schlange,
Und jeglich Scheusal unter'm Himmelsbogen,
Das Hyperion's Lebensstrahl bescheint;
Gieb ihm, der deine Menschenkinder haßt,
Aus deinem reichen Schooß nur Eine Wurzel!
Vertrockne deines Leibes Fruchtbarkeit,
Daß ihr kein undankbarer Mensch entspringe!
Gebier nur Tiger, Drachen, Wölf' und Bären;
Wirf neue Unhold', die dein obres Antlitz
Der Marmorwölbung droben nie gezeigt!
Ha eine Wurzel, — inn'gen Dank! — Dörr' aus
Den markigen Weinberg, die gepflügte Halde,
Woraus der undankbare Mensch mit süßem Trank
Und Leckerei den reinen Sinn verschlemmt,
Daß jegliche Erwägung ihm entgleitet.

(Apemantus tritt auf.)

Ein Mensch schon wieder? Ha, verflucht!

Apemantus.

Hieher ward ich gewiesen; man berichtet,
Daß du mein Leben nachäffst und mein Thun.

Timon.

'S ist nur, weil keinen Hund du hältst, dem ich
Nachahmen könnte. — Hole dich die Pest!

Apemantus.

Dies ist in dir nur angenommne Weise,
Unmännlich, arme Schwermuth, die dem Wechsel
Des Glücks entsprang. Was soll der Ort, der Spaten?
Dies Sclavenkleid und dieses Gramesantlitz?
Dein Schmeichlervolk liegt weich, trinkt Wein, trägt Seide,
Umarmt den kranken Wohlgeruch, vergessend,
Daß je ein Timon war. Mach' nicht den Wald
Schamroth, daß du des Spötters Maske trägst.
Sei du ein Schmeichler jetzt, such' zu gedeih'n
Durch das, was dich gestürzt hat; beug' dein Knie,

Der bloße Athem dessen, dem du dienst,
Blas' dir die Müt' ab; preise du sein Laster
Und nenn' es Tugend; so erging's auch dir.
Du nicktest, wie ein Zapfer, jedem Grüßer,
Schelmen, und wer es war; nun ist's gerecht,
Daß du ein Schuft wirst; hätt'st du wieder Geld,
So gäbst du's Schuften. Nimm nicht an mein Wesen.

Timon.

Wär' ich gleich dir, so würf' ich selbst mich fort.

Apemantus.

Du warfst dich weg, da du dir selber glichest;
So lang' ein Toller, nun ein Narr! Was? glaubst du,
Die rauhe Luft, dein stürm'scher Kammerdiener,
Wird's Hemd dir wärmen? Wird der moos'ge Baum,
Der Adler überlebt, dir auf den Fersen folgen
Und springen, wenn du winkst? der kalte Bach,
Mit Eis versüßt, den Morgentrunk dir würzen,
Die Schwelgerei der Nacht zu heilen? Rufe
Die Wesen, die der Wuth des zorn'gen Himmels
In Nacktheit trotzen, die mit bloßen Leibern,
Dem Kampf der Elemente ausgesetzt,
Treu der Natur sind — heiße sie dir schmeicheln,
So findest du —

Timon.

Daß du ein Narr bist; fort!

Apemantus.

Du bist mir lieber jetzt, als je zuvor.

Timon.

Verhaßter du.

Apemantus.

Weßhalb?

Timon.

Dem Elend schmeichelst du.

Apemantus.

Ich schmeichle nicht, ich sag', du bist ein Lump.

Timon.

Weßhalb suchst du mich auf?

Apemantus.

            Um dich zu quälen.

Timon.

Stets eines Schuftes oder Narren Amt.
Gefällst du dir darin?

Apemantus.

Ja.

Timon.

            Auch noch Schurke?

Apemantus.

Nähmst du dies saure Wesen an zur Strafe
Für deinen Stolz, so wär' es gut; doch nur
Gezwungen thust du's, würdest Höfling wieder,
Wenn du kein Bettler wärst. Freiwillig Elend
Krönt selbst sich, überlebt unsichre Pracht;
Denn diese füllt und füllt und wird nie voll,
Das andre g'nügt sich selbst; der höchste Stand,
Wenn unbefriedigt, ist doch Jammers voll,
Ist schlimmer als der schlimmste, der zufrieden.
Du solltest Tod dir wünschen, da du elend.

Timon.

Nicht, weil du's sagst, der weit elender ist.
Du bist ein Sclav, den nie der Liebesarm
Des Glücks umfing; ein Hund wardst du geboren.
Hätt'st von der Wieg' an du gleich uns erstiegen
Die süße Leiter, die die kurze Welt
Dem beut, der den geduld'gen Knechten frei
Befiehlt, du hätt'st dich ohne Maß gestürzt
In Schwelgerei; die Jugend schmelzen lassen
In manchem Bett der Lust, und nie gehört
Der Mahnung eisig Wort; hätt'st nachgejagt
Dem süßen Wild vor dir. Dagegen ich,
Der ich als Lustgelag die Welt besaß,
Mund, Zungen, Augen, Herzen aller Menschen

Zum Dienſt, mehr als ich Arbeit für ſie wußte,
Die zahllos an mir hingen, ſo wie Blätter
Am Eichbaum, ſind durch Einen Winterfroſt
Vom Zweig gefeget; — offen ſteh' ich, baar
Für jeden Sturm, der bläſt; — ja, dies zu tragen,
Wird mir, der nur das Beſſre kannte, ſchwer.
Dein Leben fing mit Leiden an, gehärtet
Hat dich die Zeit. Was ſollt'ſt du Menſchen haſſen?
Sie ſchmeichelten dir nie; was gabſt du ihnen?
Haſt du zu fluchen Luſt, fluch' deinem Vater,
Dem armen Lump, der, in Verzweiflung, Stoff
Gab einer Bettlerin, dich draus zu formen, —
Armſeligkeit von Ahnen her. Hinweg!
Wärſt du der Menſchheit Wegwurf nicht geboren,
Du würd'ſt ein Schurke und ein Schmeichler ſein.

Apemantus.

Biſt du noch ſtolz?

Timon.
Ja, daß ich du nicht bin.

Apemantus.

Ich, weil ich kein Verſchwender war.

Timon.
Und ich,

Weil ich es jetzt noch bin.
Wär' all mein Reichthum in dir eingeſchloſſen,
So gäb' ich dir Erlaubniß, dich zu hängen.
Fort! —
Wär' alles Leben von Athen in dieſem,
So äß' ich's.   (Er ißt eine Wurzel.)

Apemantus.
Hier, ich will dein Mahl verbeſſern.

(Er bietet ihm etwas an.)

Timon.

Erſt beſſre meinen Umgang, heb' dich weg!

Apemantus.

So beſſr' ich meinen eignen, wenn du fehlſt.

26 *

Timon.

Gebessert wär' er nicht, nein, nur geflickt,
Wo nicht, wollt' ich's.

Apemantus.

Was wünschest du Athen?

Timon.

Im Wirbelwinde dich dahin. Und willst du,
So sage dort, ich habe Gold; sieh hier!

Apemantus.

Hier kann kein Gold was nutzen.

Timon.

Ja, am meisten;
Hier schläft's und läßt zum Unheil sich nicht dingen.

Apemantus.

Wo liegst des Nachts du, Timon?

Timon.

Unter dem,
Was über mir. Wo issest du am Tage?

Apemantus.

Wo mein Hunger Nahrung findet, oder vielmehr, wo ich sie
verzehre.

Timon.

Ich wollte, Gift gehorchte mir und wüßte meine Meinung.

Apemantus.

Wohin wolltest du es senden?

Timon.

Dein Mahl zu würzen.

Apemantus.

Den Mittelweg der Menschheit kanntest du nie, sondern nur die
beiden äußersten Enden. Als du in Vergoldung und Wohlgeruch
lebtest, wurdest du wegen zu gesuchter Feinheit verspottet; in deinen
Lumpen kennst du sie gar nicht mehr, und wirst, um ihres Gegen=
theils willen, verabscheut. Hier hast du eine Mispel, iß sie.

Timon.

Ich esse nicht, was ich hasse.

Apemantus.

Haſſeſt du Miſpeln?

Timon.

Ja, wenn ſie dir auch gleich ſehen.

Apemantus.

Hätteſt du die, dieſen Miſpeln ähnlichen, faulen Zwiſchenträger früher gehaßt, ſo würdeſt du dich jetzt mehr lieben. Kannteſt du je einen Verſchwender, der noch geliebt ward, wenn ſeine Mittel dahin waren?

Timon.

Wen, ohne dieſe Mittel, von denen du ſprichſt, ſaheſt du je geliebt?

Apemantus.

Mich ſelbſt.

Timon.

Ich verſtehe dich; du hatteſt einmal ſo viel, daß du dir einen Hund halten konnteſt.

Apemantus.

Was in der Welt kannſt du am beſten mit deinen Schmeichlern vergleichen?

Timon.

· Die Frauen; aber die Männer, die Männer ſind das Ding ſelbſt. Was würdeſt du mit der Welt machen, Apemantus, wenn ſie dir gehörte?

Apemantus.

Ich würde ſie dem Vieh geben, um die Menſchen los zu werden.

Timon.

Wollteſt du denn mit den übrigen Menſchen zu Grunde gehen, und ein Vieh unter dem Vieh bleiben?

Apemantus.

Ja, Timon.

Timon.

Ein viehiſcher Wunſch, den ich die Götter bitte dir zu gewähren. Wäreſt du der Löwe, ſo würde der Fuchs dich betrügen; wäreſt du das Lamm, ſo würde der Fuchs dich freſſen; wäreſt du der Fuchs, ſo würdeſt du dem Löwen verdächtig werden, wenn dich der Eſel viel=

leicht verklagte; wärest du der Esel, so würde deine Dummheit dich
plagen, und du lebtest doch nur als ein Frühstück für den Wolf;
wärest du der Wolf, so würde deine Gefräßigkeit dich quälen, und du
müßtest dein Leben oft wegen deines Mittagsessens wagen; wärest du
das Einhorn, so würde Stolz und Wuth dich zu Grunde richten, und
du würdest die Beute deines eigenen Grimmes; wärest du der Bär,
so tödtete dich das Pferd; wärest du das Pferd, so ergriffe dich der
Leopard; wärest du der Leopard, so wärest du dem Löwen blutsver=
wandt, und die Flecken deiner Verwandtschaft würden über dein Leben
zu Gericht sitzen; deine ganze Sicherheit wäre Entfernung, und deine
Vertheidigung Abwesenheit.   Welch Vieh könntest du sein, das nicht
einem andern Vieh unterworfen wäre? und welch ein Vieh bist du
schon, daß du nicht einsiehst, wie viel du bei der Verwandlung ver=
lörest?

Apemantus.

Könntest du mir durch Reden gefallen, so hättest du es hiemit
getroffen; der Staat von Athen ist ein Wald von Vieh geworden.

Timon.

Wie ist der Esel durch die Mauern gebrochen, daß du außer
der Stadt bist?

Apemantus.

Dort kommt ein Dichter und ein Maler; die Pest der Gesell=
schaft treffe dich! Aus Furcht, angesteckt zu werden, gehe ich fort.
Wenn ich einmal nichts anderes zu thun weiß, will ich dich wieder
besuchen.

Timon.

Wenn es außer dir nichts Lebendiges mehr giebt, sollst du will=
kommen sein. Ich möchte lieber eines Bettlers Hund als Apemantus
sein.

Apemantus.

Du bist das Haupt der Narr'n der ganzen Welt.

Timon.

Wärst du doch rein genug, dich anzuspei'n.

Apemantus.

Verwünscht bist du, zu schlecht, um dir zu fluchen.

Timon.

An deiner Seit' ist jeder Schurke rein.

Apemantus.

Nicht andern Aussatz giebt's, als was du sprichst.

Timon.

Ja, nenn' ich dich.

Ich schlüge dich, wenn's nicht die Händ' ansteckte.

Apemantus.

O faulten sie durch meine Rede ab!

Timon.

Hinweg! du Sprößling eines räud'gen Hundes!

Die Wuth erstickt mich, daß du lebst: mir schwindelt,

Wenn ich dich seh'.

Apemantus.

    O berste!

Timon.

          Läst'ger Schuft

Hinweg! Mich dauert's einen Stein an dich

Zu wenden.   (Er wirft einen Stein nach ihm.)

Apemantus.

   Thier!

Timon.

   Sclav'!

Apemantus.

      Kröte!

Timon.

          Schuft! Schuft! Schuft!

(Apemantus zieht sich zurück, als ob er geben wollte.)

Mich ekelt diese falsche Welt, und lieben

Will ich von ihr die kahle Nothdurft nur.

Drum, Timon, grabe dir alsbald dein Grab,

Lieg', wo der leichte Seeschaum täglich trifft

Den Stein; die Grabschrift schreib' dir in der Grotte,

Daß Tod in mir des Lebens Andrer spotte.

         (Er betrachtet das Gold.)

Du süßer Königsmörder! lieblicher Entzweier

Von Sohn und Vater! glänzender Befudler
Von Hymens reinstem Lager! tapfrer Mars!
Du ewig blüh'nder, zartgeliebter Freier,
Der auf Diana's Schooß den heil'gen Schnee
Zerschmilzt mit seinem Schein! sichtbare Gottheit,
Die du Unmöglichkeiten, fest verlöthend,
Zum Kusse zwingst! du sprichst in jeder Sprache,
Zu jedem Zweck! o du, der Herzen Prüfstein!
Denk', es empört dein Sclave sich, der Mensch;
O hetze zum Vernichtungskampf ihn auf,
Auf daß das Vieh die Welt beherrsche!

　　　　　Apemantus (vortretend).

O wär' es so! Doch nicht bevor ich todt bin!
Ich werd' erzählen, daß du Gold hast; schnell
Wirst wieder du umdrängt.

　　　　　Timon.

　　　　　Umdrängt, ich?

　　　　　Apemantus.

　　　　　　　　　Ja.

　　　　　Timon.

Den Rücken, bitte!

　　　　　Apemantus.

　　　　　Leb' und lieb' dein Elend!
Lang' lebe so und stirb so!　　　　(Apemantus ab.)

　　　　　Timon.

　　　　　Ich bin frei! —
Mehr Menschengleiches? — Iß und hasse sie!
　　　　　(Banditen treten auf.)

　　　　　Erster Bandit.

Woher sollte er Gold haben? So ein armer Rest, ein dürftiges
Ueberbleibsel vom Geretteten; nur der Mangel an Gold und der
Abfall seiner Freunde brachten ihn in diese Schwermuth.

　　　　　Zweiter Bandit.

Das Gerücht geht, er habe einen großen Schatz.

　　　　　Dritter Bandit.

Laßt uns die Probe an ihm machen; wenn er nichts danach

fragt, so giebt er es uns gleich; wenn er es aber geizig hütet, wie
sollen wir es kriegen?

Zweiter Bandit.

Richtig, denn er trägt es nicht bei sich, es ist verborgen.

Erster Bandit.

Ist er das nicht?

Die anderen Banditen.

Wo?

Zweiter Bandit.

Nach der Beschreibung ist er's.

Dritter Bandit.

Ja, ich kenne ihn.

Die Banditen.

Guten Tag, Timon!

Timon.

Was, Diebe?

Die Banditen.

Krieger, nicht Diebe.

Timon.

Beides, und obenein von Weibern geboren.

Die Banditen.

Wir sind nicht Diebe, Menschen nur im Mangel.

Timon.

Eu'r größter Mangel ist, Euch mangelt Speise.
Weßhalb der Mangel? Wurzeln hat die Erde;
In Meilenumfang springen hundert Quellen,
Der Baum trägt Eicheln, Sträuche rothe Beeren;
Natur, die gür'ge Hausfrau, breitet aus
Auf jedem Busch ein volles Mahl. Was, Mangel?

Erster Bandit.

Wir können nicht von Kräutern, Beeren, Wasser,
Wie wildes Thier, wie Fisch und Vogel leben.

Timon.

Noch von den Thieren, Fischen, Vögeln selbst;
Auch Menschen müßt Ihr zehren. Dank doch schuld' ich,
Daß offne Dieb' Ihr seid, zu Werk nicht geht

Mit heil'gem Vorwand; endlos ist der Raub,
Den jeder Stand nach Regeln treibt. Hier, Schufte,
Nehmt Gold; geht, saugt das zarte Blut der Traube,
Bis siedend heiß das Blut vom Fieber schäumt,
Und Euch das Hängen spart. Traut keinem Arzt;
Sein Gegengift ist Gift, und er erschlägt
Mehr als Ihr raubt; nehmt Gold zusammt dem Leben;
Uebt Büberei, Ihr übt sie im Beruf
Und zunftgemäß. Verbilder giebt's für Dieberei.
Die Sonn' ist Dieb, beraubt durch zieh'nde Kraft
Die weite See; ein Erzdieb ist der Mond,
Da er sein blasses Licht der Sonne wegschnappt;
Dieb ist das Meer, deß nasse Fluth den Mond
In salz'ge Thränen auflöst; Dieb die Erde:
Sie zehrt und zeugt aus Schlamm nur, den sie stiehlt
Vom allgemeinen Auswurf; Dieb ist Alles.
Gesetz, Euch Peitsch' und Zaum, stiehlt trotzig selbst
Und ungehemmt. Fort, liebt einander nicht,
Beraubt einander selbst. Hier, noch mehr Gold:
Schneid't Kehlen ab, denn was Ihr seht, sind Diebe.
Fort, nach Athen, und brecht die Läden auf,
Ihr stehlt nichts, was Ihr nicht dem Dieb entreißt;
Stehlt minder nicht, weil ich Euch dies geschenkt,
Und Gold verderb' Euch jedenfalls! Amen.

(Timon zieht sich in seine Höhle zurück.)

Dritter Bandit.

Er hat mich fast von meinem Gewerbe weg beschworen, indem er mich dazu antrieb.

Erster Bandit.

Es ist nur aus Bosheit gegen das menschliche Geschlecht, daß er uns diesen Rath giebt, nicht, damit wir in unserm Beruf glücklich sein sollen.

Zweiter Bandit.

Ich will ihm, als einem Feinde, glauben, und mein Handwerk aufgeben.

Erster Bandit.

Laß uns erst wieder Frieden in Athen sehn.

Zweiter Bandit.

Keine Zeit ist so schlimm, wo man nicht ehrlich sein könnte.

(Die Banditen gehen ab.)

(Flavius tritt auf.)

Flavius.

O, Götter ihr! ist jener
Schmachvolle und verfallne Mann mein Herr?
So abgezehrt, in Lumpen? O du Denkmal
Und Wunderwerk von schlecht vergolt'ner Gutthat!
Welch Gegenbild von Ehr' und Pracht hat hier
Verzweiflungsvoller Mangel aufgestellt!
Was ist gemeiner auf der Welt, als Freunde,
Die edle Geister so in Elend stürzen?
O, wohl ziemt das Gebot für unsre Zeit,
Das auch den Feind zu lieben uns gebeut!
Ihm, der mich haßt, sei Liebe eh'r geschenkt,
Als dem, der, Liebe heuchelnd, Böses denkt!
Er faßte mich in's Aug' — ich will ihm zeigen
Den tiefen Gram, und ihm, als meinem Herrn,
So lang' ich lebe, dienen. — Theurer Herr!

(Timon kommt aus seiner Höhle.)

Timon.

Wer bist du? Fort!

Flavius.

Herr, habt Ihr mich vergessen?

Timon.

Was fragst du? Ich vergaß die ganze Menschheit;
Und bist du Mensch, so hab' ich dich vergessen.

Flavius.

Ich bin Eu'r redlicher und armer Diener.

Timon.

So kenn' ich dich nicht, denn ein Redlicher
War nie bei mir; all' meine Diener Schurken,
Die Schufte nur bei Tisch bedienten.

Flavius.

Götter,
Bezeugt es, wie nie treuern Gram empfand
Ein Hausverwalter um des Herren Sturz,
Als ich um Euch.

Timon.

Wie, weinst du? — Komm heran; — so lieb' ich dich,
Weil du ein Weib bist und dich los hier sagst
Vom Mannsgeschlecht, deß Auge nimmer tropft,
Als nur in Lachenslust. Mitleid rührt Keinen;
Beim Lachen weint die Zeit und nicht beim Weinen!

Flavius.

Ich fleh', mein guter Herr, erkennet mich,
Weist meinen Gram nicht ab, nehmt als Verwalter
Mich an, so lang' die kleine Summe währt.

Timon.

Hätt' ich 'nen Diener, so gerecht, so treu
Und nun so trostreich? Fast zur Milde stimmt's
Mein jäh Gemüth. Laß mich dein Antlitz sehn. —
Gewiß, vom Weib ist dieser Mann geboren. —
Verzeiht den raschen, ausnahmslosen Fluch,
Ihr ewig mäß'gen Götter! Ich bekenn' es,
Ein Mensch ist redlich, — hört mich recht, — nur Einer;
Nicht mehr, versteht, — und der ist Hausverwalter.
Wie gern möcht' ich die ganze Menschheit hassen!
Du kaufst dich los; doch, außer dir, zerschmettr' ich
Mit meinen Flüchen alle.
Doch, dünkt mich, bist du redlich mehr als klug,
Denn wenn du mich verriethst und hintergingst,
So hätt'st du leichter neuen Dienst gefunden;
Denn mancher findet so den zweiten Herrn,
Der auf den ersten tritt. Doch sprich mir wahr
(Ich zweifle noch, bin ich gleich überzeugt),
Ist deine Freundlichkeit nicht Habsucht, List,
Des Wuchrers Liebe? Wie ein Reicher schenkt
Und hofft, daß zwanzig er für eins empfange.

Flavius.

Nein, theurer, liebster Herr, in dessen Brust
Argwohn und Zweifel, ach, zu spät nun wohnen;
Hätt'st du im Glück die falsche Zeit erkannt!
Argwohn entspringt noch, wo der Reichthum schwand!
Beim Himmel! was ich zeig', ist lautre Liebe,
Ist Treu' und Eifer für Eu'r edles Herz
Und Sorg' um Eure Nahrung; glaubt mir,
Mein höchst verehrter Herr,
Daß ich das allerhöchste Glück nicht tausche,
Das jetzt mir oder künftig winken könnte, —
Für diesen Wunsch: es ständ' in Eurer Macht,
Durch Euer eignes Glück mich zu belohnen.

Timon.

Nun sieh, so ist's! — Du einz'ger Redlicher,
Hier, nimm: — aus meinem Elend senden dir
Die Götter diesen Schatz. Sei reich und glücklich!
Doch nur mit dem Beding: zieh fern von Menschen;
Fluch' Allen, Keinen laß Erbarmen finden,
Laß vom Gebein sein Fleisch vor Hunger schwinden,
Eh' du dem Bettler hilfst. Gieb Hunden, was
Du Menschen weigerst; laß von Kerkern sie
Verschlingen und von Schulden sie verschrumpfen;
Die Menschheit steh' wie ein verdorrter Wald,
Und Krankheit lecke auf ihr falsches Blut!
Und so fahr' wohl, sei glücklich!

Flavius.

                         Laßt mich bleiben,
Zum Trost Euch, liebster Herr!

Timon.

                         Liebst du nicht Flüche,
So bleib nicht; sei gesegnet jetzt zu gehn,
Die Menschen flieh, laß mich dich nimmer sehn!

                    (Sie gehn nach verschiednen Seiten ab.)

Fünfter Aufzug.

Erste Scene.

Vor Timon's Höhle.

(Es treten auf der Dichter und der Maler: Timon beobachtet sie aus seiner Höhle.)

Maler.

So wie ich mir den Ort habe beschreiben lassen, kann sein Aufenthalt nicht weit mehr sein.

Dichter.

Was soll man von ihm denken? Bestätigt sich das Gerücht, daß er so viel Gold hat?

Maler.

Gewiß! Alcibiades sagt es; Phrynia und Timandra bekamen Gold von ihm; er bereicherte auch arme, umherstreifende Soldaten mit einer großen Spende, und man sagt, daß er seinem Haushofmeister eine beträchtliche Summe gab.

Dichter.

Sein Bankerott war also nur eine Prüfung seiner Freunde.

Maler.

Weiter nichts; Ihr werdet ihn wieder als einen Palmbaum in Athen erblicken, mit den Höchsten um die Wette blühend. Darum ist

es nicht übel gethan, wenn wir ihm jetzt, in seinem vermeinten Un=
glück, unsre Liebe bezeigen; es erscheint in uns als Rechtlichkeit; und
wahrscheinlich erhält unser Vorsatz, was er erstrebt, wenn das Ge=
rücht, das seinen Reichthum verkündet, wahr ist.

Dichter.

Was habt Ihr ihm denn jetzt zu bringen?

Maler.

Für den Augenblick nichts, als meinen Besuch; ich will ihm
aber ein herrliches Stück versprechen.

Dichter.

Ich muß ihn auf dieselbe Art bedienen, ihm von einem Entwurf
erzählen, der sich auf ihn bezieht.

Maler.

Vortrefflich! Versprechen ist die wahre Sitte der Zeit, es öffnet
die Augen der Erwartung; Erfüllen erscheint um so dummer, wenn
es eintritt; und die einfältigen, geringen Leute ausgenommen, ist die
Bethätigung des Wortes völlig aus der Mode. Versprechen ist sehr
hofmännisch und guter Ton. Erfüllen ist eine Art von Testament,
das von gefährlicher Krankheit des Verstandes bei dem zeugt, der es
macht.

Timon (bei Seite).

Trefflicher Künstler! du kannst einen Menschen nicht so schlecht
malen, als du selbst bist.

Dichter.

Ich denke darüber nach, was ich vorgeben will, das ich für ihn
angefangen habe; es muß eine Darstellung von ihm selbst sein, eine
Satyre gegen die Weichlichkeit des Wohlstands nebst einer Enthüllung
der unbegrenzten Schmeichelei, die der Jugend und dem Ueberfluß folgt.

Timon (bei Seite).

Mußt du denn durchaus als Bösewicht in deinem eignen Werk
dastehn? Willst du deine Laster in andern Menschen geißeln?
Thu's, ich habe Gold für dich.

Dichter.

Kommt, suchen wir ihn auf.

Sünd' ist es gegen uns und kann nicht frommen,

Wenn uns Gewinn lockt und zu spät wir kommen.

Maler.

Sehr wahr;
Am heitern Tag erspähe, was dir fehlt,
Eh' es die Nacht im dunkeln Schooß verhehlt.
So komm.

Timon (bei Seite).

Entgegen tret' ich euch. O, welch ein Gott
Ist Gold, daß man ihm dient im schlechtern Tempel,
Als wo das Schwein haust! Du bist's, der das Schiff
Auftakelt und den Schaum des Meers durchpflügt;
Machst, daß dem Knecht mit Ehrfurcht wird gehuldigt.
Anbetung dir! Und deinen Heiligen als Krone,
Die dir allein gedient, wünsch' ich die Pest zum Lohne.
Jetzt tret' ich auf sie zu.   (Er kommt vor.)

Dichter.

Heil, würd'ger Timon!

Maler.

Einst unser edler Herr!

Timon.

Erleb' ich's doch noch,
Zwei Redliche zu sehn?

Dichter.

Wir, die wir oft dein Wohlthun schmeckten, hörten,
Du seist vereinsamt, abgewandt die Freunde,
Die, undankbaren Sinns — o, Scheusal' ihr!
Nicht scharf genug sind alle Himmelsgeißeln —
Wie! dich! deß sternengleiche Großmuth Leben
Und Nahrung ihrem ganzen Wesen gab!
Es macht mich toll, und nie kann ich bekleiden
Die riesengroße Masse dieses Undanks
Mit noch so großen Worten.

Timon.

So laßt ihn nackt, man sieht ihn desto besser.
Ihr Redlichen zeigt so, durch Euer Wesen,
Die Andern um so schlechter.

Maler.

Er und ich,
Wir wandelten im Regen deiner Gaben,
Der uns erquickend traf.

Timon.

Ja, Ihr seid ehrlich.

Maler.

Wir kommen her, dir unsern Dienst zu bieten.

Timon.

Ihr Redlichen! ei, wie vergelt' ich's Euch?
Nun, könnt Ihr Wurzeln essen, Wasser trinken?

Beide.

Was wir nur können, thun wir, dir zu dienen.

Timon.

Ihr Redlichen vernahmt, ich habe Gold;
Gewiß, Ihr habt; sprecht wahr, denn Ihr seid redlich.

Maler.

Man sagt es, edler Lord; doch deshalb nicht
Kam ich zu Euch, so wenig als mein Freund.

Timon.

Ehrliche Männer Ihr: — du malst Gemälde,
Am besten in Athen, ja bist der Beste,
Malst nach dem Leben.

Maler.

Lieber Herr, so so.

Timon.

Ganz wie ich sagte, ist's. (Zum Dichter.) Und deine Dichtung!
Ha, fließt dein Vers nicht hin so schön und glatt,
Daß deine Kunst natürlich wieder wird? —
Bei alledem, Ihr wohlgesinnten Freunde,
Ich sag' es frei, habt Ihr 'nen kleinen Fehler;
Freilich, nicht groß ist er an Euch, noch wünsch' ich,
Daß ihn zu bessern Ihr Euch müht.

Beide.

Geruht

Ihn uns zu nennen.

Timon.

Doch Ihr nehmt es übel.

Beide.

Wir nehmen's dankbar an.

Timon.

Wollt Ihr das wirklich?

Beide.

O zweifelt nicht, Mylord.

Timon.

Ein jeder von Euch Beiden traut 'nem Schurken,
Der tüchtig Euch berrügt.

Beide.

Herr, thun wir das?

Timon.

Ja, und Ihr hört ihn lügen, seht ihn heucheln,
Ihr kennt sein grobes Flickwerk, liebt ihn, nährt ihn,
Tragt ihn im Herzen; aber seid gewiß,
Er ist ein ausgemachter Schuft.

Maler.

Ich kenne keinen solchen, Herr.

Dichter.

Noch ich.

Timon.

Seht Ihr, ich lieb' Euch, ich will Gold Euch geben,
Verbannt die Schufte nur aus Eurer Nähe;
Erhängt, ersticht, ersäuft sie in der Jauche,
Kurz, bringt sie um, wie's geht, und kommt zu mir,
Ich geb' Euch Gold genug.

Beide.

Nennt sie, verehrter Herr, macht sie uns kenntlich.

Timon.

Du hier, du dort hin, doch sind zwei beisammen: —
Steht jeder auch für sich, einsam, allein,
Leistet ein Erzschuft doch ihm stets Gesellschaft.
(Zum Maler.) Wenn, wo du stehst, zwei Schufte nicht sein sollen,
Komm ihm nicht nah. (Zum Dichter.) Wenn du nicht wohnen willst,

Als wo nur Ein Schuft ist, so meide ihn.

Fort! hier ist Gold; Ihr kamt nach Gold, Ihr Sklaven.

(Zum Maler.) Du hast für mich gemalt, hier ist dein Lohn!

(Zum Dichter.) Du bist ein Alchymist, mach daraus Gold!

Fort, Lumpenhunde!

(Er treibt sie mit Schlägen fort und zieht sich in seine Höhle
zurück.)

Zweite Scene.

Vor Timon's Höhle.

(Es treten auf Flavius und zwei Senatoren.)

Flavius.

Vergeblich sucht Ihr Timon hier zu sprechen,

Denn in sich selbst ist er so ganz versunken,

Daß außer ihm nichts, was dem Menschen gleicht,

Freund mit ihm ist.

Erster Senator.

Führ' uns zu seiner Höhle.

Wir haben den Athenern zugesagt,

Mit ihm zu reden.

Zweiter Senator.

Nicht zu allen Zeiten

Ist stets der Mensch sich gleich. Zeit und sein Gram

Schuf so ihn um; wenn Zeit, mit mildrer Hand,

Der vor'gen Tage Glück ihm wieder beut,

Macht sie zum vor'gen Mann ihn. Führt uns zu ihm,

Dann geh' es, wie es kann.

Flavius.

Hier ist die Höhle.

Zweiter Senator.

Sei Fried' und Wohlsein hier! Lord Timon! Timon!

Schaut her, und sprecht mit Freunden; die Athener

Begrüßen Euch durch Glieder des Senats.

O edler Timon, sprecht mit ihnen.

27*

(Timon tritt auf.)

Timon.

O Sonn' erquicke nicht, sprüh' Flammen! — Sprecht
Und laßt Euch hängen. Jedes wahre Wort
Zieh' auf der Zung' Euch Blasen, jedes falsche
Brenn' als ein glühend Eisen sie hinweg,
Beim Sprechen sie vernichtend!

Erster Senator.

Würd'ger Timon —

Timon.

Nur solcher werth als Ihr, wie Ihr des Timon.

Zweiter Senator.

Timon, es grüßt dich der Senat Athen's.

Timon.

Ich dank' und schick' ihm gern die Pest dafür,
Könnt' ich sie holen mir für ihn.

Zweiter Senator.

Vergiß,
Was für uns selbst wir deinethalb betrauern.
Die Senatoren mit einstimm'ger Liebe
Ersuchen dich, heim nach Athen zu kehren,
Dir hohe Würden bietend, welche essen
Daliegen, daß du dich mit ihnen schmückst.

Erster Senator.

Und sie gestehn,
Zu gröblich war's, wie Alle dich vergaßen.
Jetzt fühlt nun der gesammte Staat — der selten
Nur widerruft — wie sehr ihm Timon's Hilfe
Fehlt und erkennt den eignen Fehler jetzt,
Daß er dem Timon Hilfe weigerte.
Er sendet uns, als Ausdruck seines Kummers,
Zugleich mit der Belohnung, die gewicht'ger
Als das Vergehn, sei's noch so scharf gewogen;
Ja mit so hohen Summen Gold und Liebe,
Daß völlig sie des Staates Unrecht sühnen
Und dir in's Herz der Liebe Zeichen schreiben,
Daß du sie stets magst lesen als die deinen.

Timon.

Wie Ihr mich bezaubert,
Mich überrascht, daß fast die Thräne rinnt;
Leiht mir des Thoren Herz, des Weibes Auge,
Bei solchem Trost zu weinen, Senatoren.

Zweiter Senator.

Laß dir's gefallen, kehre heim mit uns;
Regier' als Oberhaupt Athen — das deine
Und unsrige — und Dank soll dich belohnen,
Vollkommne Macht dich krönen, und dein Name
In Ansehn blühn, — wenn wir zurückgetrieben
Den frechen Sturm des Alcibiades,
Der, wildem Eber gleich, aufwühlt den Frieden
Des Vaterlands.

Erster Senator.

                Und der die Wäll' Athens
Mit seinem Schwert bedrohet.

Zweiter Senator.

                Deßhalb, Timon —

Timon.

Gut, Herr, ich will es; deßhalb will ich's; so:
Wenn meine Landsleut' Alcibiades
Hinmordet, so laßt Alcibiades
Von Timon wissen, Timon frage nichts
Danach. Doch plündert er die schöne Stadt
Und zupft die frommen Greis' an ihren Bärten,
Giebt unsre heil'gen Jungfrau'n preis der Schmach
Des thierisch wilden, frech vermess'nen Krieges;
Dann laßt ihn wissen, — sagt ihm, Timon sprach's:
Aus Mitleid für den Greis und Jüngling müss' ich
Ihm melden, ja — ich frage nichts danach,
Wie er auch zürnt; nichts thun mir ihre Messer,
So lang' Ihr Kehlen habt; was mich betrifft,
So ist die schlecht'ste Hipp' im wilden Lager
Im Herzen lieber mir, als in Athen
Die hochschätzbarste Gurgel. Ich befehl' Euch

Dem Schutz der segensreichen Götter, wie
Den Dieb dem Schließer.

Flavius.
Geht, es ist umsonst.

Timon.
Soeben schrieb ich meine Grabschrift hier;
Ihr lest sie morgen. Nun beginnt zu heilen
Mein langes Lebens= und Gesundheitsleid,
Und Nichts bringt Alles mir. Geht, lebt nur weiter;
Sei Alcibiades Euch Qual, Ihr ihm,
Und lange währ's!

Erster Senator.
Wir sprechen nur vergeblich.

Timon.
Doch lieb' ich noch mein Vaterland, und nicht
Erfreut der allgemeine Schiffbruch mich,
Wie das Gerücht es sagt.

Erster Senator.
So sprichst du schön.

Timon.
Empfehlt mich meinen theuren Landsgenossen.

Erster Senator.
Dies Wort ziert deinen Mund, indem er's spricht.

Zweiter Senator.
Es zieht in's Ohr uns, wie ein Triumphator
In sein laut jubelnd Thor.

Timon.
Empfehlt mich ihnen,
Und sagt, um ihren Kummer zu erleichtern,
Die Angst vor Feindesstreichen, Noth und Sorge,
Die Liebesqual und all ihr vielfach Weh,
Das der Natur zerbrechlich Fahrzeug trägt
Auf schwanker Fahrt, will liebreich ich sie lehren,
Die Wuth des Alcibiades zu hemmen.

Erster Senator.
Das hör' ich gern, er kehrt gewiß zurück.

Timon.

Mir wächst ein Baum, hier dicht an der Umzäunung,
Den mich mein eigner Nutzen treibt zu fällen;
Ich haue bald ihn um; sagt meinen Freunden,
Sagt ganz Athen, dem Adel wie dem Volk,
Vom Höchsten zum Geringsten, wem's gefalle,
Zu enden seine Noth, der möge eilen
Hieher, eh' noch mein Baum die Axt gefühlt,
Und sich dran hängen; — bitte, grüßt sie Alle!

Flavius.

Stört ihn nicht mehr, so findet Ihr ihn stets.

Timon.

Kommt nicht mehr zu mir, sondern sagt Athen,
Timon hat hier sein ew'ges Haus gebaut
Auf dem bespülten Strand der salz'gen Fluth,
Das einmal Tags mit ihrem Schaume schwellend
Die Woge überfluthet; dahin kommt,
Laßt meinen Grabstein Euch Orakel sein. —
Laßt, Lippen, nun die bittern Worte enden,
Das Schlimme mag die Pest zum Beffern wenden.
Kein Menschenwerk, als Gräber; Tod ihr Lohn!
Birg, Sonne, dich! vollbracht hat Timon schon.   (Er geht ab.)

Erster Senator.

Sein Mißmuth ist verwachsen unzertrennlich
Mit seinem Wesen.

Zweiter Senator.

Auf ihn ist keine Hoffnung. Kehrt zurück,
Und denkt, welch andre Rettung uns noch bleibt
In dieser großen Noth.

Erster Senator.

Es gilt zu eilen.   (Sie gehn ab.

Dritte Scene.

Vor den Thoren Athen's.

(Es treten auf zwei Senatoren und ein Bote.)

Erster Senator.

Mit Sorgfalt spähtest du; sind seine Schaaren
So zahlreich, wie du sagst?

Bote.

Das Mind'ste nannt' ich;
Sein Rüsten überdies verkündete
Alsbald'gen Anmarsch.

Zweiter Senator.

Kommt Timon nicht, so sind wir sehr gefährdet.

Bote.

Ich traf als Boten einen alten Freund; —
Mit dem, obwol jetzt durch Partei'n getrennt,
Die alte Lieb' ihr vor'ges Recht bewahrte,
Und uns als Freunde sprechen ließ — er ging
Vom Alcibiades zu Timon's Höhle,
Und bracht' ihm Briefe, die ihn dringend baten,
Mit ihm den Krieg auf Eure Stadt zu führen,
Den er zum Theil um seinethalb begonnen.

(Die Senatoren, welche von Timon zurückkommen.)

Erster Senator.

Hier kommen unsre Brüder.

Dritter Senator.

Sprecht nicht von Timon, hoffet nichts von ihm.
Des Feindes Trommel tönt, sein grimmes Fegen
Erstickt die Luft mit Staub. Zu den Waffen Alle!
Es legt der Feind für unsern Fuß die Falle. (Sie gehn Alle ab.)

Vierte Scene.

Vor Timon's Höhle; man sieht einen Grabstein.

(Ein Soldat tritt auf.)

Soldat.
Nach der Beschreibung wäre dies der Ort.
Wer da? He, keine Antwort? — Was ist das?

(Den Grabstein erblickend.)

Timon ist todt, die Schuld bezahlt' er der Natur;
Dies setzt' ihm wohl ein Thier; von Menschen keine Spur.
Ja, todt gewiß; und dies hier ist sein Grab.
Was auf dem Grabmal steht, kann ich nicht lesen,
So drück' ich in dies Wachs die Zeichen ab.
Der Feldherr ist in Kenntniß jeder Schrift
Ein alter Forscher, obwol jung an Jahren.
Athen, die stolze Stadt, bedroht er eben,
Ihr Fall ist seiner Ehrsucht höchstes Streben.   (Er geht ab.)

Fünfte Scene.

Vor den Thoren von Athen.

(Trompeten. Alcibiades tritt auf mit seinem Heer.)

Alcibiades.
Blast dieser feigen, schwelgerischen Stadt
In's Ohr mein schrecklich Nahn.
(Trompeten. Die Senatoren erscheinen auf den Mauern.)
Bis jetzt gelang es Euch, die Zeit zu füllen
Mit Willkür ohne Maß; nur Eure Laune
War Ziel des Rechtes; ich und Andre schliefen
Im Schatten Eurer Macht und wandelten,
Kreuzweis die Arm', und seufzten unser Leid

Vergeblich nur. Nun ist die Zeit gereift,
Wo sich das Mark des Lastthiers kräftig fühlt
Und schreit: Nicht mehr! Das abgehetzte Elend
Wird nun auf Euern Polstern Athem schöpfen,
Und der engbrüst'ge Uebermuth wird keuchen
In Schreck und grauser Flucht.

Erster Senator.

     O edler Jüngling,
Als deine erste Kränkung noch Gedanke,
Eh' du Gewalt hatt'st, und wir Grund zu fürchten,
Kam Botschaft dir, mit Balsam deine Wuth,
Mit Liebe unsern Undank auszutilgen,
Weit über unsre Schuld.

Zweiter Senator.

    Auch luden wir
Zu unsrer Stadt den umgeschaffnen Timon,
Demüthig flehend, liebevoll versprechend.
Nicht alle fehlten wir, verdienen drum
Nicht all' des Krieges Geißel.

Erster Senator.

     Diese Mauern,
Sie wurden nicht durch deren Hand gebaut,
Die dich gekränkt; noch ist so groß die Kränkung,
Daß diese Thürm' und Tempel fallen sollten
Um Schuld der Einzelnen.

Zweiter Senator.

    Auch sind sie todt,
Die Ursach' waren, daß von hier du schiedest;
Unmäß'ge Reue über ihren Fehl
Brach ihnen bald das Herz. Drum, edler Feldherr,
Zieh' in die Stadt mit fliegendem Panier,
Laß, durch das Loos bestimmt, den Zehnten sterben;
Hungert dein Rachgefühl nach solcher Speise
Die der Natur ein Gräu'l, so nimm den Zehnten,
Und nach dem Zufall des gefleckten Würfels
Laß sterben die Befleckten.

Erster Senator.

Alle fehlten nicht;
Nicht billig ist's, für die Verstorbnen Rache
An Lebenden zu nehmen; denn Verbrechen
Ererbt man nicht wie Land. Drum, theurer Landsmann,
Führ' ein dein Heer, doch laß die Wuth da draußen;
Schon' deine Wieg' Athen und die Verwandten,
Die mit den Schuld'gen sonst als Opfer fielen
Vor deines Zornes Sturm; gleich einem Schäfer
Nah' dich der Hürd' und sondre das Erkrankte, ·
Doch nicht erwürge Alles.

Zweiter Senator.

Was du forderst,
Wirst du mit deinem Lächeln eh' erzwingen,
Als mit dem Schwert erbau'n.

Erster Senator.

Setz' nur den Fuß
An dies verrammte Thor, so springt es auf,
Wenn du dein mildes Herz voraus willst senden
Als Friedensboten.

Zweiter Senator.

Wirf den Handschuh her;
Gieb jedes andre Unterpfand der Ehre,
Daß um Genugthuung du Krieg nur führest,
Und nicht zu unserm Sturz, so nimmt dein Heer
Herberg' in unsrer Stadt, bis wir besiegelt
Dir des Begehres Fülle.

Alcibiades.

Hier mein Handschuh!
Thut auf das unbestürmte Thor, steigt nieder!
Nur Timon's Feind' und meine, die Ihr selbst
Zur Strafe mir bezeichnet, sollen fallen,
Sonst keiner; um die Furcht Euch aufzuwiegen
Durch edle Absicht, soll kein Mann verlassen
Sein Standquartier, den Strom auch keiner hemmen
Des hergebrachten Rechts in Eurer Stadt;

Geschieht's, so zieh' zur strengsten Rechenschaft
Eu'r eigenes Gesetz ihn.

Beide.

Edle Worte.

Alcibiades.

So steigt herab und haltet das Versprechen.

(Die Senatoren steigen herab und öffnen die Thore.)

(Ein Soldat tritt auf.)

Soldat.

Mein edler Feldherr, Timon ist gestorben
Und liegt begraben dicht am Meeressaum.
Auf seinem Grabstein fand ich diese Schrift;
Ich prägte sie in Wachs, deß sanfte Form
Dir Dolmetsch sei für meine arme Einfalt.

Alcibiades (liest).

„Hier ruht ein armer Leib, dem seine arme Seel' entschwebt;
Forscht nach dem Namen nicht; Fluch, Schurken, euch, die ihr
                 noch lebt!
Hier lieg' ich, Timon; lebend haßt' ich, was da Leben hegt;
Geh', fluch' dich satt, doch eile, daß dein Fuß dich weiter trägt."
Wol drückt dies aus, was du zuletzt gefühlt;
Hast unser menschlich Leid du auch verachtet,
Und hast verhöhnt die Tröpfchen, welche karg
Die Rührung nur vergießt; doch lehrte dich
Dein reicher Geist Neptunus selbst zu zwingen,
Daß ewig er beweint gesühnte Fehler
Auf deinem niedern Grab. Gestorben ist
Der edle Timon; künftig mehr von ihm. —
Führt mich in Eure Stadt, und mit dem Schwert
Bring' ich den Oelzweig; Krieg erzeuge Frieden,
Und Frieden hemme Krieg; jeder ertheile
Dem Andern Rath, daß Eins das Andre heile. —
Auf, rührt die Trommeln!
                       (Alle gehn ab.)

Erläuterungen und Bemerkungen zu Timon von Athen.

Personenverzeichniß. Nach dem Vorgange von Dyce und der Cambridge Edition habe ich den Lucius aus der Reihe der Diener, in die er nur aus Versehen gekommen war, gestrichen. Das Mißverständniß ist jedenfalls dadurch entstanden, daß sich die Diener mit den Namen ihrer Herren anreden; vgl. namentlich die vierte Scene des dritten Aufzugs. Der Name Caphis ist, wie S. Walker Crit. Exam. II, 31 bemerkt, vermuthlich ein Verderbniß für Capys.

1. Aufzug.   1. Scene.

S. 327. Das Stück beginnt gleich mit einem unvollständigen und augenscheinlich verderbten Verse. Die wahrscheinlichste Emendation ist die von Farmer (Cambr. Ed. VII, 307):

> Poet.   Good day!
>
> Painter.   Good day, sir, I am glad you 're well.

Aehnliche, durch Auslassungen oder Hinzufügungen entstandene Verderbnisse ziehen sich durch das ganze Stück hindurch.

S. 328. Die von Tieck vertheidigte Lesart der Folio (as a gown, which uses) paßt in keiner Weise in den Zusammenhang, weßhalb ich den von allen neuern Herausgebern aufgenommenen Emendationen Pope's und Johnson's (gum, which oozes) gefolgt bin. — Die Häufung nicht zusammen passender Bilder an dieser Stelle hat schon die ältern Erklärer zur Annahme eines Verderbnisses geführt. Henley meint, Shakespeare habe dadurch den schwülstigen Dichterling charakterisiren wollen.

S. 329. „In weiter klarer See". Die unaufgeklärte Schwierigkeit des Originals „In a wide sea of wax" ist von Dor. Tieck glücklich um-

gangen. An die Wachstafeln der Alten, wie verschiedene Herausgeber und
Uebersetzer wollen, ist nicht zu denken. Eine andere, auch nicht sehr glückliche
Erklärung hat Dr. Ingleby im Shakespeare-Jahrbuch II, 226 fg. gegeben.
Nach ihm bedeutet „wax“ so viel als Wachsthum, Ausdehnung, „a wide
sea of wax“ mithin eine See von weiter Ausdehnung.

S. 335. „Spar' deinen Willkomm, bis ich edel werde“
u. s. w. Die beste Erklärung dieser dunkeln und vermuthlich verderbten
Stelle ist die von Malone, welcher auch Steevens beipflichtet: „Warte mit
deinem Willkommen, bis ich edel (d. h. vornehm) werde, was zu derselben
Zeit stattfinden wird, wo du Timon's Hund wirst und wo diese Schufte ehrlich werden, d. h. niemals.“

S. 337. „Nicht so gut als Ehrlichkeit“ 2c. Anspielung auf
das Sprüchwort: „Plain dealing is a jewel, but they that use it die beg-
gars“, Ehrlichkeit ist ein Juwel, aber die es tragen, sterben als Bettler.

S. 338. „Daß mir aller grimmige Witz fehlte, um Lord
zu bleiben“. Engl. „That I had no angry wit to be a lord“. Eine un-
verständliche und verderbte Stelle. *)

S. 339. (Zwei Lords treten auf.) Fast alle Herausgeber haben
nach Rowe's Vorgange diese Lords willkürlich Lucius und Lucullus getauft
und lassen sie unter diesen Namen auch in der folgenden Scene auftreten,
weil dort die Folio einmal aus Versehen die Personenbezeichnung Luc. hat.
Da aber Lucius und Lucullus während des Banket8 Geschenke senden, können
sie nicht füglich als anwesend gedacht werden; jedenfalls ist es sicherer, sich
mit Dyce und der Cambr. Ed. an die allgemeinern Bühnenweisungen und
die Personenbezeichnung der Folio zu halten.

1. Aufzug. 2. Scene.

S. 342. „Hoho! Bekannt! folgt denn darauf nicht Hängen?“ Anspielung auf die sprüchwörtliche Redensart: „Confess and be
hanged“.

„Man sagt, Mylords: Ira furor brevis est“. Hier und
im Folgenden giebt die Cambr. Ed. verschiedene Stellen in Prosa, selbst ein
paar solche, welche in der Folio als Verse gedruckt sind. Es gehört in der
That zu den schwierigsten Aufgaben, überall in diesem Drama festzustellen,
wo die Verse aufhören und die Prosa beginnt; da jedoch die Entscheidung

---

*) Vielleicht lautete der Text: That I had no ampler wit than to be
a lord.					Ulrici.

schließlich nur von subjectiver Ueberzeugung abhängt, so habe ich keinen Grund gesehen, an dieser Stelle die Tieck'sche Uebersetzung zu ändern.

S. 343. „Sie sollten nur sich laden ohne Messer". Die Gäste pflegten sich ihre eigenen Messer mitzubringen; an der Thür der Speisehalle hing sogar ein Schleifstein, dessen sie sich nach Gefallen bedienen konnten. Gabeln waren bekanntlich in England damals noch nicht in Gebrauch, sondern wurden erst um 1611 (durch Thomas Coryat) aus Italien eingeführt. Vgl. die Anmerkungen zu König Johann Bd. I. 229 (An meiner Gnaden Tisch die Zähne stochernd), und zur Zähmung der Widerspenstigen Bd. VII, 127 (Komm, Käthchen, wasch dich).

S. 345. „Damen? Was ist ihr Wunsch?" Timon verstellt sich; später gesteht er, daß er dies Ballet zur Belustigung seiner Gäste selbst veranstaltet hat.

„Gefühl, Gehör, Geruch fand hier Erquicken". Nach Warburton's ausgezeichneter Emendation; die Folio hat: There tast, touch all, pleas'd from thy table rise.

S. 346. „Die vor mir tanzen jetzt" u. s. w. Nicht vor Apemantus, sondern vor Timon und seinen Gästen tanzen die Damen, und Apemantus kann eigentlich nicht zu den Gästen gerechnet werden. Sidney Walker schlägt daher vor, den unvollständigen Vers: „Of their friends' gift?" durch die Worte auszufüllen: „Timon, were I as thou" — eine Conjectur, welche alle Beachtung verdient.

S. 351. „Verschlossen sei dir dein Glück". Englisch: I'll lock thy heaven from thee. Nach Johnson war Schmeichelei der Himmel Timon's, und diese wolle ihm Apemantus vorenthalten. Richtiger und mehr in den Zusammenhang passend ist M. Mason's Erklärung, der unter Timon's Himmel den guten Rath versteht, durch welchen allein er noch hätte gerettet werden können und den ihm Apemantus gern ertheilt hätte, wenn Timon nur hätte darauf hören wollen.

S. 352. „Will ich statt meines Pferds zehn andre kaufen" u. s. w. Ich bin hier dem Texte von A. Dyce gefolgt.

S. 353. „So bleibt als nackter Gauch Lord Timon übrig". Englisch: a naked gull. Nach Steevens' Bemerkung ist die Möve nicht minder wegen ihres dünnen, als der Phönix wegen seines vollen und reichen Gefieders bekannt. Dabei ist jedoch nicht zu übersehen, daß „gull" wie das deutsche „Gauch" nebenbei einen einfältigen, leicht betrogenen Menschen bedeutet.

„Ich gehe, Herr". I go, sir. Die Folio läßt den Senator diese Worte wiederholen, allein Dyce hat diese offenbare Dittographie mit Recht gestrichen.

2. Aufzug. 2. Scene.

S. 360. „Ich folge nicht immer dem Liebhaber, dem äl=
testen Bruder und der Frau". Warum der Narr dem ältesten Bruder
zu folgen pflegt, ist nicht leicht zu sagen: vielleicht weil die ältesten Söhne
häufig das väterliche Vermögen durchzubringen pflegen [weil sie es sind, die
nach englischem Gesetz oder Gewohnheitsrecht das väterliche Vermögen, wenig=
stens allen Grundbesitz, erbten. Ulrici].

S. 361. „Zog ich zurück mich auf ein schlafloß Lager".
Die Folio liest: I have retired me to a wasteful cock. Ein von dem zechen=
den Gesinde umlagertes, auslaufendes Faß wäre der ungeeignetste Ort gewesen,
wo Flavius sich seinem Schmerze hätte ungestört hingeben können. Dorothea
Tieck hat übersetzt: „Saß ich beim steten Fluß des Brunnens einsam". Allein
wie kommt der Brunnen hieher? wie könnte er ein „Hahn" genannt werden?
und wer zieht sich an einen rinnenden Brunnen zurück, um da zu weinen?
Es liegen zwei glänzende Emendationen vor, zwischen denen die Wahl nicht
leicht ist; die erste von Staunton: I have retired (me too a wasteful cock),
die zweite von Swynfen Jervis: I have retired me to a wakeful couch. S.
Shakesp.=Jahrb. II, 235. Ich bin der letztern gefolgt.

S. 362. „Ich will Euch anschicken" u. s. w. Dor. Tieck hat
diese Rede fälschlich in Versen übersetzt.

3. Aufzug. 2. Scene.

S. 368. „Um fünfzig Talente zu borgen". Hier wie an den
folgenden Stellen in dieser Scene liest die Folio: so many talents. Das ist
jedoch offenbar unrichtig und aller Wahrscheinlichkeit nach die bestimmte Summe
(fünfzig) dafür zu setzen, wie schon die frühern Herausgeber, denen Dyce und
S. Walker beistimmen, eingesehen haben. Dadurch werden die Umschreibun=
gen, mit denen sich Dor. Tieck beholfen hat („um, ich weiß nicht wie viele
Talente, zu borgen" und weiter unten „ihm sogleich mit so vielen Talenten
auszuhelfen, als hier geschrieben stehn"), am besten beseitigt. Die nachherigen
Worte des Lucius:

Ich weiß, der gnäd'ge Herr scherzt nur mit mir:
Nicht fünfzig, hundert fehlen ihm Talente —
(He cannot want fifty five hundred talents)

sind vollends unverständlich und corrupt.*)

*) Ich denke, Lucius will sagen: „Dein Herr scherzt nur mit mir: es ist
unmöglich, daß ihm eine so geringe Summe fehlen kann: ihm, einem so un=

S. 369. „Würd' ich nicht halb so eifrig in Euch dringen". So hat Dor. Tieck nach Hanmer's Conjectur „fervently" übersetzt; die Folio hat: „faithfully".

„Daß ich durch einen kleinen Einkauf am Tage zuvor nun einen großen Theil meiner Ehre einbüßen muß". Folio: „that I should purchase the day before for a little part, and undo a great deal of honour". Keine der verschiedenen Conjecturen genügt; auch die Uebersetzung ist dem Einwurf ausgesetzt, daß „ein kleiner Einkauf" schwerlich ein ausreichender Entschuldigungsgrund für Lucius sein kann.

S. 370. „Der mit uns in dieselbe Schüssel taucht". Ein biblischer Ausdruck; s. Matthäus 26, 23: „Der mit der Hand mit mir in dieselbe Schüssel taucht, der wird mich verrathen".

3. Aufzug. 3. Scene.

S. 371. „Lucull, Ventidius, Lucius wiesen ab?" Folio: Have Ventidius and Lucullus denied him? Der unmetrische Vers und der Zusammenhang zeigen deutlich, daß hier der Name Lucius ausgefallen ist. Schon Hanmer, Capell u. a. haben dies herausgefühlt und Dyce stimmt ihnen bei. Ich habe daher kein Bedenken getragen, denselben hinzuzufügen.

„Die Freunde geben ihn, Wie Aerzte, dreifach auf". Folio: His friends, like physicians Thrive, give him over. Johnson hat emendirt: Thrice give him over, und diese Emendation ist von den meisten Herausgebern in den Text genommen worden. S. Walker vermuthet jedoch nicht mit Unrecht, daß „thrive" eine aus dem folgenden „give" entstandene Interpolation sei und will lesen:

Give him over: must I take the cure upon me,

wodurch allerdings der Vers zu einem regelrechten Fünffüßler wird. Dor. Tieck ist der Folio gefolgt, und ihr Vater hat deren Lesart sogar in einer An-

ermeßlich reichen Manne, können nicht fünfundfünfzighundert Talente fehlen, geschweige denn lumpige fünfundfünfzig". So gefaßt, geben die Worte, wie mich dünkt, einen ganz guten Sinn. Nur müßte man in der vorhergehenden Rede des Dieners (Servilius) statt „with so many talents" nicht mit Rowe, Dyce, Walker „with fifty talents", sondern with fifty five talents, oder, anschließender an den Text, with some fifty talents lesen. Das Eine ist so erlaubt und gerechtfertigt wie das Andere; wenn man einmal statt „with so many" — with fifty in den Text setzt, so kann man statt dessen auch eben so wohl fifty five oder some fifty setzen. Ulrici.

merkung vertheidigt, wogegen ich der Emendation Johnson's den Vorzug ge
geben habe.

S. 372. „Der Teufel wußte nicht was er that, als er den
Menschen politisch machte". Dor. Tieck hat die folgenden Worte über=
setzt: „Und ich kann nichts anders glauben, als daß durch so nichtswürdige
Klugheit der Sünder sich noch zum Heiligen disputirt". Folio: and I cannot
think but, in the end, the villanies of man will set him clear. Zu den
Anmerkungen bezeichnet Dor. Tieck (oder ihr Vater) Ritson's Erklärung dieser
Stelle als die „einzig richtige": „der Teufel ist ein Thor, daß er den Menschen
so politisch macht (sic!), er wird seinem eigenen Lehrer dadurch zu klug, und
macht sich von ihm frei". Das „set him clear" beziehe sich nämlich nicht auf
den Teufel, sondern auf den Menschen. Nichtsdestoweniger heißt es weiter:
„Doch scheint Ritson nicht die ganze Bitterkeit aufgefaßt zu haben, indem der
Diener sagen will, daß der Mensch auf diesem Klugheitswege der Scheinheilig=
keit auch den Teufel in Lüge und Heuchelei noch überbietet." Diese Auffassung
steht aber in Widerspruch mit der ersten und schließt sie aus; hier wird „set
him clear" auf den Teufel bezogen. Dies ist meines Erachtens auch das
„einzig Richtige". Der Teufel handelte unschlau, als er den Menschen poli=
tisch machte, denn die Nichtswürdigkeiten der Menschen werden ihn (den
Teufel) so überflügeln, daß er am Ende neben dem Menschen rein dasteht und
um seinen Ruhm und seine Herrschaft gebracht wird. So haben schon M.
Mason und Malone die Stelle erklärt; „clear" wird bei Shakespeare und
seinen Zeitgenossen häufig in der Bedeutung von „innocent" gebraucht.

„Er Timon's letzte Hoffnung". Nach Walker's, von Dyce auf=
genommener Emendation „last". Die Folio: This was my lord's best hope.

„Das Haus muß hüten, wer nicht Geld kann wahren".
B. Tschischwitz (Shakesp.=Jahrb. IV, 173 fg.) erkennt hierin wol nicht mit
Unrecht eine Anspielung auf den „altenglischen Rechtsgebrauch, nach welchem
der Schuldner nicht in seinem Hause verhaftet werden darf, und sich gewisser=
maßen die Belagerung durch seine Gläubiger so lange gefallen lassen muß, bis
es diesen gelingt, ihn in's Freie zu locken und zu verhaften, oder bis er zahlt".

3. Aufzug.　4. Scene.

S. 373. „Lucius! Wie, treffen wir uns hier?" S. die
Bemerkung zum Personenverzeichniß.

S. 374. „Meins ist breitausend Kronen" u. s. w. Vor die=
sem Verse, der mit der vorangehenden Rede des Hortensius in gar keinem Zu=
sammenhange steht, ist allem Anschein nach etwas ausgefallen.

S. 376. „Wenn ich Euch bitten dürfte" u. s. w. Dor. Tieck hat diese Rede des Servilius gegen die Folio als Verse aufgefaßt.

S. 377. „Schlagt mich damit zu Boden". Ein Wortspiel, das die Uebersetzung nicht wiedergeben kann. Die Diener reichen ihre Schuldverschreibungen — bills — dar; Timon faßt jedoch dies Wort in der Bedeutung von Hellebarde auf. Solche Hellebarden führten die Schaarwachen zu Shakespeare's Zeit; vgl. Viel Lärmen um Nichts III, 3: Only, have a care that your bills be not stolen und „being taken up of these men's bills". Romeo und Julie I, 1: Clubs, bills and partisans! strike! beat them down! und öfter.

3. Aufzug. 5. Scene.

S. 380. „Mylords". So hat Dyce corrigirt; die Folio liest: My lord. Alcibiades redet in der ganzen Scene stets nur die Gesammtheit der Senatoren an.

S. 383. „Ehr' ist's, sich mit dem eignen Lande schlagen". Folio: 'Tis honour with most lands to be at odds. Um diese Stelle zu erklären, haben die ältern Herausgeber große Schwierigkeiten gemacht und unnöthigerweise „hands" oder „lords" statt „lands" conjicirt. Dor. Tieck hat übersetzt: „'S ist ehrenvoll, der Güter sich entschlagen", ohne diese Abweichung in den Anmerkungen zu rechtfertigen. Alcibiades, über das Verfahren des Senates empört und zum Bürgerkriege entschlossen, findet eine Verbannung durch eine so herabgekommene, verächtliche Behörde nichts weniger als schimpflich; im Gegentheil meint er, die meisten Länder werden so schlecht regiert, daß es nur ehrenvoll ist, mit ihnen in Feindschaft zu gerathen und zum Aufstande getrieben zu werden, zumal für Krieger, welche so wenig als die Götter irgend ein Unrecht ertragen sollten.

3. Aufzug. 6. Scene.

S. 384. „Weidet Eure Ohren indeß an der Musik, wenn Trompetenklang ihnen keine zu harte Speise ist". So die Folio: Dyce hat nach Walker corrigirt: feast your ears with the music awhile, if they will fare so harshly. O, the trumpets sound; we shall to 't presently.

S. 386. „Auf allen Plätzen werdet Ihr mit denselben Gerichten bedient". Anspielung auf die englische Sitte, nach welcher die minder vornehmen Gäste, welche „below the salt" saßen, mit geringeren Speisen und Getränken (lower messes) vorliebnehmen mußten. Timon will sagen, es wird heute kein Unterschied zwischen den Gästen „above the salt" und denen „below the salt" sein; setzt Euch wie Ihr wollt, Ihr erhaltet überall dieselben Gerichte. Drake, Shakespeare and his Times (Paris 1838) p. 36 fg.

S. 386. „Den Rest Eurer Feinde" u. s. w. So liest Dyce nach Warburton's, auch von Collier und S. Walker bestätigter Emendation; die Folio hat: the rest of your fees. Dor. Tieck hat nach dieser letztern Lesart übersetzt: „Den Rest Eures Zehntens". Bulloc hat nicht unwahrscheinlich conjicirt: The worst of your foes.

„Deckt auf. Nun leckt, Ihr Hunde". Die Folio, welcher sämmtliche Herausgeber folgen: Uncover, dogs, and lap. Es scheint jedoch nicht rathsam, die Uebersetzung danach zu ändern, denn die Worte „Deckt auf" sind offenbar an die Diener und nur die folgenden an die Gäste gerichtet.

S. 387. (Die Gesellschaft kommt zurück.) Die Folio hat: Enter the Senators with other Lords. „Wenn auch ungeschickt ausgedrückt, sagt Dyce, kann diese Bühnenweisung doch nichts anderes bedeuten, als daß die von Timon hinausgejagten Senatoren und Lords zurückkehren." Ich habe daher die Bühnenweisung in Dyce's Fassung gegeben.

S. 388. „Juwelen schenkt' er gestern uns, heut wirft er uns mit Steinen". Das erinnert an den ältern Timon, wo die Gäste mit Steinen geworfen werden, die wie Artischocken bemalt sind; der akademische Timon stimmte hierin vermuthlich mit dem von Shakespeare bearbeiteten überein. „Als Shakespeare, meint Staunton, bei der Bearbeitung des ältern Stückes die Steine in warmes Wasser verwandelte, übersah er vielleicht diesen Vers und vergaß ihn zu streichen oder zu ändern." Die vorhergehende Bühnenweisung „Er wirft ihnen die Schüsseln nach" u. s. w. rührt von Rowe her; S. Walker schlägt statt dessen vor: „Er wirft sie mit Steinen", und deutet darauf auch die Worte: „Bleibt, ich will Geld Euch leihen, nicht von Euch borgen." Unter dem Gelde, meint er, verstehe Timon eben die Steine.

4. Aufzug. 2. Scene.

S. 391. „Wir müssen scheiden In diese See der Luft". „Sea of air", bemerkt Delius zu dieser Stelle, setzt das von einem untergehenden Schiffe entlehnte Bild noch fort. Wie die Schiffsleute scheiden, um in's Meer zu versinken, so gehen Timon's Diener in alle Lüfte, in die weite Welt, auseinander". — Der Dichter scheint durch den vorhergehenden Vers:

Ein Bettler, der der Luft anheimgefallen,

auf dieses Bild geführt worden zu sein. *)

---

*) Die Stelle ist zwar bisher noch von keinem Kritiker beanstandet worden. Dennoch ist sie m. E. unzweifelhaft verdorben. Denn der schlechteste

S. 392. „**Seltsam und verdreht, Wenn Allzugut**" u. s. w. Die Lesart der Folio: Strange, unusual blood, When man's worst sin is, etc. enthält jedenfalls eine Verderbniß.*)

4. Aufzug. 3. Scene.

S. 393. „**Die Weide schwellt des Rindes Seiten auf**". Dr. Tieck las noch: the brother's sides statt „the rother's sides" und übersetzte danach: Besitzthum schwellt des Bruders Seiten auf. Wenn irgendwo im Shakspeare, so hat hier die Conjecturalkritik einen glücklichen Treffer gehabt.

„**Reißt Kranken unterm Kopfe fort das Pfühl**". Pluck stout men's pillows from below their heads. Hanmer und Staunton haben „stout" in „sick" geändert. Diejenigen, welche die Lesart der Folio beibehalten, erklären so: Nicht den hoffnungslos Kranken allein, sondern selbst noch kräftigen, welche ihrer Krankheit noch mit Erfolg widerstehen könnten, reißt das Gold das Kopfkissen fort, indem es ihren Tod nicht erwarten kann. Die furchtbare Bitterkeit dieses Gedankens würde allerdings in Timon's Munde ganz passend sein, allein der Ausdruck ist so überaus knapp, daß — die Richtigkeit vorausgesetzt — keine Uebersetzung im Stande ist, ihn ohne

---

Dichter wird schwerlich ein Gleichniß wie das vom sturmbewegten Meere, auf dem die Diener schiffbrüchig umhertreiben, erst des Breiteren ausführen und kann ohne allen Uebergang (der dedicated beggar to the air ist durch 8 Zeilen und 3 Absätze von dem sea of air getrennt) dieselben Diener sagen lassen: wir alle müssen scheiden in diese See der Luft. Nach meinem Gefühl ist dies plötzliche Herausfallen aus dem Bilde so völlig unmotivirt, das „Scheiden in die See der Luft" so gezwungen und geschmacklos, und das this vor sea weist so entschieden auf die surges des vorhergehenden Verses zurück, daß Sh. unmöglich so geschrieben haben kann. Vielleicht stand im Text: into this sea of **anger**, anklingend an the sea of troubles in Hamlet's berühmtem Monolog.   Ulrici.

*) Ich schlage vor zu lesen: Strange unusual **mood**. Das Wort hat bekanntlich die Bedeutung von „Gesinnung, Stimmung, Laune": und Flavius will sagen: Welch' seltsame, ungewöhnliche Gesinnung, welch' sonderbare Laune (der Welt — der Götter), es dem Menschen zur schlimmsten Sünde anzurechnen, wenn er zu viel Gutes thut! Mood heißt aber auch so viel als modus, Art und Weise, Verfahren, in welchem Sinne es vielleicht noch besser passen dürfte. Ich erinnere mich indessen nicht, daß es in diesem Sinne bei Sh. vorkommt.   Ulrici.

Umschreibung verständlich wiederzugeben. Nach einem alten Aberglauben soll man übrigens Sterbenden das Kissen wegziehn, um ihnen den Tod zu erleichtern. S. Warburton zu dieser Stelle.

S. 395. „Nicht küssen will ich dich" u. s. w. Nach einem alten Volksglauben, bemerkt Johnson, wurde ein Syphilitischer, wenn er einen andern ansteckte, die Krankheit los. Timon meint, er wolle der Phrynia ihre Syphilis nicht dadurch abnehmen, daß er sich durch ihren Kuß anstecken lasse.

„Versprich mir Freundschaft" u. s. w. Diese Rede Timon's wie auch die folgende an Timandra (Bleib Hure stets! u. s. w.) sind in der Folio als Prosa gedruckt. Dyce giebt jedoch die zweite in Versen und vermuthlich war auch die erste ursprünglich metrisch. Ich habe deßhalb die Uebersetzung, welche beide Reden als Verse behandelt, nicht ändern mögen.

S. 398. „Seid nie abtrünnig, doch sechs Monde lang In andern Nöthen". And be no turncoats: yet may your pains, six months, Be quite contrary. Der Sinn dieser dunkeln und verschieden ausgelegten Stelle ist meines Erachtens folgender: Werdet Euerm Gewerbe nie abtrünnig, doch mögt Ihr jährlich sechs Monate lang von den Krankheiten geplagt werden, welche aus der Unzucht entspringen. Daß der Dichter an Krankheitsnoth gedacht hat, zeigen die folgenden Worte; in Folge der Krankheit gehen den Buhlerinnen die Haare aus und sie müssen ihre Zuflucht zu fremden nehmen. *)

„Mit dem Raub von Leichen Deckt Euer kahles Dach". Die Frauen pflegten zu Shakespeare's Zeit so gut wie heutigentags falsches und häufig gefärbtes Haar zu tragen. Man lockte sogar Kinder auf der Straße in einen Winkel und schnitt ihnen die Locken ab — ganz wie in unsern Tagen. Vgl. Merch. of Ven. III, 2. Sonnet 68. Drake, Shakespeare and his Times 391 fg.

S. 400. „Umarmt den kranken Wohlgeruch". Hug their diseas'd perfumes; d. h. sie umarmen die kranke Buhlerin, die sich mit Wohlgerüchen gesalbt hat.

S. 405. „Hättest du die, diesen Mispeln ähnlichen faulen Zwischenträger früher gehaßt". Durch diese Umschreibung hat Dor. Tieck das unübersetzbare Wortspiel „medlar" und „meddler" wieder-

---

*) Vielleicht meint Timon mit jenen dunklen Worten: „Bleibt Euerm Beruf treu, bleibt Huren; aber werdet schwanger und damit sechs Monat lang von Leiden geplagt, ganz entgegengesetzt Eurem Wesen und Beruf." Denn während der letzten sechs Monate der Schwangerschaft kann das schwangere Weib nicht ohne Schmerz und Gefahr den Beischlaf üben und hat ja außerdem mancherlei Leiden und Unbequemlichkeiten zu erdulden.   Ulrici.

gegeben; das tertium comparationis liegt in dem Prädikat „faul", da die Mispeln bekanntlich im teigigen Zustande genossen werden. Seeger hat über= setzt: „Hättest du früher die Schmarotzergewächse gehaßt"; er verwechselt Mispeln mit Misteln.

S. 408. „Leb' und lieb dein Elend! Lang lebe so und stirb so!" u. s. w. Die Folio, und nach ihr auch die Herausgeber, giebt die Worte: Long live so, and so die! dem Timon. Den Vers: More things like men? — Eat, Timon, and abhor them! legt die Folio dagegen dem Apemantus in den Mund, welches Versehen die neuern Herausgeber berichtigt haben. Der Wunsch: Long live so, and so die! paßt nicht in Timon's Mund und gehört ohne Zweifel dem Apemantus. „I am quit" hat Dor. Tieck fälschlich übersetzt: Wir sind quitt. Der Sinn ist vielmehr: Ich bin dich los. Sie ist dazu offenbar durch die falsche Personenvertheilung verleitet worden.

S. 409. „Eu'r größter Mangel ist, Euch mangelt Speise". Your greatest want is, you want much of meat. Daß hierin ein Verderb= niß liegt, haben alle englischen Herausgeber erkannt, doch ist keine ihrer Con= jecturen befriedigend. Steevens schlägt vor: you want much of me. Er hätte noch Einen Buchstaben mehr ändern sollen, denn aller Wahrscheinlichkeit nach schrieb Shakespeare: you want muck of me. Unter dem „Dreck" ver= steht Timon natürlich das Gold; auch dem Maler und dem Dichter schleudert er V, 1 denselben Vorwurf entgegen: „You came for gold, ye slaves". Vgl. Coriolanus II, 2:

Our spoils he kick'd at
And look'd upon things precious as they were
The common muck of the world.

Timon will sagen: Euer größter Mangel ist der Quark, das Gold; wozu braucht Ihr Gold? für die Befriedigung Euerer wirklichen Bedürfnisse sorgt die Natur durch Wurzeln, Früchte, Beeren und Quellen. Wenn Ihr natur= gemäß leben wolltet, littet Ihr keinen Mangel und hättet das schändliche Gold nicht nöthig.

S. 410. „Dieß ist das Meer, deß nasse Fluth den Mond In salz'ge Thränen auflöst". Der Sinn kann nur sein, daß das Anschwellen des Meeres bei der Fluth durch die Feuchtigkeit hervorgebracht wird, welche das Meer dem Monde entzieht. Steevens dachte an den Thau und wollte „soft tears" lesen statt „salt tears". *)

_____

*) Der Thau ward allerdings als hervorgerufen durch den Mond be= trachtet, weil er nur in hellen Nächten fällt; aber das Meer hat nichts mit dem Thau zu schaffen. Ich möchte lieber an die alte Wettertheorie denken, daß der Mond, wenn er einen s. g. Hof um sich hat, Regen anzeigt. Shake=

S. 411. „Zweiter Bandit. Keine Zeit ist so schlimm" u. s. w. Die Folio giebt diese Worte noch dem ersten Banditen, obwol sie mit dessen übrigen Aeußerungen in Widerspruch stehen. Ich bin daher der Emendation Warburton's gefolgt.

S. 412. „Fast zur Milde stimmt's Mein jäh Gemüth". Folio: It almost turns my dangerous nature wild. Dor. Tieck: Ha! das bringt zum Rasen Mein wild Gemüth. Die englischen Herausgeber haben mit Recht Thirlby's Verbesserung: „mild" statt „wild" in den Text genommen.

„Ein Mensch ist redlich — — und der ist Hausverwalter". And he's a steward. Tieck (in den Anmerkungen) erblickt hierin „eine wunderbare Schmeichelei für den König Jacob, den Stuart", und wundert sich, daß die Engländer diese Absicht des Dichters nicht gefaßt zu haben scheinen. Ich zweifle sehr an einer solchen Absicht Shakespeare's; vielmehr hat er wol an den ungerechten Haushalter bei Lucas Kap. 16 gedacht. Die Hausverwalter der Reichen stehen seit den biblischen Zeiten keineswegs in dem Rufe besonderer Treue, und daß Timon in dem seinigen den einzigen redlichen und treuen Freund entdeckte, mußte sein Erstaunen natürlicherweise auf's Höchste steigern.

S. 419. „Du bist ein Alchymist, mach daraus Gold". Nämlich aus den Schlägen oder aus den Steinen, welche Timon nach ihm wirft; diese Schläge und Steine sind auch der Lohn für den Maler.

5. Aufzug.   2. Scene.

S. 419. „Sei Fried' und Wohlsein hier" u. s. w. Staunton bemerkt sehr richtig, daß dieser und die drei folgenden Verse nicht dem Flavius (wie die Folio will), sondern einem der Senatoren gehören.

5. Aufzug.   4. Scene.

S. 425. „Dies setzt' ihm wol ein Thier" u. s. w. Nach Warburton's Correctur: „Some beast rear'd this"; die Folio liest: „Some beast read this". Der Soldat sieht sich vergeblich nach Menschen um und kann nicht begreifen, wer in dieser Wildniß dem Verstorbenen ein Denkmal gesetzt haben kann — es bleibt in der That unerklärt, woher das Denkmal

speare mochte diesen Hof (Dunstkreis) als zum Monde gehörig fassen und — vielleicht nach einer alten volksmäßigen Erklärung des Vorgangs — annehmen, daß die Fluth des Meeres ihn dem Monde entziehe und in Regen auflöse.

Ulrici.

kommt und wer den Timon begraben hat.   Irgend ein Thier muß es gethan
haben, ruft daher der Soldat aus, denn von Menschen ist nirgends eine Spur.
Was die Entzifferung der Inschrift anlangt, so denkt er dabei an nichts weni=
ger als ein Thier, sondern an seinen Feldherrn, der trotz seiner Jugend in
solchen Künsten sehr erfahren ist.   Zur Verdeutlichung habe ich die Bühnen=
weisung: „Den Grabstein erblickend" hinzugefügt. — Auch Dyce hat War=
burton's Emendation aufgenommen und vertheidigt sie gegen Staunton; Tieck
dagegen (in den Anmerkungen) findet sie „nicht nur überflüssig, sondern
lächerlich".

5. Aufzug.   5. Scene.

S. 428.   „Hier ruht ein armer Leib" u. s. w.   Die beiden
Grabschriften Timon's, welche Shakespeare in North's Plutarch (Leben des
Antonius) fand, sind durch ein Versehn beide in den Text gerathen und zu
Einer verschmolzen.   Das erste Distichon, sagt Plutarch, solle Timon selbst ge=
macht haben; das zweite dagegen, welches gewöhnlich angeführt werde, rühre
von Callimachus her.   Mit Ausnahme eines einzigen Wortes sind sie wört=
lich aus dem englischen Plutarch entnommen; statt „you wicked caitiffs left"
im ersten Distichon heißt es nämlich dort: „you wicked wretches left".   Daß
Shakespeare unmöglich selbst beide Inschriften in das Stück einfügte, beweist
schon der grelle Widerspruch zwischen dem Verbot, nach dem Namen des Ver=
storbenen zu forschen, im ersten Couplet, und zwischen der Nennung dieses
Namens, mit welcher das zweite beginnt.

„Daß ewig er beweint gesühnte Fehler".
> Taught thee to make vast Neptune weep for aye
> On thy low grave, on faults forgiven.

Torwhitt und S. Walker wollen lesen: On thy low grave.   On faults for=
given.   Der Eine vergebene, d. h. durch Timon's Tod strafsrei ausgehende
Fehler ist nach Torwhitt der Undank der Athener gegen Timon.   Man sieht
allerdings nicht recht ein, warum und über welche vergebene Fehler Neptun
weinen soll.   Auch die Construction „to weep on faults" (statt for, at, over)
ist bedenklich.

Berichtigung.

S. 368, Z. 10 v. o.   Statt: „um, ich weiß nicht wie viele Talente, zu
borgen" ist zu lesen: „um fünfzig Talente zu borgen".